谁是世界的威胁

从历史的终结
到帝国的终结

[意] 保罗·乌里奥　著
（Paolo Urio）

法意　译

中信出版集团｜北京

图书在版编目（CIP）数据

谁是世界的威胁：从历史的终结到帝国的终结 /
（意）保罗·乌里奥著；法意译 . -- 北京：中信出版社，
2023.11
（中国道路丛书）
书名原文：AMERICA AND THE CHINA THREAT：From
The End of History to the End of Empire
ISBN 978-7-5217-5794-1

Ⅰ.①谁… Ⅱ.①保… ②法… Ⅲ.①发展战略-对
比研究-中国、美国 Ⅳ.①D60②D771.209

中国国家版本馆 CIP 数据核字（2023）第 108275 号

AMERICA AND THE CHINA THREAT：From *The End of History* to the End of Empire
by Paolo Urio
Copyright © 2023 by Paolo Urio
Simplified Chinese translation copyright ©2023 by CITIC Press Corporation
ALL RIGHTS RESERVED
本书仅限中国大陆地区发行销售

谁是世界的威胁——从历史的终结到帝国的终结

著者： [意] 保罗·乌里奥

译者： 法意

出版发行：中信出版集团股份有限公司
（北京市朝阳区东三环北路 27 号嘉铭中心 邮编 100020）

承印者： 北京通州皇家印刷厂

开本：787mm×1092mm 1/16 印张：23 字数：380 千字
版次：2023 年 11 月第 1 版 印次：2023 年 11 月第 1 次印刷
京权图字：01-2023-3591 书号：ISBN 978-7-5217-5794-1
定价：78.00 元

"中国道路丛书" 总序言

中华人民共和国成立六十多年以来，中国一直在探索自己的发展道路，特别是在改革开放三十多年的实践中，努力寻求既发挥市场活力，又充分发挥社会主义优势的发展道路。

改革开放推动了中国的崛起。怎样将中国的发展经验进行系统梳理，构建中国特色的社会主义发展理论体系，让世界理解中国的发展模式？怎样正确总结改革与转型中的经验和教训？怎样正确判断和应对当代世界的诸多问题和未来的挑战，实现中华民族的伟大复兴？这都是对中国理论界的重大挑战。

为此，我们关注并支持有关中国发展道路的学术中一些有价值的前瞻性研究，并邀集各领域的专家学者，深入研究中国发展与改革中的重大问题。我们将组织编辑和出版反映与中国道路研究有关的成果，用中国理论阐释中国实践的系列丛书。

"中国道路丛书"的定位是：致力于推动中国特色社会主义道路、制度、模式的研究和理论创新，以此凝聚社会共识，弘扬社会主义核心价值观，促进立足中国实践、通达历史与现实、具有全球视野的中国学派的形成；鼓励和支持跨学科的研究和交流，加大对中国学者原创性理论的推动和传播。

"中国道路丛书"的宗旨是：坚持实事求是，践行中国道路，发展中国学派。

始终如一地坚持实事求是的认识论和方法论。总结中国经验、探讨中国模式，应注重从中国现实而不是从教条出发。正确认识中国的国情，正确认识中国的发展方向，都离不开实事求是的认识论和方法论。一切从实际出发，以实践作为检验真理的标准，通过实践推动认识的发展，这是中国共产党的世纪奋斗历程中反复证明了的正确认识路线。违背它就会受挫失败，遵循它就能攻坚克难。

毛泽东、邓小平是中国道路的探索者和中国学派的开创者，他们的理论创新始终立足于中国的实际，同时因应世界的变化。理论是行动的指南，他们从来不生搬硬套经典理论，而是在中国建设和改革的实践中丰富和发展社会主义理论。我们要继承和发扬这种精神，摒弃无所作为的思想，拒绝照抄照搬的教条主义，只有实践才是真知的源头。"中国道路丛书"将更加注重理论的实践性品格，体现理论与实际紧密结合的鲜明特点。

坚定不移地践行中国道路，也就是在中国共产党领导下的中国特色社会主义道路。我们在经济高速增长的同时，也遇到了来自各方面的理论挑战，例如将改革开放前后两个历史时期彼此割裂和截然对立的评价，再如极力推行西方所谓"普世价值"和新自由主义经济理论等错误思潮。道路问题是大是大非问题，我们的改革目标和道路是高度一致的，因而，要始终坚持正确的改革方向。历史和现实都告诉我们，只有社会主义才能救中国，只有社会主义才能发展中国。在百年兴衰、大国博弈的历史背景下，中国从积贫积弱的状态中奋然崛起，成为世界上举足轻重的大国，成就斐然，道路独特。既不走封闭僵化的老路，也不走改旗易帜的邪路，一定要走中国特色的社会主义正路，这是我们唯一正确的选择。

推动社会科学各领域中国学派的建立，应该成为致力于中国道路探讨的有识之士的宏大追求。正确认识历史，正确认识现实，积极促进中国学者原创性理论的研究，那些对西方理论和价值观原教旨式的顶礼膜拜的学风，应当受到鄙夷。古今中外的所有优秀文明成果，我们都应该兼收并蓄，但绝不可泥古不化、泥洋不化，而要在中国道路的实践中融会贯通。以实践创新推动理论创新，以理论创新引导实践创新，从内容到形式，从理论架构到话语体系，一以贯之地奉行这种学术新风。我们相信，通过艰苦探索、努力创新得来的丰硕成果，将会在世界话语体系的竞争中造就立足本土的中国学派。

"中国道路丛书"具有跨学科及综合性强的特点，内容覆盖面较宽，开放性、系统性、包容性较强。其分为学术、智库、纪实专访、实务、译丛等类型，每种类型又涵盖不同类别，例如在学术类中就涵盖文学、历史学、哲学、经济学、政治学、社会学、法学、战略学、传播学等领域。

这是一项需要进行长期努力的理论基础建设工作，这又是一项极其艰巨的系统工程。基础理论建设严重滞后，学术界理论创新观念不足等现状是制约因素之一。然而，当下中国的舆论场，存在思想乱象、理论乱象、舆论乱象，流行着种种不利于社会主义现代化事业和安定团结的错误思潮，迫切需要正面发声。

经过六十多年的社会主义道路奠基和三十多年的改革开放，我们积累了丰富的实践经验，迫切需要形成中国本土的理论创新和中国话语体系创新，这是树立道路自信、理论自信、制度自信、文化自信，在国际上争取话语权所必须面对的挑战。我们将与了解中国国情，认同中国改革开放发展道路，有担当精神的中国学派，共同推动这项富有战略意义的出版工程。

中信集团在中国改革开放和现代化建设中曾经发挥了独特的作用，它不仅勇于承担大型国有企业经济责任和社会责任，同时也勇于承担政治责任。它不仅是改革开放的先行者，同时也是中国道路的践行者。中信将以历史担当的使命感，来持续推动中国道路出版工程。

2014 年 8 月，中信集团成立了中信改革发展研究基金会，构建平台，凝聚力量，致力于推动中国改革发展问题的研究，并携手中信出版社共同进行"中国道路丛书"的顶层设计。

"中国道路丛书"的学术委员会和编委会，由多学科多领域的专家组成。我们将进行长期的、系统性的工作，努力使"中国道路丛书"成为中国理论创新的孵化器，中国学派的探讨与交流平台，研究问题、建言献策的智库，传播思想、凝聚人心的讲坛。

孔丹

2015年10月25日

目　录

致　谢

　　许多人为我的中国改革研究提供了帮助，这些人里有学者、研究人员、学生、公务员干部以及我在多次中国访问之旅中遇到的普通中国人。我没有办法一一列举这些为我提供帮助的人，但在我之前的作品中，我已肯定了他们对我了解中国所做出的宝贵贡献。在这里，请允许我特别感谢几位对我有着特殊帮助的人。

　　一个是我在清华大学的同事胡鞍钢。我第一次和他会面是在1997年，在此之后他一直鼓励我研究，为我提供建议，帮我查阅未发表的论文，向我引荐他的同事等。胡鞍钢教授的研究团队一直为我提供后勤和学术支持，其中我尤其感谢王其珍女士。自2016年我去清华大学时起，她就一直为我的写作提供帮助。她在后来去英国攻读博士学位时，还帮助我更新了本书的附录统计表，并针对本书第二章中我对中国意识形态的分析提出了宝贵的意见和建议。我还要感谢在2012年至2017年担任我研究助理的陈亚丽女士。那段时期她攻读完了日内瓦大学的性别研究博士学位，开始对移民到瑞典的中国妇女在当地的融入问题展开研究。在我对中国文化所做的分析中，她提出了非常有趣的见解。

　　另外，我还要感谢之前为我出版图书的出版商：劳特里奇（Routledge）于2018年出版了我的著作《无声的变化：中国重新成为世界大国的战略选择》（*China Reclaims World Power Status：Putting an end to the World America Made*），施普林格·自然（Springer Nature）于 2019 年出版了我的著作《1949—2019 年的中国：从历史的终结到帝国的终结》（*China 1949 – 2019：From the End of History to the End of Empire*）。这使我能够以这些作品作为起点，在本书中得以引用其中的部分内容，并加入一些新的见解。我通过分析美国对中国的一些错误看法，对中国的意识形态进行了更详尽的阐释，提出新的观点，并对过往著作中的数据进行更新。

最后，我要感谢我的妻子一如既往地支持我、帮助我，为我做出的巨大贡献。身为英国人的她帮助我修改我的英文表述，使它变得更加地道。除此之外，明晰（Clarity）出版社的主编戴安娜·G. 科利尔（Diana G. Collier）也向我提出了一些意见和建议，这为我修改书稿提供了很大的帮助。如果细心的读者们从本书中发现任何错误、遗漏和误读，我对此负全部责任。

引　言

　　许多读者，包括学者和大众读者，也许会认为本书是反美的。然而，我批判的不是美国，而是美国建制派，且这种批判不是一种肤浅而情绪化的抨击。自美国独立以来，其外交政策的方方面面都展现了强大的自信，我对这种自信的来源进行了深究。因此，说本书是反美国建制派更为确切。

　　我生于 1940 年，我们这一代欧洲人，对美国的印象十分正面。美国为反法西斯战争的胜利做出了伟大贡献，美国电影、美国音乐包括爵士乐、格伦·米勒、贝西伯爵、艾灵顿公爵、本尼·古德曼、摩天大楼、高速公路、可口可乐、阿伯特与科斯特洛、自由、民主，这些都使我们对美国文化印象深刻。至少在我的家乡瑞士南部，二战之后，反对美国的只有共产党人和左翼社会主义者。在孩童时代，我曾目睹身穿统一制服的美国士兵应瑞士政府要求解除武装跨越瑞士国境，那时的美国令人赞叹。在 20 世纪 50 年代，还是青少年的我非常喜爱美国的摇滚乐、歌手埃尔维斯·普雷斯利、现代爵士四重奏，也钟爱《巨人传》《影子》《春风秋雨》等反种族歧视题材的电影。

　　1971 年，我第一次踏上美国国土，到密歇根大学安娜堡分校参加一个政治科学暑期项目。在项目中，我认识了一位和我一样，也曾在日内瓦大学任助教的朋友。他娶了一位美国女士，夫妇俩住在加利福尼亚州（简称

"加州")。项目结束后，我们开着他那辆标志性的福特野马汽车从安娜堡市出发，最终到达加州。旅途中，我们先是跨越了美国中西部到丹佛市，然后途经陶斯县、圣塔菲市、亚利桑那州的彩色沙漠，往北探访科罗拉多大峡谷，往西进入拉斯维加斯，后来到达洛杉矶和圣巴巴拉。那次旅行使我爱上了加州特别是圣巴巴拉。1979年，我把大儿子送到美国参加为期一年的交流学习。他在一个共和党家庭寄宿，男主人是一名律师，在竞选中成功击败在任民主党人成为县总检察长。我的儿子也在竞选过程中贡献了自己的力量，他四处张贴海报、登门拜访选民，着实体验了一把美国选举。那真是不错的经历。第二年，我携其他家人到美国去接他。我们整个家庭——爸爸、妈妈、四个孩子（分别是10岁、12岁、14岁和17岁）踏上了一次穿越美国的旅程，从首都华盛顿特区到加州，经过丹佛、圣塔菲、亚利桑那州的彩色沙漠、科罗拉多大峡谷、鲍威尔湖、国会礁国家公园、布莱斯峡谷国家公园、拉斯维加斯、死亡谷国家公园，然后往北到约塞米蒂国家公园，往西到旧金山，再往南走一号公路到洛杉矶。旅程的终点是圣巴巴拉，我们在那里休息了一周。这真是令人难忘的假日体验。我们无论到哪儿都受到热情欢迎，在需要帮助时也总能及时得到帮助。我们也体验到了美国人对家庭和孩子的珍视。

20世纪90年代至21世纪第二个10年初，我和妻子在圣巴巴拉度过了许多个美好夏日，也结识了当地不少中产阶层人士，他们为人和善，都不是左翼人士。根据我们的观察，他们都拥有以下特征：心地善良，习惯出国旅行（包括欧洲旅行），为自己是美国人而骄傲，从无半点好斗或居高临下的姿态。我通常不和朋友谈论政治，不过我知道我的这些朋友中有共和党人，也有民主党人，可谓组成了一幅典型的美国中产阶层群体画像：一位大学教授，两位城市学院教授，两位护士，一位地质工程师，一位新教牧师，两位地产中介，一位画家，一位私营企业前高管，以及一位研究墨西哥传统建筑的作家和他的妻子。那么，现在究竟是哪里出了差错？

当然，事情走向不对劲是有一些信号的。朝鲜战争本可起到让美国人民警醒的作用，可惜被美国政府包装成一场"正义战争"；1953年伊朗政变是美国中情局（CIA）策划成功的行动之一，但伊朗首相摩萨台（任期1951—1953年）被歪曲为共产主义的"特洛伊木马"；接下来又发生了越南战争，这场战争在国际上受到的批评颇多，甚至在美国国内也是如此。但美国主流观点反击称：难道这不是为了阻止共产主义魔爪的延伸而进行的一场正义的战争吗？具有讽刺意味的是，在苏联解体的历史性时刻，美国外交政策的问题彻底暴露无遗：它施行的理由不仅仅是为了与斯大林做斗争，而且是针对社会主义制度做斗争。苏联解体后，美国领导层认为美国已站上历史巅峰，"历史的终结"终于达成，其他国家很快就会效仿美国式的自由民主和资本主义。当然了，这都将在美国的领导下进行。时任美国总统乔治·赫伯特·沃克·布什一句言简意赅的话将这种姿态体现得淋漓尽致："我们说了算。"很显然，这体现了美国的极度自信，而这往往又使其傲慢自大，不尊重其他国家及其人民、文化。

2003年，美国通过伊拉克战争克服了"越战综合征"，从此以后，海外作战成为美国的一种"嗜好"。美国有强大的经济和军事实力，目前为止仍无可匹敌，海外作战当然胜券在握。然而，除了那场久远的内战，美国从未经历过在本土发生的其他大型战争。1945年，美国击败日本，但也仅限空中和海上作战，而非陆地作战。美国拥有强大的核力量，但日本拥有强悍的陆战军队。为了避免派遣步兵登陆亚洲，美国通过投下原子弹"轻松"地结束了二战。这一决定的其中一个后果是，美国"失去了中国"。在二战之后，美国几乎在所有战争中都遭遇了失败，而这些战争大多数都是侵略性的。

这样的结果是，冷战思维不断升级，世界陷入永无休止的混乱与不确定性之中，充满了仇恨、不信任和敌意，经济战、政变、秘密军事行动愈发频繁，甚至还可能引发一场"新的世界大战"。在这样的战争中，派上用场的将会是各国正在争先研发的可怕的现代武器，包括核武器。毫无疑问，俄罗斯和中国都在稳步发展其军备。西方世界通常认为，俄罗斯和中国导致出现了恐慌、混乱、不确定性和敌意。但我们也可以说，且有正当、充足的理由和证据证明，这些国家发展军备是对美国强大军备的威胁的回应。我们可以对比一下利比亚和朝鲜的景况。[1] 在这样的情形之中，西方世界总是套用同一个故事：我们是好人，他们是坏人，那些由"坏人"掌控的"威权主义"国家是对自由民主的威胁，因为它们试图破坏现行的国际社会行为规则。然而，这些规则都是西方世界根据其意志与利益制定的，也是西方世界强加于其他国家的。不过，这样引导舆论会不会反过来威胁到自由民主国家自身的利益呢？如果会的话，到底是谁的利益呢？是民众的利益，还是精英阶层的利益？虽然这些"威权主义"国家并未遵循美国在国家和国际层面推广的价值体系，甚至存在很多严重问题，但难道看不到它们同时也切实改善了民众的生活，不是吗？如果能够首先确保尊重这些国家的主权，并只在必要的时候，也就是这些国家的领导层真正伤害到民主国家及其民众的利益时才去反击，不是更好吗？

我以上所提及的事件都需要进行深度分析和解释，而不是对美国的行为做出肤浅而情绪化的反应。美国有史以来已经多次并且今天依然如此行事，其对自己的民主制度和强大的经济、军事力量极度自信，以令人难以忍受的傲慢态度对待敌人和盟友。而本书就是为了回应这些而写就的。

一直以来，美国为应对所谓的"中国威胁论"而制定的外交政策总是带着这样一种目的——保持美国作为唯一超级大国的地位，其还声称这是整个国际体系"皈依"自由民主和资本主义后维持和平、稳定与繁荣的唯一途径。

本书第一章展示了美国在制定外交政策时根深蒂固的一些迷思或谬见，例如坚持"普世价值"的存在，认为当今中国是独裁政权，等等。正是这些认识的存在，让美国政府无法分清幻想与现实，从而无法理性地分析21

世纪中美关系的本质。此章旨在解析这些认识。

第二章分别追溯到美利坚合众国独立和中华封建帝国诞生之初,对中美两国的意识形态发展历史进行分析,进而对中美之间的分歧进行解释。分析表明,美国的意识形态具有极强的内部一致性和时间稳定性,但却极其难以适应国际体系变化。而与之相反,中国虽然也具有极强的内部一致性和时间稳定性,却能够通过将西方思想和儒家价值观相融合来形成新的意识形态,它更具灵活性,更能使其公共政策适应国内和国际的环境变化。同时,这也解释了中国体制无与伦比的韧性。

第三章基于第一章和第二章的分析及建议提供了经验实证。

前三章在结构上互相依赖、互相关联,在各章之间或每章之中有不少交叉引用,因此内容重复之处稍多。汉学家也许会认为这样论证起来繁复非常,但我的目的是帮助非专业人士阅读和理解,让每一章独立成篇。每一章可以独立阅读,如果想深入了解,可以按照文中指引参照其他章节。

第一章

破除关于美国和中国的迷思

为了在后续章节对中美关系进行理性、客观公正的分析，我们有必要在这一章描述关于两国一些迷思的真面目。古罗马历史学家塔西佗在他的著作《编年史》中曾说过，想要对某个事件进行公正的叙述，就要摒弃情绪化，同时不带任何同情或偏见。这很难做到，但若不首先破除普遍存在的关于中美两国的一些迷思，我们就很难客观公正地理解和分析中美关系。

　　概括而言，迷思是对事件、社会现象或人的简化后的呈现，且至少部分基于现实中不存在的因素，因此迷思是谎话、幻象、乌托邦；但当这种迷思一次又一次被重复表达，就有可能被社会中某个群体或大部分人，甚至所有人接受。因此，迷思可以影响社会生活，塑造个人和集体行为，增强社会凝聚力，并且促使现有权力体系合法化。在这一层面上迷思可以被视为等同于或促成了主流意识形态，它可以维持人们对现状的共识。迷思可以是一些人对一系列的"普世价值"的表达，信奉它们的群体有可能想要将其强加于其他群体、民族或国家之上。

　　有些迷思是完全不真实的，如相信青春永驻；而有些迷思是部分不真实，例如，相信社会进步、自由民主、自由贸易等。[1]后者是更为阴险的，因为这类迷思部分真实，因此更容易被默然认可，尤其是当其与大部分人的意识形态偏见相吻合时。当我们试图界定迷思是对现实的部分否定还是完全否定的时候，可能会进入一种困境，我称之为"维纳斯女神"困境。在古罗马世界，维纳斯女神是女性美的标杆，[2] 是完美的象征。那么，凯撒大帝的夫人算不算美呢？她也许不如维纳斯女神完美，却也具有一定程度（或是某一类型）的美。那么问题就在于：如果以维纳斯女神之美作为美的最高标准，如何判断凯撒大帝的夫人是否称得上美？因而要定义女性美，就要建立一套为大众所接受的标准，这是一项相当复杂的工程。而要在"中美是否民主"这一问题上给出一个判断标准，复杂程度更甚。首先，迷思本身可能暗含褒贬态度，如"美国是民主国家"暗含褒扬，而"中国是独裁政权"则含贬义。但进一步地，我们会发现，这些迷思与两国政治进程的一些实际表现相反，在美国如此，在中国亦如此。

然而，本书并不是对迷思与现实之间的差距进行量化分析。作者利用可获得的证据展示了一个事实——迷思与现实之间通常存在着巨大的鸿沟，也希望以此敬告西方世界包括主流教授、智库专家、记者（这些人表达观点也许并非出于追寻真相）在内的权威专家，并且提醒西方世界普通民众在面对政治、经济体制和外交政策与西方模式（但所谓的"西方模式"也是一个迷思）不同的国家时，能够少一些傲慢姿态，那些迷思与现实之间充斥着西方目光短浅的意识形态批判，而思想开明的读者也许能够在其中发现一些积极之处。

在本章，我将分析 3 种认识，分别关于西方（即欧洲和美国共有）、美国以及中国。[3] 这些认识有时互相关联，有时又互相矛盾，这也使得在后文的分析中，存在交叉引用和相对重叠的情况。

美国和欧洲共有的迷思

最危险的迷思：华人来了！

"中国威胁论"在西方已流行了相当长时间。到 21 世纪初，中国经济崛起，伴随着其科学、技术以及军事资源的发展（这是历史必然），"中国威胁论"再掀波澜。美国（以及其他西方国家和地区）已经认识到，中国的发展带来了许多机会，中国市场广阔，有很大的贸易与投资空间，这也引起了一种新的恐惧，一种"中国威胁论"的新形式。尤其是美国，已开始认识到中国的崛起可能会打破自己一手塑造的世界秩序，它是美国全球主导权的基础。而对美国建制派来说，毫无疑问，美国丧失全球主导权是最大的威胁。[4]

美国对中国崛起抱有复杂情绪，观察其反应我们可以清楚得知，恐惧是其中的主导情绪。这并不是美国第一次陷入此种处境。自从美利坚合众国诞生，也就是 18 世纪末以来，其对可能阻挡美国实现国家利益的恐惧就一直存在。记得我在 1947 年至 1951 年读小学时，每个周日下午我都会去看电影。在我家乡的小镇，这是男孩们的午后时光。那些电影大多来自美国，大抵可分为两类：一类是讲述二战期间美军和日军之间史诗般的空战，另一类则是讲述美国西部的征服史。有一个场景在这些电影中反复出现：坐着大篷车的西部开拓者长途跋涉，历尽艰辛，前往应许之地；黄昏来临，他们就地停下围坐一圈，用篷布把车盖好，开始吃饭、聊天。他们都是善良、得体、平和的人，怀揣着过上更好生活的希冀；夜幕降临，他们熄灭篝火，准备入眠；就在此刻，有人惊叫一声："印第安人！"我第一次看到这个场景时，还不明白那一声尖叫意味着什么。紧接着，银幕里出现一群野蛮人，头戴羽毛，手拿弓箭，脸上充满愤怒，可怕极了。我立刻明白那人为什么尖叫，我也感到害怕起来。每到这时，总会有人拿出手枪或步枪，成功地把这些攻击者赶跑，或是有骑兵及时赶到，英勇地营救了这些西部移民。

那声尖叫想传达的信息很明显："印第安野蛮人来攻击我们了！"这是电影制作者想告诉观众的，确定无疑。而我一直到20世纪60年代初在大学学习美国历史时才明白了那一幕的真正含义："我们认为是印第安人入侵了我们的应许之地，他们没有任何权利待在这里，至少根据我们的法律，他们没有这样的权利。"例如，至少从文艺复兴时期开始，以西班牙和葡萄牙入侵拉丁美洲为起点，欧洲就开始制定并实施了所谓的"发现论"法律。其赋予这些原住民土地一个法律上的称呼——无主地，从而为自己的殖民行径正名。当然，"印第安人威胁论"也是一种迷思，与现实不符或歪曲了现实。对历史进行粗暴篡改，只是为了为电影里西部开拓者的行为进行解释和辩护。的确，印第安人攻击了这些欧洲移民。但他们之所以这么做，是因为这些移民首先攻击了他们。而且对于这些美洲大陆原住民来说，土地被残酷侵占是对他们生存的威胁。这也能够解释为什么他们拥有如此坚定的意志，能够在"文明的入侵者"面前以"野蛮人的方式"进行战斗。19世纪，美国移民继续侵占原住民土地，将他们驱逐出家园，一直到1890年伤膝河大屠杀后，美国政府才正式宣布完成了对西部的征服。

2021年6月，我看到了博客网站TomDispatch创始人托马斯·M.恩格尔哈特的一句话，引自艾维瓦·乔姆斯基的一篇文章，文章标题为《美洲原住民：当故乡已成异乡》。[5] 托马斯生于1944年，在纽约市中心长大，而我生于1940年，在瑞士南部的一个小镇长大，我们居然对西方电影有此共同体验，着实有趣。

显然，20世纪40年代末至20世纪50年代初之间，整个世界的联系越来越紧密了。托马斯写道：

（这些电影里）当然都会出现印第安人……而印第安人会攻击蓝领

工人、驾马车者、乘客、西部牛仔以及于我而言有着身份认同感的开拓者群体。印第安人包围大篷车，攻击骑兵，拿着他们的弓箭不断叫喊、乱射。故事通常以原住民的失败告终，"我们"拥有强大的武器、射击精准的射手，打败他们理所当然。而重要的是，这是他们应该付出的代价，因为是他们攻击了我们，我们从来没有伏击他们。他们是入侵者，而我们是被入侵者。

在"印第安人威胁论"以后，又出现了一系列威胁论，所指向的不外乎是阻挡了美国实现国家利益的国家：西班牙、墨西哥（请不要忘却阿拉莫之战！）、古巴、德国、苏联、日本、朝鲜、越南、伊朗、伊拉克、叙利亚、利比亚、委内瑞拉以及中国等。为何先论及"威胁论"？因为这一系列论述让我们看到，西方特别是美国对待其他国家的行为有着显著特点。给原住民印第安人和以上诸多国家贴上"威胁者"标签，可见美国是多么善于颠倒因果，以此将自己的侵略行径（无论是言语、经济、军事威胁还是其他形式）归咎于对方，并以此来对付其认为对自身不利的、阻挡其追求自身利益的国家。苏联解体后的美俄关系就是一个很好的例子。极端暴力和伪善是美国建制派为实现国家利益而采取的常用手段，而"印第安人威胁论"（以及此后的一系列"威胁论"）则让这些行为得到了正名。

我们看到，美国善于挑唆"他者"攻击自己而后谴责对方，这种手段的使用愈发频繁。美国或其盟友通过各种挑衅手段让这些"他者"陷入极其有限的抉择境地：要么接受美国的条件，要么以一种美国及其声称代表的所谓"国际社会"不可接受的方式进行回应。例如，对于1950—1953年的朝鲜战争，一些西方国家做如下描述：1950年6月25日，"朝鲜入侵韩国"（见维基百科的"朝鲜战争"词条）。这是一个有相关记录且被一些西方国家认可的事，而且它也让美国能够从联合国安理会获得授权，带领一支国际军队开展针对朝鲜的"合法"战争。[6]然而，孤立的事要洞悉其全部的意义，就要将其置于历史的全景下，将在其之前发生的所有事件悉数考虑。实际上，整个冲突事件的开端是韩国军队在美军帮助下进行了一系列攻击。[7]国际社会要么不知道这些事实始末，要么是在美国游说的压力之下选择了忽略那些事实。

除了"威胁论"迷思，还有其他迷思也阻碍了美国人（以及其他大部分西方人）进行客观思考，致使他们无法清晰理解和有效宣传他们自己奉为模范的经济、政治和社会体制，也模糊了他们对整个国际体系以及自身角色的认知。

西方文明有着至少2500年的发展史，经历了古希腊哲学、古罗马法律、基督教、科学革命、农奴制为主的中世纪经济体系、废除奴隶制度、市场经济（注意勿与资本主义混淆，关于资本主义将在后续章节讨论），再到后来的工业革命，强调民主、人权、个人自由与责任的自由革命，以及强调由国家承担集体福祉责任的社会主义革命。西方文明是伟大的文明，为自身以及世界创造了许多理念与价值。然而，在此文明指引下的西方世界的行为却称不上崇高：那里有古罗马的斗兽竞技，有十字军东征（今天仍以其他形式存在着），有宗教法庭；它还曾抹杀美洲原住民文明，以非洲奴隶贸易支撑西方种植园经济，为西方帝国的经济发展服务，以非人的方式对待这些奴隶，还侵占过非洲以及亚洲大部分国家和地区，进行过殖民和帝国侵略，发起了两次世界大战，使数千万人死去或流离失所！5个世纪以来，欧洲国家和美国轮流统治世界，几乎没有任何其他文明或国家能够抵抗西方统治，直至不久前这种局面才有所改变。

欧洲人把这些国家和地区视为"空白的世界"，也可以说是欧洲人抹去了它们原本的色彩，或者说面对欧洲人的侵入，它们根本无力抵抗。[8]这些国家和地区的原生文化今天已所剩无几，例如，今天美洲土地上的居民，包括从欧洲来的、参与美国建立的盎格鲁－撒克逊人和原住民印第安人的后代，多数都讲英语、西班牙语或葡萄牙语。被运至美洲大陆的非洲人也遭受了一样的文化同化，他们还经受了非人折磨，被作为奴隶进行买卖，成为廉价劳动力，没有任何权利。此外，种族法律还禁止非洲人与欧洲人通婚，如果黑人女性和白人男性非婚生子，孩子将被视作黑人，也就是奴隶，这是一种"创新"的廉价劳动力再生产方式，理论上可永续不断。如果印第安人和非洲人的后裔想要过上更好的生活，在社会阶层中晋升，就需要完全融入西方文化，就像科林·鲍威尔将军、美国前总统贝拉克·奥巴马、美国前国务卿康多莉扎·赖斯一样。2020 年 9 月 1 日，赖斯正式任美国最顶尖的政策研究中心之一胡佛研究所所长。胡佛研究所网站这样写道：赖斯女士是美国首位既担任过总统国家安全事务助理（2001—2005 年）又担任过国务卿（2005—2009 年）的非洲裔女性。而致力于为美国黑人发声的路易斯·法拉堪牧师即便在 20 世纪 90 年代在华盛顿成功领导非洲裔美国人进行了 3 次百万人和平大游行，展现出了远超其他美国领导人的领导力，却也无法获得与之匹配的政治和历史评价。

西方和世界的这种关系让很多西方人觉得甚至确信：无论在何种情况下，西方的文化都要优于其他文化，西方有更好的政府、经济、军事和法律体系，更融洽的社会关系，甚至有一个更好的神。西方已经将世界清空，并填入了自己的形象。不过到了中国，这一切都被打破了，西方人发现，原来还有另外一个文明更加悠久、文化更加丰富的世界。从西方来到中国的传教士和艺术家都要学习中文，遵守中国的礼仪制度，遵命于皇帝。有的人甚至穿上了中国服装，取了中文名。例如，来自意大利米兰的天主教耶稣会士、画家朱塞佩·伽斯底里奥内就取中文名为"朗世宁"，并接受皇帝的委托在颐和园东边打造西式宫殿。[9]总而言之，这些人都被中国化了。封建帝制结束后，中国人的生活水平得到了大幅提升，1949 年新中国成立后更是如此。迄今，中国已经减贫近 8 亿人，让 4.5 亿中产阶层获得了发展，在科学和技术领域（包括高科技领域）取得了进步，也真正取得了世界大国的地位。而在取得这一切成就的过程中，中国完全没有走西方的侵略或征服别的民族的老路，并限制了自身对邻国使用武力的行为。中国之所以能取得这样的发展，是因为它成功地将传统文化与来自西方的一些新价值观相融合，形成了一种新的意识形态，既有别于中国传统上封建帝国时代的意识形态，也有别于西方的意识形态。西方自发现美洲大陆以来一直采取一种征服者的意识形态，直至今天基本没有改变。要分析中美两国的不同，首先需要分析两国的价值体系（见下文及本书第二章）。

关于"普世价值"的迷思

"普世价值"的存在可能是西方所有迷思的核心，因为正是其他迷思汇聚形成并增强了"普世价值"的迷思，从而形成了一个非常强大的意识形态体系：自由主义成为民主制度的根基，而这又衍生出自由市场的迷思、西方式（自由主义）民主制度的迷思和与之相关联的迷思，如政治体制独立、媒体独立等。下面首先来分析根植于自由主义的"普世价值"迷思。

"普世价值"与自由主义的迷思

西方"普世价值"迷思的由来最早可追溯到 15 世纪末，那时西方刚刚确定发现了美洲新大陆，并着手计划征服其他国家。这一迷思不仅表现在欧洲人和美国人在殖民时期所表现出来的优越感，还显著地体现在其法律和政治制度上。"发现论"为此提供了法律支撑，另外还有所谓的"文明世界"政治生活以及"白人负担论"。自由主义在西方被视为一种"世界观"，是一种"普世价值"。西方认为，全世界都应该奉这种"普世价值"为行为准则。而且自由主义被认为是实现理想民主的最佳意识形态基础。事实上，西方世界实践的民主是"自由的民主"，与其对应的是"非自由的民主"。[10]此外，美国认为其所主导的国际秩序是一种"自由的国际秩序"，更精确地说，应该是"在美国的领导下基于规则的自由的国际秩序"。

抨击自由主义最不留情面的学者之一是意大利哲学家、历史学家多米尼克·洛苏尔多。他不仅批判自由主义这一概念，也批判它作为美利坚合众国及其帝国主义外交政策的意识形态基础的地位。[11]简而言之，他认为，在整个西方世界以及欧洲殖民国家实践的自由主义，已经成为人类学家皮埃尔·范登伯格所说的"统治民族民主"[12]，与它们的政治体制特点完全吻合。统治民族民主意为"统治者的民主"、"服务于统治者的民主"或"统治种族的民主"。更精确地说，它指的是只有一个民族处于统治地位，其他民族均被剥夺权利的政府体系。这种体系是西方在殖民地上建立殖民主义统治的基础，在那里，"优越"的白人种族是"注定"要统治其他种族的。

毫无疑问，在英国13个被称为新世界的北美殖民地上，实行的也是这种统治民族民主。即便在美利坚合众国诞生后，这种统治方式还一直被延续。白人对非洲人进行奴隶统治，残酷剥夺美洲原住民的财产，将他们赶出了世世代代居住的土地。直到内战结束，非洲人后裔才在名义上得到了民族解放。然而，接下来又进入了种族隔离时期。到了20世纪60年代中期，非洲裔美国人才真正获得了法律地位的平等。然而，他们却永远无法享受与白人同等的社会福利待遇。不仅如此，在更早的时期，与种族隔离相似的隔离现象甚至出现在盎格鲁－撒克逊人之间，例如不同民族成分（英格兰－苏格兰裔和德国、意大利、希腊、爱尔兰裔）、不同宗教（如新教、天主教、犹太教等）群体之间的隔离。拥有政治权利的上层阶级（例如种植园主、企业家等）和被剥夺了政治权利的下层阶级（如农民、工人、仆人等）之间的隔离则一直持续至20世纪。[13]因此，统治民族民主以"贵族共和"、"精英民主"、"寡头民主"或者"财阀统治"来描述或许更为恰当。因为在这种制度下，只有决策精英阶层（无论其成分是什么）才能享受自由、平等的价值观和"一人一票"规则。而这些精英往往会以自身利益为目标引导公共政策的制定，支配着普通民众的生活。[14]20世纪中期，工人阶级联合起来，争取到了更多的政治话语权和经济福利，但这一时期非常短暂。很快，以美国总统候选人希拉里·克林顿为代表的民主党人将可能支持特朗普的下层阶级称为"可悲的人"，其暗含之意为：这些人根本不够资格参与民主竞选投票。很显然，在美国，统治民族民主仍然以精英民主或财阀统治的形式继续存在，下文将对此做出进一步分析。不仅如此，西方自由主义还继续将这一姿态投射到整个国际体系当中，这不仅体现在13个英属北美殖民地的陆续建立，也体现在美国采取的帝国主义，其中后者也许是最重要的体现。美国人民认为他们是"上帝的选民"，因而是优越的；另外，还认为他们拥有"民主体制"，因而有权利并且有义务领导和统治全世界。[15]

自由主义的践行者势必要求将其运用于政治和经济组织。然而，这时就出现了矛盾。政治体制中的自由意味着平等，也就是遵守"一人一票"的规则，公共政策的制定应该致力于在同等程度上满足每一位公民的需求。而经济体制中的自由以资本主义的形式存在，追求资本利润，人们在自由市场中参与竞争，目的是获得更多市场份额及利润，这就是所谓的市场经济人的理性行为。

这两者之间出现分歧是不可避免的。自由主义所包含的这两种意识形态不同导致出现了一种不平衡，对于同时在经济和政治层面实践自由主义的国家来说，缓解这种不平衡已成为最大的挑战。政府如果偏重发展资本主义经济，政治平等就要有所妥协；如果过度强调政治平等，经济效率就会受到损害。[16]换言之，在这样的范式之中，最大的挑战是在资本和劳动力之间找到一种被其代表团体（政党和压力集团）所接受的平衡状态。

然而，自从自由、民主和资本主义三者同时实行以来，经济利益一直更受重视。由经济和金融危机所导致的1929—1933年大萧条就很好地证实了这一点。后来，美国实施了罗斯福新政，二战后欧洲也实行新的经济和社会政策（更关注政治层面），资本与劳动力之间达到了新平衡状态，西方世界由此进入一段黄金发展时期，法国人称之为"光辉三十年"。针对收入和财富的税收政策变得更为激进，更重视公平；再分配公共政策也使得中低层阶级的可支配收入有所增长，再加上国家（福利国家）的社会服务不断发展，使得不平等现象有所减少。似乎一种新的"社会契约"被认可，逻辑上本来互相矛盾的政治自由和经济自由得以融洽共存。然而，这段黄金时期很快就结束了。

二战后，1947 年 4 月，一群自由主义学者在瑞士蒙特勒小镇山顶的度假胜地相聚，并成立了朝圣山学社。这些学者对自由主义持不同看法，其中一些学者，如卡尔·波兰尼对资本主义持极其批判的态度。[17]有些不支持极端自由主义形式（新自由主义）的自由主义经济学家[18]退出了该学社。很快，弗里德里希·冯·哈耶克、米尔顿·弗里德曼等新自由主义学派学者就掌控了学社的发展方向，并建立起新自由主义学派的理论和意识形态基础。[19]当时整个西方世界正着手打造前文提及的劳资之间的新"社会契约"，因此该学社并没有引起太多注意。弗里德曼在著作《资本主义与自由》第二版中，对此境况叫苦不迭。[20]但他没有提及，是政治、经济右翼为新自由主义学派提供了意识形态支持和经济支持，他们同时也资助大学委员会和研究项目、国会和出版等。新自由主义学派一直等待着下一次危机的爆发。在 20 世纪 60 年代末至 20 世纪 80 年代初这段时间，所谓的福利国家危机终于爆发了，随着 1979 年玛格丽特·撒切尔和 1980 年罗纳德·里根的上台，新自由主义学派终于成为主流。

米尔顿·弗里德曼认为，国家的职责应仅限于维护让市场得以正常运作的必要框架。由于市场以竞争机制为基础，因此会自发实现经济资源的最有效配置，而最终也会产生最好的结果。按照这样的逻辑，改善公共管理的最佳方式就应该是让整个国家和社会"市场化"，即完全撤销对市场的管控（如税收和反垄断政策），促进竞争。政府除了制定维持市场正常运作的资本规则以外，其他行为都应该市场化。也就是说，除此之外，政府的其他活动都可以市场化，包括执行社会政策。如果做不到，政府至少可以通过外包或在政府内部引入竞争机制等手段在公共管理中引入市场元素。

显然，这种自由主义新形式的战略目标就是将经济从政府干预的束缚中解放出来，从而解除资本受到的限制，凯恩斯主义者支持这种限制。要实现这一目标，不仅要求公共部门应用私人部门的管理技巧提高公共管理效率（此处的假设是：私人部门效率更高），还要求政府从所有服务性价比更高的私营企业中撤出来。这样一来，意识形态的大门就此打开，这种广泛的私有化、外包以及政府和社会资本合作等形式被接受，对所有领域的管控包括最重要的金融领域的管控被解除。

为了防止新自由主义的弱点受到攻击，其推动者声称全球化的趋势在任何情况下都无可避免，因此民族国家应当"理性地"调整管理方式，以适应这不可阻挡的发展趋势，加入到开放和去管制化的全球经济中来。这将是对国家监管的最后一击，下面将进行详细分析。

作为意识形态的基础，新自由主义得以在现实中落地，最有力的两大武器也得到了强化，它们分别是：针对发展中国家的华盛顿共识，以及针对发达国家的新公共管理理论。[21]两者拥有同样的意识形态基础，因此无论在发展中国家还是发达国家，两者推行的都是同样性质的政策改革。然而，直到发达国家希腊在 2008 年金融危机中政府破产，才证明了新自由主义在全球发展中行不通。在此之前，新自由主义政策已经给拉丁美洲和非洲的许多发展中国家带来了毁灭性的打击；而后国际货币基金组织、欧盟委员会和欧洲银行又强行要求希腊左翼政府进行全面的新自由主义改革，并实施财政紧缩计划。最终，事实证明了华盛顿共识和新公共管理理论强大的毁灭力，它们不仅毁了这些国家的经济，也毁了这些国家民众的生活。

希腊的例子也很好地证明了新自由主义政策完全不考虑一个国家所特有的历史、政治、经济和文化状况。这也表明了新自由主义的另一个特征，即它是完全非历史性的，本质上是极权主义的。如果一个国家不按照新自由主义意识形态来制定其政策，就会落入被美西方强势推动并剥夺自主发展权利的悲惨的命运，这在新自由主义初期就已经显现出来。1981 年，弗朗索瓦·密特朗获选法国总统，他当时推行的是与共产党共同制定的左翼政策，但这一政策没能维持多久。在一系列的国有化改革后，1983 年，密特朗实行了所谓的"转向紧缩"政策，并很快开始了第一波的私有化浪潮。1984 年，共产党人退出政府班子。这证明要在一个资本主义经济体系中实行社会主义体系下的政治经济计划非常困难，甚至不可能，特别是在新自由主义时期，国家经济日益融入全球资本主义经济体当中时尤为如此。而游戏规则是由这一国际经济体系制定的。自此开始，社会民主党派逐渐向中间靠拢，并最终成为右翼。欧洲的许多国家领导人制定的政策都体现了这一点，例如，德国的格哈德·施罗德，英国的托尼·布莱尔以及法国的弗朗索瓦·奥朗德和意大利的马泰奥·伦齐。这些社会民主党派真正接受了"资本主义是唯一的选项"这一思想。

新自由主义者要真正让世界经济向资本开放，更好地寻求利润，还要实现全球经济的去管制化。这一趋势在二战末就已经初露端倪，作为当时世界两大超级大国之一的美国成功煽动了全球化运动，而这离不开几个新型经济机构的支持——世界银行、国际货币基金组织以及关税与贸易总协定（GATT，世界贸易组织的前身），同时也离不开美元地位的提升（取代英镑成为国际储备货币和贸易货币）。此后，在奥巴马任职期间，美国又促进了两大贸易与投资协议的落地——跨大西洋贸易与投资伙伴协议（TTIP）以及跨太平洋伙伴关系协定（TPP）。美国、欧盟各国和日本的跨国企业都支持这些协议。如果这些协议真的成为现实，整个世界就会进入约瑟夫·斯蒂格利茨所说的"自由贸易原教旨主义"时代。[22]推动这些协议落地与其说是为了消除关税和限额（两者已被减至非常低的水平），不如说是为了消除所有的贸易和投资障碍。

不仅如此，金融市场的去管制化还会使资本在国际上流动完全自由，而目前政府尚能限制外国资本的流入。为了尽一切可能扩大资本自由流动，这些协议还寻求赋予跨国企业这样的一种权利：当它们因公共政策限制而无法获得本该获得的预期利润时，可以在私人法院起诉国家政府。这里所说的公共政策甚至还囊括了健康医疗和环保领域的政策。不仅如此，私人法院所做出的裁决将为最终裁决。也就是说，无论是企业还是政府都无法上诉。[23]

如果 TTIP、TPP 这两个协议获得通过，它们不仅使美国、欧盟各国（在欧盟委员会领导下）和日本的跨国企业（包括金融领域的跨国企业）在广大地区的霸权变得合法化，还能进一步控制和加强这些协议的条款在本国以外地区施行。这样一来，新自由主义在意识形态和经济政策两个层面的目标将得以实现，并超出最高预期。

TTIP、TPP 两个协议还带有地缘政治目标，奥巴马政府希望利用它们遏制俄罗斯和中国。TTIP 旨在进一步让欧盟融入以美国和西方跨国企业以及北约军事联盟为主导的大西洋地区，从而加强对俄罗斯的遏制。[24]TPP 则是奥巴马"转向亚洲"战略的重头戏之一，[25]希望通过将太平洋地区 12 个经济体整合成一个由美国主导的经济区域，以加强对中国的遏制。[26]这两个协议如果获得通过，就会成为美国遏制中俄两个主要竞争对手崛起的强大工具。[27]至于拜登政府会放弃还是继续推进这些协议，我们尚不清楚。

我在 2012 年出版的书[28]中，评估了新自由主义两大武器之一的新公共管理理论在西方世界和中国的实践所产生的恶劣影响：劳动力市场出现了衰退，收入不平等加剧，贫困率、犯罪率和监禁率上升，以及市场竞争过度和不稳定导致人们健康状况恶化。[29]其实很多批判学者、调查记者和非主流智库已经认识到了自由贸易原教旨主义在发展中的负面后果，信奉这一主义的美国力量也随之有所减弱。但即便如此，这场新自由主义的狂热仍持续到了 2016 年的美国总统大选。

接下来的一任总统自然要处理好美国力量减弱的问题。特朗普的做法是按下新自由主义全球化的暂停键。在他任内，美国退出了 TPP，并无限期推迟 TTIP 的协商，而发起对中国的贸易战，在他之前的历任总统也都采取过这种做法。

随后的新冠病毒感染疫情席卷全球，揭露了全球去管制化的负面后果，西方（尤其是美国）大型产业的外移造成了其对其他国家（尤其是中国）的依赖，其将部分供应链转移到海外，到头来却只发现自己愈发依赖于主要竞争对手。零部件在中国生产、最终成品在美国组装的流程存在着中断的风险（尤其是医药产业，这一风险引人瞩目）。

这又产生了中美经济脱钩。美国已经丧失了长期以来能够将其意志强加于其他国家的能力，特朗普也许是美国第一位真正理解这一事实的总统。我在 2019 年出版的书中写道，一个全新的多极世界已然到来，而特朗普是第一位承担起带领美国走出迷宫这一艰巨任务的总统。[30]但他在整个过程中可谓是手忙脚乱，其中部分原因是他遭到了美国建制派多数人的敌对（也许不止于敌对）。2021 年初，特朗普总统离任，拜登总统接棒，美国在外交政策上继续将中国定为战略对手。[31]

"普世价值"从何而来？

西方人民在西方世界的文化结构之中，获得了认识世界和国际社会的知识图景，同时也建立起了要求各国都遵守的基本价值观、信仰和行为准则。在自由民主国家，推动这一过程的有许多社会力量，如家庭，学校，社会俱乐部，政党和压力集团等组织，以及教会，大众媒体、社交媒体。[32]西方民众通过社会化过程形成的价值观主要包括人权、自由、民主、自由市场等观念。在一个各国具有统一道德标准的国际体系之中，一国只有按照这些海内外共同遵守的价值观行事，才可能获得其他伙伴的认可，这一体系中的所有人认为这是符合道德标准的国家所制定的国际政策，最终使得这个国家成为整个世界的领导者。这是美国建制派最坚定的信仰之一，[33]美国在二战结束后也通过这种方式获得了许多其他国家的信任。

20 世纪初，美国开始在海内外通过一系列的活动和手段宣传民主、人权、自由贸易等价值观。参与其中的有：美国之声、自由亚洲电台、美国有线电视新闻网（CNN）等广播电视公司，以及其他主流媒体；美国国际开发署，所谓的"美国文化中心"等政府机构；美国外交关系委员会、布鲁金斯学会等智库；致力于在全球范围支持民主机构发展的非营利基金会、非政府组织（其中一些实际上接受政府资助，例如美国国家民主基金会及其分支机构）。不仅如此，美国还开始招收海外学生到美国高校学习，尤其是经济学和商业管理等专业，以便让他们回到自己的国家传播美国的价值观（这一点将在本书第三章详细分析）。所有这些都是为了让美国价值观得到国际社会认可，使其获得一种普适性和完美无瑕性。直至今日，美国仍不断宣扬这些价值观，希望以此为所推行的某些外交政策正名，尤其是武器禁运、政变、为盟国培训军队、为"反独裁者"提供武器、利用特种部队进行非公开军事行动，甚至是发动公开战争。不仅如此，美国从未放弃过以武力的完全使用作为公开或暗中恐吓手段。[34]

然而自越南战争以来，美国建制派因数次违反其奉行的价值观而声誉大损。其行为包括：和专制政权结盟或合作，对敌人和盟友实施经济制裁（不仅在特朗普在任期间有，此前也有），为恐怖组织提供资金（如 20 世纪 80 年代资助阿富汗游击队以反对苏联，以及近期资助反叙利亚政权的行动），为盟友和实行专制的附庸国提供军队和国防培训，以及在不支持美国利益的国家发动政变，最具代表性的例子是 1953 年伊朗政变和 1973 年智利政变，以及近年来在格鲁吉亚、中东地区（尤其是叙利亚和伊朗）、利比亚、索马里、乌克兰和委内瑞拉等地发生的政变。这些政变大多数也得到了西方其他国家的支持。

此外，美国式民主也有着诸多被诟病之处。例如，金钱在政治角斗场上的作用过于强大，尤其在选举和立法过程中，有些人将其视为赤裸裸的腐败；利益群体的力量越来越强大，尤其是跨国集团在税收、银行、保险、农业、杀虫剂和转基因产品、石油、医药等领域的影响力；非洲裔美国人和美洲原住民后裔的公民权利包括政治权利没有得到保障，许多社会福利他们无法平等享受；贫富差距越来越大，生活在贫困线以下的人越来越多；监禁率达到世界最高，各个阶层都有许多人受到类鸦片药物成瘾的困扰。不得不提的是，2016年总统大选以来，美国的政治精英们并未能展现出作为一个成熟民主国家人民应有的风范，而是更加令人确信，所谓美国民主只是徒有虚名罢了。

多个事例已经证明，美国的行为违背了其"奉行"的价值观。即便美国式民主有诸多缺点，今天仍有许多美国精英依然相信，大多数国家之所以接受美国的领导是因为美国的价值观、美国的民主政府和美国在国际社会上的道义举动。[35]然而，在2021年1月6日"国会山骚乱"事件之后，也许一切都变了。许多媒体将这场骚乱定义为"暴动"，随之而来的是舆论对选举结果公正性的大肆质疑。这场怀疑的浪潮一直持续至今，如今在全球面前，美国的民主制度和扬言要树立民主典范的说服力已大打折扣。

不管美国作为民主典范的地位有多大作用，大多数情况下，美国政客和理论家始终强调军事手段极为重要。

最具影响力的新保守主义人士之一罗伯特·卡根在2012年发表的一篇文章指出了军事力量在国际舞台上的根本重要性：

> 中国、印度和其他亚洲国家的崛起非常引人注目，这些国家在全球经济中的份额也在稳步上升。但到目前为止，欧洲和日本在全球经济中的份额一直在下降……军事实力也很重要，19世纪初期的中国已悟出了这个道理，今天的中国更明白这个道理，正如阎学通最近所提到的，"强权是建立在军事实力的基础上的"。在这一方面，美国仍然遥遥领先。[36]

奥巴马在任时，他清楚表明军事力量是美国力量的重要组成部分。2016年，奥巴马总统在国情咨文演讲中宣称"美利坚合众国是地球上最强大的国家"。随后，他骄傲地表示，美国的军事支出是排在美国之后的 8 个国家军费的总和，美国的军队依然是世界上最优秀的作战部队。很显然，这话不仅是对美国民众说的，也是对全世界说的。以下为摘录片段：

> 我可以告诉大家，前段时间关于美国经济衰退的言论都是政治煽动。你们也许听到有人说我们的敌人变得更强大，而美国变得更弱小。我在这里要告诉大家一个事实，美利坚合众国是地球上最强大的国家。（掌声。）我们遥遥领先。我们遥遥领先。（掌声。）我们的军事支出是排在我们后面的 8 个国家的总和。我们的军队依然是世界上最优秀的作战部队。（掌声。）没有一个国家胆敢袭击我们或我们的盟友，因为它们知道这会自取灭亡。调查显示，自我开始担任总统以来，美国的国际地位又得到了提升。每每遇到重大国际问题，世界人民指望的不是中国，也不是俄罗斯，而是我们。（掌声。）

拜登被大多数人所接受成为总统，是因为人们认为他可以扭转此前特朗普在外交政策上的好战姿态。值得一提的是，他在 2020 年的一篇文章中写道："武力应当是最后手段，而非最初手段。只有在美国的根本利益受到了侵害，而打击目标是明确的、可实现的，并且得到了美国人民的知情同意时，美国才能使用武力。"[37]

不过，拜登并没有说清所谓"美国的根本利益"到底指什么，也没有表明他的这一陈述是否意味着，他不会再像前任总统们一样，只是听从建制派外交政策游说和支持集团的建议，而没有经过美国人民明确同意就发动战争。美国人民此前选出的总统都承诺实现和平（如奥巴马、特朗普），但承诺都没有兑现，这再一次表明了美国民主实践的真实情况。而实际上，拜登只是重申了一点，美国领导层相信美国军队在国际关系中的中心地位，而这意味着进行更多的战争融资。他在这篇文章中还写道：

我将毫不犹豫地保护美国人民，包括在必要时候使用武力。美国总统需要承担许多职责，但其中最重要的是做好三军统帅。美国有世界上最强大的军队，作为总统，我会对军事装备进行必要的投资，以迎接本世纪而非上世纪的挑战，确保美国军队维持其世界领先地位。[38]

　　在 2021 年的就职演说上，拜登的最后一句话是"上帝保佑美国和美国军队"，拜登军事导向政策的中心地位显露无遗。

　　美国对其价值观优越性的信念让其认为自己有领导世界的能力，美国不仅决心不断获得和维持其国家力量，也视强大的国家力量为维持国际秩序的必要条件。"维护世界稳定性需要一个全球霸权的存在"，这是美国领导层的基本信念之一，这一信念在西方世界被普遍接受，并出现在美国政治科学教科书中。罗伯特·卡根在 2017 年发表了一篇文章，表示"维持1945 年以来美国在国际体系中的主导地位"是完全有必要的，否则"如今的世界就会坍塌，倒退到野蛮的无政府状态"。如果这样的事情真的发生了，资本主义自由市场、民主、政治自由等价值观都可能遭到破坏，不仅会损害美国利益，也会影响整个国际体系。[39]

　　美国拥有了领导国际自由体系之权，自然也就拥有了制定规则权，可以规定企业、非政府组织等机构的行为。不仅仅是罗伯特这样具有影响力的新保守主义者这样认为，民主党领导人也这么认为。例如，奥巴马就在多个场合中强调美国"天然的"领导权及其制定国际体系规则的权利与义务，贯彻不好就会被中国抢去先机。对于奥巴马总统来说，他认为，美国是这个世界的领导者，正如他 2012 年在美国空军学院毕业典礼上的讲话：

　　美国是一个卓越的国家，它将一直是处理国际事务不可或缺的国家。……我认为这是美国的世纪，因为没有任何一个国家寻求扮演我们在国际事务中的角色，它们也没有这样的能力。我们要承担的责任包括：重塑 20 世纪的国际机构，以应对 21 世纪的挑战。[40]

下面举一个更具体的例子：上文提及的 TPP，这也是奥巴马维护美国世界霸权等国际战略的核心计划之一。在 2016 年的国情咨文演讲中，奥巴马明确强调，美国有责任且有权利制定国际贸易与投资规则：

> 有了 TPP，在太平洋地区制定规则的就不是中国，而是我们。想要在这个新世纪展现我们的实力？那么批准这个协议，让我们有理由去执行。这才是正确的做法。（掌声。）[41]

近期，有不少美国学者、专家、政治家指出，中国正在崛起，成为世界强国，俄罗斯也将再次成为拥有地区性影响力的强国。面对这两项挑战，美国外交政策未能做出很好的回应。俄罗斯成功介入叙利亚内战就是一个很好的例子。美国学者、国防事务政府官员纳迪娅·沙德罗曾在 2018 年任总统助理和国家安全战略副顾问，她在一篇文章标题中郑重指出"美国幻象的终结"。沙德罗已经接受了美国力量正在减弱的事实。她指出，美国对华外交政策是基于幻想的政策，其制定者认为把中国拉入美国领导的自由国际体系当中，中国定会在美国领导下成为"负责任的国际行为者"。然而事实却相反，中国和俄罗斯长期以来都是利用自由世界的秩序规则实现自身利益。她认为这个世界已不再是"单极世界"，她总结道："要安全度过这一新时期，华盛顿必须摒弃幻想，不要再沉迷于新自由主义的迷思之中，要重新思考其关于世界秩序本质的观点。"[42]这才是最清醒的人。

然而，这显然不是美国建制派的观点。他们认为中国的国内和国际力量都变得更强大，其威胁已然更大。更糟糕的是，中国完全依照自身的文化、政治、经济价值观以及自身的意愿行事，完全不遵从西方模式。目前看来，中国会长期坚持这种行为方式。如果美国领导层能认识到其过去的失败，就会对一个完全不同的国际体系重新构建认知，并重新自我定位。然而，他们并没有朝这一方向迈出哪怕一小步。

在经历了糟糕的特朗普时期后，很多人将希望寄托在拜登身上。拜登似乎也愿意推行美国民众熟悉的那种外交政策。2020 年，拜登在《外交事务》杂志上刊登文章，题目为《为什么美国必须再次成为领导者》，标题已清晰表明了他的态度。此外，他还在文章中至少 20 次提及了世界再次重回美国领导之下的必要性。[43] 他本想以此来表明自己的外交政策定位与特朗普政府不同，但这又是另一个幻象。特朗普的外交政策也是"美国领导世界"，只不过是以"美国优先"为伪装。美国对中国、朝鲜、伊朗和委内瑞拉的政策都清晰表明了这一点。虽然风格和手段不同，但目标仍然不变。因此在拜登执政期间，一个新的多极世界显然不会正式形成。从拜登组建团队的人选可以清楚看出，他至少会让美国回到那个所谓的"美好年代"，也就是在诺贝尔和平奖获得者贝拉克·奥巴马的指挥下，进行各类公开或非公开军事干涉、制裁以及推动政变的时期。这使得我们不得不下这样的结论：在所谓的自由"普世价值"的修辞之下，由美国精英阶层所推动的美国外交政策的"终极价值"是实现美国利益，无论这会对世界其他国家造成什么影响。意识形态和物质利益一致的群体组成非正式联盟，引导美国根据其利益需求制定领导世界的外交政策。这一联盟有大量的共和党人和民主党人，他们来自美国国会、军工复合体、所谓的"情报机构"（包括中情局在内）、主流大学学者群体、智库以及媒体界。[44] 我们从美国的以往行为（至少自二战以来）可以看出，每当面临自由"普世价值"和美国利益之间的抉择时，美国总是选择后者。[45]

最后，我还想指出一个有意思的现象：有些美国人也认为国际体系规则应当改变，但仍不愿意（这是最客气的说法）放弃或改变他们所谓的"自由"价值观。而且他们认为，就算要改变也必须在美国领导下进行。[46]

换言之，他们不愿意看到一个由美国领导的、自由主义的、单极的、西方主导的世界变成一个由多个国家共同领导的多极世界。在这样一个多极世界里，非自由主义和非西方国家不必遭受美国的干预及其支持的政变，能够最大限度自主决定国家的未来。然而，20 世纪末，被美国建制派宣称的所谓"修正主义力量"（以俄罗斯和中国为代表）崛起，改变了全球力量均势，推动世界朝多极化发展。此外，伊朗、叙利亚、土耳其等小规模地区性力量似乎也不情愿听命于美国。

显然，美国政府正在向全球宣告美国的回归，这已清晰体现于上述拜登在 2020 年发表的文章以及他对外宣布的美国公共政策。然而，《日本经济新闻》问了一个关键性问题：亚洲准备好迎接美国的回归了吗?[47]2020 年末，欧盟与中国签署了一个重要的贸易投资协议。美国建制派大吃一惊，似乎这样的协议是不可想象的。没错，在拜登上任之前，欧洲议会阻止了这项协议通过。不过，与中国合作的经济利益实在诱人。不仅如此，不少具有影响力的美国观察者认为，中欧签署这项协议给新上任的拜登政府一记重击，如彭博新闻社就立即指出这项协议的签署是一个巨大的错误。[48]美帝国及其媒体界不喜欢没有自己主导的，或自己仅作为参与方的国际协议。

世界各国当然愿意与拜登总统谈合作，但是希望他至少能尊重盟友（暂且不提竞争对手）。美国的亚洲和欧洲盟友希望被视为盟友而不是附属国。用特朗普的话说（虽然他不是第一个这么说的人）：希望这届新政府清楚地理解这一信息。欧洲不希望由别人告知其利益所在以及如何保护这些利益。例如，"北溪二号"是俄罗斯和欧洲几个国家之间的天然气管道项目，这一项目以德国为终点。特朗普政府以此胁迫了欧洲多年。事实上，美国政府制裁了这一项目有关的企业，迫使项目中止，并导致其中一家企业（一家瑞士企业）退出了该项目。美国的种种行为都是为了防止欧洲完成该管道项目建设。对此，美国给出的官方理由是：这一项目会让欧洲的能源供给陷入依赖俄罗斯的境地，从而损害欧洲的战略利益。而真正的理由是：美国想以30%~40%的溢价卖给欧洲天然气，且美国天然气开采采用的水力压裂法会对环境造成破坏，已经影响了美国不少地区。说到底，美国还是想主导"游戏"规则，把俄罗斯排除在外，并压制德国一头。

美国经常提及的"再次成为领导者"恰恰说明美国仍未准备好彻底改变其外交政策，也说明美国会继续坚持其狭隘的、单边的、国际社会已习惯多年的所谓"美国价值观与国家利益"。不仅如此，拜登政府还继续允许公私领域之间人员互相任职，而在这两个领域中，许多私营投资企业、智库与军火采购企业、军工复合体有明显关联。似乎拜登总统对它们之间利益不一致的现实不以为然。[49]看来美国外交政策并没有重大变化。美国的单边主义思维无论在心理上还是体制上，都深深扎根在其领导世界的决心当中，而此时在地球的另一边有一个新世界在崛起，那里不再愿意接受美国的支配。

在此有必要提醒读者，美国的意识形态及其核心价值观的主要特点与欧洲自文艺复兴以来形成的别无二致，即便欧洲也在反抗美国的支配。关于这一点也有历史证据：无论是作为单个国家（尤其是法国和英国，还有一些东欧国家）还是作为由美国主导的北约军事联盟集体，一些欧洲国家都支持美国的帝国主义外交政策。无论如何，第一批来到美洲土地上的移民就是欧洲人。他们带来了由宗教信仰和世俗信仰混合而成的欧洲意识形态，这些也根植于新教的一个分支（即清教）之中，这是第一批移民带去新世界的宗教。自文艺复兴以来，欧洲形成了基于自身与其他文化间关系的意识形态，其主要特征包括：

1. 相信欧洲文化是最卓越的；

2. 相信基督教价值观以及资本主义规律和价值观；

3. 将欧洲的价值观定义为"普世价值"；

4. 相信欧洲有权利传播这些价值观，并通过此方式教化"野蛮人"；

5. 信奉基于欧洲价值观的经济增长与发展；

6. 有权利将"野蛮人"的土地占为己有，因为法律并未规定"野蛮人"拥有那些土地；

7. "文明世界"有权利介入"非文明世界"的生活，并终止该世界中违反欧洲人定义的"普世价值"的行为——20世纪80年代，这一"权利"被进一步用于为欧洲"文明世界"在一些地区的干涉行为正名，例如波黑和科索沃地区；

8. 认为欧洲价值观的发扬与传播是对人类有益的，并且从历史的角度看是不可避免的。正如沃勒斯坦所说："（欧洲的）扩张在世界上很多地区都包含了军事征服、经济压榨以及大量非正义行为……然而这些行为都以'为人类实现更大福祉'而得到正名。"[50]

这一意识形态在欧洲开始实行殖民主义就已得到实践，首先是南美洲。16世纪初期，西班牙以残酷野蛮的方式对南美洲进行殖民。关于这一历史事件有不同观点，根据沃勒斯坦的总结，胡安·希内斯·德塞普尔韦达认为这一殖民行为是正义的，而天主教教士巴托洛梅·德拉斯·卡萨斯则持批评态度。值得注意的是，沃勒斯坦指出："早在16世纪，巴托洛梅·德拉斯·卡萨斯就已极力反对我们今天称为'附带损害'的行为，如果只是因为有罪者侵犯了正义就要不惜伤害无辜人民来惩罚他，那么这就是试图对永恒的诅咒赋予正义性，这本身就是一种罪行。"[51]

西方的"普世价值"是否真的具有普适性？

二战结束后，美国思想家和政治家就抛出了"西方价值观具有普适性"的观点。苏联解体后，对这一观点的宣传更是甚嚣尘上。这并不令人意外。福山所称的"历史的终结"实际上指的就是所谓的"西方价值观"的最终胜利，只不过换了一种形式，由美国以美国方式实现而已。[52]美国新保守主义的代表人物罗伯特·卡根在2017年再次清楚地表达了这一观点。他写道："自由主义启蒙运动再一次升华了关于个体权利和普遍人性的普世原则，超越了道德、种族、宗教、国籍、部落的种种区别。"[53]

历史分析表明，"普世价值存在"这一命题是不可持续的。被西方称为"普世价值"的，实际上是在西方文明形成过程中出现的价值观。二战结束后，为了反击对殖民主义的批评，这些价值观才得以进一步发展。这样看来，西方已经意识到殖民主义外交政策是不可持续的，因而将西方价值观作为"普世价值"进行推广是西方单方面的、武断的决定（长久以来西方已习惯了这种决策方式）。然而，西方这样做不只是为了让其价值观成为"普世价值"；更进一步地，西方想通过这一方式获得在全球传播其价值观的权利甚至义务。为实现此目的，西方可以采取任何手段，包括战争。[54]

这种姿态完全是非历史的，否定了其他文化和文明的所有价值，否定了它们随着时间发展而形成的价值观。这并非说其他文明体一定不会承认西方价值观的普适性，而是要让它们根据自身情况和意愿来决定是否承认其普适性。西方能做的只是为自己的价值观做宣传，但历史表明，事实并非如此。无论是过去还是今天，对西方价值观的优越感的信仰一直是殖民主义和帝国主义发展的主要推动力，而西方认为其之所以优越并"有权"殖民其他国家，主要是出于以下两方面的原因：首先，"这些国家不知道如何组织政治体制，尤其是经济体制，那么就让我们来替它们完成"；其次，"我们会教它们怎么做……前提是它们继续接受我们的统治"。

19 世纪典型殖民主义规则广泛传播的时代已经过去，二战后各殖民地纷纷宣布独立，但西方姿态未曾改变，从前欧洲国家对前殖民地的压榨如今通过"华盛顿共识"延续。欧洲不仅迎来了美国的加入，还被后者夺去了主导地位。由于购买石油需要使用美元，再加上美国在二战后成功建立了上述新自由主义国际经济体系，美元成为最主要储备货币和交易货币。此外，美国还对阻挠美元需求增长的企业实施威胁或经济制裁——如对法国和德国的银行进行罚款、收购，让它们惧怕失去美国市场。美国通过以上种种手段取得了主导地位且一直保持至今，让其沉溺于维护一个"美国缔造的世界"（这也是罗伯特·卡根一本著作的书名）。[55]

学者贝淡宁对美国意识形态的持久性做了精辟的总结：

> 当对自由民主普世性的盲目信仰已经使得美国政府不顾当地风俗习惯、需求和传统而强行宣扬人权和民主观念的政策时，我们就要对此担忧。然而，即便在美国土地上自由民主的理念与现实之间存在巨大鸿沟，即便在海外美国由于（至少是部分由于）不了解当地情况而导致了种种灾难……似乎也无法动摇（美国）官方对西方民主普世性的信念。[56]

"普世价值"与《世界人权宣言》

时常被自由主义者挂在嘴边的《世界人权宣言》是联合国广大成员一致通过的一项联合国基本法，其枚举了每一个国家或地区应当践行（至少在道德上应当践行）的价值观。[57]如果要通过援引《世界人权宣言》来证明西方自由主义的普遍性其实无甚大用。因为至少就目前的实践而言，《世界人权宣言》中的许多权利和自由主义关系不大，甚至意大利哲学家、历史学家多米尼克·洛苏尔多认为，《世界人权宣言》自其诞生之日起就与自由主义无关。[58]因此，企图以《世界人权宣言》来支撑西方自由主义价值观的普适性至少是适得其反的。没错，《世界人权宣言》的确提到了政治自由和公民自由，而这些正是西方用于抨击俄罗斯、中国、伊朗等国家的专用词。不过，《世界人权宣言》提到的其他权利和价值观多数时候没有在西方民主国家获得令人满意的践行，甚至完全没有践行。例如，第 23 条如下：

（一）人人有权工作、自由选择职业、享受公正和合适的工作条件并享受免于失业的保障。

（二）人人有同工同酬的权利，不受任何歧视。

（三）每一个工作的人，有权享受公正和合适的报酬，保证使他本人和家属有一个符合人的尊严的生活条件，必要时并辅以其他方式的社会保障。

（四）人人有为维护其利益而组织和参加工会的权利。

以及第 25 条如下：

（一）人人有权享受为维持他本人和家属的健康和福利所需的生活水准，包括食物、衣着、住房、医疗和必要的社会服务；在遭到失业、疾病、残废、守寡、衰老或在其他不能控制的情况下丧失谋生能力时，有权享受保障。

（二）母亲和儿童有权享受特别照顾和协助。一切儿童，无论婚生或非婚生，都应享受同样的社会保护。

也许唯一得到了普世认可的权利（以及价值观）是《世界人权宣言》序言中第二段所提及的"一个人人享有言论和信仰自由并免予恐惧和匮乏的世界"。这就允许各国根据自身所处的历史时刻，决定境内的言论自由程度以及免予恐惧和匮乏的自由程度。历史表明，即便是在西方民主国家，在不同的历史时刻，其自由程度也大相径庭。我们必须看到，今天的西方国家对言论的控制程度高得惊人（虽然这已持续了很长时间），尤其是在美国，反对意见甚至是已得到验证的事实都会被驳斥为"假新闻"和"阴谋论"（"阴谋论"一词是中情局为了解决一些恼人的事而发明的一个术语）。如果一个人想在主流媒体、学术界和智库所提供的信息之外寻找其他信息、观点和事实，就必须拥有很强的意愿、技术和充足的时间。

不少西方专家认为，中国人民已经获得了较为满意的经济及社会权利保障，因此接下来必须推进在政治和公民权利方面的工作。这种观点的逻辑没错，但中国人民有权评估和决定什么时候处理这些问题，以及如何处理。[59]此外，中国目前面临的最艰巨任务是发展经济，以促进商品和资本的流动。任务之所以艰巨，是因为中国正面对不同形式的外部压力：美国及其盟友建立了一系列的军事基地，以非法域外制裁为主要形式的经济战，以及美国在西藏、香港和新疆等地为叛乱分子和分裂者公开或暗中提供支持。美西方现已在使用各种手段对不符合西方利益的国家进行渗透，由此得出结论：对中国而言，今时今日并非开放其政治体系和舆论的理想时机。

"普世价值"与文化认同

在总结对"普世价值"存在论有效性的分析时，法国哲学家、汉学家朱利安在 2017 年也许贡献了对"普世价值"最尖锐的批评。他通过身份认同的概念揭露了所谓"普世价值"的假象（而"普世价值"又是身份认同的一部分），通过历史分析表明了文化不是一成不变的现象，而是通过建构和再建构不断发展的。因此，福山所说的"历史的终结"是不存在的。朱利安提醒我们，欧洲文化是由古希腊哲学、古罗马法律以及其后的基督教主义不断迭代构建而成的。现在还可以加上文艺复兴时期的科学革命、从农奴制为主的中世纪经济体系向市场经济的转变、自由主义革命以及其后的社会主义革命。今天的欧洲文化包含了以上的所有内容。从朱利安的观点来看，显然这样的运动是不会停止的。此外，欧洲文化在特定地理区域内的形成与发展表明，欧洲价值观是不具有普适性的，除非有人认为，人类可以依靠欧洲（或西方）文明及其价值观达到"历史的终结"。若真是那样，文明之间的冲突就不再只是亨廷顿所说的"不可避免的"，更是正当的。[60]

这真的是撒切尔夫人所说的"别无选择"的境地吗？其他文明的不同价值观是否同样值得考虑或支持？朱利安并没有描绘一幅文明大冲突的图景，而是提供了一种更加富有前景、更加乐观的方式。[61]他坚信，价值观不应成为某个国家所拥有的资产，更加不应该将自身价值观强加于其他文明，例如采取强迫手段甚或更加残酷的手段进行同化。坚信西方价值观具有普适性的人应当谨记，这就是西方在美洲大陆、非洲大陆和亚洲大部分地区进行殖民时的真实行为。相反，价值观应该被作为资源由任何国家、任何文明对其进行使用。因此，他提出的策略是文化的交流，而不是文明的冲突。他认为，文明冲突是人们对不同文化关系进行肤浅分析的结果。[62]除非一个国家或文明体相信自己的文化具备了所有价值，而其他文化无可借鉴之处，不具备任何价值。

自由市场的迷思

自由市场是西方（尤其是美国建制派）在宣扬西方自由经济的优越性时使用最多的观念。它只需要将"市场经济"和"自由"两个概念关联起来便形成了，但这正是其观念所在。我们可以简单地把市场看作一个竞技场，在这里，不同经济行为体之间相互竞争，以实现自己的利益。自由主义者和新自由主义者经常引用最受崇敬的市场经济理论家之一亚当·斯密的《国富论》，他们总结：自由市场就是在正常运作过程中没有国家干预的市场。新自由主义者米尔顿·弗里德曼认为，政府应当只负责维护让市场得以正常运作的必要框架，仅此而已。[63]而亚当·斯密本人是不提倡没有任何政府干预的经济体制的。实际上，在他所说的自由市场之中，努力工作是唯一被接受的产生合法收入与财富的来源，人们不能通过出租等行为（在他的时代包括出租土地等）获得财富。而且，当政府通过法律、资金以及无数其他手段（如经济战）资助企业与其他国家抗衡时，"市场是（或应当是）免受政府干预的"这一观点早已被抛到九霄云外了。

当市场运作出现重大经济危机（如2008年全球金融危机和新冠病毒感染疫情带来的经济危机）时，市场主导者会期待甚至要求政府进行干预，拯救濒临破产的企业。而事实上，这些企业很可能就是这场危机的源头。[64]市场规则一直存在，但自20世纪80年代以来，这些规则在新自由主义的影响下宽松了不少。历史证明，当市场规则太过于宽松，以至于无法制止主要市场行为体的有害行为时，经济危机就会降临。

不幸的是，在这两次经济危机当中，西方国家受伤最深的是穷人甚至中产阶层，因为真正的市场经济规则已经失灵，存在的只是一个少数富裕人士利用政府规则的缺席让整个经济为他们服务的机制。由此产生的大规模不平等导致了不少激烈的社会和政治动乱。当然，负责管控这一政治制度和经济体系的社会阶层——政府和媒体通常会谴责这种行为。然而，社会动乱产生的根源（除了极少数由病态因素导致）并非毫无根据。不仅如此，经济危机导致的暴乱应当被以维护国家和谐为职责的内部媒体及政治管理者视为严肃的警醒之声，也应当被视为影响国家之间和平共处的可怕威胁，正如2008年那场对购房者等群体带来毁灭性打击的次贷危机以及这场新冠病毒感染疫情导致的经济危机。下面将对主要问题进行分析。

政府对市场干预的范围是人们热衷于辩论的话题，但人们普遍承认一点：亚当·斯密提出的自由市场不是一个没有政府干预的市场，而是一个没有任何经济特权垄断（例如，土地租赁、人为创造的稀缺性）的市场。按照亚当·斯密的指引，我们应当思考那些由资本（而非工作）创造的财富，也就是今天金融市场上发生的一切。如此看来，我们拥有的也许不是一个真正的市场经济（虽然它也有不可避免的缺点），而是另一种经济体系，它完全不符合理性市场的两大基本要求——竞争性和透明性。费尔南多·布罗代尔通过对社会生产和消费之间互动方式发展的历史分析，明确区分了市场经济和资本主义。[65]

布罗代尔提出了"三大经济形态"，他认为这不是理论模型，而是历史真实现象。第一大形态是物质生活（此时市场还没有出现），第二大形态是市场经济，第三大形态是资本主义。[66]重要的是，在市场经济和资本主义出现和发展后，第一大经济形态仍然存在；在资本主义出现后，市场经济也依然存在。此外，这三大经济形态按照等级排列，在最后的发展阶段，资本主义将占据主导地位，处于更高级别。

布罗代尔对自己的研究结果很有信心，他相信"一般的经济活动"，即市场经济，与占据主导地位的经济形态之间存在对立，他将后者视为"成熟、优越的经济形态"。此外，这三大经济形态的主体及其行为、思维模式并不相同，更有趣的是，市场经济规律，尤其是古典经济学所描述的自由竞争规律，在高等经济形态下，几乎不存在，高等经济形态更需要大量的计算和投机，是大量财富集中的地方。布罗代尔称之为"灰色地带"，在这里活动的都是内幕者。他认为，这是"资本主义"一词所涵盖的现象的本源，而资本主义并不是真正规范的市场经济，反而与市场经济相矛盾。[67]

布罗代尔认为，资本主义体系没有透明性和竞争性可言。如此一来，我们就会发现，这与那些高校、大众媒体、政治辩论中的自由主义者和新自由主义者所讨论的东西大相径庭！

最后，在这个许多专家宣布资本主义已经终结的时代，布罗代尔的观点值得我们思考。他认为，资本主义在经历过无数危机后仍然屹立不倒，是因为它能够利用各种手段改变其生存策略。以下引用了布罗代尔的话：

> 资本主义具有垄断性，商品与资本总在同时流通，因为资本和信贷一直是占领和控制国外市场的最可靠力量。早在 20 世纪以前，资本输出就已司空见惯。对佛罗伦萨来说，更是可以追溯到 13 世纪……难道我还要说，在 1900 年或 1914 年，金融界的一切手段、交易和伎俩还未出现？资本主义对它们早已熟稔至极。而资本主义的独特之处也是其长处就在于它能够根据经济时机、走向不断变换伎俩和做事手段，不断改变其策略。[68]

成功主导资本主义经济的人也成功主导了民主进程。他们在表面上赞扬民主，而将整个政治过程的本质掩盖起来，用宣传的烟雾掩盖真实目的，用民主的面具掩盖真实的活动。他们在暗地里策划一切，制定、上演那些所谓的"伎俩"。事实上，他们剜空了民主的实质。民主已经名存实亡，沦落成寡头政治用于欺骗大众的面具。[69]

民主的迷思

以上种种分析最后汇聚成了对自由民主的批判，实际上自由、人权、平等、普遍繁荣的价值观并非在各国都得到了同等的实践。意大利古典学者、历史学家路奇亚诺·坎弗拉是对自由民主抨击最为激烈的人之一。[70]坎弗拉提醒我们，自由民主生根发芽的土壤有法国、英国等，这些国家无论是人口规模还是土地规模都比中国要小得多。中华封建帝国自建立以来，每每选择国家管理手段，国土规模必然是考虑因素之一。西方人已习惯用自己的价值评价体系和参数来解读在中国发生的事情，而不是基于中国的实际情况、原则、历史经验和文化来研究中国。坎弗拉称他们的观念为"民主原教旨主义"。

民主制度（尤其是选举程序）的另一大问题是，政党（包括在野党和反对党）方案和政府公共政策所受的效果评价依赖于普通公民的智力水平。然而我们知道，为获取大多数选民的支持，政党频繁使用宣传手段。政治家在竞选时做出种种承诺，但当选后却没有履行，因为承诺本身就是竞选宣传手段之一，或是因为其在履诺过程中遇到既得利益者制造的种种困境。我们之所以知道这是事实，是因为我们看到选举后国家并没有真正响应公众一直以来的要求做出改变。因此，无论政府班子如何变化，政策都一如既往。

这就造成了资本主义国家民主制度的主要问题：经济的干预，以及政治组织中主要组织者的干预。实际上，对于"好的行为"的定义，自由民主政治制度下和资本主义经济制度下的表述是不同的，甚至是相冲突的。自由民主制度主要基于代表制政府与选举体系运行，人们基于平等原则参与政治生活。也就是说，在这一制度下，人们遵守"一人一票"的规则，参与公开竞选，拥有言论与信息自由（媒体自由），宣称要自由、平等地（至少是公平地）参与到决策过程当中。但对于由少数金融及企业精英主导的资本主义来说，最重要的是保护既得利益者的现有及未来利益，这就使得这些精英利用其权力资源，通过资助竞选、控制媒体信息、制定政治纲领等手段操纵竞选，并且在民主选举制度以外通过持续的投资，尤其在信息能力等方面，塑造人们对决策过程的认知。这样一来，当他们的经济利益凌驾于政体运作之上的时候，就会产生非常负面的结果。没错，为避免这样的风险，国家会实行一些再平衡政策来弥补经济竞争中的失败方。那么，采取这一方式的主要西方国家是否能够真正地做到这一点呢？

以美国为例，其现行体系保护了少数人的利益，但这些人从民主角度并不能代表大多数美国人。他们建立了一个连贯的、非正式的联盟，彼此有着共同的意识形态和物质利益。他们就是在美国国会里代表着大多数民主党和共和党的人，以及在某些利益领域采用任命制而非民主选举制的建制派。这些领域包括：军工复合体，所谓的"情报机构"（包括中情局在内的几个机构），学术界，主流智库以及主流媒体。金钱对于政治的影响证据确凿，如果没有富人和大企业的资助，谁也别想赢得竞选（无论是本地的社区竞选还是国家大选）。有一大群游说专家代表着国内建制派和国外某些群体利益来向政府传达他们的要求，竞选者则通过答应满足这些要求换取大笔的竞选资金。建制派不仅致力于保持现有权力体系结构以实现自己的利益，同时还根据他们的需求对政体和经济体系进行一脉相承的远景规划。他们这样宣传涓滴理论："让我们来运行这个体系，因为我们是行家；支持我们，你们也都会获得属于你们的那份利益。"

冷战结束后，美国建制派认为世界应由他们来主导，并认为他们的政治和经济组织方式是唯一有效的。如果中小规模国家想抵抗这种方式，就会迎来经济和/或军事打压。如果一个国家在科技经济和军事方面与美国实力相当，并且企图改变以美国为主导的国际体系，就会被打上"修正主义"标签，被当作对美国主导权的根本威胁。[71] 如果这类国家仍旧接受美国的领导，那么美国可以忍受其参与国际经济竞争。但自21世纪初以来，不少国家已变得足够强大，能够改变国际体系结构。这导致美国制定更具侵略性的外交政策：经济战（例如对中俄的制裁）；地区性的公开战争或非公开军事行动（例如对伊朗、叙利亚和委内瑞拉的行动）；以及暗中支持政变，例如干涉中国的香港、新疆和西藏等内部事务，暗中推动白俄罗斯、泰国政变，以此来攻击并弱化中俄在周边地区的影响力——更不必说在俄罗斯边境组织北约军事演习。如果美国坚持这种姿态，那么大国之间爆发战争的可能性不容小觑。考虑到几个大国在经济和军事实力方面势均力敌，美国唯一的出路就是重新定位其外交政策，并且接受一个多极世界的到来。但是美国真的为这一重大转变做好准备了吗？依照拜登总统在竞选过程中和获胜后公开宣扬的目标以及他选择鹰派人士组建团队来看，情况似乎并非如此。[72]

当我们重新分析美国（乃至整个西方）政治和经济两个层面的组织方式，以及美国政治制度的本质及其与真正民主不相符的方面时，必须考虑到美国治理结构的几个系统性特征，这些特征被认为是美国宣称的民主的基础——但在现实中已不再具有可操作性。

所谓的三权（立法权、执法权以及司法权）分立已沦为空话。从理论上讲，"三权分立"是标榜自由民主国家的主要优点之一，但在现实中，权力之间并没有清晰的界限。在这些国家，大多数时候议会承担一些执法职能，而政府也承担一些立法职能。当立法机构仅负责制定法律的一般原则，而其余交给政府制定时，政府制定的政策就会偏袒某些行业。例如，医药企业能够参与健康医疗法律的制定，今日的拜耳（以前的孟山都）则可以从农业政策中捞取好处。虽然大多数时候法官由政府、议会甚至公民任命，然而拜登总统和参议院对最高法院法官的任命过程充满了意识形态和政治上的辩论与竞争。可以看出，能够主导法院的派别（无论是自由派还是保守派）将会获得额外的政治手段，以保护他们自身的意识形态和政治偏好。此外，两个政党都公开表示要在参议院和众议院争取到多数席位，这进一步弱化了美国民主体系理论上应当具备的另一个特点，也就是防止一党独大的权力制衡机制。

尽管如此，对许多公共政策，美国两大政党之间并不存在明显的差异，尤其在外交政策方面。这导致与建制派意见相左的政治主张被边缘化，无法进入公众视野。一般大众无法进入政坛，真正的政治辩论是有所限制的，与建制派相左的政治意见大多数时候甚至无法得到讨论，立即就被打上"非美国"甚至"反美国"的标签而作废，对于具有温和的社会主义性质的政策主张尤其如此，而这些政策主张在欧洲大陆的所谓民主国家中甚至称不上是社会主义的。持自由放任立场的派别及其主要领袖提出的主张也是如此。以自由放任主义者为代表的传统右翼是反对美国进行侵略战争以及反对"大政府"的。[73]只有符合美国建制派主要利益的公共政策才能得到评估和通过。而美国建制派的代表就是美国国会中的民主党和共和党，他们已经组成了一个事实上的两党联盟，两者虽然在行政方面有分歧，但在国内政策和外交政策上表现出了一致性。由于资本主义是建制派力量的经济基础，这些政策不可避免地有利于市场发展，即有利于资本主义的发展。而只有当资本主义企业被禁止在受美国制裁的国家做生意时，我们才会看到，原来军工复合体的利益是凌驾于这些企业的利益之上的。

虽然美国声称"媒体自由"存在，并且宣称可以通过自由媒体监督精英们的行为，但大多数具有国内和国际影响力的主流媒体都是由大企业和亿万富翁操控，而他们就是经济体制精英阶层的成员，彼此有着相同的意识形态、价值观和共同的经济利益。这些媒体并不能对具有统治权的精英阶层进行公正、有效的监督。这样的例子数不胜数，例如，这些媒体支持美国入侵伊拉克并为此欺骗公众，还支持美国在委内瑞拉发动政变。在西方，政治受经济支配，因此要真正实施"把人民摆在第一位"的政策是十分困难的。

美国不断加强审查制度、政治宣传和间谍手段的使用，其对象不仅是其他国家，同时也包括美国公民。由此可以下结论：美国不断提及民主（正如拜登总统在他的讲话中屡次提到民主）只是为了掩盖寡头统治的真相而已。[74]

事实上，政治家们已经放弃了他们声称是自由主义重要价值观的主要特征——"个人至上"，转而奉行"利润之上"，而这正是资本主义的目的。他们以系统性的手段维护了建制派的利益，而建制派在美国人口中仅占很小的一部分。政治家的这种"退位"在欧洲也有所体现，而这导致了西方政治竞争领域的变化。数十年来，政治竞争是在从极左到极右的政治光谱中上演的；而在新自由主义时代，自20世纪80年代初开始，左翼政党开始向中间靠拢，最终导致左翼和右翼并没有本质上的区别，左翼已经接受了右翼的主要意识形态和政治选项。最终的结果是，穷人和下层中产阶层发现自己在这一政治光谱上已完全找不到位置。

可以预见到的后果是，政治角逐的范围变成了一幅垂直光谱，反建制派（或反体制）运动和传统精英阶层对抗。以下案例可以很好地证明这一点：2019年，法国爆发了黄马甲抗议运动（直至今天仍未停止）；2020年，一位美国黑人遭到谋杀，在美国多个城市引发了骚乱，而参与其中的很大一部分是白人。

2016年美国总统竞选期间，左翼也开始行动，温和派社会民主党人伯尼·桑德斯的支持率进一步飙升，也涌现了一批年轻的政客。但正如图尔西·加巴德所讲到的，事实已经证明，美国建制派仍然有能力边缘化这些人。[75]不仅如此，美国建制派还会减少可投票支持的对象，限定公民的选择范围。例如，2016年选民只能在希拉里和特朗普之间做选择，2020年则只能在特朗普和拜登之间做选择。在三位候选人当中，有两位显然是来自建制派的，而剩下的一位（特朗普）有着不同寻常的履历，而且在竞选宣传过程中，特朗普提出了不少与建制派利益明显不符的外交政策主张。[76]他在国际政策上的主张有些方面明显与建制派多数利益相左，例如，他表示愿意和俄罗斯及朝鲜进行谈判，并限制美国在海外（例如，在叙利亚和阿富汗）的各种行动。如果这些政策真的得到实施，那么不可避免地，美国的军费支出将减少，其国际地位将被削弱，建制派多数、军工复合体将遭受利益损失，更不必说宣扬美国霸权的人了。不过他提出的政策仍有很多显然对建制派有利，如为最富有阶层和跨国企业减税等。

即便在民调中伯尼·桑德斯的呼声最高，但作为最有可能颠覆竞选的唯一重要力量，他甚至没能获得民主党候选人提名。他两次在初选中被除名，并被迫支持民主党的官方候选人——2020年自我定义为中间派但事实上是右派的拜登。拜登漫长的职业生涯和他所提出的国内政策，与过去民主党总统的亲建制派政策没有根本区别，他提出的外交政策选择完全符合美国长期以来实施的传统帝国政策。[77] 他们为民众创造了选择颇多的假象，实则民众毫无选择权。即便建制派的人也会选择拜登，因为特朗普将带来威胁，这就是投票权的真正"用处"。事实上，没有任何一个野心勃勃的美国政治家能够以提出与建制派相悖的政策来开启他的职业生涯，我们从伯尼·桑德斯和图尔西·加巴德的遭遇就能看出其中端倪。

利用主流媒体操纵民众思维、维护建制派利益的做法已长久有之，但主流媒体现已发展成一种可怕的亲建制派宣传机器。一些主流媒体经常接受军工复合体以及情报机构（包括中情局和其他安全情报机构）的指示，或实际上直接视其为指导专家，让美国全国广播公司（NBC）的威廉·阿金这样的反抗者没有容身之地。[78] 政治宣传手段古来有之，但其现代形式得到了重大发展，这要归功于古斯塔夫·勒庞和爱德华·伯尼斯的传世著作，后来在肖沙娜·朱伯夫教授所做的杰出综述中又得到了升华。[79] 在今天，政治宣传工具被用于影响政治组织中的公民行为以及经济组织中的消费者行为。在一战期间，这些工具被放到了它们的理想之处——美国战争信息办公室，其使命是说服美国民众相信美国应该参与一战。美国战争信息办公室主任乔治·克里尔写道："自始至终，我们都致力于为公民提供相关的教育和信息，因为我们有这个自信，我们只需要摆明事实，不需要任何争辩，群众会相信我们的。"[80]纽约大学媒体研究教授马克·克里斯宾·米勒评论道："这篇报道本身就是非常杰出的政治宣传，因为它直截了当地告诉我们，某个机构在战争过程中想塑造这样一种观点：德国人总是说谎，美国人总是说真话。"[81]

我们只需要把这里的"德国人"换成"俄罗斯人"、"中国人"或"伊朗人"，就会清楚看到，为何今天的政治宣传会被用来兜售一个政党、一名候选人、一种经济形式、一种民主制度、一个国家（或国家联盟）的扩张，以及对一个国家的分裂及实施分裂的方式。所有这些都以"为民主而战，反抗独裁"的名义，进行一场"好人"与"坏人"之间的无休止的战争。因此美国建制派承担起了向美国民众"告知实情"的重要角色，其会向民众说明哪一种情况需要进行军事干预。但由于"选民们对外面的世界所知甚少"[82]，尤其是在主流媒体大肆宣扬的情况下，建制派的观点很容易就被国内公众所接受。关于这一点历史案例也有很多，如美国对伊朗（1953年）、智利（1973年），伊拉克（2003年）以及乌克兰（2014年）采取的行动，而这些仅仅是一部分而已。[83]

我们在此对西方民主制度进行归纳总结，尤其需指出的是，即便在美国作为建制派最主要部分之一的军工复合体在欧洲的权力也要小得多。今天，在西方国家实践的民主制度，其特点是在政府机构中担任官员的政治精英和主导市场经济的经济精英之间存在着无法分割的共生关系。从政策的制定、检验到最终呈现给公众的这一过程，只不过是军事情报、经济、政治和学术等领域的精英们（包括具有影响力的大学教授和记者）所玩的一个复杂游戏。除了极其有限的一些"半直接民主制"国家（如瑞士），其他西方国家的一般民众根本无法直接参与或影响这一过程，而只能每隔4~5年选择他们的代表。

当然，欧洲国家也宣称媒体自由的存在，表示公众可以通过媒体监督精英阶层的工作。然而，我们可以通过美国的案例看出，西方世界的大众媒体大多数都为少数权势企业所控制，掌控者不乏一些非常富裕的人，他们自己本身就是经济精英阶层的成员，拥有相同的意识形态、价值观和共同的经济利益，要这样的大众媒体对处于统治地位的精英阶层进行有效、公正的监管不太可能。从欧洲大众媒体如何报道一些欧洲建制派与美国立场一致的重大事件，例如越南战争、伊拉克战争、北约组织干涉南斯拉夫，以及格鲁吉亚战争（2008 年）和乌克兰战争（2014 年），就可以清楚地看出，经济、政治、学术界的精英们如何勾结。此外，一些西方民主制度的批评家也认为，本应捍卫弱小企业利益的贸易联盟和左翼政党也从 20 世纪 80 年代初开始一点一点远离监督使命，并开始迎合自由主义经济精英的主张。

不仅如此，欧洲各国政府也为了金融机构和组织的利益而退让，赋予中央银行自治权，并宣布放弃良性监管金融市场的可能性。[84]

只有在公民接受了良好教育、能够对精英阶层公共政策提案的有效性进行客观评价的时候，民主制度才真正行得通。[85]否则，他们就只能相信精英们所说的话，而这又是代表制民主的主要特点之一。在这个体系中，民众选择其代表有几个可能的根据，如因候选人所属政党，自己认可某个政党以及/或候选人在竞选过程中的提案，又或者被某位候选人的个人特质打动。这些选民选出的代表继而在议会中进行政策辩论（通常是在政府提案的基础上），而最终政策将由议会通过并由公共管理机构执行。

只有在政治精英坚持透明与诚实的前提下，这样的体系才行得通。也就是说，这些人必须做到在竞选过程中所承诺的事情。若非如此，精英们就有机会使用各种手段操纵政策制定，实现自身或本地区的利益，继而导致权力和财富分配的不平等。但现实中有发生的可能性吗？几十年以来，在西方，无论是谁赢得了竞选，政策几乎一如既往，这说明，与选举和议会政治无关的因素在起作用。其幕后真正的操控者是军工复合体、金融界精英等。

这些幕后精英之所以成功是因为他们能力强，并且具有组织性。这也说明为什么寡头是最稳固的政权核心，尤其当他们持开放态度，能够兼容并包，笼络其他阶层。如果选择和拉拢是基于共同利益（西方国家大多是这样），而非基于意识形态（正如苏联），那么整个过程就会更加高效，也更加稳定。[86]

从这个视角看精英阶层的角色，就能够理解不同体系的运作方式。苏联领导人所犯的重大错误是，认为只要曝光西方民主国家的寡头统治就已经足够。他们不知道的是，西方模式的强大之处在于能够构建有关寡头统治的共识，即便这包括了从所谓的"民主"走向法西斯主义，再从法西斯主义走向民主。"这就是西方'寡头政治'有效性的基础。"[87]

因此，我们有理由得出这样的结论，正如一位美国经济学家在数年前所说的那样：自由市场和自由民主的捍卫者（无论公开与否）所使用的"自由"的修辞在实践中仅限于"购物自由"。[88]新自由主义全球化是欧盟支持的美国外交政策的主要目标之一，实际上是对唯一能够实现民主的机构，也就是政府的攻击。[89]结论是，西方国家不具备真正的民主制度（无论是自由民主还是非自由民主）的主要特征。真正主导其政治组织和政策的是大资本及其在权力关系中的拥有者和使用者。简而言之，这样的方式在一定程度上可称为财阀统治。

正因如此，西方模式失去了对世界其他地方的吸引力也就不足为奇了。举个例子，一位在国际上具有较大影响力的中国学者汪晖早在2009年就提出，中国不应该通过模仿西方的民主模式来解决自己的问题，因为"全球现已陷入民主危机，这个危机和市场化、全球化紧密相连"[90]。不仅如此，他还提出："无论在中国或是在西方，特殊利益对国家机器的强力渗透早已有之。面对中立性的丧失，我们能够做什么？答案一定根植于中国日益增强的国家实力当中。然而，这并非要引出对民族主义和种族主义倾向的解读，对该答案的正确解读应该是重新构建中国的价值观和政治体系。如果要以一词概之，那就是一种'新型国际主义观'。在西方民主和市场经济遭遇全面危机和质疑的当下，这样的探索在全球层面的重要性显而易见。"[91]

美国独有的迷思

美国军队优越性及不可战胜性的迷思

美国军队优越性在美国许多政治家、智库研究员、主流媒体甚至大学教授的各种讲话中被不断提及。[92]显然，美国的军事开支要比其他任何国家都多，并且还在持续增长中。[93]

美国军队看似无可匹敌，实则如何？实际上，自20世纪初以来，美国从未依靠自己赢得一场大型战争。美国在一战后期（1917年）才加入战争。当然，美国对一战的贡献是决定性的。在1914—1917年，在正面战场抗击德国帝国主义的都是美国的欧洲盟友。而在二战中，美国只有在1941年12月被日本袭击珍珠港后才宣布加入战争。此时战争已开始两年多了。[94]事实上，在1943—1944年，美国才开辟了欧洲战场前线。美国的确为盟友提供了资助，尤其是英国和苏联，[95]显然，在正面战场上对抗强大纳粹的是苏联，而且其损失巨大！[96]此外，在两次世界大战之间，也就是一战之后、二战之前，1922年，法西斯主义席卷意大利，1932年，纳粹主义席卷德国，那段时期美国大幅增加了对这两个国家的投资。显然在那段时期，这两个国家都不是民主国家。[97]

日本的情况也一样。1931年，日本发动侵华战争；1937年，日本将侵略前线扩大到中国南部甚至亚洲其他国家。如前文所述，美国在1941年12月珍珠港被日本袭击后才加入二战，攻打日本。美国最后赢得了这场战争。美国先是向60多个日本城市投下了数千枚燃烧弹，造成20多万人死亡，大多数为普通民众。[98]美国希望借此打击日本人的士气，说服日本领导人投降。此后，美国在广岛和长崎投下原子弹。

实际上，我们可以客观公正地说，美国赢得的唯一一场重要战争是美国内战。在其他战争（大多数是针对发展中国家）中，美国没有赢得一场重要战争（此处"赢得战争"的意思是：不仅打了胜仗，还实现了和平），无论是朝鲜战争、越南战争、伊拉克战争（两次）、阿富汗战争、叙利亚战争还是利比亚战争都是如此。美国看似无往不胜的陆战队，似乎并没有如某些政治家所说的那样强大。在无法平息阿富汗的抵抗后，美国只得通过空中力量拿下这场战争。

俄裔美国军事专家安德烈·马尔蒂亚诺指出，除了印第安人战争（1622—1890 年）、独立战争（1775—1783 年）以及内战（1861—1865 年）之外，美国从未在本土打过一场战争。这些战争都已成为陈旧历史，而且军事武器的发展日新月异，美国军队根据历史经验是无法了解今日在本土作战的全貌的。[99] 另外，美国军队一直在远离本土的地区作战，使得美国建制派有一种美国本土不会遭受入侵的错觉。也正因如此，美国领导层对于欧洲可能发生的战争漠不关心。欧洲人应该为此担心，尤其是他们知道如果这样一场战争真的爆发，定会在欧洲土地上发生。但即便是这样，欧洲国家仍对美国忠心耿耿，相信美国主导的北约军事组织能提供足够的庇护。

另外，美国对其海外作战能力的自信也引发了其他国家的担忧，它们担心若没有有效的军事震慑手段，一旦自己不听命于美国、阻碍美国实现自身利益，就有可能遭受其攻击。在美国领导下的联合国部队通过朝鲜战争（1950—1953 年）让朝鲜成为一片废墟。后来，朝鲜发展了自己的核武器。而很多试图抵抗美国支配的国家，如伊朗、智利、叙利亚、利比亚、阿富汗、伊拉克等都无法做到这一点。如果美国本土遭受核弹打击，没有一个美国总统能够承担后果。

从纸面上看，考虑到五角大楼制定的巨额国防预算，似乎可以相信美国军队是帮助美国实现国家利益的强大支撑。如果这样的力量只做震慑之用，当然没有问题，因为没有一个国家会愚蠢到甘愿承受核打击的风险，这不仅会对自身造成致命打击，也会对世界其他国家产生可怕的后果。然而，美国却依仗着自身的这一优势无所顾忌地使用武力，欺负或攻击不服从其统治的国家。例如，叙利亚、伊朗、伊拉克、利比亚和委内瑞拉等国家想以其他币种进行石油定价，却遭受美国煽动的政变并受到美国以公开、非公开战争等方式进行的攻击。

奥巴马在任期间，美国的几百个海外军事基地均正常运行，奥巴马对军事资源的使用非常坚定：

> 作为三军统帅我不怕在必要时使用武力。我召集了数万名年轻的美国人参与战斗。在他们回家时，我有时就坐在他们床边。我在数个国家下令进行军事行动。有时候武力的使用是必要的。如果伊朗不遵守约定，我们很可能不得不使用武力。[100]

"新奥巴马主义"和前任总统乔治·W. 布什（2000—2008年）的政策有所不同。布什倾向于开展大规模的地区性公开战争，而奥巴马则改变了战略，更倾向于在伊拉克和阿富汗保持现有军事力量的同时增加非公开战争。无论如何，最终目标都是维持美国军事主导权，只是把大规模地区性公开战争政策换成了非公开战争策略。无论开展公开战争还是非公开战争，他们都是出于维护美国军队表面的不可战胜性的必要性考虑。根据尼克·图尔斯的解释，"新奥巴马主义"包含6个方面：特种作战部队、无人机、间谍、平民合作、网络战争以及代理人战争。2016年，在美国特种作战司令部指挥下，美国精英特种作战部队（如海军海豹突击队和陆军特种部队）在138个国家开展了行动，覆盖全球约70%的国家，覆盖范围自布什任期结束以来上升了130%。而在特朗普执政期间，这些行动的覆盖范围进一步扩大，达到了149个国家，也就是约占全球国家数量的75%，和布什任期末相比翻了一番还多；据美国特种作战司令部向TomDispatch网站提供的数据，2019年，特种作战部队在141个国家有行动。换言之，这仍然覆盖了全球约72%的国家。虽然自2017年（149个国家）以来有所下降，但与20世纪末相比还是大约上升了148%。那时美国突击部队仅在60个国家活动。2019年，美国每周都会派遣特种作战部队到82个国家。[101]

此外，由于开始担心中国在非洲的经济活动，美国向非洲大陆派遣了更多突击部队，进行各种广泛活动，包括训练军队和当地安全部队，培训民兵，提供军事信息支持，发动新型战争，进行反恐行动及演练等。

美国此种举动的总体目标是在非洲大陆上建立并维持军事关系：

> TomDispatch获得的2012年美国非洲特种作战司令部战略规划文件透露，美国的首要目的不是促进非洲的发展治理或军队的专业化，而是另一份已解密的机密报告所称的"防止美国或美国利益受到攻击"。[102]

分析美国特种作战部队在非洲的行动后，图尔斯得出结论：军事基地的发展与特种部队行动有着明显的关联。这形成了一种恶性循环，军事基地网络越来越有效，就可以更好地部署特种作战部队；而特种作战部队的发展也要求军事基地继续发展。[103]这样继续发展下去可能导致美国与中国关系紧张甚至发生冲突，尤其是美国若想通过军事基地和特种作战部队防止中国在非洲开展经济活动，这一风险就更加突出。奥巴马任职期间在叙利亚和利比亚发动了战争，特朗普总统并没有发动新战争，但他基本上延续了奥巴马的战略，那就是将战争隐蔽化（正如上文所述）和在特定地区（如阿富汗、叙利亚）维持美国军事活动。不仅如此，特朗普总统还延续了美国的悠久"传统"——不尊重国际规则与人权。

关于美国一向遵守国际法则、尊重人权的迷思

爱好战争似乎是美利坚合众国的"本性":自美国诞生后,约93%的时间都在战争中度过,也就是说,自1776年《独立宣言》发表到2015年的这239年间,有222年美国都处于战争之中。[104]一份由资深图书馆员撰写的关于1798—2020年间美国国会的报告列出了一份清单,包含了数百个案例,都是美国在海外使用武力解决军事冲突或潜在冲突,或实现和平时期的其他目的的证据。[105]从印第安人战争开始,美国的非法入侵行为就从不间断,这一点已被美国国务院的一位历史学家证明。[106]冷战时期,美国在欧洲国家设立秘密军队;从冷战时起,美国发动了13场非法入侵战争,并曾至少59次尝试过在其他国家推动政变。[107]

2001年9月11日恐怖分子袭击纽约双子塔之后,美国发动了一场非理性的"反恐战争",导致至少3 700万人流离失所,而统计数据无法准确描述这些人遭受伤害的程度。无论在个人、家庭、城市、地区,还是国家层面,流离失所都造成了人们身体、情感和经济上不可计量的伤害。[108]2003年,美国入侵伊拉克,联合国前秘书长科菲·安南公开指责此举非法,虽然这一指责是美国发动这场战争后发出的。此后,北约组织攻击了利比亚(美国是主要推动者),这远远超出了联合国所规定的国家保护责任(R2P),是以非法方式实现政权更迭(其必然导致国家毁灭)。

特朗普虽没有发动新的公开战争,但却紧跟前任总统的政策路线,通过非法的非公开战争打击叙利亚,试图在委内瑞拉和伊朗煽动政变。

特朗普频繁使用的除了非公开战争手段,还有非法域外制裁手段。这也是前任总统们熟稔的手段。作为总方针之一,美国希望在每一次自认为国家利益受威胁时能够通过决策甚至立法使美国有权在全世界采取域外干涉。然而,美国自认为的"利益威胁"在国际法中是站不住脚的。目前,美国正在使用经济制裁和禁运等手段对付多个国家,而完全不理会这些措

施是否经过联合国安理会一致同意。然而，只有后者才拥有国际法赋予的实施制裁的权利。截至2021年6月，受到美国制裁（包括单边制裁和部分制裁）的国家和地区有：巴尔干半岛各国、白俄罗斯、缅甸、布隆迪、中非共和国、古巴、刚果民主共和国、中国香港、伊朗、伊拉克、黎巴嫩、利比亚、马里、尼加拉瓜、朝鲜、索马里、苏丹、南苏丹、叙利亚、乌克兰、俄罗斯、委内瑞拉、也门、津巴布韦等。[109]

虽然相较于战争，制裁的破坏性似乎较小，但制裁会对人民生活水平产生不可估计的影响，正如今天在叙利亚、伊朗、委内瑞拉和古巴的情形，就是对这些国家公民人权赤裸裸的侵害。[110]我们不应该忘记，美国制裁伊拉克导致了超过50万名伊拉克儿童的死亡，美国前国务卿奥尔布莱特当时将其称为"值得的牺牲"。

此外，特朗普总统还对美国的盟友进行了非法制裁，例如"劝阻"欧洲相关国家和企业建设俄罗斯和德国之间的"北溪二号"天然气管道。美国给出的理由是：欧洲从俄罗斯而不是美国进口天然气会对其安全造成损害。[111]然而问题在于，美国天然气价格要比俄罗斯高出30%～40%。

更令人惊讶的是，美国竟威胁国际刑事法院成员，若他们胆敢以战争罪调查或起诉美国官员，美国将对他们实施制裁。美国历来喜欢指责他国侵犯人权，但这一政策似乎与其所作所为并不相符。

然而，美国即便没有完全遵守国际法及其在国际条约或其他约定中做出的承诺，[112]却还是声称自己在推广"基于规则的"国际秩序，并一直以此作为自己在世界上的形象。拜登政府也遵循这一做法，正如国务卿安东尼·布林肯在2021年的外交政策讲话上所宣布的：

> 拜登总统承诺以外交手段发挥领导作用，因为这是应对当今挑战的最好方式。对美国来说，民主制度遭到来自俄罗斯、中国等国家的攻击是最大挑战，美国将尽其所能捍卫和宣扬民主……我们将以身作

则，以自身的力量践行，同时鼓励其他国家进行重大改革，重新制定更好的法律，打击腐败以及制止非公正实践。我们将激励民主行为……但不会通过代价高昂的军事干涉或强行颠覆独裁政权等手段来宣扬民主。[113]

至于美国与国际法和国际条约的关系，我们可以举一些例子：

- 美国退出了巴黎气候协定；
- 美国自冷战开始以来至少有 81 次干预他国选举的行为；
- 美国设立众多非法监狱，对美国的敌人秘密进行折磨。

美国的行为违背了其一直以来宣扬的以软实力服人的立场。硬实力以经济（如制裁）和军事力量为代表，而"软实力是塑造他人偏好的能力，这种能力往往与无形资产有关，如具有吸引力的风格、文化、政治价值观、制度、合法或合乎道德的政策等，这种吸引力能够使自身行动获得对方默许"[114]。但各国遵从美国意愿，为实现美国利益行事，会是因为这些国家仰慕美国在国内实行自由民主制度，在海外遵循自由价值观、尊重人权和遵守国际法吗？[115] 显然，上文中所述美国行为已清楚表明，实际情况与此相反。

不仅如此，即便美国没有采取经济/军事手段威胁他国，也习惯于向敌人"传达清楚的信息"，例如，告诉他们"所有的选择都已摆在眼前"，进行军事演习（单独，或与盟友和/或其他伙伴），时时提醒他国美国军事实力的优越性，等等，以获取他国的服从。[116]

不过，至少从 21 世纪初开始，美国的这种行为屡屡失败。威胁并不总是奏效。似乎有些国家并不明白美国所传达的这种"信息"，也不服从美国的支配。更有可能的情况是，这些国家深知定会受到美国经济/军事打击，但愿意进行抵抗。这些国家进而采取策略避免对美元的依赖（这样可以抵抗其中一些制裁），以及建立军事资源，以向美国回应：若你攻击我们，我们有能力回击，甚至可以攻打美国本土（如俄罗斯、朝鲜）。很多国家已逐渐与美元脱钩，以此抵御美国的经济制裁（如中国、俄罗斯、伊朗），手段包括建立正式或非正式联盟、合作伙伴关系（如中国、俄罗斯），以及发展军事力量（中国、俄罗斯，另外还有伊朗、朝鲜）。

对美国"清晰的信息"了然于胸的一个国家是朝鲜。目前朝鲜仍是发展中国家，却已拥有自己的核武器以及从中距到远程的各式导弹（例如洲际导弹）。自 20 世纪中期以来，朝鲜和美国之间长期处于敌对状态。[117]历史经验告诉朝鲜，盲目相信美国是不明智的。朝鲜已经见证过当外交（即所谓的"软实力"）手段无法让中小规模国家就范时美国的所作所为。当美国发现这些国家对自身利益的实现造成障碍时，军事实力不足的国家就会遭受美国的直接攻击或其军事代理的攻击，就像利比亚（即便它在美国压力之下取消了核计划）、叙利亚、伊拉克、阿富汗、越南、老挝和 1950 年的朝鲜。

这些案例都表明，美国在软实力不起作用时会毫不犹豫地使用其硬实力（经济和/或军事手段）。[118]从理论上把力量划分为软实力和硬实力其实是一种知识欺诈。力量永远都是"硬的"，无论是经济和/或军事手段的实际使用还是威胁（即美国频繁传达的"清晰的信息"，威胁性最强的当数"所有选择都已摆在面前"）。[119]美国的这种行为持续至今，已严重影响美国的国际形象。

特朗普在任期间，美国就出现了不少这种负面影响导致的事件。第一个例子是：美国对朝鲜进行了赤裸裸的威胁——若不听命停止核计划，将把朝鲜从地球上"清除"，然而朝鲜并没有妥协。显然，这是特朗普式的表达，但回顾历史，每当美国面对类似情形时，都会采取类似的做法。希拉里·克林顿曾经威胁过伊朗要消灭它。[120]第二个例子是：美国刺杀了苏莱曼尼将军，但此时的伊朗已经有能力回击美国军队，显然美国对受到回击非常惊讶，但最终还是选择缓和冲突。第三个例子是：中国的数字人民币正在逐渐用于跨境交易。

中国加速人民币国际化进程，一是为了在中美关系恶化时期尽量减少国内经济受到的影响，二是出于华盛顿可能利用美元制裁中国的担忧。华盛顿已经制裁了华为等中国企业以及处理香港和新疆事务的中国官员。如果中国建立起一个跨境数字支付体系，就为增强人民币可兑换性建立了基础，这将加速人民币在外汇结算中的普及。[121]

一系列的现象表明，世界各国已经不再像以前那样惧怕美国力量。例如，2020 年 11 月 15 日，由中国牵头的 15 个国家在历经 8 年协商后签署了《区域全面经济伙伴关系协定》。这是全球规模最大的自由贸易协定，将覆盖 30% 的国际贸易量、23 亿人口。印度没有加入，但值得一提的是，这是中国首个多边贸易协定，也是首个包括中国、日本、韩国三国在内的贸易协定。颇具影响力的国际战略研究所毫不迟疑地表示，这一协定是"中国在地缘政治上的一次胜利"[122]。再例如，欧盟和中国在经过 7 年后，于 2020 年 12 月 30 日完成了重要的中欧投资协定谈判。欧盟以此向美国传递了清晰的信号，而美国建制派大为震惊，似乎完成这样的一个协定谈判是无法想象的。彭博社立即指出这一协定是重大错误："欧盟为了和北京达成协议，不惜怠慢即将上台的拜登政府，并损害了大西洋两岸伙伴的共同事业。"[123]几天之后，美国经济研究所发布一篇文章，并郑重其事地起了标题——《拜登首败：中欧投资协定达成》。[124]显然，假如在一项国际协议中，美国不是其中的领导者，也不是参与方，那么美帝国和美国主流媒体是不会喜欢这样的协议的。而更令人担忧的是，美国建制派似乎不能真正理解这些清晰的信号。拜登入主白宫后，美国建制派挑起歇斯底里的反华和反俄政治气氛，欧洲议会在这样的环境下冻结了这一协定。然而，对与中国已有重要贸易往来的欧盟国家而言，其经济利益不会因此消散。再者，难道美国能提供一个可行的替代方案？

关于美国力量源自其优越性的迷思

美国在多个方面表现卓越，比如在多个领域展现的技能水平、意志力、创业精神，以及施展和控制权力的能力。这当然是事实——不管在科学技术、高校培训还是在经济发展方面，美国都表现得非常出色。然而我们要记得，美国在世界经济中的主导地位依赖于二战同盟国的整体胜利，甚至正如前文所提的，在欧洲前线战场，是苏联这个盟友帮助美国获得了胜利，只不过美国后来将自己描述成最重要甚至是唯一的胜利者。20世纪初，美国经济已经十分强大，可以说开启了"美国世纪"[125]。1776年《独立宣言》颁布、美利坚合众国正式成立后，美国初期的经济利润主要依靠其独特的地缘政治优势：美国国土有两个宽阔的大洋保护，使其免受入侵；美洲原住民能力有限，无法抵抗西方殖民；南部日趋衰落的殖民力量（西班牙）无法维持与美国的长期抗衡；北部则拥有意识形态兼容的好邻居（加拿大）。这些都是经济迅猛发展的理想前提，再加上其得益于直至二战结束才撤销的、强有力的保护主义法律。也只是在保护主义法律撤销后，美国才成为国际自由贸易的捍卫者。此外，美国还从欧洲"自杀式"的外交政策中获得了不少利益。这些外交政策不但在两次世界大战中毁灭了许多国家，同时也结束了欧洲自身的军事和经济强权及其文化声誉。

一直以来，美国都保持着这种"天然"的优越感及对其军队战无不胜的自信。二战结束后，美国的这种优越感甚至从信念变为了现实。这样的优越感甚至让美国拥有了特权，让它即使犯错也无须承担太多的后果。此后，信念和现实之间的鸿沟越来越大，直至现在，已经造成了迷思。这时犯战略错误，便可能造成长期的、毁灭性的后果。历史已经表明，帝国是会衰亡的，一个国家不可能永远在世界上保持唯一的超级大国地位。如果高估了自身当下的力量，又加上不断有竞争者崛起，其后果可能更具毁灭性。为应对这一趋势，一个国家很有必要对竞争者深入了解，包括其文化、历史及其外交政策的根本目的。然而，美国是否真的在试着了解崛起的国家？

美国对自身优越性有着意识形态上的信仰，但这并没有推动其努力真正研究了解任何潜在的竞争者。二战结束前美国在太平洋地区的表现是，美国在沙漠首次成功爆炸原子弹，让这个国家（尤其是哈里·杜鲁门总统）确信美国可以在战争中为所欲为而没有输掉"游戏"的风险，觉着世界上没有任何国家的军事实力能与美国相比（在当时，原子弹就是军事实力的最好证明）。杜鲁门总统通过广播向全球高调宣布第一次在广岛投掷原子弹的消息，很显然，他此举是想警告日本和未来可能出现的敌人（尤其是苏联）：美国是唯一的全球超级大国，你们必须乖乖听话。[126]以下摘选了杜鲁门总统此次讲话广播稿（并标明强调之处）：

> 我们目前在日本的行动，即便加上原子弹，也只是美国军事实力的冰山一角而已。**未来如果发生第三次世界大战**，后果将远不止于此……英、中、美三国政府已多次警告日本人事件的后果。我们已为他们拟定了投降的一般条款。然而，我们的警告他们充耳不闻，我们的条款被他们拒绝。在那之后，**日本人就见识到了原子弹的威力**。他们现在已经能够预见未来原子弹还可能做什么。**全世界都会知道，第一颗原子弹投在一个名为广岛的军事基地**。那是因为，**我们想在这第一次的攻击中尽可能保护平民**。但这次攻击只是一个预告。**如果日本拒绝投降**，我们的原子弹将会落到日本军工企业头上，**以及很不幸地，将有数千名日本平民丧生**。我敦促日本平民立即离开工业城市以保全自己的性命。我知道原子弹的杀伤力有多大……**日本佬**很快就会知晓我们在柏林达成的其他军事机密。他们将会收到第一手情报——而且他们不会喜欢的。[127]

杜鲁门总统使用原子弹对付日本的原因之一是拥有原子弹使他相信

美国卓越超凡的军事实力，原因之二则是避免日本被占领（向苏联投降），因为当时苏联（按照对英美的承诺）加入了对日战争，并很快就占领了朝鲜半岛，向日本推进。然而，1941 年 12 月珍珠港遇袭后，美国没有尝试通过传统军事手段占领日本，只是在 1945 年 8 月决定向日本投掷原子弹，意图逼迫日本立即无条件投降，但这一行动却是对日本平民犯下的罪行。[128]很显然，美国是担心苏联打败强大的纳粹军队后有能力赶在美国之前到达日本。到那时，日本就会向苏联而不是美国投降。这对美国来说是不可接受的后果，因为在二战期间这两个主要盟友已经积累了不少矛盾。而这一系列的事件说明，美国对其传统军队的信心实际上并没有其公开宣传的那样强大。

不仅如此，在空中和海上打败日本也意味着美国并没有在陆地上部署充足的军事力量（即步兵）。而在陆地上，日本却拥有至少 50 万士兵。一场战争的彻底胜利只有双方步兵交战之后才可定夺，但这对美国来说也许是个问题。空中和海上作战使用的是飞行员和水手，需要的军队人数比步兵要少得多。而美国军队司令部的另一个目标就是尽量减少美国士兵的损失。美国司令部曾预测将在抗日战争胜利 3 年后遣返军队，但事实上仅 6 个月后就遣返了。这很可能是受到了来自美国人民的压力，他们渴望早日迎接英雄回家。继对日展开战争后，美国又涉足中国内战，支持蒋介石一方。美国在亚洲似乎采取了与其在欧洲同样的定位，那就是作为解放者的角色，将中国从日本帝国（纳粹法西斯的盟友）手中解放出来。其结果是，毛泽东在由美国支持的国民党发动的内战中取得了胜利，建立了人民政权。而这显然是美国的一个战略失误，其后果重大，甚至塑造了持续很长时间的全球力量均势局面，正如中国的一句谚语："一失足成千古恨。"没错，美国已经认识到这个错误，并开始制定其遏制中国的策略。第一个行动就是允许蒋介石的独裁政权留在中国的某个角落，即台湾。[129]这显然与一般国家内战（美国内战也是）结束后的胜利者完整得到了国家所有土地相反。

不过，一个帝国永远不会甘心于分享其主导地位，它只想完全掌握主导权。所以，美国就利用其实力在欧洲拓展势力范围，一直到达俄罗斯边境，毫不考虑其对戈尔巴乔夫曾许下的口头承诺，这又是另一个战略失误。作为对美国侵略行为的回击，俄罗斯 2008 年与格鲁吉亚的军事冲突、2014年与乌克兰的军事冲突相继发生，而最终，俄罗斯将其外交政策转向了东方，试图与中国共同形成一个强大的经济、科技和军事力量极，并与美国霸权抗衡。当中国在 2013 年提出"一带一路"倡议（见第三章的"美帝国的衰落：内部与国际方面的缺陷"）时，这一趋势清晰浮现。正如上文中那句中国谚语所说，这又是美国一个可成"千古恨"的失误。

关于美国已赎清压迫黑人与印第安人的原罪的迷思

　　2020 年春，"黑人的命也是命"抗议游行迫使美国又陷入国家诞生伊始那段痛苦的记忆。对于此次抗议事件的许多评论都可追溯到美国的"原罪"，即美国南部种植园将奴隶制合法化的历史事实。[130] 没错，奴隶制的确是困扰了美国多年的一宗罪。[131] 经过两个多世纪的奴隶制度之后，美国宣称通过内战（至少是在原则上）解放了种植园非洲奴隶的后裔，即便这不是内战的首要目的。后来，他们在美国南部的种族隔离政策下又做了 100 年二等公民，一直等到 20 世纪 60 年代中期，1964 年美国民权法案出台，才真正从带有歧视性的法律体系中解放出来。那么到了 21 世纪的今天，美国的这一原罪赎清了吗？显然没有。[132]

　　遭受欧洲人和美国人的猛烈攻击后，原住民印第安人的境况至今未恢复过来。这难道不也是一种原罪吗？他们不仅受到残暴对待，在美国的社会地位甚至比当时被称为"黑鬼"的非洲裔美国人还低。后者至少还有一定的经济价值，有种植园主出钱购买他们作为廉价劳动力。他们被视为一种生产要素，得到了一定程度的保护，雇主给他们提供住处和充足的食物，确保他们可以高效工作，不会给种植园主造成经济损失。但美洲印第安人却没有任何经济价值，相反，他们被当作印第安人战争的成本。非洲裔美国人在 1964 年获得了公民权，而原住民印第安人早在 1924 年就已经获得公民权（根据《印第安人公民权法》）。然而，后者的遭遇与前者一样，即便在 1924 年以后，一些原住民印第安人仍然不被允许参加投票。而在今天的美国，抢占原住民印第安人土地的事件仍不断上演。那些"强盗"实际上征用了印第安人的土地，以开展更多的经济活动。

在美国《独立宣言》中，黑人甚至没有被提及，而很多签署人都是奴隶主，包括托马斯·杰斐逊。而印第安人则被描述为"残忍的印第安野蛮人"，当时针对他们的战斗原则是，"无论年龄、性别和其他情况，一律格杀勿论"。

美国独立以后的数位总统也以同样残酷的言论评价美洲印第安人。[133] 其中最残酷的评判无疑来自安德鲁·杰克逊总统：

> 多年以来的经历让我更加坚定最初对这些臣民的定罪，而且每日的经历只会让我愈发坚持这种判断。我终于明白，这些印第安部落根本无法与我们共存，也无法与我们的公民持续打交道。他们既没有足够的智力、产业和道德习惯，也没有改善自身的欲望，因而始终无法改善他们自己的生活。如果放任他们生活在另一个更优越的种族之中，却无法令其认识到自身卑劣的根源，或寻求控制他们，那么他们就只能接受来自环境的压迫，并很快消亡。

直至后来的林登·约翰逊总统才对印第安人表示了一丝怜悯：

> 美洲原住民印第安人曾经是一个骄傲、自由的民族，但现在却在白人社会和印第安部落的不同价值观之间，在白人的政治、语言和印第安的历史文化之间苦苦挣扎。而由于多年的挫败、压榨、忽视和扶

持力度不足，他们的问题将需要很多年才能得到解决。

这听起来颇具同情心，却暴露了更深刻的问题。印第安人"曾经是一个骄傲、自由的民族"，但只有当他们不再"与我们作对"的时候，才值得这份同情心。[134]然而，当这一天真正到来，他们也就不再构成威胁了。

这是美国建制派一贯的态度，无论什么肤色——黑色、棕色、黄色，甚至白色，也无论政治体系的本质是什么——民主、独裁，或专政，当对方的行为符合美国建制派利益时，他们才不是敌人，或不再是敌人。很多政权一直以来都是美国的朋友（例如沙特阿拉伯国王、伊朗国王等，无法尽举）。日本在偷袭珍珠港后成为美国的官方敌人，又在二战中被美国打败后彼此重新成为朋友。后来，从日本官员在朝鲜战争（1950—1953年）中加入反朝鲜阵营开始，日本又成为对美国依从性最高的盟友之一。[135]德国在两次世界大战中都是美国的敌人，而在被打败后成为美国最亲密的盟友之一。[136]俄罗斯的例子则更突出，十月革命后的苏联扬言要废除私人对资本占有权，进而毁灭资本主义经济，在意识形态和政治上都是美国的敌人；在二战中，两者为了打败纳粹德国成为盟友；随后进入冷战时期，又成为敌人。而到了鲍里斯·叶利钦执政时期（20世纪90年代），叶利钦背叛了共产党，推翻了苏联社会主义制度，分裂了国家，两者又成为朋友，美国赞扬其引入民主制度和资本主义，尤其称赞其向美国（以及整个西方）开放市场的举动。投资者、投机者、跨国企业、经济顾问和非政府组织涌入俄罗斯，将其视为等待占领的处女地。这导致俄罗斯国内财富急剧集中，其获得了新兴资本。后来，几个东欧国家正式加入北约，标志着包围俄罗斯战略的高潮泛起。普京上任后打破了这一局面，俄罗斯又重新变为美国的死对头，但此时的俄罗斯已经引入民主制度和资本主义体系了。

最后的例子是美中关系，第三章将对此进行详细分析。在此主要指出一点，即美国对华态度有所变化：开始，从美利坚合众国诞生到20世纪初这段时期，美国将中国视为一片尚未开化、等待占领的土地，视为非正式的盟友，需要为其提供保护，帮助其抵抗红色政权，反抗日本人侵略。后来中国共产党取得内战胜利，中国则变为美国需要遏制的敌人。为遏制中国，美国支持战败的蒋介石，并让他的独裁政权在美国庇护下留在中国土地的一角，即台湾。[137]这是包围中国的重要一步。

事实上，这就是"美国原罪"的核心所在。其本质不在于"黑人奴隶化"或是"美洲原住民印第安人种族大清洗"。这些当然是"原罪"的一部分，但"原罪"的本质在于"我们"和"他们"的划分。我们是"好人"，他们是"流氓人民和流氓国家"。"好人"和"坏人"之分是美国意识形态的核心所在。

西方对中国的诸多谬见

西方世界普遍对中国以及中国的意识形态、政治制度及其国际关系存在诸多谬见。我将以西方和中国共同存在的一些谬见作为审视的起点，即：一方面，西方人相信中国人认为自己的文明和文化优于其他文化；另一方面，一些中国人自己也认为自身的文明优于其他文化，甚至认为其他民族是"蛮夷"。随后，我们将分析西方对中国认知上的一些谬见，具体如下：

- 当今中国是独裁政权；
- 中国发展国家资本主义经济；
- 中国只能模仿西方，特别是西方的科学和技术；
- 中国的中产阶层终会要求实行民主政治制度；
- 中国正在实施帝国主义外交政策，以取代美国的世界霸主地位。

下面我们开始审视这些谬见与当今中国现实的差异。

起点：中华文明和中国文化的优越性

这一谬见是美国学者比照着美国例外主义而提出的，我们将在本书第二章论述，美国例外主义是美国意识形态的重要特征之一。美国例外论的结果是美国认为其受到了天命的感召，自身具有一种要向全世界传播美国价值观的优越感、意志甚至权力。这种认为自身文化具有优越特质的信念在中国同样存在。西方人非常典型的一种思维方式是以西方国家在相似情况下的行为来推断其他国家的行为。例如，他们会认为，当中国具备了同样强大的权力资源时，中国就会采取与西方发现美洲大陆之后的行为相同的行为，特别是会采取与美国通过二战崛起成为世界头号强国相同的行为。现在轮到中国了！所以，这种谬见认为，中国例外主义将会驱使中国领导人也会采取西方在过去 5 个世纪中曾经有过的行为。

当然，中国人对自己的国家非常自豪，"基于自身悠久的中华文明历史和丰富的文化而相信中国是优于西方的"[138]。但这种想法并无特别之处。我还没有见过谁不认为自己的国家是优越的，法国人、英国人、德国人、意大利人，甚至是"小国"瑞士的国民莫不如此。美国例外主义和中国例外主义的区别在于：到目前为止，中国从来没有以军事征服世界，也没有按照自身形象改变世界的意图，而且中国从来没有以"昭昭天命"来赋予自身对外"扩张"[139]及向全世界推行自身价值观与规则的权利和义务。中国封建时代的统治精英对自身的文化十分满意，且觉着没有必要改变这种文化。中国并不想军事征服外邦，也不想将自身经济和政治与其他国家进行捆绑，特别是对于英国这样遥远的国家。

我将通过以下两个事例来说明上述观点。第一个例子是 17 世纪末康熙皇帝批准天主教传教士来华传教。但可惜的是，18 世纪初，教皇克雷芒十一世发布通谕谴责中国礼仪，激起了儒家文化与天主教信仰之间的矛盾。康熙皇帝在读到这份文书后，据说曾写了一段御批："览此条约，只可说得西洋人等小人如何言得中国之大理……说言议论令人可笑者多，今见来臣条约，竟是和尚道士异端小教相同彼此，乱言者莫过如此，以后不必西洋人在中国行教，禁止可也，免得多事，钦此。"[140]

第二个例子是 1792 年英国国王乔治三世派遣马戛尔尼使团来华。使团此行的目的是进一步开放两国贸易，打破对华贸易被限制在广州港的局面。英国大使马戛尔尼与中国的乾隆皇帝之间的交往生动地展现了两大帝国看待对方时的傲慢，乾隆皇帝自负地将英吉利"蛮夷"视作劣等国家的代表，而对大清帝国衰落之势毫无察觉。英国人的表现并不比中国人谦逊多少，他们自豪于英国的现代科技，包括军事技术，但在当时并不敢强推自己的意图。[141] 根据普拉特的记载，当时两国互赠了堆积如山的礼物。英国人带着他们最先进的技术来华，试图打动乾隆皇帝。英国大使马戛尔尼向乾隆皇帝表明了英国寻求优惠贸易政策和在北京派驻大使的意愿。考虑到一向与其他国家交往的既定习俗，乾隆皇帝回赠了大量丝绸、瓷器、茶叶等礼物。

马戛尔尼知道自己并不是在场的唯一一位大使，但他并不明白那些国家的大使来华并不是来打动皇帝的，而是来寻求皇帝支持的，这将帮助他们扩大在各自国家内的政治影响力。他完全不清楚，他的"谈判"对皇帝的冒犯有多么巨大。乾隆的做法也就不难理解了，他尽管没有撤销英国现有的权利，但还是拒绝了英国所有的请求，表示："所有赉到表贡之正副使臣，推恩加礼。至尔国王表内，恳请派一尔国之人住居天朝，照管尔国买卖一节。此则与天朝体制不合，断不可行。"马戛尔尼不敢再次触怒皇帝，担忧这次会面可能会破坏两国间已有的通商关系，只得返回英国。在归途中，他傲慢之态仍不见消减，忍不住在日志中写道："难道他们不知道几艘英国护卫舰的实力就超过了整个大清水师吗？难道不知道大英帝国不出个把月就可以全歼大清海防，并使靠捕鱼为生的沿海省份居民陷入绝对的饥荒吗？"仅仅过了不到半个世纪，他的话就在第一次鸦片战争（1840—1842）中应验了。

然而，如果说中国对绘画、建筑、机械和乐器等部分西方文化元素全然不感兴趣，那就错了。清朝时期，皇家的珍宝馆里陈列了大量的大清皇帝收藏的西洋物件，其中有几架巨大的钢琴。此外，乾隆皇帝很信任意大利画师郎世宁，他曾受命在颐和园东侧设计西洋风格的宫殿。但是，清帝国对自身的文化十分满意，无意军事征服"日不落"的领土，而这恰恰是英法殖民帝国的显著特征。我将在本章结尾讨论"中国正在实施帝国主义外交政策"这一谬见时，进一步阐述这一点，文化优越感是中国无意对外扩张的重要原因之一。此外，我还将在第三章论述"一带一路"有关内容时，分析这一谬见，许多西方人将"一带一路"解读为中国主宰世界的手段。[142]

谬见1：当今中国是独裁政权

从新中国成立至今，中国共产党一直是中国的执政党。简言之，尽管新中国成立后，中国社会和权力结构发生了很大变化，中国共产党依然管理着中国大部分领域如人口、经济、法律、文化以及通信等的体系结构。[143]许多西方学者，特别是美国学者，以中国共产党非民主、威权甚至极权力量来解释其的执政地位和治理功能，甚至据此认为，中国将不可避免地走向崩溃。[144]尽管自改革开放以来，中国人民的经济生活条件得到了显著改善，中共中央的决策质量也有了很大提升，但这种论调依然存在。

正如我们在西方，尤其是美国的民主现实中所了解的那样，美国习惯于以其自身的评价体系和标准来解释中国，而非基于中国自己的原则来评价中国。

用西方自由民主制度的标准来评判中国几乎毫无意义，但无数西方学者已经这样做了，而他们的分析仅有助于我们理解中国的一小部分。事实上，也正是这些分析视角支撑了他们的结论，即中国的弱点将会不可避免地导致中国崩溃，除非中国按照西方价值观进行改造。但他们不能解释，中国为什么能够通过不断调整其经济、政治和社会管理得以适应不断变化的国内和国际条件，并且成功地坚持了自己选择的道路。与针对中国的批评者的预测相反，中国崩溃在可预见的未来肯定不会发生。

更有趣也更重要的事情是，分析中国共产党如何在维护和谐、团结、稳定的中国基本价值观的同时，成功地实现了社会改革及相关变革，并验证其从根本上改善了中国人民的生活条件，我们将会发现，中国的权力运作方式与西方学者和主流媒体所称的独裁政权概念截然不同。诚然，中央集权表面看似乎是自由民主制度的障碍，但问题是，中国是否需要构建一个西方意义上的自由民主国家来改善人民的生活条件，并继续维持实行市场机制?[145]与其允许少数人过度富裕而社会大多数人遭受贫穷、就业不足和公共服务缺乏，不如在国家管控之下，利用市场机制提高经济和社会效率，难道这样不足以满足社会公平发展的需求吗？难道这不是向着《世界人权宣言》序言第二段所描述的"人人免予恐惧和匮乏的世界"迈出的一大步吗？如果我们审视中国自 1949 年以来特别是 1978 年以来的历史，目前为止，答案是肯定的，而且很明确。这也是下文要讨论的内容。

在引入市场机制的过程中，中国共产党制定国家政策，实施和监督决策。但是，中国共产党与人民之间的关系从来都不是党发号施令、公民服从的单向关系。自新中国成立以来，中国共产党的使命便是增强国家竞争力，使中国真正走向独立自主富强并改善人民生活水平，两者之间紧密联系、互为因果。改革开放之后，中国做出的建立中国特色社会主义市场机制的选择与中国在改革开放前的战略目标是完全一致的，即恢复中国的强大国力，抵御 19 世纪以来中国遭受的外部入侵。[146]二者殊途同归。

当然，在中国实行市场经济体制后，中国理所当然地赋予了人民更多经济方面的经营和体制上的自由。行业协会的出现，对中国来说其实算不上是新鲜事。[147]此外，工会和全国妇联等群众组织在中国各地开展了许多活动，这与引入市场机制后中国社会治理变化有关，即使这些组织其实是中国共产党领导下的组织。例如，针对离婚率上升后经济上处于弱势的妇女以及失业率上升（对女性的影响大于男性）的情况，妇联采取了一系列措施帮助离婚和失业妇女。与之相似的是，政府部分退出社会管理领域为非政府组织和非营利组织提供了发展的土壤。

中国在人口政策上发生了重大变化，逐步放宽计划生育政策，废止独生子女政策。法律体系也逐渐发生了重大变化，例如与市场经济体制的实施有直接关系的私有产权得到确立。[148]

文化与传媒体系内发生的变化则更加有趣。与西方国家一样，执政党通过知识生产、观念和价值观引导，让人们理解并最终支持现有的社会组织方式。中国共产党须确保各类出版社、智库、大众及网络媒体、非政府组织和教育机构以及电影、电视、广播所传播的思想不能与权力结构和国家公共政策背道而驰。这是因为中国人意识到，这些渠道可能会被用来传播具有破坏性倾向的言论，甚至被用于颠覆政权。这正是西方国家很长时间以来，针对目标国家所采取的手段。[149]中国还没有遗忘20世纪50年代美国干涉西藏的事务，现在西方国家，特别是美国，又开始干涉香港和新疆事务，中国必须捍卫国家主权平等。美国这些干预活动以支持新疆和香港的分裂分子并最终推动中国政权更迭为目的。中国政府采用的监控工具和监视系统等管理手段和西方国家没有什么不同，特别是和美国相比。[150]2020年，在香港社会和政治动荡持续数月后，中国通过了《中华人民共和国香港特别行政区维护国家安全法》。以美国为首的西方社会对此反应激烈，无视中国维护国家主权和领土完整的正当权益。事实上，如果中国支持美国近年来发生的抗议运动，特别是特朗普政府下台前后几个月发生的抗议运动，以此干涉美国内政，那么美国也会做出相似的反应。自1949年新中国建立以来，中国被越来越多的美国军事基地包围，并一直是美国发动经济制裁和颠覆政权行动的目标国家，这些行动时至今日仍在持续，再加上西方国家对颠覆中国大陆活动的支持，我们就能够理解中国不得不采取国家安全手段来保卫主权的原因。历史表明，大多数强国，即使是更加民主的强国，也会动用其手中的一切手段应对国家主权面临的真实的和潜在的重大威胁。[151]

西方国家为自己批判和干涉中国内政找到的正当化理由就是，西方政治体制不仅优于中国体制（无论采取何种标准），而且依据福山的历史终结论，西方制度是其必然的选择，所有国家最终都将不可阻挡地实施西方的自由民主政体和市场经济体制。此外，正如西方专家所分析的，在当前中国扩大开放（与改革开放初期相比）的背景下，其经济和社会发展正处于低潮期，此时如若放松社会控制，将会为内外部反动势力敞开大门。中国对 20 世纪 90 年代苏联对外开放的后果记忆犹新：苏联采取了自命不凡的西方专家所推崇的休克疗法，结果导致 GDP（国内生产总值）剧烈缩水和贫困率暴涨，最后丧失了政权，使苏联共产党被解散。

西方专家警告说，虽然在改革开放初期中国市场经济的发展尚在可控范围内，但时至今日，中国经济正在进行全面深化改革，要实现中国式现代化。然而，美西方的意思是有必要实施更加自由的资本主义市场经济，向全球市场完全开放，尤其是世界银行强烈建议金融体系要全部开放，以及所有这一切都要建立在自由民主政体的基础上。[152]

这里出现了两个重要的问题：第一个问题是，自 1978 年改革开放以来，中国人民获得了多少收益？第二个问题是，中国共产党是否获得了大多数中国人民的支持和拥护？一个广为认同的事实是，中国人民的生活水平确实得到了极大的改善，特别是在七八十年代改革开放之后尤其是 1997 年中共十五大之后，人民生活水平显著提升。

尽管在发展中存在一些问题，但中国近些年来也十分重视这些问题，大部分中国人民是支持中国共产党设定的发展政策的。党和国家所获得的中国人民的支持是不可否认的，再平衡策略似乎实现了预期目标。[153]许多肤浅的西方观察家从西方流行的自由观念出发，不停地预言中国将爆发大规模的反体制运动。[154]然而，在全国范围内，中国从未出现大规模的反体制运动。而中国人将经济发展放在优先位置，视其为实现自由、保障权利的途径，即摆脱贫困和饥饿的自由，以及享受社会保障和教育的权利。中国也始终遵从着以经济建设为中心的路线。

谬见2：中国发展国家资本主义经济

在讨论这一谬见时，我们需要重返上一章讨论自由市场神话时引用的费尔南多·布罗代尔的观点。在布罗代尔对生产和消费过程所做的历史分析中，他提出了经济活动中三个共存的层面：物质生活、市场和资本主义，其中市场和资本主义有着重大区别。他认为，只有当三种经济活动中的一种取得了支配性地位时，我们才能用这种经济活动的名字来描述整个经济制度。因此，人类社会经济制度的发展主要依次经历了三个阶段：物质经济制度，市场经济制度，资本主义经济制度。另外，部分国家曾经或正在践行社会主义经济制度。资本主义经济制度出现的标志是，资本主导了物质经济和市场经济。困难在于如何确定其中哪一层占据主导地位及其具体时点。

许多研究中国经济发展的西方学者误认为，市场经济等同于资本主义，因此断定中国经济已经变成了资本主义经济，即使他们不得不使用"国家资本主义"一词来自圆其说。这种结论是非常肤浅的。中国一直明确自身实行的是社会主义市场经济制度，显然，这与资本主义市场经济制度在制度体系上存在差异。布罗代尔认为，在生产消费关系组织发生改变的历史过程中，市场经济的发展会受到三种现象的制约。第一，受到持续存在的物质生活重要领域的制约。第二，受到国家的制约。国家会通过参与生产过程来满足自身的需求，或者满足被国家视为对民众有利的需求，无论是对民众直接有利还是通过经济政策对民众有利。第三，受到货币角色的制约。货币可以通过多种多样的方式对价格进行干预，这正是资本主义的主要特征之一。所以我们可以说，市场经济在下层会受到社会中的物质生活水平的影响，在上层会受到资本主义命脉（即货币）或者国家干预的限制。[155]在西方，市场经济受到的限制主要是来自上层的、新自由主义和资本主义性质的新公共管理理论。在中国，自20世纪80年代初开始，国家在经济体制改革中保留了控制、引导和限制经济需求和供应的职能。所以我认为，中国的经济制度不是引入了资本主义的市场经济，而是在社会主义经济体制中引入了一些市场机制。

事实上，如果我们运用布罗代尔的方法进行分析，那么称呼中国经济体制为"中国市场经济"是不完全正确的。中国确实在其经济体制中引入了一些市场特征，比如竞争和公开透明。正是基于此，中国一直在呼吁西方国家承认其具有市场经济地位。然而，一方面，在中国社会主义市场经济体制中，公有制经济才是其主体组成部分。另一方面，中国经济中也的确存在一些非常活跃的民营企业家，他们的企业在行业运行中通过垄断或类垄断手段在某种程度上掌握了定价权。[156]所以，有些西方学者在看到这些现象后称呼中国经济为"国家资本主义"，这是完全错误的。

用"市场经济"来描述中国体制容易使人误解中国经济与西方经济是类同的，或者至少在向着西方的方向演变。事实上，中国在改革开放后进行体制转型，将计划改为规划，向私人企业和资本（包括内资和外资）开放经济活动等更多是遵循了中国经济的现实，应将这些创新称作"市场机制"改革，它们并非真正采取了"市场经济"体制。[157]1978年改革开放后在中国出现的经济组织的形式绝不是资本主义市场经济，而应当被视作与西方资本主义市场经济有很大区别的"社会主义市场经济"。

中国的社会主义市场经济新体制具备如下特征：

- 中国民营企业的自由要受国家的限制，其从事经济活动需要获得国家的许可。[158]与苏联向俄罗斯过渡期的历史相反的是，中国引入市场机制的经济改革始终是由中共中央决策、实施、发展和掌控的，在70多年来经实践检验取得了成功。有证据表明大多数中国民营企业家没有理由反对中国共产党，因为党和国家的政策一直是他们取得经济和社会发展成功的基础。[159]

● 土地仍然是由国家持有的集体财产，构成了国家所掌握的控制和引导经济社会发展的有力工具。

● 自20世纪90年代中期特别是2000年以来，国家已将公共政策定位由"经济建设为中心"调整为"以人民为中心"，这标志着从改革开放开始到20世纪90年代中期，在医疗和教育等战略性领域实施的将公共产品转入市场化运营机制政策发生了重大转向。此外，中国共产党不断对国有企业进行改革，使其逐步向具有国际竞争力的现代企业制度转变。[160]

● 银行系统仍然处于国家控制之下，尽管某些提升银行系统经济效率的措施给了西方观察家以中国银行系统正逐步按照资本主义标准改革的错觉。

国家的主导性地位清楚地表明中国经济并非资本主义经济。我们应牢记：尽管物质生活（例如大部分非正规经济）中存在一些重要的但并非主导性的资本主义经济要素，市场机制仍然是由占据主导地位的国家所引导和管控，公有制经济作为主体，引导和控制着中国经济活动。这与西方经验存在诸多区别。在西方，资本主义要素决定了政治议题的关键要素和公共政策的主要内容，西方在2008年全球金融危机和2020年新冠病毒感染疫情中的应对方式即是有力的证明。[161]上文提到的当今中国政治和经济制度的特征，充分表明中国正在逐步实施社会主义市场经济，其中，经济方面的发展由国家主导，而没有转化为西方式的资本主义，社会主义的发展则通过"以人民为中心"的政策进行调控。

当然，这并不意味着中国经济体制中的物质生活、市场经济、资本主义要素在管理和控制方面就不存在任何问题。然而直到现在，无论我们使用何种形容词，资本主义要素的范围和作用都没有转变到使中国经济体制足以被称为资本主义经济的程度。因此，就目前而言，中国和西方有本质上的区别。不应将两种制度简单地理解为"资本主义经济"的两种模式。

谬见3：中国只能模仿西方

这一谬见在很长一段时间内，被西方学者反复提及。中国经济发展确实是从对技能要求较低的劳动密集型产业开始起步的。在中国赶超阶段，必然要进行的学习和模仿有力地促进了这些产业的快速发展。然而，自新中国成立初期开始，中国就在提升劳动力素质方面花了大力气，后被实践证明这方面是中国现代经济发展的关键因素之一。这一时期的健康与教育事业取得了令人瞩目的成就。[162]此外，在 1963 年，周恩来提出了"四个现代化"：农业现代化、工业现代化、国防现代化、科学技术现代化。[163]西方学者并未对这一政策目标给予足够的重视，认为这不过是共产党的宣传手段。但是随后几十年中国的发展表明四个现代化是中国迈向现代化的基本目标，是为了避免中国发展滞后，再次遭受鸦片战争（1840—1842 年）以来一百多年的屈辱。这一目标指引着中国领导人不断发展有助于提升综合国力的最重要的科学技术。

2006 年，在四个现代化目标提出 40 余年后，国务院国有资产监督管理委员会确立了应由国有经济控制的国民经济七大关键领域：军工、电网电力、石油石化、电信、煤炭、民航、航运。[164]

2007 年，中共十七大报告强调，提高自主创新能力，建设创新型国家。

2008 年，中国通过吸引旅居海外的科学家、学者、企业家来华，加强科技创新，提升国际竞争力。这一宏伟计划瞄准的是具有崇高国际声誉的顶级学者，明确地表达了中国为实现现代化加强与国际科技人才合作的行动计划。

2017 年，在这一吸纳人才的计划提出约 10 年后，《福布斯》杂志认为中国正依托其经济体量和经济活力成为对全球人才具备巨大吸引力的地区，[165]预测中国在 2022 年时将成为全球人才流动的重要枢纽：

> 那时，中国将不仅是最大的留学生输出国，还将成为全球人才定居的重要目的地国。中国作为全球人才流动中心的地位将进一步巩固，这将助力中国整合全球的教育资源。福布斯中国上海行政主管罗素·弗兰尼表示："同时，中国会向海外人才提供更多有竞争力的工作机会。"[166]

2015 年，中国在敏感高科技领域招募美国培养的学者和科学家引起了美国的强烈担忧，美国联邦调查局（FBI）的反情报部门对此给予了特别关注。[167]有趣的是，2015 年 9 月，在中国发布《中国制造 2025》（下文将详述）仅 4 个月后，FBI 发布了一篇题为《中国人才项目》的报告。

在这篇报告中，FBI 认为中国在美国招募学者和科学家将使得中国：（1）获得尖端技术成果和研发人才；（2）从长期受美国政府和私人赞助并在美国进行的科学研究中获益；（3）严重影响美国经济。报告给出的关于中国人才招募项目对美国构成潜在威胁的原因更加耐人寻味。虽然 FBI 很不情愿地承认了合作开展研究的重要性，但其报告却指出，美国企业和大学需要重视保密工作，减轻信息丢失或被盗的影响。在报告的末尾，FBI 给出了关于美国企业和大学做好自我防护的建议。这一事件的后果是，中国学者拿到签证的难度更大了，"几乎没有美国大学愿意接收中国访问学者，美国教授不敢邀请中国教授，担心会引发调查"[168]，中美贸易战则进一步恶化了学术交流环境。

2015 年 5 月，中国发布了一项旨在通过技术创新打造现代经济的战略规划，使得美国的担忧得到了进一步的佐证。这一战略的官方文件叫作《中国制造 2025》[169]，在"一带一路"倡议提出不到两年后公布，是一个意在将中国建设成为高端制造业强国的十年行动纲领。[170]这一计划提出，中国决心在多个关键领域打造一流技术，包括：生物技术，信息技术，新材料技术，先进制造技术，先进能源技术，海洋技术，激光技术，航空航天技术，等等。

通过这份清单我们可以理解，中国政府对这项庞大工程的重视程度，以及中国对西方特别是美国所造成的威胁，也会更加理解美国竭力维持其世界主导地位的动机。我们从西方政府、智库、媒体、学者的一系列反应、声明、分析文章、充满火药味的公告中也可以看出这一计划所造成的影响。这项计划已远远超出了科学技术发展的范围。

事实上，如果这一计划能够完全实现，将对中国国家实力的诸方面产生重大影响，进而影响该国与其他国家的关系。对于长久以来视自身为"不可或缺"的强国并试图将世界现状永久化的美国来说就更是如此了。[171]尽管许多西方学者质疑中国实现该计划的能力，特别是在美国对中国发动贸易战（尤其是针对《中国制造2025》中提到的领域）之后，但FBI 2015年的报告中透露出的担忧不仅没有消失还更大了。2018年10月4日，在哈德逊研究所，美国副总统麦克·彭斯发表的演讲也更加清晰地传递出了焦虑之情。[172]此次演讲表明，如果有必要，中美之间的贸易战可能会升级。事实上，彭斯的此次演讲是面向中国领导层的外交政策宣言，试图强迫中国遵守美国的要求。这篇演讲可以被视为一份新保守主义宣言，巩固了美国长久以来实施的帝国主义政策，拜登总统的演讲和外交政策宣言也再次强化了这一点。

事实上，令西方担忧的是，已有充分证据证明中国已经在《中国制造2025》提到的多个高科技领域中取得了一些进展。两位战略创新领域的专家发出警告称："现在每一位西方企业的高级管理人员都需要意识到，从中国席卷而来的创新浪潮将会淹没西方市场……我们认为这是全球经济面临的前所未有的挑战，其严重性和持续时间之长可能超过20世纪70年代日本带来的挑战。"[173]美中经济与安全审查委员会 2018 年年度报告指出中国在高新技术领域取得的进步，[174]该报告首次加入了"中国高科技发展"这一全新章节。此外，这份报告还指出中国高科技项目会被用于推动"一带一路"倡议，保持中国相较于其他国家（包括美国在内）的竞争力。[175]下文将列举几个中国已经并将继续取得重大进步的领域。

交通运输："过去十年，中国向电动汽车产业提供了约 588 亿美元的补贴……创造出世界最大的电动汽车市场，并在电池领域超越日本和韩国，占据主导地位。政府补贴也成功地使中国光伏企业超越欧美竞争者，跻身世界最大的光伏产品制造商之列。"[176]2021 年初，中国发布了其基于磁悬浮技术开发的磁悬浮列车原型车，预计时速可达 800 公里。[177]太棒了！可你知道中国是从 21 世纪初才开始研发这项技术的吗？这项工程是中国在大城市间建立快轨的宏大计划的一部分。日本也在研发磁悬浮列车，但是中国科学家表示他们的磁悬浮列车成本更低。

疫苗生产：新冠病毒感染疫情暴发之后，中国加速了疫苗研发生产。2020 年 12 月，中国国药集团宣布其 2021 年的疫苗产能将达到 10 亿剂。和美国主要向美国公民提供疫苗的做法不同，中国"承诺非洲、亚洲、拉丁美洲有权优先使用中国得到有效验证的疫苗"[178]。虽然在本书写作时还无法预测中国履行承诺的可能性，但国药集团庞大的产能增加了这一承诺的可信度，特别是考虑到中国正在同时研发至少 5 种疫苗。

量子技术："中国正在通过国家主导的大规模投资奋力成为量子科学领域的世界领导者，未来数年的投资总额可能达到上百亿美元……计划在2030 年之前取得重大技术突破……中国还计划建造量子信息科学国家实验室，首期投资额超过 10 亿美元，它有望成为未来技术研究开发的核心基地。"[179]

空间探索：中国正在实施其雄心勃勃的空间探索计划。2019 年 1 月 3 日，中国的嫦娥四号月球探测器在月球上 186 公里宽的冯·卡门撞击坑成功着陆，完成了人类历史上首次月球背面软着陆。为了实现这次着陆，中国先后在 2007 年和 2010 年发射了嫦娥一号中继卫星和嫦娥二号绕月卫星，并在 2013 年 12 月实现首次近月点软着陆。2014 年 10 月，嫦娥五号的"探路先锋"嫦娥 5T 在绕月飞行 8 天后成功返回地球。2020 年 11 月，嫦娥五号成功返回地球，从着陆点采集的月球岩石土壤样本填补了相关研究的空白，对科学家研究月球火山活动具有重大意义。此次采样返回任务的完成验证了载人登月和建立月球研究基地的可行性。[180]

能源：主要有三大成就。第一，中国首次成功驱动其"人造太阳"，即热核聚变反应堆，标志着中国核能研究水平取得重大进步。HL－2M 托卡马克装置是中国最大、最先进的核聚变实验研究装置，科学家们希望借此打开强大的清洁能源利用的大门。据《人民日报》报道，该装置利用强磁场来产生等离子体，温度可达 1.5 亿摄氏度，约为太阳核心温度的 10 倍。《科学警报》期刊援引《人民日报》的报道称："核聚变能源的发展不仅可以解决中国自身的战略能源需求，更对中国能源和世界经济的未来可持续发展具有重大意义。"[181]即使核聚变如《科学警报》杂志所言是困难和昂贵的，但核聚变不排放温室气体，事故风险及核材料失窃风险更低。需要再次强调的是，中国科学家是从 2006 年才开始研究核聚变反应装置的。

第二，中国致力于建设横跨欧亚大陆的"亚洲超级电网"以拉动投资，促进欧亚大陆丰富的风能、太阳能、水电等可再生能源的交易。可再生能源基础设施建设目前已纳入"一带一路"倡议的框架。

第三，中国科学院高能物理研究所（IHEP）于 2018 年 11 月宣布，其计划建设高能环形正负电子对撞机，能量是欧洲核子研究中心的大型强子对撞机的 6 倍。[182]经过 6 年的预研后，IHEP 在 2018 年 12 月发布了有关该工程的两份说明文件。[183]第一阶段（2018—2022），即工程开工前的"研发"阶段，将以建设关键技术装置的原型机为主。第二阶段，该工程预计在 2022 年开工建设，2030 年完工。新能源工程和科学研究装置的建设表明中国准备和世界银行、亚洲开发银行及全世界的科学家们加强合作，中国正在成为世界高科技的领导者。

人工智能（AI）：AI 是中国最有前景的领域之一，因为 AI 技术可应用于包括军事在内的诸多领域。该领域最知名的专家之一李开复曾就中国人工智能发展规划评论道："当中国投资人、企业家和政府官员都聚焦于某一产业时，他们注定将改变世界。事实上，中国推进 AI 投资、研究和创业的规模前所未有。来自风险投资机构、技术巨头和中国政府的资金正源源不断地涌入 AI 初创企业。"李开复提到了中国取得今日发展成就的速度，并把 AI 和深度学习、大数据联系起来，他说："一场变革已经到来。我们将迎来一个生产力大幅提升和劳动力市场萧条并存的时代，AI 将取代几乎所有领域的人工岗位，进而对社会心理产生深远影响。"[184]此外，中国政府在建设 AI 强国的宏大计划中承诺扶持 AI 研究，但这一计划最主要的作用是引导地方政府跟随中央的宏观政策。全球创新领域的权威专家瑞贝卡·范尼恩和李开复在 AI 问题上具有相似的判断和预测："综合全局来看，中国拥有世界级的企业家和主动作为的政府，我相信中国在 AI 发展和应用方面很快将会赶上甚至超过美国。对于已经习惯了在技术领域具有近乎垄断支配地位的美国人来说，AI 领域的全新世界秩序将是极具震撼力的。"[185]

谬见 4：中国的中产阶层终会要求实行民主政治制度

西方的这一预测仍然是基于西方经验提出的。中国中产阶层的收入近年来实现了跨越式上升。西方学者由此预言，和西方的情况类似，中国中产阶层将会在不远的将来要求更多政治自由，最终导致现行体制的终结。尽管这种设想在理论上并非不可能成立，但是如果我们能够明晰中国和西方在不同的历史道路上的发展实际上依托的是两套迥然相异的价值体系，就会认识到这种设想根本不可能成立。简言之，人们的行为主要是由政治文化（或意识形态）传递给他们的社会主流价值观所塑造的，这一过程在任何社会中都是由社会发展的主导者决定的。

中国中产阶层的准确规模难以统计，因为这取决于如何定义与发达国家中产阶层消费习惯相似所需的收入水平。自 21 世纪初开始，麦肯锡研究中国中产阶层的发展。2006 年，麦肯锡发布了一份基于中国国家统计局公布的 2005 年城乡家庭数据（城乡家庭数量和可支配收入）而做出的研究报告，该报告预测中国中产阶层在 2025 年将达到 5.2 亿的惊人规模，超过了中国预期城市人口的一半。[186]

在 2013 年的研究报告中，麦肯锡使用了来自中国 60 个城市的 7 万名受访者的数据，这些城市的生产总值之和占全中国 GDP 的 74%，人口占总人口的 47%。[187]这份报告将中产阶层定义为年收入在人民币 60 000 ~ 229 000 元之间的人，其中中上阶层为年收入在 106 000 ~ 229 000 元之间的人。报告预测中产阶层总人数在 2012 年尽管只有 2.56 亿，但到 2022 年将上升至 3.57 亿，比 2006 年报告预测的 2025 年将达到 5.2 亿的数字要小。尽管如此，麦肯锡还是基于自己的假设条件做出了预测：中上阶层将逐渐改变消费习惯，购买更多昂贵的消费品，如平板电脑、数码相机、细分日用品（如衣物柔顺剂）和奢侈品。

在中产阶层内部，"2 世代"人数在城市消费者中的占比将由 2021 年的 15% 激增至 2022 年的 35%。"2 世代"是指出生于 20 世纪 80 年代中期之后，成长于相对富足的时代的 20 岁出头的年轻人。麦肯锡研究者认为这是目前最西化的一代人。他们倾向于认为昂贵的商品在本质上优于普通商品，乐于尝试新鲜事物，通过商品赋予的良好品味或优越地位寻求情绪满足感，与他们的父辈一样热衷储蓄、厌恶借贷，具有努力工作的决心，以金钱、权力和社会地位来定义成功。该报告预测，尽管他们延续了传统行为（例如储蓄），但当他们年纪渐长并最终退休时，他们的消费习惯仍然要比现在的老一代人"更加年轻化"。[188]

近期，美国战略与国际研究中心（CSIS）发布的《中国实力报告》运用了和麦肯锡略不同的研究方法，得出了和麦肯锡相似的结论，特别是在对中产阶层消费习惯的分析上。[189]随后，《中国简报》的一篇报道援引了麦肯锡的数据，将中国消费者按照购买力水平分成了四类。[190]该报道作者预计这四类消费者占城市家庭的比重在 2022 年将达到：富裕家庭（年收入34 000 美元以上），约9%；中上阶层家庭（年收入在 16 000 美元至 34 000美元之间），约54%；普通中产阶层家庭（年收入在 9 000 美元至 16 000 美元之间），约22%；贫穷家庭（年收入 9 000 美元以下），约 16%。由于2022 年的城市人口占总人口（按 13.5 亿计算）的比例约为 60%（可得城市人口 8.1 亿），那么城市中产阶层（中上阶层和普通中产）的人数就是8.1 亿的76%，即6.15 亿。这个数字相当惊人，已经远远超过了英国脱欧前的欧盟国家总人口。[191]

　　这些研究结论表明新中产阶层将会成为国家发展战略从投资、出口拉动经济转向扩大内需拉动经济的重要依靠。这对市场经济发展来说的确是一个好消息。然而，《中国实力报告》指出，这种新趋势也可能会加剧中产阶层消费主义和个人主义（主要表现为自私自利）倾向，进一步加重（就其对消费和生产的影响而言）本已相当沉重的环境负担，削弱中国人传统的集体主义合作精神，收入不平等的扩大更是无须多言。这是中国从西方新自由主义革命中可以吸取的教训。

　　这些研究有助于我们理解中国中产阶层及其消费习惯的发展，但其中并未提及中产阶层的政治倾向可能会导致他们支持政权更迭。[192]我们看到的预测是：随着中国中产阶层收入上升，他们必然会和西方中产阶层一样要求实行政治改革。哈佛大学汉学家托尼·塞奇和爱德华·康宁汉姆自 2003年开始的一项研究显示，在中国社会由乡村社会向相对富裕的、以中产阶层为典型代表的城市社会的转型过程中，中国人民对中国共产党和政府的管理方式整体上是满意的。[193]在 2020 年报告中，该研究团队发现，中国人民对中国政府在几乎所有方面的满意度都提升了，他们认为中国政府目前的能力和效率比以往有很大提高。[194]

更有意思的是，这项研究发现，内陆不发达地区的边缘人群事实上更有可能表现出对政府满意度的上升。这与美国主流媒体经常报道的情况是相反的，他们似乎非常乐于揭露中国特别是相对不发达地区低收入群体对现状的不满。这些地区的居民对政府满意度的提升，当然是党和政府艰苦努力的结果。自20世纪90年代中期以来，中国政府向内陆省份特别是乡村地区的基础设施建设和就业、医疗、养老等社会事业投入了大量资金。

哈佛大学的这项研究最终得出的结论是：相较于党和国家的政治宣传和舆论审查，中国人民的态度更多是和他们物质生活的真实变化挂钩的。报告的作者非常明确地指出，中国人民对政府的支持不是理所当然的，如果中共中央未能妥善应对经济增长趋缓和生态环境恶化的挑战，这种支持度是会下降的。但是截至目前，在将中共中央有效应对新冠病毒感染疫情纳入分析后，哈佛大学的研究能够印证，中共中央的支持率并没有下降。更重要的是，鉴于中国社会的不同阶层对中国政府的满意度都比较高，即使是相对贫困群体也是如此，那么从经济发展中获益最多的中产阶层在不发生重大危机的情况下，并不可能突然要求中共中央改变其政策。因此，部分西方学者提出的所谓中国社会内部会产生政权更迭诉求的观点，反映出的是他们对中国社会内部运行机制的无知。

谬见5：中国正在实施帝国主义外交政策

这一谬见包含两个内在联系的维度：（1）中国要向世界其他国家和地区推行其政治和经济模式；（2）中国外交政策的目标是取代美利坚帝国，进而掌控世界。让我们回到本书引言中提到的谬见："中国人来了！他们在我们的国家和前殖民地国家投资，他们偷窃我们的技术，他们干涉我们的民主制度，他们在全球经济中使用不正当手段，他们穷兵黩武，他们威胁邻国，他们侵吞南海……"在这里，我忍不住要化用林登·约翰逊总统说过的"原住民印第安人，曾经骄傲而自由"来描述美国人对中国人的恐惧：

> 中国人，曾经骄傲而自由，现在却在白人价值观和中国价值观之间徘徊，在白人政治、语言和他们自己的历史文化之间徘徊。多年来的失败、剥削、疏忽和懒惰加剧了他们的问题，要花很多年才能解决。但是现在，他们居然又变得骄傲而自由了。多么恐怖啊！

现在我们来分析美国人惧怕中国人的理由，是否比他们惧怕原住民印第安人的理由更加充分。

这一谬见的第一个维度很容易反驳。中国官方的确将中国经济的惊人成就归功于新中国成立以来，特别是 1980 年以后的政治经济组织方式。中国人的确对自身的成就非常自豪。但是他们很清楚，中国的成功必须结合本土情况才有可能向外输出。事实上，从来没有一个国家的情况和中国是相似的，尤其当看中国人口规模时。中国对发展中国家的启示是，政府应当全力投身于发展。和西方国家所不同的是，中国从不追求在与其有经济、文化往来的国家强制推行其发展模式。中国并不像西方一样要求通过合作改变对方的政治、经济和文化体系，也不会要求公共产业私有化以及实行自由民主政体。

中国主张在国际合作中奉行双赢原则，同时兼顾各方利益，无论各方在其中拥有的利益是多大，重要的是参与国对此抱有积极态度。目前为止，似乎很多国家都欢迎这种建立合作的方式，不仅是因为这种方式没有政治压力，更是因为中国、美国、日本和欧洲各国的投资者由此获得了更多选择。此外，中国一直在大力投资建设基础设施，反映了中国自身的成功发展经验。中国的经验表明：经济发展的先决条件是在政府的支持和引导下，完善国家的基础设施。西方国家如英国、美国等不应忘记的是，政府在国家发展中扮演了关键角色，在这些国家的经济具备足够强大的竞争力之后，政府的作用才开始受到限制，全球经济自由化进程才开始起步。[195]

现在，西方的专家们从两个方面批评中国在发展中国家的投资。第一，中国的投资通常是以长期贷款的形式进行的，有可能使受援国陷入所谓的"债务陷阱"。当然，这些西方批评家了解西方国家和这些国家往来的历史，他们在阐述这些担忧时是非常虚伪的，因为正是西方国家有如此行径，在这些国家的投资只服务于自身的利益，提供的长期贷款在大多数时候都打着所谓"华盛顿共识"的幌子。[196]当这些国家无力支付已发放贷款的利息时，西方国家就会要求受援国进行彻底的政治经济体制改革，包括国有经济及公共领域（特别是社会保险、教育和医疗）整体私有化，否则便无法继续获得贷款。这些政策已经摧毁了许多发展中国家。[197]

然而，这并不意味着受援国不应当谨慎管理自己的公共财政。它们应当牢记在"华盛顿共识"之下所发生的事情。这些国家的发展主要依靠中国投资，其积极影响是促进了经济发展，使得这些国家有能力偿还本金并支付利息。当受援国陷入困境时，中国是否决定要债务重组将决定这一国家的经济发展。就这一点而言，中国不应忘记，受援国对西方的愤怒是源于西方对这些国家的残酷掠夺。

第二，西方批评中国公司向受援国输出中国劳动力，没有向当地工人、雇员、经理和工程师传授技术经验。但这恰恰是西方国家在殖民帝国时代的所作所为，殖民地在二战后获得政治独立（至少是理论上的独立）后也依然如此。麦肯锡所做的一项研究准确地展示了在非洲投资的中国公司的行为和西方的完全相反。[198]报告显示，尽管还有很大提升空间，但中国公司雇用的当地员工占总员工人数的比例很高，和西方媒体的报道大相径庭，中国国有企业该比例达到了81%，民营企业达到了92%。更重要的是，中国企业通过学徒制和职业培训项目来提升当地人的劳动技能（62%的国有企业和64%的民营企业曾举办过上述项目）。

上述谬见的第二个维度——中国试图取代美国——所遵循的逻辑是：

中国在拥有足够强大的海外扩张实力之后，便会走上和西方（尤其是美国）相同的道路。事实上，西方学者又一次将西方在征服美洲后形成的行动模式和思维方式套用在了中国身上。西方普世主义神话的另一大表现，已在此前讨论"西方普世价值"时有所涉及。

事实上，历史表明，与西方的做法相反，中国并没有如西方所言，企图侵略或殖民亚洲其他地区。早在西方发现美洲新大陆之前中国就可以这样做了。在14世纪和15世纪上半叶时，中国的经济、军事和技术资源已足够强大，本可以像西方一样去殖民、去征服世界，但其并没有这么做。中国的对外军事干涉仅限于与中国接壤的邻国（俄罗斯人称之为"近邻"）。这些行动是可以理解的，因为没有一个大国能够接受邻国对其充满敌意并可能被另一个大国挑唆或暗中支持。[199]中国的对外远征从来没有超过亚洲的范围，而且这些远征的目的并不是征服他国。[200]但美国的历史恰恰相反，自1823年（距离《独立宣言》发表才刚刚过去了约半个世纪）门罗主义正式提出以来，美国便开始了对外征服扩张之路，阻止欧洲国家介入西半球事务。更近的例子是1962年美国强烈反对苏联在距离佛罗里达州南岸数公里的古巴部署导弹。[201]

中国领导层坚称，在每一次中国有机会对外扩张时，其外交政策反映的都是"和平崛起"。自古以来，中国与许多国家建立了各种形式的关系。大多数情况下，这些交往是由文化兴趣所驱动的，中国希望在不进行领土征服的情况下发展经贸关系。中国西汉著名史学家司马迁记载了公元前2世纪汉朝大使张骞出使西域（中亚及更远的区域）的历史。法国汉学家雅克·班巴诺翻译了司马迁的出使记载，对张骞的事迹做了如下总结："他在西域（指中亚）生活，娶了西域女子为妻……他坚守住了中国汉代对外出使的信念，这种信念并不是军事征服性质的，而是在平等的基础上建立文化和商贸关系。"[202]2013年，习近平主席在提出"一带一路"倡议时，曾专门援引了张骞的事迹："2100多年前，中国汉代的张骞肩负和平友好使命，两次出使中亚，开启了中国同中亚各国友好交往的大门，开辟出一条横贯东西、连接欧亚的丝绸之路。"[203]

然而，西方学者和记者们试图从中国历史中选取与中国官方和学界承认的中国爱好和平的主流叙事相悖的历史事件。事实上，几个世纪以来，中国已经发展出了作战所使用的一整套武器，这些武器发明的时间大多早于西方，[204]中国在对内对外战争中都使用过这些武器，似乎这就是中国攻击其他国家的证据。西方学者通常会引用清朝在18世纪出兵缅甸和越南的事例。[205]

此外，有些学者提到了清朝于1718年和1720年出兵西藏（康熙派兵驱逐侵藏准噶尔军），以及在18世纪50年代出兵新疆（乾隆派兵平定大小和卓叛乱）的历史。不过，美国历史学者伊佩霞提醒读者，清朝出兵并不是为了征服，而是为了驱逐多次入侵清朝疆域的蒙古准噶尔部。事实上，13世纪，元朝将新疆和西藏纳入了统治，这与欧洲通过强大的绝对君主制国家进行领土整合并建立民族国家的方式基本相同。加泰罗尼亚、爱尔兰、威尔士、奥弗涅、朗格多克、西西里岛、撒丁岛皆曾有此遭遇。此外，伊佩霞还提醒我们：

> 清廷对西藏和新疆事务的干预相对较少，允许当地首领进行自治。当地居民可以保留自己的宗教领袖，遵循当地的饮食习惯，也可以不留辫子（清入关后要求占据人口多数的汉族人剃发留辫）。[206]

这一情况和其他帝国类似，一直持续到1912年大清帝国灭亡，欧洲建立的共和制度取代了封建帝制。我们将在第三章看到，共和制国家不允许地方层面（例如省）保留与中央的宪法规则相悖的地方行政机构，即共和制国家不允许地方实行君主制。

现在的问题是：中国为什么在大清帝国灭亡前的几十年，还有新中国成立后，更注重自主力量的建设？中国为什么在 20 世纪末开始走出去，到国外投资？当西方在 19 世纪侵略中国时，中国一直固守着自身的文化优越性，其核心价值观是在孔子学说基础上建立起的儒家文化：和谐、稳定和统一。我将在第二章继续讨论这个话题。中国从未侵略其他国家，而在军事和政治权力关系上半孤立于世界的状态使得中国能够避免卷入重大国际纷争，保全自身的基本价值体系。但是，当被迫向西方开放并卷入西方建立的矛盾重重的世界秩序时，中国在此之前所享有的和谐与和平的文化价值观及国际关系瞬间被撕成碎片。要想重构各国价值观得到保留和尊重的和平国际环境，唯一的途径是：首先，重新夺回能够抵御外部入侵的世界大国地位；其次，努力构建和平的国际环境。我们将在后续章节中看到，中国正是遵循了这样的路径：将传统文化思想、行为方式与西方进行融合。到目前为止，中国成功地坚守住了自主权，传承了传统文化的精华。

我们应当如何理解中国的外交政策？显然这不是一个容易回答的问题。时至今日，西方仍然固执地认为西方思维模式和行为方式是世界的标杆。这产生了两大影响：第一，一旦超出西方熟悉的、自诩为不言而喻的真理的范围，西方便难以对其他思维模式和行为方式保持开放心态。第二，西方难以将中国的文化维度和其他维度如经济、政治和社会结合起来进行集合的思考。要想理解中国在国际体系中的行为以及中国为实现其基本目标所采取的战略，就必须理解中国的一条基本原则：恢复世界大国地位，重新得到认可和尊重。[207] 请牢记毛主席在新中国成立之初的宣言："我们的民族将再也不是一个被人侮辱的民族了，我们已经站起来了。"[208] 要理解中国的战略，就要清楚中华文明具有五千年的历史，比西方文明和西方历史更悠久，因此，它完全是在西方语言和西方历史之外发展起来的，中国既独立于西方，又无意干涉西方。更重要的是，中国摆脱贫困和恢复世界大国地位的战略目标是在西方塑造的国际秩序中实现的，首先是 19 世纪的欧洲国家塑造的国际秩序，其次是 20 世纪的美国塑造的国际秩序。中国成功地传承其在悠久的世俗社会历史中发展出的基本价值观，并在国际化、现代化的过程中对西方文化、经济进行融合，遵循中国传统的政策决策和实施方式，得以逐步实现中国梦想。

如果西方能够理解中国的思维方式（后续章节会讨论），我们会发现，中国从来没有在走出去计划中侵占他国的意图，也无意实施帝国主义殖民政策。相反，中国始终在充分利用国内外的经济、政治和技术等所有领域中的有利因素，尽力发掘国内和国际环境共同发展的潜力（朱利安称之为"潜在形势"）。中国的目标是增强国家发展实力，以抵御近代以来遭受的外来侵略。直到 21 世纪初，西方才开始略带惊讶地注意到中国取得的成就。西方是否有可能意识到中国实现目标靠的是融合了中外两种思维方式和行动模式，以及在此基础上理性构建现代政治经济体系？正如朱利安所说："当代中国靠的是两条腿走路，一条是中国的，另一条是西方的。"这句话很好地解释了中国的成功。

当然，历史经验也表明，这些谬见有被消除的可能，政治、经济和社会的组织方式也会随着时间流逝而变化，意识形态和对外政策也是如此。这意味着，本书的结论也应该限定在一定的范围内去客观理解。尽管许多事实充分表明，中国的一些特征在可预见的未来内不会发生变化（例如意识形态），但我们不能排除发展方向的变化，例如，中国会不可避免地采纳西方政治经济模式的假设就是如此。在未经审慎检视的情况下，这种可能性不能忽略。尽管中国共产党已明确表示要坚持中国特色，坚持中国式的现代化，但未来会不会有变化无法确定，毕竟做预测是很难的，尤其是预测未来。

第二章

意识形态分歧

意识形态[1]，是一国文化的组成部分，可以定义为对个人、组织、集体和政府的行为（包括在国内和国外）具有指引、导向作用的一整套基本价值观、信念和规则。[2]分析和理解当代美国的意识形态要比中国更容易，因为美国意识形态表现出一种明显的内在一致性，自美国成立以来并未发生根本性的变化。与美国不同的是，中国的意识形态自19世纪末以来发生了多次重大变化。如果你简单地参照主导中国社会两千多年的传统封建意识形态，是很难理解当代中国的意识形态的。

理解当代中国意识形态更大的挑战在于，中国文化和美国文化的差异巨大。一些西方学者认为，既然中国已经采纳了一部分西方意识形态（例如市场），那么中国意识形态将会不可避免地向着西方模式演进，否则就会崩溃。事实上，中国继承了传统意识形态的精华，并不是西方模式的翻版，而且也没有崩溃。西方学者难以理解这一点，总是将中国未能采纳西方模式解释为专制主义，并认为中国人的思想被牢牢控制，当局禁止他们全盘吸收西方意识形态。[3]

朱利安提供了一个令人信服的解释：西方人时至今日仍然固执地认为西方思维方式和行动方式是全世界的标杆。其结果是西方人难以跳出自身熟悉的、视为不言而喻的那些方式的范围，难以对其他思维方式和行动方式保持开放心态。西方人难以理解中国何以能够在不采纳西方基本价值观、信念和规则（即西方意识形态）的情况下，实现如此巨大的经济成就。对西方而言，中国意识形态是非理性的、无意义的。这使得西方难以将中国的文化与其政治、经济、社会等方面的发展联系起来。[4]中国在现代化发展中，不断融入国际文化、思想元素，同时保持其内在的价值观、自洽性。在第三章我将讨论我的解答——中国根据环境变化和通过对意识形态的必要改造与调整来指导自身行为，从而实现经济、社会和实力的发展。

美国意识形态的过去和现在

我们将从一封信开始说起。这封信是美国总统托马斯·杰斐逊在1801年11月24日写给时任弗吉尼亚州州长、后来在1817年就任美国总统的詹姆斯·门罗的，节选如下：

> 虽然当下境况束缚了我们的行动，但不难设想，在我们发展壮大之后，终将超越那些束缚。如果不包括南美大陆的话，整片北美大陆，将遍布讲同一种语言的人，他们处于相似的制度和法律的统治之下。[5]

杰斐逊总统在这里总结了美国对外政策的基本目标。它是在《独立宣言》发表25年后制定的，经过一些调整和修改，一直延续至今。这一政策为这个后来发生了翻天覆地变化的年轻共和国设定了宏伟的奋斗目标，显然，没有一种强大而坚定的意识形态作为支撑，这个目标是不可能实现的。我们先来仔细分析信中的内容。首先，杰斐逊很清楚美国当时所面临的限制。但紧接着，他承认了美国体量将会"倍增"，即人口的增长及随之扩大的社会经济活动。然后他主张"实力壮大"需要更多"空间"，需要"扩张"。最后，尽管当时存在许多限制，他仍然憧憬着扩张事业的伟大成就：

为什么不展望一下美国实现目标、成功超越那些限制的情景呢？如果不包括南美大陆的话，整片北美大陆都会被占领。是哪个民族和哪种制度去占领呢？当然是讲同一种语言的人，也就是讲英语的民族。它既不是原住民印第安人的语言，也不是美国人所讲的其他欧洲语言，如西班牙语、葡萄牙语和法语等。

但引文中接下来的内容更为关键——制度。这里的制度应当有两层含义：第一，那片土地上的国家的政府形式应当和美利坚合众国的是相似的。第二，处理这些国家之间的关系的规则应当由美国来制定、实施和监管。事实上这正是从美国成立之初就在发生的事情。首先，原住民印第安人（无论他们是否愿意）融入了美国，被要求遵守美国法律。其次，拉丁美洲国家必须遵守美国制定的规则（包括国内规则和国际规则）。有意思的是，这封信的收件人詹姆斯·门罗，在当选为总统后提出了以他的名字命名的门罗主义，禁止欧洲国家干涉西半球事务。在那时，美国即已提出其对西半球的规则制定拥有排他性权力。[6]我们将在第三章第一部分看到，二战后，特别是苏联解体后，美国意图精心构建以其自身规则为主导的自由主义国际体系。当下美国正在动用一切手段维护自身权力，并消除所有试图改变这一体系的国家所构成的潜在威胁，尤其是俄罗斯和中国。门罗主义的影响目前已遍布全球。

现在来分析美国自成立以来，是在何种意识形态的基础上，将其扩张性的外交政策正当化的。由于意识形态和其指导下的实践（即外交政策）是不可割裂的，要讨论意识形态，不得不提到美国自18世纪末开始实施的对外政策的主要内容。这将为我们理解美国意识形态奠定良好的基础。第三章将对美国外交政策做系统性的深入分析。

尽管欧洲文化和美国文化具有一些相似性，美国意识形态和欧洲的还是有相当大区别的。在解释美国意识形态的特殊性时，需要首先强调的是，美国非常特殊的地缘政治环境。[7]美国处于两大洋的保护之下，使其能够免于遭受外来侵略。北美大陆的原住民装备简陋，难以抵抗西方殖民者，而南部边境的殖民帝国西班牙日渐衰落，也没有足够的实力与美国相抗衡，北边的邻国加拿大亦能够接纳美国的意识形态。[8]此外，在地理和文化上，美国又与清教徒移民的母国相分离，这些都是美国独特的意识形态得以巩固和发展的理想条件。

上帝、"拣选"、"例外主义"和普世主义

美国的意识形态是在 13 个英国殖民地发展出来的，18 世纪时逐渐走向成熟，因此相当复杂。如一定要概括其特征，我会用斯蒂芬森所称的"拣选"这个词，他认为美国人是上帝拣选出的人，这是开国元勋们共有的深沉信仰（见图 1）。这一信仰是美国外交政策双重属性的意识形态基础。其第一重属性是例外主义，即美国是上帝拣选的国家（其他国家则没有被拣选），美国因上帝的拣选而变得例外，使其与来自英国的清教徒所抛弃的腐朽的欧洲国家区别开来。"上帝拣选的优秀子民"的任务是建立一个全新的共和国，远离"腐朽的欧洲"，从欧洲战争、宗教迫害、君主专制中解脱出来，并将其打造成一个世界其他国家都应当效仿的"纯洁的"和卓越的典范。[9]这一属性在《独立宣言》中体现得淋漓尽致，《独立宣言》也通常被视为反映了美国的典型特征：

> 我们认为下述真理是不言而喻的：人人生而平等，造物主赋予他们若干不可让与的权利，其中包括生存权、自由权和追求幸福的权利。为了保障这些权利，人们才在他们中间建立政府，而政府的正当权力，则是经统治者同意授予的。任何形式的政府一旦对这些目标的实现起破坏作用，人民便有权予以更换或废除，以建立一个新的政府。新政府所依据的原则和组织其权力的方式，使人民认为唯有这样才最有可能使他们获得安全和幸福。[10]

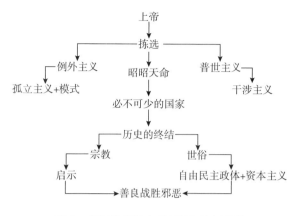

图 1　美国意识形态／目的论基本原则

当然，《独立宣言》的用词很容易遭受诟病，因为在其发表时并不是所有人都是生而平等，享受造物主赋予他们若干不可让与的权利的。事实上，美国当时保留着数十万（后来达到上百万）非洲黑奴，并已经开始掠夺原住民印第安人的土地，毁灭他们的文化。显然，《独立宣言》并不认为黑奴和天生优越的白种人是平等的。然而，它通常会被这样理解，即美国的目标是将他们组织起来，并将这种意识形态上的平等转化为现实。《独立宣言》的革命性意义由此被保留下来了。在第三章第一部分，我将会分析美国是否实现了这一目标。

在实践中，例外主义通常的含义是，美国有必要与欧洲保持距离，避免被欧洲的专制和野蛮所玷污，以及建立一个永不消失的纯洁的共和国。所以，孤立主义作为例外主义的结果，是美国外交政策第一重属性的组成部分。但是孤立主义并不意味着美国应当完全与欧洲隔绝，而是说，卓越的美利坚合众国是欧洲国家应当效仿的楷模。1816 年托马斯·杰斐逊将这一点说得非常明白：

> 我们注定要成为阻挡无知和野蛮主义回归的屏障。旧欧洲将不得不依靠我们的肩膀，蹒跚地追随着我们。[11]

将美国和其他国家区别开来，即"我们"和"他们"，是例外主义的深刻内涵，理解这一点非常重要。美国视其自身为卓越典范意味着：被上帝拣选的美国（其他国家则没有）因上帝的拣选而变得例外，使其与来自英国的清教徒所抛弃的腐朽的欧洲国家区别开来。美国的这种认知一直延续至今，其最鲜明的表述当属乔治·W.布什总统在 2002 年国情咨文演说中，将伊朗、伊拉克和朝鲜称为"邪恶轴心"，由此在代表善良的"我们"和代表邪恶的"他们"之间划清了界限。

　　美国对欧洲的态度后来被詹姆斯·门罗总统进一步强化了，他在 1823 年提出门罗主义，禁止欧洲国家介入美洲事务。而且，美国对欧洲的孤立主义政策一直持续到了其参与第二次世界大战之时。美国的确在 1917 年加入了第一次世界大战，威尔逊总统试图通过构建新的世界组织——国际联盟来避免欧洲可能发生的战争，呼吁赋予欧洲国家民族自决权，但这一权利后来受到发展中国家威胁。然而美国参议院拒绝接受国际联盟据以成立的《国际联盟盟约》，未批准美国加入国际联盟。显然，在两次世界大战期间，美国并没有介入并阻止 20 世纪 20 年代意大利法西斯政权和 30 年代德国法西斯政权的建立（虽然事实上，美国那些杰出实业家都参与了），在日本帝国主义 1931 年侵略中国时，美国并没有干涉，德国 1939 年闪击波兰和 1941 年入侵苏联时，美国还是没有干涉。直到 1941 年底，珍珠港事件发生，美国才加入了第二次世界大战，[12] 并将西西里登陆推迟到 1943 年 7 月，诺曼底登陆推迟到 1944 年 6 月。

　　美国外交政策的第二重属性——普世主义，同样是建立在"拣选"的基础上的。美国在全球推行"普世价值"的解说是，由于上帝是普世的，那么被上帝拣选的人民就被上帝授予了传播"普世价值"的使命。但是这些价值观只有在被全世界信奉时，才会具有现实普遍性，因此，被上帝拣选的人为了实现这一目标，就具有了干涉他国的权利乃至义务。[13] 所以，普世主义的另一面就是干涉主义，以在全世界传播"普世价值"为目标。在

第三章的第一部分，我将讲述美国是如何实施干涉主义的。

很显然，孤立主义和干涉主义作为美国外交政策的两重属性，是相互矛盾的。然而，在面对要不要干涉某国际事件的选择时，二者是共存的，是相互协调的，这也是美国精英诸多争论的根源。[14]事实上，自美国成立以来，干涉主义就一直是美国外交政策的主要方面。因美国的独立战争可能会被视为一场内战，故此处分析不包含这场战争。美国外交政策的第一个重要举措是针对北美原住民的战争（所谓的印第安人战争），这场战争一直持续到 19 世纪晚期，并在 1890 年，以翁迪德尼之战（又名伤膝河大屠杀）正式结束。随后是美国和西班牙、墨西哥等国的战争。更重要的是，自 1823 年门罗主义提出以来，美国一直维持着对拉丁美洲的掌控，继续在加勒比海地区和太平洋地区扩张，并在两次世界大战之间的 20 多年间与包括意大利和德国在内的欧洲国家保持着经济往来。这些经济关系在二战后美国重建欧洲的政策中起到了重要的支撑作用，特别是在德国重建中。[15]自 1945 年以来，美国无数次持续不断地进行对外干涉更是无须多言（将在第三章讨论）。

不可或缺国家的昭昭天命

1845 年，上述意识形态被"昭昭天命"这一新概念所囊括，这个标签为上帝拣选的人的非凡地位及其干涉权注入了一股令人生畏的力量。显然，被上帝拣选的美国人民肩负着一种昭昭天命。安德鲁·杰克逊总统的顾问约翰·苏利文提出了这一新概念，他指出："背负着天命的我们有权向外扩张，占领整片大陆，天命授权我们将这片大陆用作自由和联邦自治政府的试验田。"[16]此外，正如欧洲人所宣称的，"未被基督教世界的成员占领的土地，理论上有权自由征用"。所以，天命"成了美国一个代表大陆扩张主义的时髦热词，这种扩张权是天意或历史赋予的"[17]。的确，这一使命在一开始仅限于征服美洲大陆西部地区，但事实上，除非限制美国的扩张能力，不然就无法阻止其向全世界其他地区扩张。这种扩张能力首先在美洲彰显，之后是亚太地区，再然后是二战后的全世界。苏联解体后，美国对世界的掌控达到了顶峰。[18] "昭昭天命"似乎已经在逻辑上被验证。20 世纪 80 年代，美国出现了一种新的意识形态理念，进而强化了其他方面的信念：被上帝拣选的人无可争辩地成了不可或缺的民族，他们被赋予了神圣天命，是全人类的楷模，有权利和义务干涉他国事务，传播只有他们拥有的"普世价值"。

神圣与世俗的融合

同时，必须强调的是美国意识形态的宗教渊源与根基。事实上，第一批殖民新英格兰的英国移民是宗教改革中极其暴力和顽固的一批清教徒。英国清教主义早先发展出一种观念，认为新英格兰不仅在空间上，而且在精神上与欧洲大陆相分离，它是捍卫真正宗教的堡垒，也是这种宗教传播的源头，是被神拣选以执行更高使命之所在，例外主义和孤立主义正是在这种宗教信仰的基础上形成的。此外，这种昭昭天命的宗教构思，很明显夹杂着救世主信仰，这也使得弥赛亚行动主义成为实现美国外交政策第二重属性——干涉主义所必需的了。

在这一宗教信仰内部，昭昭天命不仅是孤立（例外主义）或干涉（普世主义）的可能结果，还为清教徒们设定了使命：

> 要成为一名新教徒，特别是一名清教徒，就要将《圣经》理解为一种启示人的认知的经典，要理解神意之手主宰着世间的一切。现在的事件都是《圣经》教义的实现或再现。通过理解预言，一个人可以理解并"顺应"历史的进程。要想获得自由，就要理解这种命运，遵循神意的指示，"让我们的选择主导我们的命运"……即使知晓这种带有一定确定性的命运，每个人仍然有责任选择追随或背弃这种命运。[19]

这种使命在一开始就建立起了一种传教的义务。斯蒂芬森进一步评论道："这种思想晦涩但内涵丰富，最全面地展示了历史的终结及其后果。这是善与恶之间的殊死搏斗，历经波折后，弥赛亚会再现，善良终将取得最后的胜利。"

必须指出的是，清教徒解释基督教的方式是基于一种信念，即人类有信徒和他者之分——我们不仅要远离他们（即孤立主义），甚至要反对他们（即干涉主义）。这种解释显然与基督的真谛——共融的实践背道而驰。它既与孤立矛盾，更与干涉相悖。基督的言论——"欢迎有罪之人、妓女、收税官、通奸的妇女，也就是那些因为与异教徒接触而被认定为道德不纯洁或有污点的人"，体现了这一点。正如马尔格拉特和朱诺德所说，事实上，清教徒的纯洁观念非常封闭，这恰恰和基督的教义相反：任何外在的事物都不能使一个人变得不纯洁，只有人的内心才可以。一个人的言行才是纯洁或不洁的源头，而非他存在的环境。与他人的交往由此也就不再是一种危险了——并没有污染或不洁的潜在风险，而是一种机会，信教者受到神的邀请，将他的纯洁体现在具体行动上。[20]更重要的是，清教主义的这种取向仍然存在于各类起源于新教并将《圣经》当作启示录的美国教会中。[21]

新教分支的这种取向令人惊讶，因为它与基督教的主要特征，也许是最重要和最具革命性的特征相矛盾。在《旧约》中，信徒是被上帝拣选的一个群体；而在《新约》中，地球上的万民都是被上帝拣选的，我们（神所拣选的）和他人之间不应有隔阂。每个人的内心都会有善恶冲突，但是一部分人类不应和另一部分人类之间有冲突。可见，正如前一段所展示的，实际上清教主义已完全背离了基督的教义。

这种意识形态最显著的特征之一是宗教和世俗价值观的混合。以实现《圣经》预言为己任，显然是一种宗教式的义务。但是来到新世界的英国殖民者们带来的不仅是清教主义，还有当时在欧洲涌现的关于管理国家（共和主义，后来转化为自由民主政体）和经济（市场经济/资本主义）的新思想。和宗教价值观相似，这些世俗价值观也被认为是普世的。因此，后者结果和结论与前者也不出意外地相似：其他国家应当模仿美国的自由民主政体和资本主义，美国民主制度和资本主义的信徒有义务（和权利）尽其所能地向全世界传播这些价值观。美国意识形态的显著特征在于，这种宗教价值观和世俗价值观的结合在美国历史上一直延续着。[22]

引领世界走向历史终结的权利和义务

虽然美国注定引领世界的观念，直到威尔逊总统提出救世主式的行动主义时才得到明确的表述，并且自二战后才得以系统化，但这种观念在美国成立时就已深深镌刻在美国意识形态中。[23]事实上，我们已在前文的引用中提到了欧洲"蹒跚地追随美国"的义务，这使得美国将其外交政策限制在第一个维度（孤立主义），但是救世主般的普世主义（干涉主义）很快取而代之。其信徒有权利和义务理解并"顺应"历史的进程，向全世界传播其意识形态，并引领世界走向历史的终结。

我在前文叙述的美国意识形态，构成了一整套强大完整且内部联系紧密的信念。这种意识形态已成为一种思维方式，在其深入人心后，人们在看待世界并对身处其中的人的思想和行为赋予意义时，便会遵循它。这种意识形态从始至终都引导着美国的外交政策，这也是其外交政策永恒不变的"正当"理由。这种意识形态事实上在美国成立时便已开始发挥作用，时至今日依然如此。如果我们审视美国成立以来这种意识形态的运作，我们很容易发现它已经成为一种无坚不摧的"大规模杀伤性武器"。

首先，也是最重要的是，这种意识形态摧毁了美国精英以其他方式看待世界的能力，他们无法想象美国可以在世界上扮演其他角色。[24]在思考国际体系内部的实力资源分配所发生的重大变化时，以其他方式看待世界的能力是非常有必要的，现在国际体系内部的情况已经和二战结束时的情况大不相同了。与此正相反，美国精英们现在仍然在不顾一切地维持美国在1945年后，特别是苏联解体后营造的国际秩序。

其次，通过推行这种意识形态，美国赋予自身一种在全世界实施一系列大规模破坏行动的权利和义务（履行上帝赋予的义务），其中许多行动的理由是有敌人图谋击败和毁灭"上帝拣选的子民"，对美国及其宣称要保卫的价值观构成了致命威胁。[25]事实上，这些理由难以正当化这些行动。与此相反，美国总是一边为自己（及其盟友）整合经济和军事资源实施大规模杀伤性行动进行辩护，一边谴责敌人实施同样的行动。这就是美国和欧洲都在使用的著名的双重标准。

美国对目标国家频繁使用经济和军事手段，违背了美国精英的另一条基本信念：总的来说，美国之所以能够行使其权利，是因为其在人权、自由、民主等多个方面都具有吸引力。[26]美国精英们一直是以这种视角来看待美国和其他国家的关系的，他们似乎无法理解，正是美国对其经济和军事实力的运用才使得这一切成为可能。尽管如此，美国建制派中，某些最有可能影响政策实施的成员还是已经非常清楚地意识到，当使用其他手段难以符合美国的国家利益时，军事手段就是美国实力最重要的组成部分。[27]

这并不是说，自美国成立以来这种意识形态在美国内部不存在争议，许多美国人"发声谴责美国宣扬昭昭天命暴露出的权欲熏心以及其曾对墨西哥的劫掠、对夏威夷的占领、对菲律宾人的屠杀，说每一桩种族主义和帝国主义行径都是对共和国与生俱来的反殖民权的背叛"[28]。事实上，直到现在还有不少人在谴责美国这种变态的权欲熏心，以及美国在世界各地造成的毁灭性后果，特别是二战后所实施的行动。[29]

历史表明，尽管存在这些反对声音，但美国对外干涉的倾向始终没有改变，为了传播其新世界秩序的"福音"，美国会在任何地点、任何时间采用任何手段实施干预。

当代美国意识形态及其对外交政策的影响

在唐纳德·特朗普于 2020 年总统大选落败后，不少人对美国建制派的能力恢复了一些信心，寄望于建制派多少能够修复一些特朗普对美国意识形态造成的破坏，并将美国外交政策由传统的帝国主义方式向更加具有合作精神的行为方式转变。在全球的实力资源分配方式发生重大变化的背景下，这种转变尤为必要。拜登总统及其部分幕僚在某些场合表态称，新当选的政府与特朗普政府有很大区别。然而，拜登及其幕僚发布的第一份公告和做出的第一个决策却清晰地表明，新政府并没有那么新，事实上新政府更像是完美复刻了奥巴马政府的政策，无论是在意识形态还是在实际行为方面。所以，一切复归正常。拜登政府做出的新政府将和特朗普政府完全不同的声明实际上说明，特朗普政府的外交政策和奥巴马政府的外交政策尽管存在重大区别，但这种说法错得离谱。[30]

至少从小布什政府开始到拜登政府，政策明显具有连续性，对此我将在第三章展开讨论。特朗普的外交政策基本上和他的前任是一致的。如果特朗普的外交政策没有危及建制派大多数人的利益的话，特朗普政府的确可以和其他几届政府有所不同。特朗普政府应当向至今还不明白这一点的人澄清的是：并不是总统掌握着权力，而是建制派掌握着权力。总统可以宣布一些决议，但如果这些决议威胁到了建制派的核心利益，建制派有权力废掉它们。他们有无数种策略来确保外交政策始终为他们的自身利益服务。建制派不仅反对特朗普的具体政策，他们还制订了一个在选举日前就已在实施的计划，试图罢黜总统。这一计划在特朗普的任期一直存在，据我所知，这在美国历史上是第一次。[31]

为了验证我的观点的准确性，读者们可能会仔细分析拜登政府团队的构成。在第一章中，我已经提到，拜登政府选人、用人明显倾向于那些利用公共部门和私人投资公司、智库之间的"旋转门"获得职业发展的人。

他们中的许多人与军火采购公司及军工复合体之间有明确的关联。美国《政客》杂志自拜登总统执政以来，一直在追踪拜登团队的人员构成。[32]在2021年3月23日的报道中，《政客》将拜登的团队描述为"由顶级咨询公司组成的团队"。约20名拜登政府的官员都和3家咨询公司有关联，包括一些最高级别的国家安全和外交政策官员以及被提名者。其中6名是安东尼·布林肯在西部执行战略咨询公司的前同事，他是这家咨询公司的联合创始人。拜登总统似乎对这些利益冲突毫不在意。[33]

引领世界遵循新保守主义意识形态

在此，我将论证拜登政府是如何按照美国传统意识形态行事的。实际上，拜登政府的第一份声明和决议就是建立在美国传统意识形态基础上的。总之，拜登政府将会忠于美国传统的口号："我们将引领美国缔造的自由的基于规则的国际秩序走向和平、稳定、繁荣、民主和人权。"但这个口号总是基于一个前提，那就是这些政策应当符合"我们美国的价值观和利益"。

在此复述一遍，上文讨论的美国意识形态所体现的主要特征是：被上帝拣选的美国人建立了一个全世界都应当效仿的纯洁的共和国，美国作为"普世价值"的大本营有权利和义务向全世界传播"普世价值"，在这种情形下，美国扮演着不可或缺的角色，美国背负着引领世界走向历史终结以及实现善战胜恶的昭昭天命。美国意识形态的全部组成部分所造成的结果是塑造了美国在世界上的使命——引领世界。在第一章中我已指出拜登在《外交事务》杂志发表的文章非常频繁地强调"美国的领导者角色"，该表述在文章中出现的次数不少于20次。[34]该文章还有他经常提到的"美国回来了"的口号——可能是指对特朗普政府的拨乱反正。这并不是美国要和盟国及竞争者在平等的基础上进行合作，而是美国要再次领导他们。[35]是美国的优越性给了美国这样的权利和义务："我们"将再次领导"他们"。这就是美国传统的"我们"和"他们"之间的划分。

并不令人感到意外的是，拜登政府的政策完美复刻了奥巴马政府，即实施大规模制裁，发动政变，公开和秘密地进行军事干涉，大力发展无人机和其他武器（包括核武器），在全球范围内（特别是在东欧）升级杰斐逊的"扩张"政策以及遏制俄罗斯和中国。熟悉克林顿—布什—奥巴马外交政策的人，难道真的会认为"拜登复刻"会对美国这一超级强国的外交政策做出任何有重大意义的改变吗？[36]最具影响力的新保守主义学者罗伯特·卡根冷酷而清晰地说道："为什么不管喜欢与否，美国人必须接受超级大国的全球定位？"[37]"必须接受"这个说法相当有内涵，因为其重点不是美国必须引领世界的权利（这是显而易见的），而是美国是被要求这么做的。那么被谁或被什么所要求？很有可能是整个"国际社会"，因为美国是唯一能够避免国际体系混乱的国家。这一点我将在下文讨论。

非常有趣的是，罗伯特·卡根和被拜登拣选担任国务卿的安东尼·布林肯，在2019年合著了一篇通过著名的布鲁金斯学会发表的文章，该文章称中国和俄罗斯将是美国霸权的主要障碍。在该文章中，他们非常清楚地意识到了仅有外交是不够的：

> 但是武力可以成为有效外交的必要辅助手段。在叙利亚，我们正确地避免了叙利亚成为下一个伊拉克，但是我们犯了相反的错误——做得太少。不适当使用武力，就无法通过谈判来实现和平，更不用说用强制手段实现和平了。现在我们已经看到了后果，数十万平民死亡，上百万难民扰乱了欧洲，俄罗斯、伊朗和黎巴嫩真主党的影响力扩大。如果继续执行特朗普宣布的从叙利亚撤军的决定，我们可能会看到"伊斯兰国"的回归。[38]

想一想这些话有多么荒谬吧！正是因为美国没有使用足够的武力，才会有数十万平民死亡，上百万难民扰乱欧洲。由于我们或多或少知道难民危机是因为美国在中东使用武力造成的，这段话就更显得可悲又可笑。其至，一些美国专家还批评欧洲未能应对美国在欧洲盟友支持下制造出来的难民危机。

对卡根和布林肯来说，美国必须领导世界的原因是很清楚的：如果美国放弃了其在塑造国际规则、制度和动员其他国家保卫国际体系的领导地位，会发生两种结果：

> 一种是其他一些大国将取代美国并重塑世界，维护的是其自身利益，不是我们的，推行的是其自身的价值观，也不是我们的。另一种更有可能的结果是，世界将会陷入混乱和冲突，丛林法则横行的世界将会再现，就像20世纪30年代那样。[39]

外交和使用军事、经济制裁手段之间的两难选择

2021年3月，拜登政府重申了卡根和布林肯在2019年合著文章中所表达的观点，即美国是不可或缺的世界领导者。2021年，国务卿布林肯在外交政策演说中重申道："拜登总统将以外交为抓手，因为这是应对当前挑战最好的办法。"[40]美国一直妄称俄罗斯和中国这样的国家对民主存在威胁。但是要怎么做呢？布林肯的答案是："我们将发挥我们榜样的力量，鼓励其他国家进行关键性改革，推翻恶法，打击腐败，停止不公正行为，鼓励民主行为。但是我们不会耗费巨额成本动用军事干涉或武力的手段推翻威权政府来推行民主。"多么值得赞扬啊！他把美国树立为卓越共和国的典范来让其他国家效仿，也许意图是好的，而且符合美国孤立主义这一外交政策属性。但是，应当引起警惕的是，布林肯所表达的愿景，越来越不被认可，这与美国实际扮演的角色相当矛盾。

美国将采取怎样的行动来促成布林肯提到的这些变化呢？特别是当考虑到美国在阿富汗战争中的重大失败时，如何才能在不使用军事干涉或武力手段的情况下，让世界所有国家采纳所谓的民主制度，从而进入一种新

版的"历史终结"？事实上，美国的历史表明，它经常使用军事手段以外的其他手段来推行所谓的"民主"，即使武力总是作为最后的手段。[41]这在全世界人民的心目中烙下了鲜活且富有标志性的印记（下文将详细讨论）。[42]实施经济制裁不也是这样吗？制裁的目的是让目标国的民众陷入饥荒，从而推翻非民主的政府，代之以代表美国及其国家利益的政府，时至今日美国仍然在伊朗和委内瑞拉实施这样的策略。利用美国政府资助的、打着"非政府组织"旗号的组织不也是这样吗？例如，美国国家民主基金会和自由之家。这些组织在资助和训练全世界的"民主化运动"方面十分活跃，这种活动甚至在"和平"示威者中催生出了暴力行为，就像在中国香港和泰国发生的事情一样。[43]布林肯并没有说，排除军事和武力手段显然为其他非军事手段敞开了大门。美国目前正在对许多国家实施的制裁就是这种手段之一。一篇刊登在《柳叶刀》（世界顶级医学期刊之一）上的文章非常正确地指出：

> 虽然制裁并不是实体战争武器，但它和武器一样致命，甚至更致命。为了政治目的危害人民健康不仅是非法的，更是野蛮的。1990 年联合国安理会决议制裁伊拉克，造成 50 万名伊拉克儿童死亡，美国 2017—2018 年制裁委内瑞拉造成近 4 万名委内瑞拉人死亡，我们不应当让这样的历史重复。国际医学界应当将这些制裁视为战争罪行，并追究有关制裁实施方的责任。[44]

"如果有国家愚蠢地坚持另类政治制度，顽强抵抗到我们无法容忍的地步，我们将不排除使用武力，"布林肯还保证说，"同时，我们将确保美国继续保有世界上最强大的军事力量。我们有效实施外交政策的能力，很大程度上取决于我们的军事实力。"[45]更准确地说，布林肯在重申了拜登总统"优先使用外交而非军事手段"的承诺后，他在演讲末尾提醒我们，当美国人的利益受到威胁时，美国将毫不犹豫地使用武力。当然，布林肯认为无须解释，为何美国可以单方面决定其国家利益是否受损。历史经验告诉我们，无论何时何地，即使是那些根本没有能力对美国构成重大威胁的、地处偏远的国家，美国都能发现其在某方面威胁了美国的国家利益。简言之，在可预见的未来，美国传统的帝国主义干涉政策还将继续。事实上，在针对许多地方的行动失败之后，美国现在仍然对干涉主义非常上瘾。但是正如前文所论证的，美国的孤立主义倾向也许仍然强大，但孤立主义经常被更强大的干涉主义倾向所抵消。自美国成立以来，对外扩张的欲望一直是美国外交政策的主要驱动力。

现在，我们一起来看 2021 年布林肯在他的演讲中，是如何论证美国通过外交和军事手段领导世界的必要性的，这将是非常有趣的。他说："当美国撤退时，会有两种可能的结果：一种是另一个国家取代我们的位置，但其不会推进我们的利益和价值观；或者，也许和第一种结果一样坏的结果是，没有国家来取代美国，我们就会陷入权力真空制造的混乱和危险中。无论哪种结果对美国都不是好事。"[46]事实上，布林肯再次重申了前文提到的、他和新保守主义学者罗伯特·卡根在 2019 年合著的文章中的观点。

这种观点并不新鲜。这也是罗伯特·卡根 2012 年发表在《华尔街日报》上的文章中提出的观点：

> 当美国实力衰落时，由美国实力支撑起的制度和规则也会随之衰退。或者更有可能的是，如果历史可以给我们指引的话，当我们向另一种世界秩序或无序状态过渡时，这样的世界也会随之崩塌。我们也许会发现，美国是维护当今世界秩序的关键，美国霸权的替代者并不会带来和平与和谐，而是混乱和灾难，这正是美国主导的世界秩序形成之前的世界局势。

尽管实际上是美国使用武力带来了混乱的结果，但这种思想始终如一，历久不衰。虽然有人认为，卡根 2012 年的文章只是他自己作为新保守主义运动代表人物的个人观点，不能代表奥巴马政府的政策，但曾就职于奥巴马政府的布林肯就不同了，他在 2021 年重申了奥巴马在 2015 年说的话。在美国首都华盛顿特区的美利坚大学，时任美国总统奥巴马以军队统帅的身份就伊核协议发表演讲："作为军队最高统帅，在有必要使用武力的时候我没有犹豫过。我下令让数十万年轻的美国军人投入战斗，我在他们回国时去他们的病床前探望，我指挥了 7 个国家的军事行动。如果伊朗不遵守伊核协议，我们就有必要使用武力，我们有可能别无选择。"[47]

考虑到美国意识形态的稳定性，我们很容易预测到拜登总统的政策将会和其前任基本一致，尤其是在外交政策上。事实上，2019 年 6 月，在纽约市卡莱尔酒店举行的一场募捐会上，拜登曾对 100 多位客人说，如果他当选基本不会有什么大的政策变化。他是对的。[48]

拜登政府给美国外交政策带来了哪些变化

平心而论，还是有必要先列举一些积极的变化。[49]首先，在美俄 2010 年缔结的《新削减战略武器条约》到期前两天，美俄两国将该条约期限延长了 5 年，以继续限制这两个世界核大国部署战略核武库。

五角大楼新闻发言人约翰·科尔比在 2021 年 1 月 21 日的新闻发布会上说："我们不能失去《新削减战略武器条约》下的侵入式检查和通报机制。如果不能尽快延长《新削减战略武器条约》期限，美国对俄罗斯远程核力量的了解将会极大削弱。"俄罗斯外长在一份声明中也强调了延长《新削减战略武器条约》期限对维持战略稳定的重要性："考虑到俄罗斯和美国作为世界最大的核武国家所承担的特殊责任，这一决定对保障核武领域必要程度的可预测性和透明度，严格维护利益平衡具有重要意义。"[50]

当然，这不仅对俄罗斯和美国来说是好消息，对全世界也是如此。不过，这份各方急需的条约并没有削弱美国对俄罗斯的巨大敌意。

第二，拜登宣布美国将重新加入 2016 年签署的《巴黎协定》。为了支持这一决定，拜登取消了美国和加拿大之间的 Keystone XL 油气管道项目，而且美国内政部宣布，只有最高机构领导人才有权批准接下来两个月内的钻井许可。不过，这只占美国油气总供应量的 10%。活跃在油气领域的企业已经表态反对该决定，并提醒政府这会导致员工流失，因此，这一决定能否正式出台为政策还有待观察，拜登会面临复杂的局面。

至于《巴黎协定》，许多签字国的行为已经证明该协议对签字国事实上没有什么约束力。美加之间的 Line 3 管道项目是对拜登政府有关环境政策的一大考验。Line 3 是连接美国威斯康星州和加拿大艾伯塔省的一条油砂管道，自 1968 年起由加拿大的能源运输公司 Enbridge 持有和运营。2014年，Enbridge 提出建设 Line 3 新管线以提升油砂的日运输量。虽然加拿大、美国威斯康星州和北达科他州都批准了该项目，但却引发了"气候正义"团体和明尼苏达州原住民群体的持续抗议。[51] Line 3 的推动者提出了在这种情况下通常会提出的三大积极影响：创造工作岗位、增加税收和提升石油工业需求。

第三，拜登表露出了重新加入 2015 年伊核协议谈判的意愿。这又是一个美国意识形态连续性的例证，即拜登政府的一项政策看似改变了特朗普政府最具破坏力的决定之一，但事实上根本没有什么本质的变化。事实上，拜登政府并不想在不和签字国（主要是美国在北约的两大盟友法国和英国）商量的情况下，就简单地重新加入特朗普单方面退出的协议。如果这些签字国违反了和伊朗进行交易的禁令，特朗普宣布的对国家（包括美国的西方盟友）及其企业的制裁措施仍是有效的。[52] 此外，拜登政府还想与伊朗重新谈判，在协议中加入新内容，例如，有关伊朗发展中程导弹的内容，有关伊朗的中东政策的内容，美国认为该政策威胁了中东的和平与稳定。但这恰恰是特朗普想要的：通过对伊朗人民实施更多严厉且非法的制裁，来迫使伊朗重新谈判协议。

第四，也门局势骇人听闻，美国对此负有无可争辩的责任，拜登的好消息仅限于停止特朗普将胡塞武装认定为恐怖组织的决定，以及任命了一位也门特使。然而，在一份非常模糊的声明中，拜登表示美国对沙特阿拉伯的大规模武器出售将会暂停，但"防御性武器"除外。"这场战争必须结束，我们将终结美国对也门战争所有进攻性行动的支持，包括有关武器的出售"，其中有可能包括沙特阿拉伯。拜登的表态并没有令人感到乐观，因为我们很清楚美国军工复合体游说白宫的强大能力。显然，拜登确认了美国继续介入中东的意图。

美国传统意识形态和帝国主义外交政策的延续[53]

鉴于主导世界的意识形态仍然是美国外交政策的主要目标，中国和俄罗斯将不可避免地成为美国国家利益的重大威胁，因为只有它们有能力使美国继续主导世界之梦破灭。在中俄结成全面战略协作伙伴关系之后，局势变得更加紧迫了，这显然是美国政策反噬自身的又一个例证。相应地，对俄罗斯的制裁措施还将继续，北约和欧盟东扩的趋势也不会停止。在2021 年 2 月底，美国国防部宣布将向乌克兰提供价值 1.25 亿美元的一揽子安全援助，包括武器、训练和顾问服务，以帮助它维护国家领土完整，保卫边界，提升它与北约的协调能力。乌克兰纳入北约的提案已在最高层级讨论了数年。那么俄罗斯开始在乌克兰边境附近布置兵力的举动就不难理解了，因为美国、乌克兰和北约的这些行动，可以解释为是美国意图巩固其策划的 2014 年广场政变的成果，将民主选举出来的乌克兰总统替换为美国挑选的非民选总统。美国和欧洲主流媒体都将俄罗斯的反应解释为普京挑起战端的证据。[54]

在美国政府炮制反俄宣传，并由美国主流媒体大肆渲染的氛围下，美国仍然维持着基于对克里姆林宫毒害异见者纳瓦尔尼的指控而采取的制裁措施。最后，在拜登重申美国反对并制裁"北溪二号"（这一即将完工的工程将使俄罗斯对德国天然气的供应量提高一倍）的立场后，他最终还是不得不屈服，阻止德俄关系改善与积极化是美国外交政策长期以来的关键目标。美国官方给出的原因是"北溪二号"不符合欧洲的利益，将使欧洲处于依赖美国最大的敌人之一——俄罗斯的风险中。还有一个事实是，欧洲购买俄罗斯天然气将导致其减少对美国天然气（比俄罗斯天然气价格高30%）的采购，而向欧洲出口美国天然气正是奥巴马政府所依赖的。这又是一个美国主导世界并告诉其盟友他们的利益所在的例证。[55]

我已评论了美国与伊朗重新谈判伊核协议的目的，即限制伊朗在中东地区的政策，进而支持有利于美国盟友（如沙特阿拉伯和以色列）的政策。

拜登总统也确认了美国对使用军事手段的痴迷。他支持轰炸叙利亚，支持美国维持在叙利亚、伊拉克和欧洲的驻军水平，拜登已经暂停驻德美军撤军计划，将美国驻军规模维持在目前的 36 000 人的水平。令所有相关方惊讶的是，塔利班占领了喀布尔，这在过去一个世纪中是没有先例的，拜登指挥美军从阿富汗撤军的方式，使全世界都对其缺乏远见和规划而感到震惊和失望。公平地讲，美国建制派和民众都感到震惊，更不用说美国在国际社会的朋友和敌人了。很难预测这将如何影响美国军队的预算，根据拜登总统的预算提案，国防项目 2022 年的预算高达 7 530 亿美元，同比增长 1.7%，是美国历史上的最高水平。[56]

阿富汗撤军将会如何影响美国对其他地区的干涉行动？在本书撰写之际，美国仍然有计划对叙利亚、拉丁美洲（委内瑞拉、古巴）、俄罗斯甚至中国采取发动政变这一美国外交政策所痴迷的手段。关于这一主题，我们可以增加一个主流媒体鲜少提及的事例——泰国。像美国国家民主基金会这样的美国非政府组织正在那里密集策划破坏行动。虽然地点在泰国，但目标一定涉及中国。美国于 1823 年提出的门罗主义依然存在，现在甚至拓展到了离西半球非常遥远的地区。

美国外交政策是"风格"问题吗

美国媒体报道的两个事件有助于我们理解这位新总统处理外交关系的风格及其对主要竞争对手的反应。

2021年3月16日，ABC（美国广播公司）的新闻记者向拜登提出了一个别有用意的问题，拜登顺势将普京称为"杀手"。[57]随后必然追问的是："那么他将必须付出什么代价呢？"总统回答道："他必须付出的代价，你们很快就会看到。"[58]这对一位表面上以外交为优先的总统来说不是一个好的开端，对于和另一个核大国发展积极关系来说，也不是一个理想的发言，特别是在美国刚刚将《新削减战略武器条约》期限延长了5年的背景下。可以确定的是，俄罗斯及其人民将会对美国总统称他们的领导人普京为"杀手"的行为表示不满。在苏联解体后，普京将他的国家从西方制造的混乱中解救出来，曾经西方学者和投机者们鼓吹的休克疗法，使苏联GDP大幅下滑，贫困率急剧上升。就像某些美国媒体所说的，这是美国总统第一次将另一国领导人称为"杀手"。但是，美国高级官员的这种粗鲁行为却并不新鲜。还记得希拉里·克林顿称普京为"新的希特勒"以及威胁要"摧毁"伊朗吗？还记得维多利亚·纽兰（美国副国务卿）在欧洲人胆敢反对她在乌克兰策划的政权更迭时曾鼓动一位美国外交官"干他妈的欧盟"（fuck the EU）吗？她还曾鼓动美国"让俄罗斯人吃菠菜"，随后托尼·伍德描述道："北约东扩在苏联解体之前就已经在美国的计划中了，从1994年左右开始北约东扩被视为既定事实，唯一的问题是，怎样让克里姆林宫吞下这个苦果——让俄罗斯人吃他们的菠菜。"[59]

关于"杀手"这件事，还有很多故事可以讲。第一，普京在俄罗斯官方电视频道上，对拜登幼稚表演的回应充满了幽默感以及他对历史和个人心理的把握。普京在回忆他的童年时说："我记得我小时候和人在院子里争吵的时候，我们常说'贼喊捉贼'。这不是巧合，也不只是童言无忌。这里面的心理学意义非常深刻。我们经常在别人身上看到我们自己的特点，并认为他们和我们是一样的。"用美国人能够理解的话来说，这正是弗洛伊德式预测的一个典型例子。普京的回应被误译为"彼此彼此"并传播开来。然而普京随后谈到了美国历史：屠杀北美原住民，奴役与虐待黑人，以及美国在二战末期对日本投掷原子弹。[60] 显然美国主流媒体并不欣赏普京的表现，它们对这种缺乏服从的行为很不习惯，并将其解读为普京挑衅的又一个例子。[61]

第二，美国国务卿宣布对"北溪二号"以及俄罗斯进行新的制裁，美国主流媒体表现得很亢奋。根据路透社的报道："布林肯在一份声明中说道，任何参与'北溪二号'项目的实体都有被美国制裁的风险，应当立即停止和项目有关的工程。拜登政府承诺遵守 2019 年和 2020 年与该项目及其制裁有关的立法。"[62] 美国官方解释是：该项目将会使欧洲依赖俄罗斯的资源，并且会损害欧洲自身的战略利益。其实，美国是想把自己开采的天然气以高出俄罗斯天然气 30%—40% 的价格卖给欧洲，美国的天然气是用水力压裂法开采的，这种开采技术已经摧毁了美国多个州的环境。拜登和布林肯这是认为美国有权告诉欧洲什么才是其经济利益吗？

然而，根据 CNN（美国有线电视新闻网）的消息，2021 年 5 月 5 日，拜登总统公开表示："我认为，现在继续实施制裁不利于美国和欧盟的关系，我希望我们从现在开始想一想他们会如何应对制裁。"随后，拜登和默克尔在 2021 年 7 月达成了一项协议。[63] 这项协议共有 4 条：美国取消对"北溪二号"的制裁；德国和美国将向所谓的绿色基金投入至少 10 亿美元，以帮助乌克兰向使用清洁能源过渡；德国承诺向该基金首期投入 1.75 亿美元；德国将任命一名特使，投入 7 000 万美元资助与乌克兰的双边能源项目。德国还承诺推动俄罗斯扩大其与乌克兰的供气合同额，俄罗斯每年向基辅供应价值 30 亿美元的天然气。如果俄罗斯试图将能源作为经济武器或对乌克兰进行攻击，德国将会采取行动，并向整个欧盟施压，包括制裁俄罗斯以限制其能源出口。

我们在第一章已经讨论过，各方对这项协议的反应至少是很复杂的，这是很容易预测到的。但主导性的观点认为，德国和俄罗斯是这份协议的赢家。

中国威胁：新冷战仍将持续

拜登政府对中国的态度甚至比特朗普政府更加坚决。制裁仍然在实施，等待着由美国总统任命的中美关系特别机构来对其进行评估。美国对中国的干预瞄准了 3 个非常敏感的地区：香港、新疆和西藏。[64]拜登政府并没有表现出在这 3 个敏感地区降低对中国施压的意图。美国甚至对中国的台湾地区加强了援助：提升军事装备出售额，宣布美国有意进一步发展与台湾的"外交"关系。这是违反美国与中国之间的协议的。请注意，台湾与福建隔海相望，两省仅相距百余公里。

美国建制派的主要组成部分（包括媒体和智库）一致认为，中国是对美帝国主义政策最致命的威胁。在此处引用国务卿布林肯的话就够了，他无疑代表了拜登总统的立场：

> 有几个国家对我们构成了严重的挑战，包括俄罗斯、伊朗、朝鲜。还有我们必须处理的几大危机，包括也门、埃塞俄比亚和缅甸。但是，中国所构成的挑战是不同的。中国是唯一具备应对严重挑战、稳定国际体系能力，并拥有开放的经济、外交、军事与科技实力的国家，它挑战那些使世界以我们想要的方式运行的所有规则、价值和关系，因为这一国际体系最终是服务于美国人的利益的，反映的是美国人的价值观。我们和中国的关系，将会在竞争的时候变为竞争性的关系，在可能合作的时候变为合作性的关系，在必须敌对的时候变为敌对性的关系。我们共同的标准是从实力的地位出发与中国接触。[65]

所以美国回归常态的原则很明确，如果你们照我们说的做，我们就与你们合作，否则我们和你们就是竞争性的或敌对性的关系。无论在哪种情况下，我们都会"从实力的地位出发"来做事。

更令人担忧的是，反华宣传的激增，对华制裁，在南海强化军事存在，对香港、新疆、西藏动乱活动的支持，都嵌入了美国的冷战思维，这表明美国当今的对华战略，依然是基于美国传统意识形态。这种倾向在诸多政府官方文件、政治家和高级官员讲话、主流智库和媒体，乃至大学教授和研究者的言论中随处可见。美国调查记者在这方面做出了杰出的贡献。不幸的是，他们被主流媒体系统性地边缘化了，甚至被 YouTube（优兔）、推特和谷歌这样的平台封杀了。[66]

由《外交事务》杂志的两位作者撰写并发表的一篇文章，后又被外交关系委员会[67]出版，这提供了一个非常重要的例子。

两位作者之一哈尔·布兰兹是约翰斯·霍普金斯大学高级国际研究学院的亨利·基辛格全球事务杰出教授，美国企业研究所常驻学者，彭博评论专栏作家。另一位作者扎克·库珀是美国企业研究所研究员，《保卫民主的同盟》的作者之一，曾任职于美国国家安全委员会和国防部。

值得注意的是，两人在美国企业研究所（AEI）中都很活跃，这是一家著名的新保守主义智库。[68]这篇文章题为《中美之争是价值观之争，大国竞争不能只在利益上取胜》，作者告诉读者"虽然美国与中国的竞争不是冷战的重演，但冷战史对当今的决策者们仍是有益的借鉴"。中美竞争确实不是冷战的重演。既然作者提到了冷战时代和 21 世纪存在着显著差异，那他们为什么仍然认为美国在冷战时期的政策"对当下仍是有益的借鉴"？事实上，整篇文章只有不到 13 处引证是有关美国赢得冷战胜利的原因的，最重要的是，该文章反复强调"民主价值观"的极端重要性，作者认为这是美国外交政策的"非对称优势"，并非常明显地暗示，民主价值观应当是当前美国外交政策的重要组成部分。难怪作者非常愉悦地引用了拜登提出的"过渡时期国家安全战略指南"，该指南指引美国将民主视为"我们最基本的优势"，坚称"我们的模式不是历史的遗迹，而是兑现未来承诺的唯一的最佳方式"。其背景是，媒体和国会持续不断地将2021年1月6日发生的事渲染为"暴动"……

从拜登总统和他的团队成员的讲话中就可以看出来，美国对敌人和盟国进行的无数制裁（新的和旧的）、军事资源（包括核武器）的不断膨胀以及在中国、俄罗斯、伊朗等国周边组织大规模军事演习将其自信表露无遗。但是根据美国的宣传，正是这些国家采取了许多挑衅行为。观察美国的历史趋势，美国似乎将继续篡改事件发生的时间顺序，并将继续对地缘政治因素造成的事实充耳不闻。这些国家没有一个与美国接壤，但是美国和北约一直在寻求包围这些国家，并步步紧逼。大卫·韦恩，对美国散布在世界各地的军事基地研究最深的专家之一，在他的一部著作中插入了两张地图。第一张地图题为"包围敌人"，标出的是现实中的美国在中国、俄罗斯、伊朗、朝鲜附近的军事基地。第二张地图题为"我们会作何感想——一幅虚拟的地图"，他把中国、俄罗斯、伊朗、朝鲜所可能在美国周围修建，但还没有修建的军事基地标示出来了。[69]韦恩解释道："这幅地图是用来启发美国人思考的，如果我们国界周围遍布外国军事基地，我们会怎么想以及采取何种行动。"但是美国建制派真会有足够的智慧来理解这幅图吗？或许他们事实上理解，只是一直在蓄意且持续地撒谎？这两种情况中的任何一种能够预示着世界的美好前景吗？

在2021年3月的阿拉斯加峰会，美国外交政策的方向变得清晰了，这次峰会的目的显然是重建后特朗普时代的中美对话机制。国务卿布林肯和国家安全顾问杰克·沙利文的开场白完美展现了美帝国主义外交政策那傲慢的陈词滥调，并更新为拜登时代的"外交"：训斥与侵犯民主、人权有关的中国内政，嚣张地夸耀美国和其盟国具有相同的价值观（提醒中国代表团美国已经在阿拉斯加峰会之前访问了几个盟友国家），警告中国其实施的政策破坏了美国推行的有利于和平与稳定的、基于规则的国际秩序。显然中国已经崛起，不会再接受一个数十年来不断挑起战争和政权更迭的国家对中国进行单方面批评。"该国国内的人权问题十分严重，也应该明白在当下的多极化世界这是不可接受的"，这是中国官员第一次以如此清晰直白的方式告诫美国官员。显然，这次会晤开启了中美关系的新纪元。[70]

拜登政府目前已采取的决策，确切印证了其外交政策是基于我在本章开头描述的美国传统意识形态。杰斐逊的扩张思想仍然反映指导性的战略目标，其目的是创建一个"人们说着相同的语言，处于相似的制度和法律的统治之下"的空间。杰斐逊所指的空间，在19世纪初覆盖了"整个北美大陆，如果不包含南美大陆的话"，但是现在的扩张显然是指向全球。在苏联解体时，美国确信世界其他地区将会拥抱自由民主制度和资本主义。现在没有什么比这更加不确定的事情了。然而，美国建制派的思想和行动似乎表明，这个梦想依然非常真切，他们为美国法律带来了域外效力（例如对外国及其企业的制裁），并为美国价值观赋予了普世属性。

我们在前文已经见识了美国政客、学者和智库是如何坚持普世"价值观"的。正是它赋予了美国随时随地进行干涉的权利和义务，只要美国认为其投送的价值观受到了威胁。由此就有了对不遵守这些价值观的国家策划和实施政变的各种战略。但这真的是价值观的问题吗？历史表明，当美国以其"普世价值"为名，并宣称其采取行动的目的是将一个国家的人民从独裁中解救出来时，美国早已在其所谓要解救的一些地区如拉丁美洲、欧洲、非洲等地安排好了武器和辎重。很多时候，为了国家权力和经济利益，价值观被搁置一旁。

美国主流思想家们，有可能确实不理解或没有意识到，美国外交政策的独裁和帝国主义性质。但是，当普京正确地指出，美国人将他们自己的思维和行为方式投射在美国主要的敌人（特别是中国，中国一直被美国指责试图向外输出其政治经济模式，最终目的是掌控世界）身上时，令人感到矛盾的是，这些美国思想家却好像真的没有意识到这是他们自己正在做的事情。也许他们认为他们正在做的事情就是正确的。这也反映了美国在一段时间内的历史取向，时至今日仍然成立。我在第一章讨论了这些主题。在本章第二部分，我将通过论述证明中国的意识形态是非常不同的。在第三章我还会进一步论述美国和中国外交政策的实际运作。

现在我们可以说，美国意识形态的主要价值观主导了其外交政策。自《独立宣言》发表以来，美国意识形态的基础，不仅是追求建立一个远离腐朽欧洲的高尚的共和国，而且这个共和国更应具备一种普世性的价值观，其他国家都应当通过模仿来采纳这套价值观，如不服从，美国就会采取强制方式推行这套价值观。[71]随后不久，这套价值观被赋予了更为精准的定义：自由民主制度和资本主义。美国宣称这套价值观具有向全世界推行的普世性，但现在问题出现了：在美利坚合众国的历史上，这套价值观是否始终都得到了尊重？现在这套价值观是否依然得到了尊重？《独立宣言》曾宣告："人人生而平等，造物者赋予他们若干不可剥夺的权利，其中包括生命权、自由权和追求幸福的权利。"这太伟大了！可是，被美国以高尚的模范和卓越的共和国之名而轰炸、屠杀、伤害、剥夺家园和折磨的那数百万人的生命、自由和幸福在哪里？此外，杰斐逊对美国在世界上所扮演角色的预言时至今日仍然成立："我们注定要成为阻挡无知和野蛮主义回归的屏障。"[72]

从1619年（第一批非洲奴隶到达英国北美殖民地）到现在，对"无知和野蛮"国家的手无寸铁的平民实施轰炸和制裁，美国日复一日、年复一年到底实施的是什么样的价值观？原因是什么？是因为美国价值观与美国利益存在冲突时美国总统往往都宣扬美国利益优先吗，那么是哪种利益呢？或者是因为美国宣扬的民主与人权价值观，经常被抛诸脑后以让位于非民主的价值观？又或者是出于惩罚那些压迫甚至屠杀本国国民的异教徒的高尚目的？就像美国经常以这个理由来正当化其使用武力一样？在这些情形中，美国建制派成员们应该认真思考一下，巴托洛梅·德拉斯·卡萨斯在西班牙征服者屠杀印第安人时说过的："以惩戒有罪者为名来伤害与屠杀无辜之人是一种应该永受天谴的罪行。"[73]有趣的是，孔子、孟子和荀子的话甚至比卡萨斯的更严厉。季康子问政于孔子曰："如杀无道，以就有道，何如?"孔子对曰："子为政，焉用杀? 子欲善而民善矣。君子之德风，小人之德草。草上之风，必偃。"[74]孟子提出，为了得到天下而杀掉一个无辜的人或拿走一个人本不应得的东西是错误的，因为这样做违背了仁和义。荀子持相同的观点："行一不义、杀一无罪而得天下，不为也。此君义信乎人矣……"对孟子和荀子来说，正义是对人们追求目标和利益的道德约束。[75]在本章第二部分我还将回到对这些儒家价值观的讨论上来。

美国将高尚的共和国构想为其他国家应当模仿的典范，并将其作为"普世价值"的大本营，这个自称卓越的、不可或缺的国家就会不可避免地向外部强势输送自身的力量，扩张将会成为美国外交政策不可抗拒的使命。美国自然便会将那些反对其扩张的国家视为对其价值观、利益和其所塑造的世界的致命威胁。美国就会动用公开的或秘密的军事行动、经济制裁、挑衅、发动政变等手段来对付这些国家，无论它们规模大小以及采取何种政府形式（民主或专制），直至实现其历史终结之梦。但这可能吗?

中国意识形态的历史和现实

在讨论中国的情况时，一个不能回避的问题就是：中国到底是如何在没有照搬西方自由民主模式（这在很多发展中国家通常被认为是发展、幸福、道德等赖以存在的基础）的前提下，发展成了一个全方位强国，无论是在现代科学、经济、政治还是在军事方面都处于领先地位的? 要回答这个问题，一种合理的假设就是，中国的发展方式至少是由一套自主的意识形态体系所支持的。否则的话，正如西方主流观点所预言的那样，它一定会不可避免地走向终结。中国式的现代化为它提供了中国特色社会主义取得成功的思想资源，即走中国自己的发展道路。这里再次引用第一章已经提到的朱利安的说法："我认为文化不是一成不变的现象。"文化的本质特征就在于它能够不断变化并且重塑自身。不会自我重塑的文化就是僵死的文化。[76]文化出现变化的同时，价值观和意识形态也会相应地发生改变。这样的改变可能来自文化发展的内部（内源性）变革，也可能是跨文化交流催化的结果。[77]

此外，价值观并不是特定文化的专属品，而是一种人人都可以享有的资源。但是这一共享的过程不应该被理解为某个国家拥有了文化资源，其他国家就只能借用或者将其引进到自己的文化之中。文化资源不是宣传口号，也不能被强加于人，并不具有意识形态属性，因此也不会被移植到一套制度体系也就是意识形态当中去。和具有内在稳定性的价值资源相反，只有在考虑效用的时候，文化资源才会得到相应的评估。[78]

实际上，从"资源"层面审视价值可能比审视价值本身更有价值。相比价值植入，资源的非意识形态属性使决策者在将其融入现有文化的过程中更加具有灵活性，并且它让决策者能够更好地适应环境的变化。由于本身就具有意识形态属性，价值观很难发生改变，更加难以被抛弃。这种区分可以帮助我们更好地理解为什么西方价值观的输入没有把中国变成一个西方式的自由民主国家。事实上，中国从来没有引进西方的价值观，而只是引进了能够帮助中国重新成为世界强国的西方思想资源。

中国文化和意识形态的一致性

中国的意识形态中，有两个维度的一致性支撑了其发展战略。首先是意识形态的内部一致性，也就是说，构成意识形态的要素之间不存在矛盾。其次，意识形态的外部一致性可以用于指导政府的行为并帮助政府在国内和国际环境中实现其预设的目标。尽管环境在不断改变，但是它们的根本特征较为稳定。[79]这就意味着意识形态应该帮助决策者尽快认识到环境中不可避免的变化。中国在传统文化下非常善于理解根本性变革的重要性，并且非常清楚如何在短期内识别变化的产生。而这是高效决策者最主要的任务之一。这种看法可借用中国著名学者汪晖对于长期性根本变革的定义：它们是无声的、看不见的，因此是难以发现的。这种理解源自中国人认识世界的基本方式之一：世界是在持续变化的（比如，从弱到强，从年轻到苍老）。没有什么东西是静止不动的，哪怕是短短一瞬，万物都处在不断的变化之中。[80]第三章讲述了中国人如何巧妙地适应环境变化，并且依靠战略重新崛起于世界强国之林；而相反，我们看到美国在转变战略方面举步维艰，至少自从二战以来其都难以适应国际环境中发生的那些"默化"[81]。

中国能够调整自己的意识形态，从而达到高度的外部一致性。它将从西方引入的新价值资源，纳入到从中华封建帝国传承而来的意识形态之中，但并未放弃其传统价值资源的精华，进而完成了意识形态的变革。如此一来，中国可以让自己的公共政策更加适应环境变化，并且可以在不复制西方模式的情况下达成自己的目标，更重要的是，在这一过程中不会产生分崩离析的后果。我将进一步阐释，中国有能力改变环境中的特定要素，使之对自己有利，尤其在涉及制定战略性构想的时候。

中国人思维里的另一特征也帮助了中国的意识形态在内部和外部保持一致性，那就是中国的思想家们从来都没有在理论、意识形态和实践之间脱节，从来都关注理论联系实际。这事实上是基于传统中国人对于他们所生存的世界的理解。因此，我们对中国进行分析之前，要了解中华文化传统和特征，将我们的分析置于中国哲学的基本框架中，这会非常有趣。[82]瑞士汉学家朱费瑞分析过中国文化的主要特征，可以让我们更好地理解中国的内政和外交政策。[83]第一，中国的思想家是用整体性的方式来看待世界的，比如说人类和自然之间的关系，社会和个人之间的关系，这些观点都在中医的实践之中得到了体现。第二，中国的哲学思想从来都没有像西方那样，将道德建立在先验性的上帝以及围绕其所建立的宗教之上。之前我们在分析美国意识形态的时候，提到了上帝的重要性，以及其是如何驱使美国的思想者和政治家们在"我们"、"信徒"和"他们"之间，在"善良"和"邪恶"之间划出泾渭分明的分界线，以及这些适用于宗教的理念是如何再度被运用到经济和政治领域之中的。第三，朱费瑞让我们把目光投向中国古代哲学，也就是儒家思想的复兴上，中国似乎在通过它寻找对于马克思主义的中国化解读。我们会在接下来的例子中提到这一点。[84]

第四，效用，是衡量古代中国哲学态度有效性的核心指标。中国的哲学家不喜欢过度的抽象，相反，他们所提到的环境或者事例往往都来自现实的生活，不管是在过去还是在现在。他们通常认为认知与行动密切相关，清楚如何在道德和政治层面上采取行动，直到现在都为中国高级官员所身体力行。我曾经担任过一个中国高级官员培训项目的主任，在学员们来到欧洲参加各种公共和私人部门的研讨会之前，我和学员组的组长们曾就培训内容进行交流。他们想要学习的课程都是关于怎么实践的，比如怎么管理人力资源，怎么对国有企业进行股份化改制，怎么保护环境，怎么保护自然和文化古迹，等等。当我向他们提出，我们的专家也会讲解与这些政策管理工具相关的理论时，他们会非常礼貌地提醒我，这不是他们期待的培训内容，他们早就打好理论基础了。换句话说，他们就是想表达："给我们实用的工具吧，我们会把它纳入到自己的理论框架中去。"所以，对于他们来说，问题就是，"我们已经知道该怎么做了（理论部分），而且我们也有自己做事情的方法（实践部分）；我们只是想知道你们的做法（你们的实践），如果对我们有借鉴意义的话，我们就会把它纳入到我们自己'做什么—怎么做'的框架里去"。[85]难怪中国的课程参与者对"行动学习"非常感兴趣，这是一种由西方学者和实践者发明出来的概念，看上去和中国"知行合一"的观念非常相似。[86]

第五，实践比理论更重要，这种说法其实也来自中国传统思想家认为实践比预先制订的计划（或者模型）更加重要的想法，这和西方思想家们认为计划应该引导实践的想法正好是相反的。计划是静止的，而环境往往处于变化之中，即便这些变化是缓慢而无声的。中国人常说一句话：计划赶不上变化。所以，这又一次证明了，评估环境并发现其变化的规律，并且相应地调整意识形态（价值资源）和战略，对于中国人来说十分重要。纵观中国 20 世纪 80 年代以来的经济和社会发展历史，以及它在 21 世纪初崭露头角成为世界强国的成就，人们不得不承认，中国一定是根据所面对的经济和人文环境的不同特点采用了最有效的方法。在分析自然环境的时候，中国采取了西方基于数学模型创造的方法；然而，在处理人际关系（比如，商业和政治关系）的时候，中国更多依赖的是传统的思维模式，尤其是在涉及战略的时候，我会在本章后半部分和第三章阐释这一点。

这一点非常重要，因为它和西方学者经常提出的一个观点恰好是相反的：中国人不习惯批评自己的前辈，尤其是统治者，所以导致中国人很难进行创新。然而，实践的偏好似乎给予了中国思想家相对于西方思想家来说更大的灵活性，西方思想家们往往是模型、规划甚至是意识形态的囚徒，今天主流的美国思想家亦是如此。对于中国思想家来说，到目前为止，理论和实践是密不可分的，环境当中的变化必然需要理论相应的修正，由此带来理论和实践中的变化。

中国封建社会的最后几十年甚至是在毛泽东领导时期，都是如此，更加富有戏剧性的是，20 世纪 70 年代末以来的中国，情况依旧如故。早在封建帝国时代，一些中国思想家就已经勇敢地拥抱变化了。朱费瑞引用了东汉思想家王充的例子，认为王充是那个时代的思想先锋，这是朱费瑞基于创新和创造力应该是知识分子最主要的品质这一点来探讨的。[87] 在封建时代，王充的思想遭到了严厉的抨击，可能是因为它对君王权力赖以生存的意识形态构成了威胁，但是到了 20 世纪，人们随着时代发展对这种思想接受了，它今天可能已经构成了对发展战略的有益补充。早在 2007 年 10 月，中国就强调了在中国社会的几个重要领域进行自主创新的重要性，我们将在后面加以论述。

中国如何定义和实施战略

现在我们将讨论中国是如何定义和实施战略的。换句话说，一个娴熟的战略家应该秉持什么样的态度？中国传统的战略并不是基于事先定义的模型指导行动（西方是这样），而是基于对所处形势的分析，找到蕴含其中的"潜在形势"，也就是说，影响战略目标实现的有利和不利因素。[88]基于此，中国的战略家通常采取"有为"和"无为"相结合的方法。一方面，若时机尚未成熟，则需"默化"，静观其变。另一方面，待虚极静笃，时机成熟，则采取行动。

这和西方的主流舆论不同，西方倾向于批评中国战略家行动迟缓、不作为，认为一个"停滞不前的中国"难以改变、创新和进步。恰恰相反的是，中国的战略家其实在形势有利的时候，行动十分迅速，唯有在逆势之中，才会"默化"。[89]与此同时，一旦时机成熟，便会因势利导，顺势而为。[90]战略的本质就是，一方面，引诱敌方采取一种相当固定的安排布置，战略家可据此采取行动；另一方面，战略家通过不断更新战略布局，迷惑敌方，令其毫无能力控制局势。如此一来，中国的善谋者便可不战而胜，即便敌方已明白自己处于逆势之中，也不可避免要失败，因为势来不可挡，势去不可遏。

此外，对于中国战略家来说，时间管理是一个重要的问题，这并不是西方人理解的把握机会或者命运，而应该是把握"时机"。[91]也就是说，任由"势"发展，不横加干预，功效才能最大化。更确切地说，就是将"有为"和"无为"结合起来，在顺势中有所作为，在逆势中，顺其自然。为了采取有效行动，必须等待合适的时机出现，才有可能且有必要有所为。但这也不意味着战略家就一定要被动地等着机会的出现，相反，战略家们通过操纵"权势"，隐藏在背后造势。这是最有效的战略。通过改变环境，促成有利结果，这显然和"操纵"的概念紧密相连。中国的战略家不会坐等（西方意义上的）"机会"出现；他们会尽可能通过"威势"，促成而不是强迫时机出现。[92]

以上提到的中国成功实施战略的认知和隐藏在背后对"势"的把握，遭到了西方思想界的强烈批评，其中，美国学者的抨击尤为激烈。比如，在白邦瑞[93]看来，美国帮助中国是因为希望它变得和美国一样，让中国成为深深嵌入全球资本主义版图的自由民主国家，完全依照美国制定的规则行事，然而，中国的领导层：

> 误导和操纵了美国决策者，从而获得智力、军事、技术和经济上的支持……目标是报复或者"雪洗"过去外国施加的侮辱。然后中国就会建立一套对于中国来说非常公平的秩序，一个不存在美国霸权的世界秩序，并且改写第二次世界大战结束后形成的由美国主导的世界经济和社会秩序。而那些（中国）鹰派政治家认为中国只能通过欺骗的方法，或者至少要矢口否认他们藏有任何骇人企图，才能成功施行该计划。[94]

显然，对于白邦瑞而言，中国通过欺骗和秘密政策对美国的全球霸权造成了一定的威胁，但是他也承认（尽管带有些许遗憾和恐惧的意味）中国的领导人现在已经"更加开诚布公"地讨论他们的战略目标，也许是因为他们已经感觉到美国已经很难在战略层面迎头追上了，这实际上是对于中国战略有效性的一种承认。[95]白邦瑞的分析其实是正确的。和中国的战略相比，美国的战略看起来更加开放。但是他忽视了美国政策之所以能够一直保持开放性，是由于美国在各个领域都已经大幅度领先，无论是在军事、技术、经济还是在文化领域。此外，美国的有些政策并不像我们想象的那么开放。想一想官方的军事基地数量已经达到骇人听闻的 900 个之多，这还不包括一些秘密基地。[96]五角大楼的预算也称不上什么透明清晰的典范。此外，就算不谈美国意图破坏他国稳定的行动和寻找代理的行为，它也的确在世界范围内开展了一系列军事行动和准军事行动。美国已经好几次打着民主、人权和自由市场经济，或者更准确地说资本主义的幌子，秘密进行政权更迭行动，意图支持更加有利于保护美国利益的政府上台。

在第三章中，我会阐释美国的外交政策如何深深植根于 19 世纪初始的意识形态体系之中（我已在本章的开头部分做过分析）。即便是"不走寻常路"的特朗普总统也没有逃脱这种具有统治地位的意识形态的钳制。[97]与此同时，中国似乎已经成功扭转了"潜在形势"，使之有利于自己，而美国却困在一个似乎无法摆脱的固定位置，即继续实施基于威胁的外交政策，最后还是要利用经济和军事力量。在同一时期，中国的战略是不断变化的，从一种方式演变为另一种方式：从经济、军事、科技、对外投资、吸引人才到传播中国文化，从学习西方到自主创新，从对外开放到保护国内市场免受逐利资本掠夺，从双边协议到新的多边组织，从捍卫国家安全利益（中国领海，香港，新疆，西藏，台湾）到发展欧亚大陆、非洲、拉丁美洲和北极地区的全球利益。

在描述中国今天的意识形态之前，我们必须理解这个国家的终极目标是什么，实现目标需要有意识形态清晰化的表述。中国意识形态当中最核心的价值资源是"和谐"，即没有冲突。"和谐"是由"团结"和"稳定"支持的，与此同时，"和谐"也会促进"团结"和"稳定"。当然，中国人非常清楚，冲突是社会发展与社会生活中不可或缺的一个部分，但是应当建立尽可能避免冲突发生的社会架构。[98]目前，中国的最终目标就是实现国内和国际和谐，避免 19 世纪的外国侵略再次上演，而美国今天穷兵黩武的外交政策无疑表明其受侵略的危险依然没有消失。但是在分析今天中国意识形态之前，我们必须理解中国在从清帝国晚期到中华民国，直至建立中华人民共和国的百年历程中的治理体系，以及中国是如何维护社会和谐的。

儒家思想：中华文明及传统意识形态

我在前文已经指出，中国的理论和实践（或者说意识形态和战略）密不可分。因此，意识形态和战略都要随着国内、国际环境的变化而发生改变。在探讨中国的意识形态的时候，我们不能不提及中国在清朝的最后几十年实施的战略。到了 19 世纪晚期的时候，在西方列强和日本的支配下，中国的意识形态已经开始出现极大的震荡和分裂。但是，后来中国是怎么改变的呢？中国是如何再次振兴其文明，如何成为能够阻止潜在敌人再次施加 19 世纪侵略行径的大国的？中国到底是通过什么样的战略实现了这样的目标？让我们先从中华文明说起。

中华文明一般都被视为世界上最伟大的文明之一，这不仅体现在艺术上，更体现在政府治理上。中国和古埃及均为极早发展了准现代公共管理体系，也就是公共官僚机构的国家。[99]中国在 19 世纪到 20 世纪之间遭遇西方列强侵略，沦为半殖民地，遭受了奇耻大辱。当然，这不是汉族人第一次被打败。13 世纪的元朝和 17 世纪的清朝也曾经打败过前朝汉族政权，但是，蒙古人和满洲人都被中华文明同化了，并且继续按照传统儒家的方式统治中国，因此中国的历史没有间断，并且是按照朝代更替的顺序运行，直到 1912 年最后一个封建王朝——清王朝覆灭。

然而，西方国家根本没有想过被中国文化同化，原因非常简单：它们只想和中国做生意，并且毫无疑问是按照西方的方式做。1894—1895 年，当中国被它的"日出之国"小兄弟——日本打败的时候，所遭受的耻辱可以说是无以复加的。这样的耻辱一直持续到了 1949 年中华人民共和国成立。即便是这样，在中国遭受耻辱的年代，西方社会的经济和政治思想还是通过殖民的方式传播到了中国，并且是以极端暴力的方式发生的。

从中国封建社会开始到结束（公元前 2 世纪到公元 20 世纪初），中国社会并不是一成不变的。法国汉学家白吉尔对这些变化做出了如下非常精辟的总结：

> 在 19 世纪以前，中国并不是西方观察者所描述的发展停滞的社会。从公元 6 世纪到 11 世纪之间，是一个活力无限的时期，随着蒙古人的征服（1205—1279 年），黑暗时代来临，一直持续到 14 世纪早期的明代初期。此时出现了一种新的经济发展方式，延续到清朝，直到 19 世纪初期才宣告终结。[100]

中国从公元 1000 年以来就是科技发展的先锋。[101]当欧洲开始自己的科学研究时（15—16 世纪），中国早已拥有笑傲欧洲的科学技术成果。中国的科技创新对于经济组织和社会结构具有很大的影响，其中就包括一些今天仍旧沿用的市场经济形式。[102]

两次鸦片战争战败以后，中国开始从西方引进先进的科学和技术资源，并且也开始建造兵工厂和造船厂，制造西式武器和战舰。不用说，一个国家不可能一夜之间就建立起足以抗衡技术上强大得多的外国海军的部队。中法越南之战于 1885 年结束，法国仅仅花了一个小时，就摧毁了中国海军舰队全部的 11 只蒸汽船。讽刺的是，中国的福州造船厂就是在法国的帮助下建成的，但是这场战争的结局却是法国摧毁了中国舰队。10 年以后在中日战争中，中国的惨败在这次海战中早已注定。[103]

尽管失败不断，但中国已经开始尝试适应新的环境，并意识到建造一支能够对抗强敌的现代海军的重要性。此外，中国在 20 世纪初的清代朝堂上，西方的宪政和议会制理念已经得到了充分讨论，1909 年，各个省已建立咨议局。但是这些举措都为时太晚：经过西方几十年的侵略以及内部矛盾激化带来的削弱，大清帝国于 1912 年初覆亡。

在封建社会时期，中国对和谐理念的追求，是通过对儒家思想的诠释以及家庭和政治生活中专制手段的运用体现的。这种意识形态以封建官僚制为原型，是中国封建社会两千多年的权力支撑，尽管中间出现了许多不稳定的时期，但和谐并不是封建社会时期唯一被讨论过的哲学思想。正如朱费瑞解释的那样，事实上，这种意识形态在汉代（公元前 202 年到公元 220 年）就成为价值理念的集大成者，后来整合了儒家的阴阳理念以及法家、道家和封建社会时期的其他各类流派的思想。[104]

在早期，官方发展儒家思想的主要目的是通过道德规范来管理国家，结束战国末期的政治混乱。对于孔子来说，和谐是理想的社会状态。[105]为了实现这个目标，每个社会成员都必须遵循一套原则和礼仪（礼），也就是一套管理社会关系和秩序的道德标准以及社会机构运行的礼仪规则。在这样的社会中，通过培育美德防止人们一味追求个人私欲十分必要。追求公众利益的正直之士（君子），必须担负起引导自私之人（小人）的责任。

人与人之间的关系是基于家庭关系构想出来的。公务人员（官员们）接受了长年累月的儒家经典教化，必须充当家庭里"孝"（孝道）的典范。这种美德随后被转移到家庭之外的关系之中。孝道也转化成了官员对于帝王的政治忠诚。中国社会是高度阶层化的，它的管理方式也是高度家长式的：大臣们必须服从皇帝，儿子要服从父亲，妻子要服从丈夫，晚辈要服从长辈。执政的人也叫作"父母官"（像父母一样的管理员），那些被管理的对象称为"子民"（孩子一样的人民）。这种观念为皇帝延伸统治权力的触角提供了坚实基础。皇帝在对国家进行统治的时候，就相当于一个大家族里至高无上的家长，按照教谕来说，他是上天派往凡间管理"天下"之子，"天下"的意思就是普天之下，也就是中国。但是这种绝对权力不是没有任何限制的。君主必须不断完善自身直到成为道德的典范，并且要为民谋利，否则上天就会以自然灾害的方式给予警告，如果君主一意孤行的话，那么上天就会通过人民起义的方式收回他的权力。

这种管理社会的方式会让西方人觉得不可思议，西方人的行为往往受到"普世价值"的规训，这些"普世价值"包括自由、民主以及人权（大部分是公民权和政治权）。一些西方学者认为儒家思想是民主进步的绊脚石。然而，朱费瑞认为，孔子的思想未必会对基于民主和人权思想的政治制度的发展形成羁绊。[106]他引用了新儒家思想发展的案例，提到了中国式民主发展的三个有利因素。第一，尽管儒家思想在公共领域具有专制的特征，但是君主也被赋予了为人民谋福祉的责任，一旦他无法完成这项责任，那么人民就有权推翻君主统治。[107]尤其要强调的是，君主有责任听取下属的批评建议。事实上，中国的皇帝很少单独做决定。第二，就是重视教育的传统，早在毛泽东时代，一批批受过良好教育的年轻人就不断涌现出来，按照朱费瑞的说法，他们最终都会为民主的发展做出贡献。第三，按照孔子的教育方法，鼓励老师和学生之间进行对话，从而提高学生的批判能力，有利于提高民主参与度。此外，孔子有强烈的人道主义意识，尤其是关怀社会中最弱势的群体。这种想法和人权保护的大方向是一致的，它得到了好几位中国学者的支持，包括香港大学的陈祖为。[108]在讨论中国实施战略的方式时，我会用到陈祖为关于儒家思想现代性的论述，尤其在 1976 年之后，这种战略将从西方引进的价值资源与儒家的价值资源进行了完美糅合，形成了一种全新的意识形态，从而保留了一些传统价值观，尤其是国家的权威性特征。

然而，就目前而言，我们不得不承认，在可预见的未来，中国将坚持社会主义制度，中国不可能朝着西方式自由民主制的方向发展。事实上，西方经济和政治体制理念在 19 世纪是以一种非常不友好的方式进入中国的。从 18 世纪末到 19 世纪 30 年代，中国和西方有过一段时间的"友好接触"，从 1840 年第一次鸦片战争开始，中国就遭遇了西方的大规模入侵，并长期处在一种半殖民地半封建社会的蒙羞状态。对于一个拥有几千年文明的国家来说，这并不是一种该国人民热情拥抱西方文化的祥瑞开端。但是，当大清帝国在 1912 年崩溃的时候，似乎在大清帝国最后几十年被反复讨论的宪政理念终于获得了一个合理的机缘，在中华民国得以实施和检验。

中华民国时期的意识形态（1912—1949 年）

1912 年，大清帝国崩溃之后，在孙中山的领导下，中华民国建立起来，并且采纳了大清帝国最后几十年已被充分讨论过的宪政理念，同时抛弃了中国在封建制度下维护和谐、团结和稳定的方式。孙中山知道，西方舶来的新理念，不可能完全适应中国并得到实施。因此，他设计了一个"三步走"的长期战略。然而，即便是这样精密设计的战略也有其不足之处。事实上，尽管当时的中国已经从西方引进了一些制度改革理念，但孙中山的革命理论还是与封建制度下的治国方式保持了某种连贯性。当然，在孙中山的设计中，国家权力被划分为政治权力和政府权力。政治权力是分配给人民的，由 4 个部分构成：选举权、罢免权、创制权和复决权。[109]此外，在地方层级，孙中山认为，地方当局应当采取自治，其作为人民群众参与国家事务的手段，构成民主共和国存在的基础。然而，对传统价值的采纳却导致了专制政府模式的迅速回归，1925 年孙中山去世后，专制力量反而加强了。

在这一体制中，政党的角色是由传统价值观中的"团结"原则确定的，也就是说，有别于其他党派先争夺民众的支持进而获得权力的形式，这一体制明确规定政府必须受到一个本身就具有革命性的政党的领导。[110]政党通过不同行政级别的组织执政。国民党对政府的控制权可以概述如下：（1）所有的根本大法都是由政党制定的；（2）政府方针、方案、政策在实施之前，都要在政党内部通过；（3）管理政府事务最重要的职务均由国民党中央执行委员会成员担任。[111]总而言之，国民党的一些机构会代替国民政府承担真正的政府职责，政府只是国民党的执行机构。孙中山的政治理念很快就被抛弃了，因为国民党的领袖们只是把它当成维护自己权力的借口。

更糟糕的是，1925 年孙中山的离世为蒋介石的上位铺平了道路，蒋介石建立了一套以国民党为中心的独裁政治体制，所有的政治机构和公共行政机构都必须听命于国民党，蒋介石则自称"大元帅"，成为国民党的最高领袖，这样，传统政党－国家的理念和实践也相应地被重新纳入到当时中国的意识形态之中。更加有趣的是，即便是中华民国时期，中国人治理国家的基本方式还是得以保留。孙中山任总统期间，和谐、稳定、团结的价值观依然处于国民党意识形态的核心，并通过专制政府进行维护，这一点与封建帝国时代非常相似，只不过皇帝被总统取代，大臣们被公务员取代，公民们由政党－国家统治，几乎不具有干预政治程序的任何手段。不幸的是，孙中山去世后，蒋介石的独裁统治以及日本的侵略使和谐的状态到了难以为继的地步。[112]此外，这种新的国家形式抛弃了传统的儒家价值观中限制皇帝和总统自由的那一部分，比如说天赐皇权的前提是维护好人民的利益。但是，儒家价值观是否会被彻底抛弃，还是终有一天会重新出现？

1927年，蒋介石发动反革命政变，国民党和共产党之间的内战不可避免地爆发了，由于20世纪30年代日本侵华战争，两党合作，结成抗日民族统一战线，1945年，抗日战争胜利，日本战败投降。此时中国内战再一次爆发，并且最后以中国共产党大获全胜而告终。1949年成立的新中国建立了社会主义新制度，新制度中保留了一些过去统治了中国长达两千多年之久的意识形态。

毛泽东领导时期中国共产党的意识形态

中国共产党于1921年成立，并历经整整28年才战胜国民党，成为新中国的执政党。在这一时期，中国共产党吸收了马克思列宁主义，并在毛泽东的领导下，将马克思主义中国化，他们比苏联共产党更加重视农民。当1949年中华人民共和国正式成立的时候，中国共产党已经准备好要践行马克思主义。所以，马克思主义是中国从西方引进并且在中国成功实施的第一个价值资源。如果有人想知道这项具有革命性的创新是如何在不抛弃传统和谐、团结和稳定的价值观前提下成功的，答案或许非常简单，相比于自由主义，在马克思主义指引下新中国的治理更加重视与中国传统文化理念和价值观的衔接，自由主义，如我们在第一章所讨论的，是建立在自由、自由式民主、多党派制度等价值观基础上的，这显然和中国已经施行了两千多年的管理模式难以兼容。事实上，我们可以说，共产党不仅取代了封建皇权的"官吏集团"，也取代了国民党。此外，中国共产党所选择的马克思列宁主义，更加符合与中国治理传统相衔接的中国现代治理方式，因为它赋予了共产党特殊的领导地位，让一个国家在共产党的领导下走向社会主义成为可能。相应地，新的意识形态也可以有效地将马克思主义与传统的和谐、团结和稳定的理念相融合，并且为中国共产党所建立的政府所用。这并不是说中国共产党没有进行彻底的改革，而是其改革的实质在于摧毁旧的剥削阶级统治制度，建立了人民政权。

国共两党的意识形态分歧不可避免地转变为争夺统治国家的权力斗争。尽管国民党最初能够控制住国家政权统治，但是在上海发生的两起大屠杀导致了内战的爆发。[113]第一场发生于 1925 年，租界警局对中国示威者开枪，五卅惨案爆发。开枪的命令是租界警务处处长爱德华·爱活生下达的，他命令印度裔巡捕和中国警察朝示威者开枪。这些示威者是在五卅运动中组织起来的，他们发起了一场劳工反帝国主义的运动，要求结束"治外法权"，撤销租界。[114]上海公共租界议会的回应是 6 月 1 日宣布戒严，请求外国军队提供军事援助，进行搜捕，保护租界的中外人士既有的权益。最后估计的中方伤亡人数不尽相同：死亡人数一般是在 30 人到 200 人之间，受伤人数为几百名。一些警察、消防队员和外国人也受了伤，部分人员伤势严重，一名中国警察丧生。第二场大屠杀情况更加惨无人道。1927 年 4 月 12 日的"四一二"反革命政变，是蒋介石公开背叛国共合作，屠杀共产党的惨案[115]，蒋介石和国民党保守派力量对中国共产党进行了暴力镇压和血腥屠杀。事发后，国民党在其控制的所有地区均开展了针对共产党员的大清洗，宁可错杀一千，不可放走一人，伤亡人数在 5 000 人到 10 000 人之间。这也预示着中国内战的开始。

中国共产党的组织方式一直延续到中华人民共和国成立之后，中国共产党的领导核心地位是中国社会主义最本质的特征，也是坚持马克思列宁主义的必然结果，尽管曾经存在党内一些派系和个人之间的分歧，但毛泽东还是作为无可争议的领袖脱颖而出。共产党和国民党之间、中国和日本侵略者之间的武装冲突，[116]进一步强化了团结、稳定与和谐的价值观。这并不是说当时不存在民主。20 世纪 30 年代，中国共产党曾经成立中华苏维埃共和国，实质上就是以中国共产党的地方政权代替了国民党的地方政权。从根本上来看，即便支持两党的意识形态相互对立，国民党和共产党组织权力的方式从技术手段上来看还是基本一致的。此外，值得注意的是，在国民党掌权的中华民国时期，中国共产党对其在解放区的治理方式已经显露出中华人民共和国政府治国理政的模式。

1949 年 10 月 1 日，当毛泽东宣告中华人民共和国中央人民政府成立的时候，即将实施的国家政体形式也浮出水面：实施中国共产党的领导，并且党内的职务高于政府内的同等级职务。比如说，在省一级的层面，由省委书记作为领导政府的第一把手，省委书记的地位高于省长。"和谐、稳定和团结"的原则仍旧处于 1949 年以后中国政治文化的核心，尽管中国吸收了（也许正是因为吸收了）马克思列宁主义，并且还根据实际情况对其加以改造。[117]即便是下文所述的"文化大革命"爆发，和谐、稳定和团结的价值观基本上还是沿袭了两千多年以来封建制度治理国家的方式。此外，西方仍然和第一次鸦片战争以来一样，持续对中国施压，尤其是刚刚"失去中国"的美国纵容内战失败者蒋介石在台湾建立了敌对政府，并且直到1979 年 1 月 1 日才正式承认中华人民共和国的地位。[118]但这也没有为中国引入诸如宪政和多党竞争制的西方思想创造有利的国际环境。

1949 年 10 月 1 日，毛泽东宣布中华人民共和国中央人民政府成立。但事实上，稍早一些，在 9 月 21 日，发生了同样重要的事件，即中国人民政治协商会议第一届全体会议的召开。毛泽东在会议上庄严地宣布："我们的民族将再也不是一个被人侮辱的民族了，我们已经站起来了。"当然，那时中国还是一个欠发达的国家。为了让中国变得足够强大，避免遭遇进一步的屈辱，中国必须根据国内、国际环境的变化重构它的权力资源分配模式。为了实现这个目标，要同时实现 3 个相互关联的目标：（1）由于外国侵略随时可能出现，因此中国必须在最短的时间内提高经济和军事实力，尽快恢复世界强国地位；（2）为中国人民提供足够数量的商品和服务；（3）维持和谐、团结和稳定。

这并不是一件容易的事，但正是在此种背景下，中国战略的有效性又一次显现。中国的领导层从一开始就明白，完成这些任务是一个漫长的过程，稍有差错就有可能减缓行动进程，甚至遭受更多屈辱。如上所述，此时要综合考虑"潜在形势"，充分利用环境当中的有利要素，静观其变，审时度势，因势利导（或者至少改变环境中的部分要素），利用一切有利因素进行发展。在这一过程中，应当及时发现错误并且纠正。21 世纪初，中国的发展战略使国家重新崛起，再也没有人敢像 19 世纪那样欺负中国。

毛泽东领导时期产生的积极和消极的影响究竟是什么？第一，在中国遭遇了一个世纪的外国侵略，沦为半殖民地之后，通过打败日本侵略者，反内战击溃国民党部队，毛泽东成功地为中国夺回了主权，统一了中国。第二，对国内环境中可以合理改善的部分进行改革：首先就是教育和卫生，其次就是实行计划经济体制中的工业化。少年儿童和成年人的死亡率都出现了明显下降：中国人的平均预期寿命从 1950 年的 37 岁左右增长到了 1980 年的 66 岁左右。此外，这种制度也保证了所有的中国人都可以公平地获得医疗保障。这一时期的成人识字率也从 25.5% 增长到了 65% 以上。

第三，确定了四个现代化的目标，这成为中国向现代化强国迈进的指导方向。四个现代化的目标其实涉及四个关键领域：农业、工业、国防和科学技术。[119] 中国的工业化进程明显要快很多，实际 GDP 的增长也相当可观。在毛泽东执政期间，除了 1961 年（-27.3%）和 1962 年（-5.6%，这是"大跃进"造成的后果），以及 1968 年（-4.1%）和 1976 年（-1.6%，这是由"文化大革命"造成的），GDP 每年都保持了约 4.5% 的增速。回顾中国自那时以来的成就，我们更能理解毛泽东时代构筑的基石的崇高意义。今天中国已经拥有强大的农业、蓬勃发展的工业、可以与美国媲美的科技实力，以及足以劝退任何潜在外国侵略者的强大军事实力。

1978 年中国实行改革开放后，中国社会经济迅速腾飞。可以肯定的是，毛泽东为邓小平进一步发展中国经济、社会和进行资源权力分配奠定了坚实的基础。此外，邓小平全盘考虑并逐渐地引进市场机制，向世界开放了中国经济，并且重新确立了党的集体领导制。[120]

价值观差异和今日中国的价值观

基于前面的分析，我们可以看到，从晚清时代最后几十年，中国恢复世界大国地位的进程就已经开始了。孙中山领导下的中华民国，也始于想将中国转变为立宪制的国家，但是由于内战、外国干预特别是日本侵略，这一愿景并没有实现。我们也看到了，在重构中国权力资源的过程之中，毛泽东取得了一系列重大进展。那时从西方引入的价值资源都是微不足道的，因为它们完全没有对中国传统的威权国家模式形成过挑战。马克思列宁主义确实改变了中国社会的阶级结构，但是它并未改变中国的集权形式。相反，它需要共产党绝对领导和采取一种中央集权的计划经济体制。

改革开放对中国共产党意识形态的贡献：经济效率、市场体制和弥合价值观差异

1978 年，中国改革开放的总设计师制定了中国改革开放国策，重大转机也开始出现。邓小平所面临的任务异常艰巨，他必须让中国从"文化大革命"的动荡之中尽快恢复过来。他必须重新建立中国共产党的威信，让中国人民可以重新期待一个光明的前景，中国决定实施社会主义市场经济机制。中国选择引入市场机制，或者更准确地说，一些市场经济机制，来同时达成这些目标。如前文所述，古代中国其实已经出现了一些目前存在于世界各地的市场模式。[121]但是中国从西方引入的市场机制具有一些特质，这些特质可以被视为对市场经济，或者更准确地说，对第一次工业革命的资本主义市场机制的改革。经济效率是这种新经济形式的基本特点，也就是说，用尽可能少的资源（即劳动力和资本）创造出尽可能多的产值。竞争和透明是实现这个目标的手段，这是为中国管理人员和员工们所熟悉的。此外，西方主流观点认为，市场经济和自由民主是相辅相成的，否则，整个经济系统就会崩塌，或者至少这种经济体系将不能与其他奉行竞争和透明的国家相抗衡。由西方（尤其是美国）推动的，从第二次世界大战结束后开始的全球化浪潮，在新自由主义思潮的影响下，于20世纪80年代迅速席卷全世界。此外，中国已经决定向世界打开市场的大门（即便这个过程是渐进式的）。但问题是中国还没有准备好抛弃威权式的国家管理体系，而这被西方学者认为是中国必要的统治方式。如果不这样做的话，中国怎么样才能成功？

在邓小平的领导下，中国开始引入了一些市场经济体制的模式，而没有同时采取西方式自由民主模式，这显然是中国共产党坚持马克思主义的理论，并对中国发展进行指导，我们会看到，在获得了一段时间的相对成功后，在改革开放开始后十余年发生了严重的政治风波。但是在那几年以后，中国在经济上就开始迅速腾飞，并且于2001年加入了世界贸易组织（WTO）。从那个时候开始，中国的经济发展就一直处在增长状态，直到它在21世纪的第二个十年恢复了世界强国的地位。[122]

那么，中国到底是怎么从20世纪80年代开始（尤其是在20世纪90年代），在经济和社会领域都出现了一些改革中的负面问题，比如说失业问题，家庭之间、城乡之间、沿海和内陆省份之间出现差距，生态环境恶化等等之后，又重新获得发展动力的？我认为，中国在传统的儒家思想体系当中找到了一些类似于西方的价值资源，将它们转换为市场经济的发展动力，同时也纠正了一些市场经济的消极后果。我将这些价值资源称为"过渡性价值"，因为它们可以将西方价值观和中国传统的威权式治国方法加以融合，形成一套和西方舶来的新价值资源兼容的中国意识形态体系。

2016 年到 2018 年，我曾在瑞士、法国和中国召开的一些会议上论述我的这一观点。我也曾和自己的中文老师兼科研助理详细探讨这一话题，她的硕士论文题目就是"关于儒家思想和自由主义之间的兼容性"[123]，这些都鼓励了我对此观点进行进一步的探索。我曾在 2019 年尝试性地探讨这一观点。[124]在组织本章的框架时，我看了陈祖为的书，这是一本鼓舞人心的著作，致力于探索如何将儒家思想和西方价值观融合构建成一套现代儒家哲学。[125]这本书帮助了我，也鼓励了我对这一观点深入阐述。我必须先提醒读者们陈教授的计划其实比我的更加雄心勃勃，我仅仅只是想论述中国政党－国家体系的韧性，这套体系融合了西方价值观（特别是与市场有关的）与和自由民主价值观相矛盾的集权国家体制。非常有趣的是，陈祖为对被殖民统治时期的香港做出了以下评价："尽管被殖民统治，许多香港人对儒家文化的感受还是非常积极的，他们对于英国文化的感觉也不尽是消极体验。他们更多体验到的并非文化的冲突，而是文化的融合。"[126]这也再一次证实了朱利安关于跨文化思想交流的论述。[127]因此，正如我多次提到的那样，改革有可能创造出一种让中国无论是在国内还是国际上都更加开放的国家体制。它到底是不是以现代儒家哲学为框架，同时将西方文化的精华融入儒家的哲学思想呢？这是个非常复杂的问题，现在我只会探讨中国意识形态在缺乏西方式自由民主制基因的情况下为何仍然极具韧性的问题。我会向你们展示，问题的答案可能隐藏在一个混合了儒家和西方价值观的威权式政治框架之中。

在西方社会，谈到中国的韧性，通常是在威权主义甚至是在极权主义的框架下解释的。正如我在第一章论述中国政治体系的性质时所写到的。但是让人难以接受的是，西方许多专家都认为中国在压迫自己的人民。真是这样的吗？压迫所有人？如果不是所有人，压迫的是哪些人？显然，西方对于中国人民和政党－国家体系关系的极端负面看法，和中国人民对中国共产党的满意度相矛盾，这一点已经被可靠的调查结果证实。[128]毕竟，即便是在封建社会时期，儒家思想也承认，当皇帝不能让人民"过上好日子"时，人民可能会发起反抗，让皇帝下台——后续发生的事件证明，中国人民在20世纪就是这么做的。如同陈教授所解释的，对于大部分的中国人民，"过上好日子"就意味着拥有充裕的物质财富。[129]这一点我们已经在本书其他地方提过，我会在第三章进行更新和总结。从20世纪70年代末改革开放以来，中国人的物质状况确实已经发生了极大改善，而且今天还在不断改善之中。当然，中国在发展过程中确实也存在着一些严重的问题，但是我们都不可能昧着良心质疑大部分中国人物质生活状况已显著提高的事实。或者，对一些西方学者来说这就是问题所在：凭什么一个没有按照西方模式组织起来的国家能够获得这么引人瞩目的成就？此外，无论是充满活力的中产阶层的规模，还是中国人的财富都在不断增长。只要中国共产党的治理可以持续让人民"过上好日子"，那么中国人就不可能起来反抗或者推翻它的统治。

现在的问题就是：儒家价值观在今天的中国依然存在吗？中国共产党自成立以来的很长一段时间内边缘化儒家文化，因为认为在19世纪的皇权统治中，儒家价值观是导致中国落后的罪魁祸首，但是现在，随着中国知识分子和政治领导人对儒家价值观深入地再评估，他们认为，在重新确认中国政治文化的原创性以及在阻止中国社会西化方面，儒家文化功不可没。[130]

关于儒家文化在中国的复兴，我们必须将其放在中国今天的语境之中进行考量。[131]封建社会时期，和谐、稳定和团结的价值观在维护社会稳定方面起到了非常重要的作用。我的观点是，中国进入新的发展阶段，传统价值观又被融入到了一套新的意识形态体系之中，该体系至今仍在指导着今天中国的经济和社会发展。它把西方的价值观融入到一个至今仍然由部分儒家文化不断塑造的新思想框架之内。这种新的倾向是逐渐形成的，正如朱利安所言，这一套意识形态体系作为国家文化的一部分，并不是一成不变的，而是会审时度势，顺势而为。此外，我同意陈祖为的观点，他认为儒家思想和西方的政治思想尽管差异显著，但存在很多相似和共同之处。[132]也正因如此，西方一些思想元素可以被中国接受。

对于陈祖为来说，现代儒学的伟大理想就是社会和谐，这一点和传统儒家文化一脉相承。社会和谐包括人类的美德，是一种基于互信和互相关怀的和谐。这就意味着，要实现社会和谐的目标就应该做到："由德才兼备的人治理国家，通过榜样树立和言语说服进行道德教化，通过仪式推行推进社会教化和管理，以及通过德治保证所有人民物质充裕。"[133]陈祖为认为，在儒家观念之中，理想的统治与被统治关系应该是一种互相承诺关系，既包括统治者关爱人民的承诺，也包括人民愿意服从或者接受统治者管理的承诺。善治的统治者会通过以正义为导向的一系列社会和经济政策，保护和促进人民过上美好生活（尤其是在物质充裕方面）。这是政治责任，是上天赋予的使命，也是统治者获得合法权威性的客观需求。此外，孟子把仁政解释为所有合法统治者必须执行的一套社会经济政策。[134]陈祖为将儒家关于社会正义的主要原则总结为：（1）实现所有人的富足，每个家庭都有足够的生活资源，可以过上一种物质有保障的、合乎道德的生活；（2）优先照顾弱势群体——那些物质条件处在平均线以下的或者有特殊需求的人；（3）讲求美德和贡献：一个人的职位和薪水应该根据他的美德和对社会的贡献来分配，任何收入不平等都是不合法的。[135]

陈祖为关于儒家思想现代性的观点将帮助我们更好地理解中国改革开

放以来所施行的公共政策的逻辑和顺序。基于陈祖为的基本框架，结合我的想法，主流儒家文化价值观使中国共产党的政党－国家体制得以改善人民的生存状况，消除体制所带来的不良影响，与此同时保留国家的威权性特征，并避免它发生崩溃。

我认为，以下所述儒家价值观与西方价值观具有相通的地方。这种相通展示了西方价值观是可以融入中国之治的框架之内的。首先，仁，是最重要的价值，因为它和义一起，构成了统治合法性的条件。仁也可以被解释为对人道的热爱，以及对于人类整体和人民的仁慈之心。它和基督教中的"爱你的邻居"和"不要对别人做你不希望他们对你做的事"的说法不谋而合。其次，义，可以被解释为正义和正直，它和"仁"紧密相连，允许统治者制定公共政策以实现正义之治。再次，礼，可以被解释为"良好的行为举止"，包括引导行为的仪规和仪式。然而，陈祖为告诫我们：

> 这些是具有丰富内涵与伸缩空间的概念。儒学大师们认为：礼不仅是一种社会礼仪，而且具有重要的社会功能——通过摒除杂念、净化情绪和改变态度等方式帮助人们提高道德修养，它还阐释了人际关系和不同社会角色交往的基本原则；这些功能反过来能够创造一个更加和谐和有道德的社会，这就是儒家治理的目标，这一目标是无法通过刑罚实现的。[136]

从这个角度讲，这些儒家价值观有助于将统治者引向善治，反过来，又加强了仁和义。此外，礼可以起到类似规则（也就是法律和规定）的作用，或者至少可以充当引入法律规定的桥梁，在规范不被尊重的情况下诉诸法律进行惩罚。这就是中国当时所面临的状况，在国内和国际市场的压力下，中国必须逐步引进一套国际法律规则。[137]最后，信，被解释为信任，这一价值观对于西方意识形态来说非常重要，它不仅存在于人与人之间，也存在于统治者和被统治者之间，信（信任）也可以加强人们对礼的尊崇，尤其在市场经济中，人们是以信任为商业文化和法律基础的。

很明显，中国能够将经济效率、市场规则、社会公平、正义和法律规则等与西方相融合，同时又不放弃中国传统的威权式管理方式，并以此作为维护社会和谐、统一和稳定的手段。[138]基于这种中西价值观的结合，再仔细分析构成当今综合国力因素之一的"潜在形势"这一资源后，我们可以看出，中国非常善于进行制度安排，以保证其能够长久稳定发展。[139]

西方主流观点认为，这些中西文化的融合并不全然令人满意，它们仍然处于探索状态，有些西方学者认为中国政党－国家体制如果不按西方模式改变，就会出现崩溃和制度终结，这些融合进程也必然终结。为了避免崩溃的结局，他们建议中国应该抛弃威权式的国家体制，因为在这种体制之内，要融合传统中国和西方价值观困难重重（甚至是不可能的）。中国应该选择实行西方式自由民主制，完成从计划经济到自由市场经济的转型。简而言之，中国应该变得"和我们一样"。但是目前为止，中国所取得的成绩是令人瞩目的，它通过多年以来以及现在正在实施的建立中国特色社会主义制度，走中国式的现代化道路，不仅实现了经济发展，并且提高了大部分人的生活水平。此外，即便政党－国家体制仍然掌控着所有社会要素，中国在自由和人权方面的进步也不容小觑。[140]

市场和儒家价值观：礼和信

中国在坚持社会主义制度基础上，引入市场机制之所以成为可能，是基于两种传统的价值观理念：礼和信。我们已经看到"礼"的基本功能和规矩差不多，但在儒家思想中，大多数情况下，违反礼制是不会受到惩罚的。在西方，良好行为是由市场规则（竞争和透明）和对其违反后的惩罚共同确立的。让人对惩罚恐惧是阻止违法行为发生的最有效手段。规则的实施则需要一整套复杂的法律体系维系，不仅仅局限于规则本身，还需要法庭、程序规定、法官、律师、对一审法院判决不服后的上诉，更加重要的是，诉诸法庭应被认为是一种积极的手段，不管对于个体还是社会而言都是如此，因为它能够纠正错误的行为。在儒家思想当中，良好的行为大多数情况下都是通过道德教化，而不是通过惩罚的威慑来实现的。

陈祖为认为，儒家思想倾向于调解、和解和妥协，而不是惩罚。[141] 目前看来，从礼到规则的转变，从儒家人际观念彻底转变为西方式的人际观念，不可能在朝夕之间完成。我在 2010 年出版的《中国》一书中，讨论了中国通往市场经济之路的主要困难。[142] 特别地，我指出了中国人认为法律和诉讼有可能会激化冲突，从而违背和谐之道。长久以来，这种观念阻止了中国人选择对簿公堂解决矛盾，尤其是在工人和雇主发生冲突的时候。然而，目前诉讼案件的大幅度增长以及工人胜诉的概率大幅上升（可以由官方统计数据证明）显示出法律体系中"信任"（信）的重要性得到了提升，并且，从礼到规则的转变，或者如陈祖为所言，从传统儒家礼治到现代儒家礼治的转变正在进行中，会极大地改善中国市场的功能。

由于没有遭受到革命运动的冲击，政党－国家当然有理由重启甚至加速基于市场经济和对外开放的改革进程。1992 年 1 月 18 日到 2 月 21 日，邓小平在视察南方期间发表重要谈话，标志着改革按下了加速键。

改革开放战略规划把发展放在首位，也许这是基于中国共产党对于苏联解体期间以及之后所发生的一系列事件的理解。苏联最大的失败之一在于没有发展好经济，因此，有必要与反对改革的保守派做斗争，因为他们的立场会阻碍经济发展。[143] 此外，外国势力的干涉是苏联解体后俄罗斯崩溃和衰落的罪魁祸首，正如他们插手中国内政一样。因此发展中国的权力资源，尤其是经济方面的权力资源，从而让中国尽快变得强大尤为重要。中国允许经济非平衡发展的出现，在改革初期让一部分地区和一部分人先富起来，集中精力让资源禀赋比内陆地区更有可能实现快速发展的沿海地区先发展起来。这使得区域之间及城乡之间的差距加大，这种差距不仅体现在收入方面，教育、医疗等公共服务也同样如此。

就这样，已经萌芽的一些消极影响不可避免地爆发出来：区域之间和省份之间的差距，以及不同省市内部之间的差距不断加大，尤其随着新型贫困的出现，也导致了犯罪率的升高。

由于缺乏环境保护的相关规定，中国出现了较为严重的环境污染加重问题。但是此后，共产党开始吸收过去的教训，并且逐步采取行动纠正这些问题。[144]

快速引进市场机制和竞争的代价是让国家机构（尤其是国有企业，也包括国家管理机构）大规模裁员，并解雇了数百万名雇员。这使得失业率剧增，并引发了新形式的贫困，从而抵消了改革所带来的大规模减贫效果。此外，由于引入了市场机制，政府也让国企免于承担计划经济体制下它们必须为职工们提供社会保障的义务。它们为了在市场中更加具有竞争力，必须降低生产成本，最直接的方式就是通过减少雇员的数量降低劳动力成本。但是不幸的是，这个目标达成时并没有形成一张能够覆盖医疗、失业和养老等领域的安全网。这种组织生产过程的新型方式，以及独生子女政策的施行，也破坏了计划经济时期的国家和家庭内部的稳定性。

社会经济发展的不平衡最终会对传统的和谐、稳定和团结价值观产生消极影响。尽管中国共产党并没有打算通过西方价值资源的引进从根本上改变现有政治制度，但是在战略的不同层级相应地引入一些变革却是十分必要的。中国在改革开放中首先要从西方引进的，就是一些价值资源，比如说社会平等、法律、法治和创新等。正是因为这些价值资源和儒家文化价值资源具有共通之处，所以才有被引进的可能性。

1993年以后，中国引进西方和儒家价值资源的步伐加快了。仁政的理念包含了3个条件，分别是：（1）所有人都实现富足；（2）优先照顾弱势群体；（3）讲求美德和贡献。显然，这次改革的结果并不完全符合这些要求：没有实现所有人的富足，贫困人口持续贫困；弱势群体也没有被优待，因为发展战略优先考虑的是那些被允许"先富起来的人"；腐败和特权也与美德和贡献相矛盾。因此，很有必要诉诸"仁"（仁慈）和"义"（正义）的价值资源。由于中国一直在学习如何通过研究西方来克服中国的问题，因此，中国接下来会自然而然地借鉴西方在诸如失业、医疗和养老等社会保障领域的经验。儒家价值观"仁"和"义"支持政党－国家体制从20世纪90年代中期开始对改革进行调整。不用说，这种调整并不是在短短几个月之内就能实现的，甚至在几年内都是不可能的。[145]上述讨论的目的仅仅是展现传统儒家价值观事实上支持了西方价值资源的引进，并如陈祖为所言，可以对后者进行修正、吸收从而形成现代儒家思想。事实上，中国共产党在新时代所秉承的意识形态模式并不能被简单定性为具有典型的西方特征或者中国特征。它体现为为了适应国内国际变化而必须进行的意识形态调整。

彼时的中共中央总书记江泽民，在变革之中扮演了尤为重要的领导角色。从这个意义上来说，他不仅是一个忠实于邓小平理论的领导人，也是一个为新的意识形态变革和"以人民群众为本"的改革开放的领军者。江泽民给中国共产党在新时期发展带来了3个重大的改变：加强财政政策中央调控，推出西部大开发政策，以及提出"三个代表"重要思想。

自1993年起，中国开始实施一些能让中国经济和社会重新获得平衡的政策，尤其是对西部省份社会福利和基础设施方面的投资。为了保障新政策的顺利落地，有必要将一部分地方财政权能收回到中央。这一决定缘起于中国两位青年学者王绍光与胡鞍钢的一份报告，他们后来都成了中国国家发展战略的有影响力的支持者。1993年，王绍光和胡鞍钢发表了一篇支持中国财政权集中到中央的报告，在中国广为流传，这也成为中国1995年加强中央财政政策宏观调控的一个思想来源。正是因为这些新的财政手段，中国共产党将中国"以快速和非平衡发展为先"的战略转化为"以人民群众为本"、更加平衡的发展战略。

中国领导层开始采取新的发展路径，首先确定了"西部大开发"作为政府在接下来十年的首要发展战略之一。[146]这一新发展战略显然将发展的重点从经济学视角转化为社会经济学的视角，目标是缩小沿海和内陆地区的差距。[147]这一战略最初在 20 世纪 90 年代确定，后来由朱镕基总理代表国务院在 2001 年 3 月 5 日提交给第九届全国人民代表大会第四次会议的《关于国民经济和社会发展第十个五年计划纲要的报告》中正式提出。[148]

在 2002 年的中共十六大上，"三个代表"重要思想被提出，该思想是马克思主义中国化的思想理论创新，它与马克思列宁主义、毛泽东思想和邓小平理论一起，成为中国共产党的思想基础。"三个代表"重要思想强调中国共产党代表中国先进生产力的发展要求，代表中国先进文化的前进方向，代表中国最广大人民的根本利益。这和之前共产党代表了无产阶级利益的提法相比，更加明确了中国共产党在改革开放的发展时期的代表性。因为实施了邓小平和江泽民提出的发展战略，中国 GDP 的增长速度令人瞩目，但这在一定程度上是以牺牲公平分配为代价来创造新财富的。结果是，尽管中国人民的生活条件有所改善，但随着新的社会阶层、行业类别甚至社会阶级的出现，旧的平均主义社会结构已被分配收入差距逐渐加大的社会结构所取代。

在这样的背景下，考虑到和谐、团结和稳定的价值观依然处在共产党意识形态的核心，"三个代表"重要思想的提出就可以被认为是一个十分重大的决定，目标就是重建或者弥合已经出现的社会差距，并且防止这种差距阻碍共产党领导下的改革进程。众所周知的是，"三个代表"思想公布之前，一些中国民营企业家曾被动员加入共产党。在中国收集到的非正式证据和采访都表明，许多民营企业家事实上都已经加入了中国共产党，他们当中的一些人都加入了政协和协会。[149]

即便发生了这些重要的变化，在 2002 年的中共十六大上，马克思列宁主义、毛泽东思想、邓小平理论，以及加强党的执政能力建设，这一系列基本原则被强调。在这里我们可以重新认识团结的意义。江泽民表示，"三个代表"重要思想是加强和改进党的建设、推进社会主义自我完善和发展的理论武器，还进一步强调：

> 企业党组织要贯彻党的方针政策，引导和监督企业遵守国家的法律法规，领导工会和共青团等群众组织，团结凝聚职工群众，维护各方的合法权益，促进企业健康发展。加大在社会团体和社会中介组织中建立党组织的工作力度。全面做好机关党建工作和学校、科研院所、文化团体等事业单位的党建工作。[150]

胡锦涛对于共产党意识形态的贡献：明确提出了科学发展观

江泽民的继任者胡锦涛在 2007 年 10 月中共十七大的讲话再次提到四项基本原则，以及进一步加强党的执政能力建设。

2003 年 8 月底 9 月初，胡锦涛在江西考察时提出"科学发展观"的概念。在中共十八大报告中，胡锦涛强调坚定不移走中国特色社会主义道路，推进实践创新、理论创新、制度创新，提出构建社会主义和谐社会。胡锦涛关于创新有一系列话语体系，如在中共十七大上提出提高自主创新能力是国家发展战略的核心。中国未来的创新应该是由中国人民自己创造的，独立创新应该在一大批重要的领域涌现。胡锦涛执政时期，中国的一系列改革举措都释放了一个信号，那就是，中国社会的发展即将迎来新时代。

当我们谈到实施新政策必须平衡经济效率与公平，减少各种内部差距，最终实现社会和谐发展时，这种新趋势就变得更加明显了。在纪念中共十一届三中全会召开三十周年大会上，胡锦涛非常明确地指出必须把提高效率同促进社会公平结合起来，实现在经济发展的基础上由广大人民共享改革发展成果。

习近平的贡献：加强党的全面领导和推动构建人类命运共同体

通过研究习近平的思想，我们会发现之前中国共产党的意识形态构建是在一定范围内完成的；而习近平提出的中国愿景则强调了中国在本土之外的角色，或者更加准确地说，是在全球层面扮演的角色。在习近平成为中共中央总书记的时候，中国已经有了在国际上的话语权，让他可以开诚布公地在世界舞台上发表符合其身份的独立见解。现在中国终于实现了毛泽东的预言："我们的民族将再也不是一个被人侮辱的民族了，我们已经站起来了。"

这一改变最为明显的信号，当然是"一带一路"倡议的提出。另外，在 2017 年的中共十九大讲话中，习近平多次提到了和谐、稳定和团结等传统价值观；和前任的几位总书记一样，多次提到了马克思列宁主义；还多次提到"中国特色"（有的时候和"中国梦"相关），[151] 传递出了中国将继续忠于自身文化的鲜明信号。

中国在坚持传统价值观的同时，还明确表示已经准备好在现当代国际体系中扮演好自己的角色，在"共赢"的框架下，向世界提供一整套能惠及所有人的国际协议和合作关系。显然，信奉仁爱之道的中国领导人不仅要将仁爱（仁）带给中国，也要把它传递给世界。正如我们即将在第三章当中所看到的，西方并不是从这一角度理解习近平的外交政策的，相反，西方会认为中国这是在野心勃勃地谋求新的世界霸主地位。但是现在让我们听一听习近平在 2017 年的中共十九大上是如何表述的。尤其是习近平强调：

> 全面推进中国特色大国外交，形成全方位、多层次、立体化的外交布局，为我国发展营造了良好外部条件。实施共建"一带一路"倡议，发起创办亚洲基础设施投资银行，设立丝路基金，举办首届"一带一路"国际合作高峰论坛、亚太经合组织领导人非正式会议、二十国集团领导人杭州峰会、金砖国家领导人厦门会晤、亚信峰会。[152]

此外，习近平旗帜鲜明地表示恪守维护世界和平、促进共同发展的外交政策宗旨，推动建设新型国际关系，构建人类命运共同体；他还提到，中国人民的梦想同各国人民的梦想息息相通，实现中国梦离不开和平的国际环境和稳定的国际秩序。[153]最后，在列举了二〇二〇年到二〇三五年作为第一阶段的发展目标之后，习近平展望了中国第二阶段的发展："从二〇三五年到本世纪中叶，在基本实现现代化的基础上，再奋斗十五年，把我国建成富强民主文明和谐美丽的社会主义现代化强国。到那时，我国物质文明、政治文明、精神文明、社会文明、生态文明将全面提升，实现国家治理体系和治理能力现代化，成为综合国力和国际影响力领先的国家，全体人民共同富裕基本实现，我国人民将享有更加幸福安康的生活，中华民族将以更加昂扬的姿态屹立于世界民族之林。"[154]

显然，这些讲话内容首先肯定是面向现代化的，但也仍然忠于传统儒家价值观。"构建人类命运共同体"的呼吁，以及"中国人民的梦想同各国人民的梦想息息相通，实现中国梦离不开和平的国际环境和稳定的国际秩序"等陈述非常清晰地指向了儒家"仁"和"义"的价值资源以及其在中国外交政策之中的运用。这样做的目标就是建立起一个充满仁爱和正义的世界秩序，满足正义的3个条件：（1）所有人实现富足；（2）优先照顾弱势群体；（3）讲求美德和贡献——职位和报酬应该根据一个人的美德和社会贡献分配。这显然是在呼吁一个践行多边主义的多极世界，避免一些国家擅自采取单边行动，通过威胁甚至是直接动用经济和军事力量干涉他国内政，甚至利用各种颠覆措施对不符合本国利益的国家进行政权更迭。

结论：中美意识形态不同特点

要比较根植于两种截然不同的文化土壤中的意识形态并非易事。一个人可能很容易陷入用中国意识形态来评估美国意识形态的陷阱，反之亦然。

为了避免跌入这种民族中心主义的陷阱，我们通过总结两国领导人在官方文件和讲话中提出的本国意识形态主要目标，对中美意识形态不同特点进行概述。

美国的意识形态体现了很强的内在连贯性，构成其意识形态的要素都是相辅相成的，中间很少有矛盾存在。美国的意识形态是建立在"我们"和"他们"相对立的基础之上的，涵盖了"善良"与"邪恶"之间的矛盾。这样的想法显然根植于一种信念，即美国拥有其他国家（除了一些美国的盟友）不曾拥有的"普世价值"（民主、人权等）。这种认识世界的方式会带来以下后果：首先，其他的国家必须跟随及模仿卓越的美国，如果不能做到，那么美国就有权利和义务将这些价值观强加给它们。第二，美国的外交政策是为了构建和保护根植于美西方"普世价值"之上的国际秩序及其相关规则，这可以等同于维护美国的国家利益，在美国看来，这是世界上所有国家获得和平和繁荣的唯一途径。第三，为了实现这样的目标，美国一直依靠霸权统治世界，并且不断拓展美国的势力范围，欲将全世界都收归囊中。第四，为了实现这些目标，必须动用所有可能的手段，包括威胁和实际使用经济和军事手段，对于一切挑战此种国际秩序的国家使用一系列的颠覆性手段进行"政权更迭"。

中国的意识形态同样具备很强的内在连贯性，是在应对国内和国际挑战的过程中不断修正完善的。中国融入全球化后，它沿袭了传统的意识形态体系，但不足以应对国际化的挑战，尤其是应对从封建社会转型为现代化社会的挑战。此外，到目前为止，中国都不像美国那样受到了两个大洋保护，它是在居于弱势地位的情况下被迫开始转型的。西方通过暴力方式打开了中国的大门，随即而来的就是中国"一个世纪的屈辱"，并沦为半殖民地。中国通过引进西方价值观和规则（比如市场、正义、公平、规则等），并将它们与现代化的儒家价值观相融合，比如仁（仁爱，热爱人道）、义（正义）、信（信任）和礼（惯例，规则），一步步地完成了现代化转型。中国成功地创造出了一套新的意识形态体系，将西方价值观与儒家价值观、马克思列宁主义等融合，并且让这些价值观理解起来不是那么陌生，市场和规则可以被理解为礼（惯例，规则）和信（信任）；社会保障政策则是受到了仁（仁爱，热爱人道）和义（正义）的支撑，因此它们也可以升华为被统治者对统治者的信（信任）。最后的结果就是形成一种旨在在中国国内和世界体系中实现"和谐"的意识形态。在当前的世界秩序中，这种意识形态转化为一种不再依赖于军事扩张和占领，而是基于"共赢"理念建立合作关系的外交政策，所有的利益攸关方都可以有所收获。

我们在第三章当中会对美国和中国外交政策进行分析，不管它们政策的连贯性是对内的还是对外的，也就是说，不管它们一揽子的政策主要是为了适应世界环境的变化还是为了维护本国利益。特别是，我们不得不评估，中国是否会因为拒绝将西方式自由民主价值观融入自己的意识形态体系，导致1949年就建立起来的体制面临崩溃的风险。我认为，与西方许多权威人士的预测截然相反的是，中国不但会避免崩溃的结局，还将在国际体系内扮演更加强有力的角色，而美国则会发现持续掌控它一手"缔造的世界"将会越来越难。[155]

第三章

政策与权力的鸿沟

在分析中国和美国之间的关系时，我们必须牢记这一不言而喻的道理：是美国"前往"（went）中国，而不是相反。[1]当我们注意到美国"前往"中国的方式和动机与欧洲"前往"非洲和亚洲的方式和动机极其相似时，这一信息就变得有意义了。英国的印度之旅就是一个很好的例子。英国政府并没有开启那段旅程，而是东印度公司这样一个私人组织凭借自己的资本、组织、行政甚至警察和军队，主动对印度进行了殖民。只有当这种殖民化脱离轨道之后，英国政府才介入，将公司纳入政府控制并最终接管了印度的殖民化任务。随后的历史后果我们均已知晓。[2]

美国的中国幻想，与美国"前往"中国的漫长征途

美国的投资者和商人开启了美国的中国之旅。1784 年 2 月，也就是《独立宣言》发表仅 8 年后，"中国皇后号"成为第一艘从美国驶往中国的商船。这标志着美国正式开启向太平洋地区扩张的漫长征程，这几乎与杰斐逊向美洲北部与南部扩张同时开始。[3]如今，美国有很多公司和投资者在中国，美国的大型舰队与海军也部署在中国海域周围。此外，在中国边境附近，美国已经建立了数百个军事基地，并建立了军事联盟和伙伴关系，

以便能够竭力遏制中国的发展，从而保持美国在"美国缔造的世界"中的主导地位。[4]中国至少从21世纪初就开始在美洲投资，并且与拉丁美洲的一些国家建立了双赢关系，但它在墨西哥湾和加利福尼亚湾沿岸附近都未曾拥有任何一个军事基地。[5]

美国的扩张 （1776—1900 年）

早在18世纪末19世纪上半叶，美国对中国的扩张就已经开始了。当时，美国政府的目标主要是通过加入欧洲列强与中国签订的不平等条约来掠夺经济利益，由于最惠国待遇原则的实施，美国获得了与欧洲列强同等的经济利益。在第一次鸦片战争失败后，中国与英国签署了其近代史上第一个不平等条约《南京条约》。而仅仅两年后，美国就迫使中国签署了《望厦条约》。事实上，在这里我们能够看到"中国幻想"或"美国的中国梦"的最初体现，此后它将持续成为美国向远东扩张的主要驱动力，直至今日依旧如此。[6]

以下是一份简短清单，罗列了美国国务院历史文献办公室分析、解释并定义为"美国对外关系"的美国主要"扩张"行动。我对其进行了一些细微的编辑修改（添加了重点标识）。[7]我更加强调在《独立宣言》发表（1776年）之前开始的至少持续至1890年的印第安人战争。在这段漫长的时间里，美国从美墨战争（1846—1848年）开始多次试验了不同类型的扩张主义战术，而这些战术此后不断被实施，直到今日。我将会在下文中对此进行解释。

1750 年至 1890 年印第安人战争：对美洲原住民的掠夺和通往印第安人领土的道路[8]

在"《印第安条约》和1830年《印第安人迁移法》"这一主题下，

历史文献办公室给出了以下关于印第安人战争的有用信息。事实上，这是美国参与的第一场对外战争。

美国政府将《印第安条约》当作驱赶原住民离开其部落土地的一种手段，1830年的《印第安人迁移法》强化了这一机制。在这种方法不起作用时，政府**有时会违反条约和最高法院的裁决**，支持美洲的欧裔定居者的西进运动。

19世纪初，渴望获取土地的美国人涌入南部沿海的偏远地区，并向后来的亚拉巴马州和密西西比州进发。由于居住在那里的印第安部落似乎是向西扩张的主要障碍，**白人定居者向联邦政府请愿，要求将其迁移**。尽管托马斯·杰斐逊和詹姆斯·门罗总统提出，东南地区的印第安部落应该用自己的土地换取密西西比河以西的土地，但他们并没有采取措施来实现这一目标。**事实上，第一次大规模的土地转让，是通过战争的手段获得的。**

1814年，安德鲁·杰克逊少将率领一支远征军前往对抗克里克邦联，这是马蹄湾战役中的辉煌时刻。杰克逊的部队大败克里克人，摧毁了他们的军事力量。然后，他强迫印第安人签订了一项条约。根据该条约，印第安人需要向美国割让超过2 000万英亩（约8.1万平方公里）的他们自古拥有的土地——大约占现今亚拉巴马州的二分之一加佐治亚州的五分之一。在接下来的10年里，杰克逊领导了迁移印第安人的运动，在11项**迁移印第安人的主要条约**中，他协助协商了9项。

从法律的角度来看，美国宪法赋予国会"管理与外国、各州之间以及与印第安部落的商业往来"的权力。在联邦政府与印第安部落谈判的早期条约中，印第安部落通常承认自己**"受到美利坚合众国的保护，而非其他任何主权国家的保护"**。安德鲁·杰克逊在任总统期间（1829—1837年），决定在这些条约先例的基础上建立一个系统的方案来迁移印第安人。

为了达到他的目的，杰克逊推动国会通过了 1830 年的《印第安人迁移法》。该法案规定，**通过某种既定程序，总统可以将密西西比河以西的土地授予同意放弃其家园的印第安部落**。作为激励措施，这一法案允许印第安人获得财政和物质援助，以前往新的地点开始新的生活，同时保证印第安人将永远在美国政府的保护下生活在他们新的土地上。**借助该法案，杰克逊和他的追随者可以自由地劝说、贿赂和威胁各部落，让他们签署迁移条约并离开东南部地区。**

通过强制条约执行、拒绝执行条约以及司法裁决等行动，美国政府成功地为西进运动及其领土扩张铺平了道路。

1840 年至 1844 年打开中国大门的第一阶段：第一次鸦片战争、《望厦条约》

《望厦条约》是美国和中国在 1844 年签署的第一个正式条约。美国要求参照 1842 年第一次鸦片战争结束时中英签订的《南京条约》，做出对等约定。

1845 年至 1848 年：吞并得克萨斯州和美墨战争

美国总统詹姆斯·诺克斯·波尔克在他的任期内目睹了美国迄今为止最大的领土扩张事件。这些事件将未来的**得克萨斯、加利福尼亚、内华达、新墨西哥、亚利桑那、犹他、华盛顿和俄勒冈等州**，以及后来成为**俄克拉何马、科罗拉多、堪萨斯、怀俄明和蒙大拿的部分地区**纳入了美国的控制范围。[9]

1853 年至 1854 年：加兹登购地案，于 1854 年定案

在这一阶段，美国同意为墨西哥 29 670 平方英里（约 76 845 平方公里）的土地支付 1 000 万美元，该部分土地后来成为**亚利桑那州和新墨西哥州**的一部分。

1853 年：美国打开日本国门

对经济的考虑及对"天命"的信念的塑造，一方面促使美国在北美大陆扩张，另一方面也驱使美国商人和传教士跨越太平洋。当时，许多美国人认为，他们对中国人和日本人的现代化和文明化负有特殊的责任。

1849 年至 1861 年：美国领土扩张、掠夺及其在中美洲和古巴的利益

当美国政府官员试图在该地区获得领土所有权时，普通公民（被称为"掠夺者"）也组织了**武装远征**，前往墨西哥、中美洲和古巴的各个地方。

1856 年至 1860 年打开中国大门的第二阶段：第二次鸦片战争、《天津条约》

19 世纪 40 年代第一次鸦片战争之后，西方列强强迫中国签订了一系列条约，试图帮西方贸易**进一步打开利润丰厚的中国市场**。19 世纪 50 年代，美国和欧洲列强对其与中国签订的条约条款以及清政府未能遵守这些条约条款越来越不满意。为了迫使这些问题得到解决，英国在第二次鸦片战争中**袭击了中国的港口城市广州和天津**。结果 1858 年俄国、美国、英国、法国相继在天津与中国签订了条约。

这些条约赋予了西方列强许多特权。条约要求增开通商口岸，**在中国沿海、台湾和海南的岛屿以及内陆的长江沿岸，都有新的港口向西方开放贸易**。随着长江的开放，外国人也获得了**完全进入内陆的机会，他们可以在中国的任何地方自由旅行、开展业务或执行任务**。英国（以及法国、美国和俄国）的外交官被允许在北京建立公使馆并居住于此。《天津条约》还设定了更低的进口关税，**使外国商人优势大增**。由于对中国海关不专业的服务感到失望，**英国和美国商人最终建立了皇家海关总税务司署，为保障外国商人的利益而监管贸易**，并为

中国政府提供稳定的收入来源。[10]

尽管中国在 1858 年签署了这些条约，但中国政府经过两年多的斗争才决定批准并承认这些条款。

根据最惠国待遇条款，清朝政府对于他国及其商民有何惠政、恩典及利益，美国官民将一体均沾。

多年来，**中国人通过朝贡制度执行其外交政策**，倘若其他国家想与中国进行商贸往来，则必须先向皇帝进贡，并承认中国文化的优越性和中国统治者的最终权威。[11] 与中国的邻国不同，欧洲列强最终拒绝为了贸易做出以上承认，**相反，它们要求中国遵守西方的外交惯例，如订立条约**。尽管不平等条约和最惠国待遇原则的实施在创造和维持与中国的开放贸易方面被证明是有效的，但这也是**中国对西方帝国主义的不平等态度产生敌意和怨恨的重要因素**。

1867 年：购买阿拉斯加

这是美国在亚太地区崛起为大国的重要一步。

1866 年至 1898 年：美国利益的持续扩张

在经历了两次毁灭性的经济衰退之后，美国外交政策领导人将重点放在**寻找外国市场来吸收剩余产品**上面。这一举措重新强调了美国对国际商业机会的探索，并导致**保护商业航运和海外利益的美国海军力量的集结**。

与此同时，欧洲列强忙于相互争斗和对世界其他地区进行殖民化，它们的权力斗争最终导致了第一次世界大战的爆发。德国在 1871 年统一后成为一个新的帝国。德意志帝国第一任宰相奥托·冯·俾斯麦在柏林组织了一次国际会议（柏林会议，1884 年 11 月至 1885 年 2 月），意图规范欧洲各国在非洲的殖民化和贸易。可以将其成果《柏林会议关于非洲的总议定书》看作对争夺非洲的规范化。但一些历史学者警告说，不应过分强调柏林会议在殖民主义瓜分非洲中的作用，而应注意会议前后缔结的双边协议。柏林会议加剧了欧洲列强的殖民行动，消除或推翻了大多数非洲地区自治的情况。[12]

德、英、法、俄、美、比、奥匈和葡等国代表参加了柏林会议。事实上，美国并没有批准在柏林签署的总议定书，因为有反帝国主义倾向的总统候选人格罗弗·克利夫兰赢得了选举，他没有将条约提交给参议院。[13]此外，对于出席会议的美国代表之一约翰·卡森而言，现代国际法正在承认原住民部落自由处置自身和世袭领土的权利，这一原则将会"延伸"到"在原住民没有挑起侵略的情况下，想要占领其土地均须获得他们的自愿同意"[14]。

尽管如此，在美国国务院历史文献办公室提供的清单中，美国在没有获得"原住民自愿同意"的情况下仍继续扩张。

1898 年：吞并夏威夷，美西战争

这场战争结束了西班牙在西半球的殖民帝国统治，确保了美国作为太平洋地区大国的地位。**西班牙放弃了对古巴的主权要求，并将关岛、波多黎各和菲律宾的主权割让给美国。**在冲突期间，美国还吞并了独立的夏威夷州。因此，这场战争确立了美国在加勒比地区的主导地位，并使其能够在亚洲追求战略和经济利益。

1898 年至 1902 年：美西战争和美菲战争

美国最终将在太平洋地区的海上扩张作为目标。美国于 1898 年从西班牙手中获得了菲律宾。古巴争端成为美西战争的导火索，但**美国领导人，如威廉·麦金莱总统和此后的西奥多·罗斯福总统，对海外扩张的兴趣不断高涨，**促使冲突扩大到西班牙在亚洲的属地。在迅速战胜西班牙之后，美国在美菲战争中实现了**对菲律宾完全的殖民统治。**

在一系列激烈的"扩张"中，需要补充的是，19 世纪末，在 1890 年的伤膝河大屠杀后，美国正式结束了驱逐印第安人的运动。此时，美国巩固了其对美洲的控制，并在美国内战（1861—1865 年）后迎来了显著的经济发展。这场战争结束了奴隶制和南方的自由国际贸易梦想，使美国能够制定一项强大的保护性关税政策，以有利于其北方工业的发展。[15]随后，美国告别了"一个国家的诞生"的 19 世纪（尽管南方当时制定了一项被称为"种族隔离"的美国式隔离制度），并通过对菲律宾的残酷征服昂首阔步地进入了美国世纪。[16]

关于美国走向中国，我想要就其背后的精神做一些个人评论。为了避免再被批评我有"反美主义"倾向，我要再引用一下美国历史文献办公室的话。一篇名为《19 世纪美国在太平洋地区的海上扩张》的文章，很好地解释了美国在太平洋地区扩张的动机和中国的重要性（重点标识为我所加）。

19 世纪，美国的西进运动并不局限于北美扩张，也包括美国不断加强其在太平洋地区的影响力。这种主要由商业驱动的海上扩张，对美国的外交政策产生了重要影响。从与中国的贸易中赚取丰厚利润，是吸引美国商人和政府官员进入太平洋地区的最初动力。[17]中国拥有世界上最抢手的商品——茶叶、瓷器和丝绸，至少从 17 世纪开始，西方商人便寻求进入中国市场的途径，以便获取巨额利润。美国独立后，扎根于美国的商人们继续在中国寻求机会。1784 年 2 月，"中国皇后号"成为第一艘从美国驶向中国的商业船只，此后，寻找财富的商人蜂拥而至。在 19 世纪的前几十年里，美国商人积累了大量的财富，并随后将这些财富投资于自己祖国的建设。[18]

随着这类贸易的发展，美国商人在中国建立了一个小的前哨站，他们与中国的交往变得更加复杂，且偶尔会产生争执。美国政府意识到，它必须建立正式的外交关系，**以保护其公民的利益**……前往中国的旅程以及维持美国在中国的影响也需要一个延伸到太平洋的**港口网**

络，因此，与中国的贸易很快就促使美国扩大其在整个太平洋地区的影响力。美国在太平洋地区的扩张从根本上改变了美国的全球地位（美国国务院，2017）。

在对菲律宾的残酷征服中，美国在太平洋地区进行的有条不紊的扩张伟略的重要性逐渐凸显。这也揭示了美国在远东的最终目标为中国。中国是美国在太平洋地区扩张的最终目标这一观点，在印第安纳州参议员阿尔伯特·J. 贝弗里奇于美国国会的演讲中得到了证实，其权威性不言而喻（重点标识为我所加）：

> 总统先生，时代要求我们坦诚相待。**菲律宾永远属于我们**，正如宪法所称，它将永远"**属于美国的领土**"。而在菲律宾之外，就是**中国广袤无际的市场**。**我们不会从任何一个地方退缩**。我们不会放弃我们在群岛的**责任**。**我们不会放弃我们在东方的机会**。我们不会放弃**我们种族的使命**，在上帝之下，我们是**世界文明进程**的受托人。[19]

美国 19 世纪的扩张指导其应对 20 世纪的扩张

在 19 世纪向美洲其他地区扩张的过程中，美国已经开始实施支持其帝国战略的战术。其中许多战术被沿用至今。

对军事基地的利用

美国利用军事基地一步步占领了印第安人的领土。根据韦恩的说法，美国政府至少使用了 90 个"堡垒"（相当于今天的军事基地）来保护白人定居者免受"野蛮的印第安人"的"侵略"，从而巩固和发展人口，使这些领土将来能够成为联盟的成员。[20]

鼓励美国公民和企业到海外定居

美国公开鼓励欧洲私人定居者在印第安人和墨西哥人领土上开展社会与经济活动。这都是赤裸裸的挑衅。印第安人和墨西哥人社区与其他社区一样，很可能会试图保护他们的土地免受外国人口如此大规模的入侵。在20世纪，美国政府支持并鼓励美国企业和投资者将其经济活动和投资转移到海外。[21]如此一来，国家利益也得到了扩充。因此，美国可以以国家利益受到威胁为借口，声称自己必须采取保护措施。中国只是其中的一个例子；至少从20世纪初开始，欧洲国家就已经成为美国投资的领地；甚至在两次世界大战期间，美国在纳粹德国和法西斯意大利的投资也出现了爆炸性的增长。[22]因此，今天美国能够宣称在全世界都拥有"国家利益"也就不足为奇了。

使用挑衅手段

美国针对印第安人和墨西哥人还采取了另一种挑衅手段：激怒对手，使其采取可能被认为是侵略性甚至非法的行动，然后美国以此为借口，对其实施军事行动或经济制裁。而今天，这种手段已成为美国经常使用的策略。目前的乌克兰危机就是众多例子中的一个。几年来，美国一直支持乌克兰的亲美势力。美国先是向乌克兰经济投资几十亿美元，然后在民选总统表示愿意与俄罗斯而不是美国主导的国际货币基金组织达成金融协议时，策划了一场政权更迭。[23]美国可以有不错的理由将此举解释为一场为了将俄罗斯驱赶出克里米亚军事基地的行动。[24]克里米亚以讲俄语的公民为主，他们压倒性地赞成克里米亚回归俄罗斯。美国（和许多欧洲国家）指责俄罗斯不尊重国际法。[25]

对国际条约的使用和操纵

美国利用与美洲原住民部落签订的几十项条约占领其认为的应许之地。美国历史文献办公室在此前就证实了这一点，它承认：

> 美国政府将条约当作驱赶原住民离开其部落土地的一种手段，1830年的《印第安人迁移法》强化了这一机制。在这种方法不起作用时，政府有时会违反条约和最高法院的裁决，支持美洲的欧裔定居者的西进运动。

当美国认为其国家利益不再受到保护时，破坏条约几乎成了美国的惯例。这种情况也发生在国际军备控制（特别是与俄罗斯）、环境保护（《京都议定书》）和核协议（伊朗核问题全面协议，即JCPOA）等领域。此外还有一些间接的毁约，例如在卡扎菲同意放弃其核计划后发生的背叛。在联合国安理会授权干预利比亚建立禁飞区后，这一授权实际上被非法地转化为政权更迭行动。长期以来美国的一贯做法给人的印象是，美国认为自己不受国际法律法规的约束。美国对那些行为不符合美国利益的国家实施没有国际法律支持的经济制裁，进一步强化了它的一贯做法。

将被解放、入侵或打败的国家置于美国的保护之下

在联邦政府与印第安部落谈判的早期条约中，后者通常承认自己"**受到美利坚合众国的保护，而非其他任何主权国家的保护**"。这种态度今天仍然盛行，因为为了实现其命定的责任，美国向其盟国解释，美国保护它们不受"邪恶国家"的不法行为影响，但同时也有权干涉它们的外交政策。最明显的例子是俄罗斯和德国（也就是欧洲）之间的"北溪二号"管道。美国试图通过一切手段禁止该管道的建成（但没有成功），包括经济制裁，

并解释说"该管道将危及欧洲的利益和独立"。显然，对美国来说，更好的情况总是使欧洲依赖美国，以至少高出30%的价格购买美国通过水力压裂法（会造成环境污染）开采的天然气，并继续愉快地遵从"仁慈帝国"的指令，而这就是"美利坚合众国的保护"。

利用国外市场为美国的经济和/或利益服务

在国家经济困难的情况下，美国会毫不犹豫地求助国外市场，并在必要时部署军事力量。正如美国历史文献办公室所写的一样：

> 在经历了（1866年至1898年）两次毁灭性的经济衰退之后，美国外交政策领导人将重点放在寻找国外市场来吸收剩余产品上面。这一举措重新强调了美国对国际商业机会的探索，并导致保护商业航运和海外利益的美国海军力量的集结。[26]

这是美国自第二次世界大战结束以来的一贯做法，尤其是在美国放弃金本位制之后，这一做法将为美国的赤字和为无休止的战争提供资金的负担转移给了其他国家。[27]这是美国从马歇尔计划开始就使用的一贯伎俩。虽然该计划显然有助于欧洲从二战中恢复，但其主要目的是让欧洲准备好面对所谓的苏联威胁，尤其是它帮助美国消化其未受战争破坏的国内需求无法完全吸收的剩余产品。如果未成功卖给欧洲，美国领导人担心后果会是回到20世纪30年代的大萧条状态。[28]后来，奥巴马政府在美国跨国公司的支持下，试图建立两大贸易和投资条约，即跨大西洋贸易与投资伙伴关系协议（TTIP）和跨太平洋伙伴关系协定（TPP）。如果不是特朗普总统在任职初期就暂停批准这些条约，它们将成为美国进一步遏制俄罗斯和中国的强有力手段，并帮助美国跨国公司打开两大市场以拓展业务。[29]

美国何时开始实施帝国主义外交政策

美国的帝国主义外交政策是何时开始的是一个有争议的问题：一些学者认为它发生在 19 世纪到 20 世纪的过渡时期，[30]或是二战后，甚至是苏联解体之后。[31]我在第二章论述美国意识形态的起源及其向美国外交政策的转化时就对这种倾向进行了分析。外交政策是否具有帝国主义性质并不取决于领土大小，而是取决于国家固有的特征。[32]前文指出的有关美国扩张的事件，如果通过其中所呈现的意识形态加以解释和理解，就会更加合理。

上文中，我已经说明了这一政策是如何向远东特别是中国发展的，尤其是在 19 世纪末起至征服菲律宾，以及从门罗主义延伸出"罗斯福推论"（1904 年）这段时期。该推论认为，美国将保留干预的权利，以确保西半球的其他国家履行其对国际债权人的义务、不侵犯美国的权利或"引狼入室，损害美洲国家的整体利益。实践证明，美国越来越多地使用军事力量来恢复该地区国家的内部稳定"[33]。

在此期间，美国发展了其军事资源（尤其是海军），并在保护主义法律的掩护下加速了经济的发展。它准备将新的世纪变成美国世纪。

美国世纪与美国权力资源的发展

美国在 1917 年正式介入第一次世界大战，且伍德罗·威尔逊总统强烈支持美国加入国际联盟，但美国参议院却投票反对这样做。[34]随后，美国虽然进入了一个相对孤立的时期，但保有对美洲的主导地位，时刻关注欧洲战场的进展，[35]在太平洋地区（特别是菲律宾和中国）保持影响，并在贸易保护主义政策强有力的支持下继续发展经济。[36]在日本偷袭珍珠港事件发生（1941 年 12 月 7 日）之后，美国参加了第二次世界大战，打败了日本，并在日本部署了军事力量（后来转变为军事基地），还扶植日本亲美势力的发展。通过干预欧洲，美国为其战时的孤立主义政策画上了句号。它以解放者的身份回到了朝圣先辈们的故乡，并在西欧国家发展大规模军事力量（后来也转变为大量军事基地），以期遏制苏联。战后，美国意图通过整合庞大的权力资源，重新在国际事务中发挥主导作用。此外，为援助东、西欧各国，美国提出重建欧洲的马歇尔计划（这明显违反《雅尔塔协定》）。[37]在苏联的施压下，东欧国家拒绝了这一计划，苏联在东欧建立了共产主义政权（这也明显违反《雅尔塔协定》）后，美国在 1949 年与加拿大和部分西欧国家缔结了军事联盟（北约），并支持欧洲一体化。[38]

这通常被认为是冷战的开始。然而，一些学者认为，冷战的起点应该出现在富兰克林·德拉诺·罗斯福（1945 年 4 月 12 日去世）和他的副总统哈里·杜鲁门执政期间，即 1945 年 4 月至 1947 年 9 月之间。[39]这并非没有道理。我们来关注一下有关美国建制派起源的事实。杜鲁门解散了罗斯福在 1942 年设立的情报组织（战略服务办公室，OSS），并清除了曾经支持罗斯福反帝政策的官员。1947 年，他创建了中央情报局，其官员都是美国新帝国政策的支持者。除此之外，我们还可以补充说，在第二次世界大战期间及战后，美国发展了艾森豪威尔总统在 1961 年 1 月的告别演说中所说的军工复合体。所有美国公民都应该阅读和思考这篇演说，他们为国家感到骄傲，但同时为二战结束后美国建制派不断造成的破坏，以及军事力量对共和国的日益侵蚀而感到羞愧。艾森豪威尔警告：

> 这样庞大的军工复合体在美国历史上从未出现过。它在经济、政治甚至精神方面的影响无处不在，渗透到了每一座城市、每一个州政府及联邦政府的每一间办公室。我们知晓其发展的紧迫性，但我们不能低估它造成的严峻形势。我们的辛劳、资源和全部生计都牵涉其中，还有我们社会的极端结构。
>
> 在政府的各个部门，我们必须小心防范军工复合体获得未经授权

的势力，无论其是有意还是无意的。恶势力的毒燎虐焰始终存在并将一直存在。

　　我们绝不能让军工复合体所产生的影响危及我们的自由或民主进程。我们不应该抱有侥幸心理。只有谨慎的智者才能迫使庞大的复合体采用和平的方法，设定和平的目标，从而保障安全和自由共同实现。[40]

　　若干年后，前总统哈里·杜鲁门通过《华盛顿邮报》告诉美国人民，要警惕中央情报局的活动。杜鲁门写道：

　　我决定成立一个特别的组织，可以从任意渠道搜集所有的情报，并不经过其他部门之手，直接传达给我。……但这一举措的最重要的一点是，需要警惕并防止总统被情报影响或误导从而做出不明智的决定——我认为总统有必要进行独立的思考和评估。……当我建立中央情报局时，我从来没有想过，它将会被用来从事和平时期的间谍行动。我认为我们所经历的一些复杂和尴尬的情况可以部分归因于这样一个事实：总统的这一不起眼的情报部门已经脱离了它的预期作用，以至于它被解释为阴险和神秘的外国阴谋的象征，以及成为冷战期间敌人宣传的主题。……因此，我希望看到中央情报局恢复其作为总统情报部门的最初使命，适当执行它在这一特殊领域的任务并防止其权力被滥用。……中央情报局的一些运作方式给我们的历史地位蒙上了阴影，我们需要纠正它。[41]

　　军工复合体和中央情报局现在成了美国建制派的核心。国务院从一开始也加入了建制派。除了这些核心力量之外，建制派力量还包括主流媒体、智库和学者，以及数不胜数的共和党和民主党两党政客。在外交政策上，两党的分歧非常小。

在美国成为世界上最强大的国家后，尽管它与苏联存在竞争，但自1945 年以来，美国战略的基本指导原则肯定是遏制潜在的竞争对手。显然，美国对二战结束后的扩张设想肯定不可能等同于 19 世纪在美洲的扩张，正如我们前面所看到的。二战结束后，只有通过实施不同的战略、结合各种不同的手段，才有可能进一步扩张。从此刻起，遏制潜在对手成了美国外交政策的基本原则，首先是针对苏联，然后是针对中国。[42]

为了理解中国如今的外交政策，我们必须评估其主要竞争对手美国所掌握的策略。如前所述，美国的外交政策是一项全球政策，其目的是建立并保持美国在世界上的霸权。众所周知，美国动用了海量的各种各样权力资源来保障外交政策的实施，令人震惊。美国政府、智库、大学研究人员和调查记者在大量的出版物中对此都有论述。美国的外交政策整合了：

1. 美国的军事预算是中国的 3 倍多，由于其拥有的世界上最强大的海军和空军支撑着美国数百个军事基地，所以包括常规武器和核武器在内的军事资源能够部署到世界各地。相比之下，中国只有一个军事基地。

2. 对海上航线的控制。

3. 除了臭名昭著的中央情报局外，还有十几个国内情报机构，再加上所谓"五眼联盟"国家的情报机构以及英语圈以外国家的情报机构。

4. 利用非政府组织和智库，如国家民主基金会，来传播美国的自由民主和人权价值观，通常由美国预算资助；大多数智库在 20 世纪成立之初，便以推动全球议程为目标。这些组织（主要是卡内基、洛克菲勒、福特、索罗斯等基金会）拥有"一个共同的普遍主义项目，旨在建立一个强烈基于美国价值观的全球体系……可以用 3 个词来概括：和平、民主和市场经济"。它们的战略是"首先'依靠知识精英'，他们被视为美国和世界其他地方变革和进步的主要动力"，这就解释了为什么"研究机构、高等教育机构或者智库"会成为特权的载体。[43]

5. 一个由政治和军事联盟及伙伴关系组成的网络，例如北约、日本、韩国、菲律宾、澳大利亚、新西兰。

6. 利用各种手段传播美国价值观，包括无线电和电视广播公司、主流媒体、政府机构、"美国文化中心"和主流智库。

7. 美国公司的海外投资，包括在中国的投资。[44]

8. 利用电影业来传播美国的尤其是美国军队的正面形象，并与其对手交战，而对手经常被描绘成负面形象。[45]

9. 最后，同样重要的是，使用美元作为世界上主要的储备货币和贸易货币，并控制用于金融转账的环球同业银行金融电讯协会（SWIFT）支付系统，禁止敌人或其朋友访问该系统，这也是制裁战略的一部分。

在历史进程中，尤其是在 20 世纪 90 年代初苏联解体后，美国运用这些资源发挥国家力量，使其成了世界上的主导国家。至少从二战结束以来，美国已经逐渐建立了管理国际体系的规则。事实上，这些规则若得到维持，就将充分保障美国自身的国家利益：所谓的"以美国为首的自由主义国际秩序"，其基础是世界银行、国际货币基金组织和关税及贸易总协定（世界贸易组织的前身）以及美元的主导作用。[46]这就是为什么美国建制派正在尽其所能地维持这种秩序。可以理解的是，基于这套强大的权力资源，美国建制派热衷于继续保持自身在世界的主导地位。当然，运作这些资源并不是简单地将权力转化为行动。无论是个人层面还是政府层面，都要信仰美国价值观的终极优越性，即使这些价值观经常会因为利益考量而被抛于脑后，即使它们会使人类承受可怕的代价。

然而，美国这种必须按照其价值观行事的不可动摇的信念，在经过权力资源数十年的演变后，出现了裂痕。问题是，美国的建制派并没有对这些变化进行评估。在分析这些变化对美国领导力的影响之前，我们先来欣赏一篇佳作，它力证美国领导作用的必要性。

美国发挥领导作用的理由

在第二章中，我们已经看到了美国的精英们是如何为他们的国家在世界上的主导作用进行辩护的。通过对美国外交政策的分析，我的结论是：罗伯特·卡根对美国国际角色的分析得到了美国建制派的普遍认同。我认为，在我们审视美国今天的弱点之前，我们可以引用卡根2017年的一篇文章来总结卡根的分析。在我看来，这篇文章是支持美国基于昭昭天命领导世界的最佳案例，因为美国现如今面临俄罗斯和中国等大国争夺其主导地位的局面。[47]2017年2月，唐纳德·特朗普当选后，罗伯特·卡根在一篇长文中总结了自己的观点，同时由具有影响力的《外交政策》杂志和布鲁金斯学会智库网站发表。[48]这篇文章可以被认为是"新天命论"最完整且连贯的版本，尽管这个术语并没有明确出现在文本中。

卡根从一开始就断言，绝对有必要维持"美国自1945年以来在国际体系中的主导地位"，也被称为"美国主导的战后全球秩序，美国支持的世界秩序，或他们（美国人）在二战后创造的世界"。这显然呼应了他所写的《美国缔造的世界》一书。[49]他提出这一主张的理由是，若不如此，"现有秩序崩溃，世界就会陷入残酷的无政府状态阶段"。这一事件可能损害与美国国家利益相关的自由市场资本主义、民主和政治自由的价值观。此外，"自由主义的启蒙事业将个人权利和共同人性的普遍原则提升到了比民族、种族、宗教、国家或部落差异更高的位置"。

卡根反对由美国、俄罗斯和中国共同领导的多极世界的想法，美国认为必须保持其"不可或缺的国家"的地位，继续领导其所创造的自由世界。卡根非常慷慨地承认：

在自由主义世界秩序中，中国可以在经济上成功地与美国竞争，俄罗斯可以在民主制度所维护的国际经济秩序中蓬勃发展。但军事和战略竞争却与此不同。安全局势是其他一切的基础。如今，和二战以来一样，只有美国才有能力和独特的地理优势来保障全球安全和相对稳定。没有美国，欧洲或亚洲就无法维持权力的平衡。

这也从侧面印证了戴安娜·约翰斯通所描述的策略，即在攻击"敌人"之前先制造"敌人"。[50]下文将展开对这一方面的论述。我不会讨论卡根在论述格鲁吉亚和乌克兰冲突时的欺骗言论（实际上，西方媒体那些大喇叭也是如此），我想重点论述新保守主义者（这可以广泛地用来指代美国建制派和大多数西方政府）是如何理解一国对他国的"入侵"的。在他们看来，只有通过军事手段占领土地才算是对一国的入侵，而所有其他形式的入侵，比如非政府组织、经济顾问和投资者等的"入侵"，都不算作"入侵"。这是对"入侵"的非常狭隘的定义。我们是否应该参照杰斐逊在19世纪初就预料到的美国在全世界的"扩张"意愿来解释这个问题（见第二章"美国意识形态的过去和现在"一节的开头）？在杰斐逊看来，"扩张"显然不是"入侵"，而是解放无知和受压迫的人民，并且在必要时可以使用武力来促成这一目标。虽然卡根认为，"对中国实力不断增长的担忧，使美国盟友直到最近才拉近与美国的关系"，但是这种担忧必然会加剧，因为这"可能会很快改变"。

有人可能认为，这些独断的政策分析和建议只是独立智库的产物，与美国官方的外交政策选择并不相符。然而，这些智库的政策建议的影响力是数一数二的，它们的许多成员正是或者曾经是美国政府的高级官员和/或顾问。此外，如果看看早期美国总统的讲话，我们可以发现很明显的相似之处。奥巴马总统时常觉得有必要向他的同胞包括美国军方高层和士兵保证，美国有能力保持其在世界的领导地位。[51]

事实上，如果要总结美国对中国崛起的反应，最要紧的是，美国担心失去领导世界的能力，失去制定国际体系规则（也就是罗伯特·卡根所说的"美国缔造的世界"[52]）的世界唯一超级大国的地位。更让美国建制派担心的是特朗普宣布的国际政策变化，以及孤立主义的某些方面的重新出现。[53]

因此，虽然俄罗斯仍然是美国重要的竞争对手，但中国已经成为一个更加强大的竞争对手。卡根提出的这些论点并不是新观点，地缘政治专家们早就提出了这些观点。兹比格涅夫·布热津斯基，美国最有影响力的地缘政治专家之一，明确表示：美国领导地位的未来将取决于亚洲。[54]此外，他主张俄罗斯应该被纳入一个更大的欧洲合作网络。至于中国，他认为这在很大程度上取决于中国与美国的关系：

> 更具体地说，中期目标要求美国与更加团结、政治上更加明确的欧洲，在区域内占优势的中国，后帝国主义且着重欧洲的俄罗斯，以及民主的印度建立真正的伙伴关系。但是，与欧洲和中国建立更广泛的战略关系方面的成败将塑造俄罗斯未来的角色，并决定亚欧大陆的核心权力平衡。[55]

但对布热津斯基来说，与对卡根来说一样，美国外交政策的基本目标是保持不变的：维持美国的主导地位，并在美国的领导下，将其他国家纳入"美国缔造的"自由主义和资本主义全球秩序。

通过上述分析，我们可以得出这样的结论：美国外交政策的基本目标是通过实施指导其外交政策的基本原则来维持其全球主导地位。其基本原则是，遏制世界各地的潜在竞争对手。对此，美国潜在竞争对手的唯一政策选择是接纳美国主导世界的价值观，即自由民主和资本主义，来融入这个世界。即使它们希望在国内保留一些非自由主义的特征，它们也必须融入自由主义的国际秩序，并按照美国制定的规则行事。[56]

一些学者对约瑟夫·拜登的当选表示欢迎，认为这标志着美国准备改变其构思和实施外交政策的方式。这是一个使人充满希望但非常糟糕的预测，可能是受到了建制派（包括大多数知识分子）对特朗普总统表现出的强烈敌意的影响。从特朗普到拜登的过渡期间发生的一些事件，证明了美国传统帝国主义的观念一直存在。在第二章（见"美国意识形态的过去和现在"一节）中，我分析了一些事态，特别是拜登对最亲近的官员的选择。这些官员中的许多人来自奥巴马政府，几乎参与了美国所有的军事（公开的和秘密的）和政变行动。

拜登表示，与中国的竞争首先是价值观的竞争。[57]虽然拜登没有明确说出这一点，但他坚定的语气让人毫不怀疑美国有可能通过干涉中国内政来传播其价值观，正如我们将在下文中看到的一样。

拜登说道：

> 我认为我们与中国的竞争很激烈。中国有一个总体目标，我不批评它的目标，但它的总体目标是成为世界上领先的国家，世界上最富有的国家，以及世界上最强大的国家。这不会在我的眼皮底下发生，因为美国将继续**强大和扩张**。

相当有趣！我不禁想起托马斯·杰斐逊在1801年所说的话：

> 虽然当下境况束缚了我们的行动，但不难设想，在我们发展壮大之后，我们终将超越那些束缚。如果不包括南美大陆的话，整片北美大陆，将遍布讲同一种语言的人，处于相似的制度和法律的统治之下。

拜登的上台使美国走上了至少自二战结束以来一直遵循的路线：没有

边界的扩张！这一点在中美两国外交部长阿拉斯加会晤的开幕式上再次浮出水面。

拜登总统及其幕僚实施的战略甚至变得更加明确。为了准备与普京总统在日内瓦的会晤（2021 年 6 月 16 日），拜登先后会见了日本等三国（"四方安全对话"[58]）、英国（七国集团峰会）、欧盟的代表以及北约的其他盟友。这体现了美国的立场，即盟友必须在美国的领导下团结起来（"美国回来了"），共同对抗"中国和俄罗斯带来的生存威胁"。其在会后发布的一份北约文件所透露出来的挑衅，更是令人难以置信。该文件宣称是俄罗斯和中国对美国进行了攻击，就像 19 世纪时声称印第安人所做的那样。它以冷淡的态度申明，北约将继续帮助格鲁吉亚和乌克兰尽快加入北约，而这是其包围俄罗斯的最后步骤。此外，它还通知，"盟国已准备好建立互利的北约－白俄罗斯伙伴关系"，并确认了其在中东（叙利亚、伊朗）和远东（朝鲜）的干预行动。鉴于上述干预措施，人们希望"北约在可能的情况下……基于我们的利益与中国保持建设性的对话"。然而，该文件明确了对话的条件："联盟敦促中国就其核能力和核理念有意义地参与对话、建立可信且透明的措施。相互的公开透明和理解将使北约和中国都受益"。像往常一样，要求中国必须有所改变。

美国领导世界战略的问题

美国战略的第一个问题是，中央情报局（成立于 1947 年）从一开始就不仅参与了情报收集活动，还从事了一些与此无关的活动。[59] 在冷战结束前，这些活动持续增加，而冷战结束后虽然有所减少，但仍然保持在一个相当高的水平。这些活动包括：干涉其他国家的选举，试图颠覆他国政权，在欧洲国家建立秘密军队，发动非法战争，建立非法监狱并且在那里秘密地对美国的敌人实施酷刑。[60] 应该指出的是，这些干预行动不仅针对"独裁国家"，也针对民主政府，因为这些民主政府损害了美国经济和地缘政治利益，比如 1953 年的伊朗和 1973 年的智利发生了政权更迭。或者，中央情报局也会干预有利于美国利益但有可能输给左翼政党的国家的选举，比如干预 1996 年俄罗斯总统选举以确保是倾向美国的叶利钦连任而不是其对手当选，或是支持沙特阿拉伯的非民主政权。[61]这些众多的干预行动清楚地表明，美国的外交政策更多的是由美国的国家利益（尤其是美国的经济利益）决定的，而不是真正为了捍卫民主和人权。

在这些非法的活动的最前线，我们不可能忘记，从《独立宣言》发表的 1776 年到 2015 年的 239 年中，美国实际上有 222 年处于战争状态，也就是约 93% 的时间。[62]

第二个问题与军事力量的使用限制和其对美国战略的影响有关。尽管苏联、英国和欧洲民族解放运动做出了巨大贡献，但美国在二战后以自由和民主的主要（甚至是唯一）捍卫者的身份自居。然而，尽管美国积累了大量的军事资源，但冷战以及冷战期间共产主义在欧洲、亚洲、非洲和拉丁美洲的扩散，导致美国不得不制定复杂的战略来捍卫自身的利益和西方的利益。因此，不论美国是选择还是需要暂缓使用经济和军事资源来获得其他国家对其国际政策的遵守，传播美国的价值观都会成为美国所必须要做的。为此，除了政治家、记者和智库的声明外，美国建制派还建立了一整套工具和平台来传播其民主、人权和自由贸易的价值观，比如：美国之音、自由亚洲电台和 CNN 等广播电视公司；主流媒体，美国国际开发署、"美国文化中心"等政府机构，外交关系委员会和布鲁金斯学会等智库；致力于发展和加强世界各地民主机构的非营利性基金会；非政府组织，其中一些实际上是政府资助的组织，如国家民主基金会及其附属机构。[63]除此之外，我们还可以加上资助外国学生（包括中国学生）进入美国大学，目的是让他们接受美国的价值观，如自由民主和自由市场经济。最后，在军事领域，还有必要提及美国国防部的西半球安全合作研究所。它的前身是美洲学校，是为发展并指导拉丁美洲的武装部队而建立的。这通常是中情局进行政权更迭活动的武器。美国还在世界其他地区特别是在非洲实施军事训练。

这些手段被用于世界各地，经常通过支持、资助和培训反对派团体和组织来破坏各国的稳定。此外，在中情局和国家民主基金会及其附属机构等的帮助下，出现过许多次促使政权更迭以期让一个更有可能支持美国利益的新政府上台的情况。在这些情况下，一方面是准军事和经济权力资源，另一方面则是文化资源，两者之间存在着重叠。如果美国的文化力量如此具有吸引力，那么就需要解释它为什么经常需要诉诸军事力量（以公开战争和秘密战争的形式）来获得其他国家对美国利益的服从。[64]不论是否考虑中国等新的力量的出现和俄罗斯等旧有力量的重新崛起，以及欧洲觉醒后可能会制定的更加独立于美国的新国防和外交政策，对美国日益失望似乎都是美国自冷战结束以来丧失权力的重要原因之一。

第三个问题与20世纪90年代初苏联的解体有关。[65]当时，美国成为唯一的超级大国的道路通畅，而它宣称自己已经成为超级大国。随后是"伟大的期望"或"伟大的幻想"的年代：美国及其欧洲盟国开始对俄罗斯采取激进政策，将北约扩大到东欧，并接纳几个东欧国家加入欧盟。[66]此外，美国除了在二战后在世界各地建立的军事基地，它对南斯拉夫的军事干预使其得以在科索沃建立一个巨大的军事基地（邦德斯蒂尔军事基地）。[67]尽管俄罗斯领导人（尤其是弗拉基米尔·普京）多次采取行动，呼吁欧盟将俄罗斯纳入欧洲安全管理范畴，且俄罗斯保障其边境安全的需求合情合理，但欧盟还是予以拒绝。俄罗斯唯一的国际政策选择是接受西方的主导地位，并融入美国为实现其自身利益而建立的世界。这种短视的美国政策基于这样的信念：苏联解体后出现的世界将永远存在，从而实现了福山所说的历史的终结。[68]对一些国际政治观察家来说，这标志着第二次冷战的开始。这一新冷战的目标是俄罗斯，此后将是中国，目的是建立一个由美国及其盟友主导的单极世界。届时美国权力的"扩张"将实现托马斯·杰斐逊的梦想，并超过其最乐观的预期。但这种行为以及上面提到的两个问题并没有被中国（或者说俄罗斯）领导人所忽视。

使用混合权力资源强加美国意志的战略：是政权更迭，还是战争？

虽然军事力量的威胁总是作为后备手段存在，但在使用军事力量之前美国也会使用其他各种手段，或者将它们作为军事力量威胁的替代。总的来说，这些手段构成了一种政权更迭战略，可以依次和/或同时使用。[69]第一项措施是否认敌人的资格，重点在于否认他们的领导人，将这些领导人妖魔化为野蛮人、独裁者、"杀人犯"，或者非人类，一种动物（阿萨德）。[70]此外，每当举行选举，或即将组织选举时，随之提出政府操纵（或即将操纵）选举的问题。这需要主流媒体和智库发动"舆论战"，其目的是获得大多数西方民众和"国际社会"的支持。这种贯穿整个过程的宣传明确表明独裁者"必须下台"，无论如何都得如此。

第二项措施是实施经济制裁，通过摧毁经济来破坏国家的稳定，以使敌国政府失去人民的支持，也就是"让经济尖叫"。[71]

第三项措施是动员代理人来反对目标政府。这些人可以住在相关国家，也可以在美国或西方非政府组织的支持下住在美国或西方其他国家。

第四项措施可以与第三项同时使用，也就是利用非政府组织，尤其是那些人权组织。但实际上，可以是任何形式的非政府组织，特别是那些专门传播市场经济（资本主义）、自由民主和人权理想的组织，例如由美国政府直接资助的组织，如国家民主基金会及其附属机构。其目的是以民主的名义创造一种抗议和混乱的气氛，而一旦出现暴力事件，就将不可避免地导致当地警察和/或军队进行暴力干预。这可能导致政权更迭，也可能迫使敌人进行谈判等，就像美国对伊朗的第一个制裁制度导致签署 JCPOA 那样，或如在中国香港发生的动乱一样，迫使中央政府采取措施回应，例如出台新的安全法、修订选举程序等。这些措施也限制了支持抗议运动的非政府组织的活动。

如果这些措施的结果令人不满意，下一步行动就是向敌人提出其不能接受的解决方案。例如，在科索沃问题上，美国前国务卿马德琳·奥尔布赖特插手塞尔维亚和阿尔巴尼亚民族主义者之间的"谈判"，并提出塞尔维亚无法接受的条件（北约对塞尔维亚的全面军事占领），迫使塞尔维亚人拒绝和谈，从而使他们背上罪名。如上所述，在这些行动中，美国会（也有必要）持续对敌人进行有罪化批判，特别是如果该国政府对抗议活动的打压足够暴力，就足以将其定性为"种族灭绝"，或至少支持对方"杀害自己的人民"的说法。

最后，如果"邪恶的敌人"不服从"善良"的指令，那把"达摩克利斯之剑"，即在整个过程中悬在每一场争端上的诉诸军事手段威胁，就可能最终会得到实施。

只要权力资源的分配偏向美国，这些权力资源的实施就能使美国掌控世界（或至少掌控世界的大部分地区）。但是，如果权力资源的分配发生变化，会发生什么？

美帝国的衰落：内部与国际方面的缺陷

任何国家的实力都是基于内部实力和能够在国际舞台上实施的权力资源的综合。内部实力通常包括一些被其他国家所羡慕的优势，如在国内和国际舞台上展现出良好且可靠行为的政治精英和经济精英，社会内部凝聚力，经济优势，教育系统质量，军事资源等。我们将评估美国和中国在这些资源上的表现。首先要分析美国的衰落，并找出原因。

美国内部资源的缺陷

导致美国内部实力下降的第一个原因，也可能是最重要的原因，在于美国政府（包括民主党和共和党）对美国资本主义和从资本主义中获益最多的精英的支持，这损害了美国作为一个国家的整体福祉和人民的利益。长期以来，美国始终抱有重商主义的观念，这对民主构成了威胁，并导致雇主和工人之间产生了巨大的不平衡。[72]这也导致工业活动转移到中国等国家，那里的人力成本比美国低得多，并且有关雇主和工人关系管理以及环境保护的法规也不那么严苛。理所当然，美国的一些学者指责中国凭借这些转移来发展其工业部门，并指责中国在实施市场机制的过程中，迫使西方公司通过在中国建立的合资企业向其中国伙伴转让技术。虽然没有任何一个国家强迫西方公司在中国投资，但可以看到，西方希望推销资本主义制度，也确实是这样做的，资本主义之间的竞争促使所有人都寻求相对较低的生产成本。虽然表面上他们的目标可能被视为显著提高投资回报，但在中国以几美元的成本制造一双运动鞋，然后在西方以 100 美元出售，这总是很不错的。

再加上，美国采取亲军事的意识形态立场，以及军工复合体和情报界需要开支，这些不可避免地减少了其他部门的资源，如基础设施、教育、环境、社会安全和健康领域。而这再次表明，支持意识形态所需的东西对国家和人民的福祉恰恰产生了相反的影响。正如拜登团队的成员组成所展示的那样，美国建制派已经将这些利益分配进一步嵌入其执政机制中。

尤其受到五角大楼、智库、高级公务员和政治家之间"旋转门"做法的影响，五角大楼和硅谷的大科技公司之间的合作明显增多。这导致国内和国际担忧建制派会动用手里的资源来监视、谴责并边缘化与美国国内外政策相左的组织。[73]

加之，奥巴马总统从担任总司令的第一天起就使用"暗杀名单"，让军方和中央情报局使用无人机来追捕和杀害奥巴马政府认为值得处决的人——通过秘密程序，未经起诉或审判；特朗普总统也使用过这种做法，拜登政府似乎至今仍在使用。[74]

许多附加政策和指标与国家和公众的福祉背道而驰，反而不利于维护国内和平与获取公众支持，而这两点恰恰是保障政府健康发展的基础。美国受困于以下几点：其财政政策偏向于企业（尤其是跨国公司）而不是雇员；不平等、歧视、种族主义和失业现象日益严重（被不充分的统计数据所掩盖，并因新冠病毒感染疫情导致的封锁而加剧）；公共健康状况的恶化（尤其是人均预期寿命的下降和毒品/药物使用过量导致的死亡人数的惊人增长）；巨额的联邦开支导致公共债务不断增加，家庭和企业的债务也是如此；基础设施不断恶化，正如美国土木工程师协会时常目睹的那样，即使按要求进行基础设施支出，也无法完全解决这一问题；个人在收入以及所获教育和医疗服务等方面的不平等现象日益严重；几十年来的禁毒斗争面临失败，[75]宗教原教旨主义带来恶劣影响；学生的债务水平令人震惊；监禁率达到世界最高（大约是欧洲国家的 6 倍）；不断对国内乃至世界上的每个人（包括盟国的知名政治家）进行暗中监视；政府和谷歌、优兔和推特等大型科技平台对言论自由的限制越来越多；美国政府对外国广播电视公司的封锁；等等。我们不难理解为什么美国的内部实力和凝聚力在过去几十年里不断下降。

由于私人资金过度进入政治领域（尤其是进入选举和立法程序），利益集团对议会和政府的影响达到了非同寻常的程度，致使美国系统解决这些问题的可操作性受到了极大的限制。这一问题不仅超出了对腐败的简单关注，还延伸到了税收、银行、保险、农业、杀虫剂以及转基因产品、石油、医药等各种领域里。问题在于，在这些领域中，谋求特殊利益的这一大批说客事实上是否产生了压制作用，阻碍着重要的系统性的修复。

此外，最近的总统选举暴露出来的问题令人咋舌。无论哪一方选举失利，其受到的带有攻击性的严重质疑让人匪夷所思。在宣布 2016 年选举结果后的几个月，民主党采取了其在选举日之前就开始的策略：秘密编造文件，证明候选人特朗普和美国建制派的"关乎存亡的敌人"——俄罗斯之间的勾结。如果特朗普打破了所有人的预期，获得了胜利，那么无论如何，所有破坏他当选的准备都已就位。这标志着"俄罗斯门"这一可悲景象的开始，且几乎在特朗普总统整个 4 年的任期里持续存在。对一个成熟的民主国家来说，这不是一个好的现象。而在 2020 年选举中，特朗普政府拒绝接受选举结果，并表现出极端政治化的行为。所有这些行为都恶化了美国在国内外的民主形象，而这是一个国家综合实力的重要组成部分。另外，新冠病毒感染疫情让人们通过以下负面的社会福利指标看到了其反映的美国社会的极端两极分化：在西方国家中美国贫困率最高，美国还是不平等率最高的国家之一（以联合国开发计划署的基尼系数衡量），数百万人没有医疗保险，失业保障严重不足，最低工资极低。最后但同样重要的是，非洲裔美国人在所有指标上都受到歧视：收入、教育、医疗和监禁率。民主党和共和党两大政党之间的冲突异常激烈，因此很难采取必要的激进措施来克服上面提到的问题。美国已经采取的一些措施（如出台新冠病毒感染疫情救济法案）虽然是必要的，但大多数时候都是临时性的，而真正需要的似乎是更多的结构性改革。

此外，结构性措施，例如拜登的基建计划和气候变化计划，似乎面临着建制派中重要的小部分人的敌意。考虑到这些问题，人们无法看到如何能够……"让美国再次伟大"（特朗普的口号，与拜登的口号"美国回来了"没有根本的区别）。也许吧，但是那是什么样的美国？外交政策没有两极分化，民主党和共和党之间有强有力的两党协议：不惜一切代价打击"危及生存"的敌人，即中国和俄罗斯。但事实上，美国能做到何种程度？

美国国际方面的缺陷

正如前面所说的，权力意味着军事、经济和文化资源的综合运用。此外，对国际舞台上的竞争和冲突的分析表明，军事、经济和文化资源之间并没有真正的界限。[76]事实上，在美国的外交政策中，权力资源亦是综合运用起来的，尽管不同的政府部门之间可能有所不同，但在任何情况下，这都是为了保障美国作为唯一的世界超级大国的领导作用。

这些涵盖广泛的权力资源使得美国对继续将自己的意志强加于其他国家有着不可动摇的信心，尽管至少自苏联解体以来，权力资源的分配就已经发生了变化，然而，自从罗纳德·里根担任总统以来，无论哪个党派执政，美国实施的权力资源组合都暴露出了同样的问题和弱点。我们简单地回顾一下。

首先，在军事武器、战争、军事基地和特种作战部队方面的开支不断增加，显著提高了美国的预算，从而减少了可能（按照一些人的说法应该）用于其他领域的资源，如基础设施的维护和升级、社会保障、医疗和教育。尽管如此，它并没有带来军事优势（可以看到武器市场对俄罗斯武器的偏爱），也没有使美国在军事交战中取得持久的成功。

其次，前文提到的国内的诸多问题也给美国向国外辐射其力量的能力带来了负面影响。事实上，那些领域的重要性不仅在于它们对人民福祉的贡献，还在于它们在极大程度上能够增进一个国家的实力。

最后，美国过度使用军事力量（既用于公开战争，也用于秘密战争，且由于公开战争的效率低而变得更加糟糕），并且频繁使用媒体、非政府组织和特种作战部队来挑动政权的更迭。这样做的后果是，不仅削弱了军事力量，也降低了软实力的影响。这些软实力是使美国尤其是其外交政策能够获得他国"向往和默许"的重要力量。因此，这就削弱了美国将其自身意志强加于他国的整体能力。此外，国内的严重问题往往使美国的外交政策转而对世界其他地区采取更激进的立场。这是对奥巴马和特朗普的外交政策的合理定性。拜登政府似乎也受困于类似的做法，尽管其下令从阿富汗撤军，但美国撤军期间的表现显得其非常失败。

基于上述分析，我们可以得出结论，美国外交政策的主要缺陷是其没有能力意识到并承认至少自 20 世纪末以来发生的权力资源分配的变化，并且没有针对这些变化采取行动。苏联解体后出现的单极世界并没有持续多久。强大的持久的力量（第二章中提到的"默化"）长期以来一直在发挥作用，促进了多极世界的出现：新的大国诞生，如作为美国最重要竞争对手的中国，重新崛起的俄罗斯，以及不再准备接受帝国指令的区域性大国。

显然，这些变化应该促使美国对其外交政策进行必要的修正，尤其是需要确认其真正的国家利益：并非建制派的利益，而是美国人民的利益。然而，当权派表现得好像美国仍然是世界上唯一有能力将其意愿、价值观和利益强加给世界其他国家的大国。美国表现得像是这些变化还没有发生。但它们已经发生了，而且它们应该引导美国建制派对其外交政策进行彻底的修正。但是，美国有这样做的理智或能力吗？

在千禧之交，美国出版了一批对中国崛起持有异议的书。那时，"中国威胁论"成为美国主流媒体和大学书籍中经常提到的内容。与此同时，为了安慰美国公众和建制派，有几本书强调了中国发展存在脆弱性，中国可能（甚至不可避免的）崩溃当时已成为一个被频繁提及的主题。

后来，西方著名学者出版了一些书，他们进行了更深入的分析，但基本上是以相同的视角。例如，一本名为《中国是否会主宰 21 世纪》的书，其最后一章的标题是"中国不会主宰 21 世纪"。[77]其他的一些书使用了更具描述性的书名：《新中华帝国及其对美国的意义》，以及《中国世纪：崛起的中国经济及其对全球经济、权力平衡和你的工作的影响》，或是更令人不安的《龙口之下：在即将到来的中国统治时代美国的命运》。[78]

然而，直到最近人们才发现，中国经济的发展不仅体现在低附加值产品的生产上，还体现在高科技产品上。在军事领域，"中国威胁论"取代了"苏联威胁论"。事实上，中国的崩溃并没有发生。

由于预想的俄罗斯威胁并没有消失，美国的激进政策及其盟友对克里姆林宫的攻击没有消失。俄罗斯不可避免地与中国建立了事实上的伙伴关系。这对美国来说确实是一个巨大的威胁，如果美国提议通过军事手段来解决这个问题，可能无法达成效果。实际上，鉴于美国政府机构令人难以置信的冷漠和无能，真正应该担心的是美国人民。今天，一些知名学者更加直白地谈及美国在世界范围内的实力下降。例如，TomDispatch 网站在介绍《美国最漫长的战争结束了》一书时采用的标题是"美国世纪的安魂曲"。[79]

政权更迭和颠覆活动的愚蠢之处

在前文中，我分析了美国如何试图对"不听话"的国家实施政权更迭，以及其为实现这一目标而采取的多种策略。我同时还指出，美国这样的做法会损害它对一些国家可能产生的吸引力。在那些国家，反对派运动可能将美国模式视为摆脱封建独裁历史的最佳手段，并且真心实意地希望拥抱民主和资本主义，即使这意味着需要成为美帝国从属的一部分。几乎所有的西方国家都是如此，尽管新自由主义政策的实施扩大了"富人"和"穷人"之间的鸿沟，尽管实际上他们接受参与美国制造的冲突造成了更大的鸿沟。虽然难民潮是西方亲手制造的，但在是否接收难民问题上，西方的支持者与反对者之间产生了巨大冲突，由此导致了右翼民族主义政党的崛起。在那些已经开始向现代性过渡的西方的原殖民地国家，不满情绪甚至更加严重。而讽刺的是，这种现代性以美国模式为典范。我们西方人经历过这种情况，也经历过旧制度的捍卫者和现代化的支持者之间的激烈斗争。很多时候，我们选择忘记我们混乱的过去。

原殖民地国家的民族解放运动与国际体系的新格局相辅相成，美国和苏联试图将这些被解放的国家纳入各自势力范围。与此同时，美国实施了第三章"美国世纪与美国权力资源的发展"一节中所提及的策略。

由中央情报局秘密组织的众多政权更迭，以及随后由国家民主基金会等伪非政府组织支持或组织的或多或少公开的"颜色革命"都是那些策略的组成部分。这种情况首先发生在苏联集团衰落时期的东欧,后来又发生在北非、亚洲的其他处于转型期的国家。中国不是埃及或突尼斯,它不仅体量大,实力也日益增强,美国无法通过正面攻击来组织政权更迭。但这并不意味着美国没有尝试过,而且它今天仍在不断制造西藏、香港和新疆问题以对中国施压。这些行动的最基本的目标是为中国崛起为世界强国之路制造障碍。

美国旨在颠覆中国政权的战略

人们不应忘记,美国从未接受它在 20 世纪 40 年代末"失去中国"的事实,并且始终有计划地朝着"赢回中国"的目标行动。1949 年,蒋介石在内战中失利,退守台湾,美国在那里驻扎了军队;它将对中华人民共和国的承认推迟到 1979 年;它将中国置于一长串的禁运和制裁名单之中,它在中国周边建立了强大的军事力量;它允许中国加入 WTO(世界贸易组织),幻想以此将中国纳入以美国为首的自由主义和资本主义秩序,并使之处于明显的依赖者的地位。此后,是特朗普的经济战。而现在,拜登政府激进地将美国及其盟国置于中国和俄罗斯的对立面。自二战以来,甚至可能更早,一切都没有任何根本性的改变。

正如前文所说,美国会像在世界其他地方一样,尽一切可能对中国各地发展中出现的问题进行挑拨,尤其在政治、经济、社会和身份问题比较突出的地区,例如新疆和香港。关于这些案例有大量的文献资料,考虑到这些问题极端复杂,想要在本书这短短的一节中对其进行分析是不可能的。这里必须指出的是,西方的主流叙事不仅掩盖了这种复杂性,而且从中提炼出了更适合其意识形态的方面——"中国是一个独裁国家,因此它强加其意志来干预这些地区,并且侵犯了民主和人权"。这种引导导致了西方舆论中一种带有偏见的叙事,至少西方精英们可能会相信这种说法,并且将其作为他们理解如何进一步解决中国问题的依据。幸运的是,仍然有一些主流学者和调查记者帮助我们获得了与官方叙事相矛盾的信息。[80]这并不是说他们的分析总是准确的。他们面对的是非常复杂的事件，作为研究人员，他们也无法获得所有的官方文件。然而，在许多情况下，他们提供了经验性的证据，证明主流叙事没有事实依据，例如指控中国正在对新疆的维吾尔族进行种族灭绝。[81]

中国对美国的回应：我们也有一个梦想

"中国梦"自习近平2012年提出以来始终是中国的首要主题，也是习近平设想中的中国未来十年乃至更长时间发展的大政方针之核心。既定目标是发展经济，提高人民生活水平，促进社会繁荣发展和共同富裕，使中国重新成为世界强国。

美国也有"美国梦"。实际上，"美国梦"的说法自美国建立之初就已出现。美国建立以来，经济发展使得新兴中产阶层过上了舒适的生活。这种生活方式成为不少个人和家庭的理想生活，甚至风靡到国外。事实上，这是美国地缘政治吸引力的主要来源。另外，美国也发展了多种权力资源，逐渐成为世界霸主。

中国则走了一条不同的道路。在中国的工业化和现代化进程落后于西方国家的时期，西方国家正是利用这一优势在包括中国在内的许多非西方国家推行殖民主义，实行帝国主义外交政策。在第一次世界大战前夕，世界上超过80%的领土处于西方统治之下；第二次世界大战后，美国更是在当时的两极化世界中占据了主要领导地位。当中国走上民族独立和经济发展之路时，其选择了一条截然不同的道路，中国采取市场主导、政府引导的体制，与美国制度有很大区别。中国已经在此道路上取得成功，在改善人民生活方面也取得了举世公认的惊人成就。然而，西方国家特别是美国，不仅不愿意理解和接受这一切事实，还更加强烈地批评中国走了与西方不同的发展道路。这是为什么呢？

经济发展优先：追赶美国

西方和中国的研究者一致承认，改革开放推动了中国经济腾飞，使中国人民生活水平得到极大提高。廉价劳动力和全球化使得中国成为世界工厂。自 20 世纪 90 年代以来，中国成为世界第二大外商投资东道国。一些研究人员开始把 21 世纪称为"中国世纪"。

然而，我们要在中国经济发展所处的国际环境中审视上述积极的评价和预测。自 1840 年以来，中国始终处于西方和日本的巨大压力之下，1949年新中国成立后这种压力仍然存在。不过我们也可以从另一个角度来看，这标志着美国"赢回中国"战略的开始。中国正确地认识到，若要追上美国，中国要做的第一件事是引入市场化机制，促进经济发展。然而，在这一过程中，中国不可避免地将面临不平等和环境破坏日益加剧的问题。因此，中国必须限制不平等，注意环境影响，从而维持国家凝聚力，并在国家凝聚力和经济发展之间谋得平衡。那么，中国是如何做的呢？

中国经济发展之快是无可辩驳的。世界银行 1997 年发布的一份报告中，比较了不同国家 GDP 翻一番所需要的时间：英国需要 58 年（从 1780年到 1838 年），美国需要 47 年（从 1839 年到 1886 年），日本需要 34 年（从 1885 年到 1919 年），韩国需要 11 年（从 1966 年到 1977 年），而中国只需要 9 年（从 1978 年到 1987 年）。世界银行在其 2009 年的报告中认为，中国已经实现或基本实现绝大多数"联合国千年发展目标"中对中国的要求。[82]2021 年，中国已经成功消除绝对贫困。

中国的现代化进程表现在农业、工业和服务业对就业的贡献和产值占GDP 比重的变化（见统计数据附录表 1A 和表 1B）上。1952 年，农业人口仍占中国劳动人口的 83.5%，工业仅占 7.4%，服务业占 9.1%。与此相对应，农业产值占 GDP 比重为 56.6%，工业占 20.6%，服务业占 22.8%。但到了

2019 年，情况发生了很大变化：农业人口仅占中国劳动人口的 25.1%，工业人口上升至 27.5%，服务业人口跃升至 47.4%。在这一时期，农业产值占 GDP 比重的下降更为惊人，从原来的 56.6% 下降到了 7.1%，而工业则从 20.6% 上升到 39%，服务业从 22.8% 上升到 53.9%。

这些变化也体现出中国在世界经济中承担起了越来越重要的角色。在融合中西方价值观的基础上，中国能够巧妙地选择制度安排，这也使得其在对"潜在形势"进行详细分析后，能够长期建设各项资源，从而形成了今天的综合国力。[83]我们先来比较中国与美国在世界经济中的地位。

美国与中国：经济实力比较

随着中国经济的发展，中国在世界经济中的地位逐渐恢复。中美两国在这方面的对比很有意思。首先，附录表 2 展示了中国 GDP 自 1820 年以来占全球 GDP 总量的份额。1820 年（第一次鸦片战争爆发前）这一指标（以购买力平价计算）略低于三分之一；第二次鸦片战争后 10 年（1870年），急剧下降至 17.05%；"文化大革命"开始到改革开放前 5 年（1973年），持续下降至 4.62%。这时（1973 年）美国 GDP 占全球 GDP 总量份额约为 22.07%。需要注意的是，相较于 1950 年时的 27.32%，美国此时开始衰落。此外，在改革开放 30 年后，到了 2008 年金融危机爆发之时，中国 GDP 在世界 GDP 总量占比达到了 10.64%，虽然相较于美国的 18.23%仍然落后。数据表明，美国在此之后持续衰落，到了 2019 年，也就是中国改革开放 40 余年后，中国 GDP 占全球 GDP 总量的比重超过了美国。当年中国 GDP 占比为 17.33%，而美国为 15.82%。最后，根据国际货币基金组织的预测（见 2021 年 4 月发布的《世界经济展望》），2025 年时，中国的GDP（以 2017 年定值美元衡量）将占世界 GDP 总量的 20% 以上，而美国将低于 15%，约相当于中国的 75%。

接下来采用胡鞍钢的方法进行下一步分析，[84]通过对中国与 G20（二十国集团）其他成员进行比较，来确定其在世界上的经济实力。首先需对比中国与 G20 其他成员 GDP 在世界 GDP 总量中的占比以及进出口总额在世界进出口总额中的占比（见表 3 和表 4）。随后，将 GDP 和进出口额这两项单独指标整合起来计算中国的整体经济实力，其中 GDP 所占权重为 1/3，进出口额权重为 2/3（见表 5）。

通过表 3 可见，1990 年，中国 GDP 占世界 GDP 总量的比重仅为3.89%，而欧盟为 25.09%，美国为 20.92%，日本为 8.31%。这 3 个经济体均为三边委员会成员，占世界 GDP 总量比重超过一半（具体为54.32%）。[85]当时，中国 GDP 在世界 GDP 总量中的占比小于德国（5.3%），但和其他 G20 成员差别不大，如法国（3.59%）、意大利（3.63%）、英国（3.6%）、印度（3.49%）和巴西（3.5%）。同样地，到了 2019 年，在改革开放 40 余年后，中国 GDP 占世界 GDP 总量比重跃升至 17.33%，超过了美国（15.82%）和欧盟（15.31%），所有其他 G20 成员占世界 GDP 总量比重都小于上述国家和地区。

值得一提的是，2019 年的数据显示出了"三个世界"占世界 GDP 总量比重前所未有的变化。G20 成员 GDP 总量占世界 GDP 总量的 77.88%。由美国、欧盟、日本、加拿大和韩国组成的"第一世界"占比为 38.31%。2019 年时，由中国、印度和其他新兴经济体构成的"第二世界"首次超越了"第一世界"，占世界 GDP 总量比重为 39.57%。由其他发展中国家构成的"第三世界"占世界 GDP 总量比重则为 22.12%。到了 2050 年，预计这一趋势会更加显著，也就是说"第二世界"GDP 总量占世界 GDP 总量的份额会越来越大。

表 4 的进出口额占比也有类似的变化。从中国进出口额占世界进出口总额比重这一角度来看，中国在全球经济中的地位显著增加。1990 年时，中国进出口总额仅占世界进出口总额的 1.63%，而当时欧盟、美国和德国分别以 45.6%、12.89% 和 11% 的份额在国际贸易体系中占据主导地位。

而且美国、欧盟和日本这3个三边委员会成员占世界贸易总额的65.89%。但是到了2010年，也就是中国加入世贸组织9年后，中国占比上升到了9.62%，超过了除美国（10.51%）和欧盟（惊人的34.01%）外其他G20成员，并始终保持着进出口主要经济体的地位。然而上述3个三边委员会成员的占比则下降到了略低于50%。9年后，到了2019年，中国以12%的占比超过了美国（11.05%），仅次于欧盟（估计为30%），而上述3个三边委员会成员的占比首次降至44.79%，占世界总额比例不到50%。

通过将各经济体占世界GDP总量和世界进出口总额的比重相结合，赋予GDP以1/3的权重、进出口额以2/3的权重，我们计算得出G20成员的经济实力（见表5）。在1990年，中国经济总量在世界经济总量中所占份额仅为2.39%，远低于欧盟（38.76%）和美国（15.57%）。美国、欧盟和日本3个三边委员会成员占比为62.04%。到了2014年，中国占比快速上升到13.07%，超过了美国（12.41%），但仍落后于欧盟（26.99%），同时3个三边委员会成员占比下降至43.46%。到了2019年，也就是改革开放40余年后，中国的经济实力持续上升至14.67%，领先于美国（13.44%），但仍落后于欧盟（估计为22.6%）。

拜登政府政策的侧面之一是增强美国盟友的凝聚力，因此需要关注七国集团的表现。七国集团包括美国、英国、德国、加拿大、法国、意大利和日本。1990年时，七国集团在世界GDP总量中占比为47.3%，在世界进出口总额中占比为51.99%，代表着50.43%的经济实力。这意味着在1990年七国集团经济实力几乎和世界其他所有国家相等。到了2019年，七国集团的地位被中国、印度等国家的发展所大大削弱。七国集团在世界GDP总量中的比重下降至31.50%，进出口额比重降至30.20%，经济实力降至32.38%，即从一半降至不到三分之一。

值得注意的是，虽然金砖国家（巴西、俄罗斯、印度、中国和南非）的凝聚力由于巴西国内形势以及中印竞争而有所下降，但是金砖国家占世界经济的比重却大幅增加。然而，不要忘记目前我们所讨论的数据是对应长期变化的。随着时间的推移，国际竞争环境和国内问题会发生变化，历史已经证明了这一点。此外，中俄新时代全面战略协作伙伴关系赋予了金砖国家更大的影响力。随着美国的对外政策妖魔化了中俄两国，目前没有迹象表明中俄关系可能会发生改变，而且中俄之间的伙伴关系正在进一步深化。1990 年，金砖国家仅占世界 GDP 总量的 15.86%，占世界进出口总额的 3.57%，占世界经济实力的 7.68%。到了 2019 年，金砖国家占世界 GDP 总量比重飙升至 30.38%，占世界进出口总额比重升至 17.47%，占世界经济实力的 23.94%。从 1990 年的不到十分之一，到 2019 年的超过五分之一……虽然金砖国家在世界经济中的分量还比不过七国集团，但是这些国家有着很大的潜力。另外，中国的"一带一路"倡议（下文将详述）也是促进这些国家基础设施建设和经济发展的有力助推器。

上述数据表明，从中国在世界经济中（GDP 总量和进出口总额）的份额来看，中国正在崛起；相反，虽然美国和欧盟仍与中国一起并称世界三大经济体，但美国、欧盟正在衰落。一些观察者可能会反驳说经济不代表一切。这无可厚非，但是经济发展不会凭空产生，它和其他方面一起展现一个国家的优势和劣势。这些方面包括教育、医疗、科学、技术，旨在长期而又全面地推动促进社会进步的社会保障和公共战略管理的发展，以及提高在发生社会风险时进行救济的能力等，这些也体现出一个国家的综合国力。这是我们接下来需要讨论的话题，我们将从对中美两国综合国力的比较开始。

美国与中国：综合国力的比较

我们将再次从中国著名的国情研究学者胡鞍钢教授的研究出发。胡鞍钢是从 10 个方面评估一个国家综合国力的：（1）人力资本；（2）经济实力；（3）产业实力；（4）国内市场；（5）国际市场；（6）科技实力；（7）信息资源；（8）基础设施实力；（9）能源实力；（10）军事实力。对这 10 个方面的简要描述见注释。[86] 总体结论为，从历史发展角度来看，中国已经追上美国，甚至在某些方面超过了美国。按照现有趋势，除非中国未来犯下某些重大错误，中国将在不久的将来成为一个新的世界大国。但是这并不意味着中国必然会取代美国成为新的霸权国家。相反，中国的崛起可能意味着冷战结束后的单极国际体系开始向多极化世界转变，美国、中国、俄罗斯、欧盟以及印度、巴西、土耳其和南非等国家共同构成了这个多极化世界。

如表 6 所示，在 9 项战略资源比较中，2000 年时，中国只有人力资本在世界的比重远超美国，其他 8 项战略资源指标都在不同程度上低于美国。然而，2000 年到 2015 年间的变化表明，中国不仅保持了其人力资本优势，更是在科技、资本、信息资源和能源方面获得了显著优势。2015 年，在经济实力方面，中国占比为 17.21%，略胜于美国的 15.67%；两国在国际市场上的实力大致相当；美国则在军事实力上有较大优势，占比为 21.01%，中国为 9.92%。但是，胡鞍钢指出，即使是在这些领域上，中国在世界的占比也在迅速提升，其综合国力正在快速提高。

此外，我们通过观察 2000 年、2010 年和 2020 年的数据可以发现，当中国在"持续增长"的时候，美国则在"不断衰落"。实际上，以上方面的整体影响表明，从 2000 年到 2010 年间，中国的综合国力在世界的占比从 8.5% 上升到了 20.6%，而美国则从 20.8% 下降到 14.2%。到 2015 年，中国的综合国力在世界的占比为 19.39%，而美国则降至 14.14%。高新技术产业的发展是战略资源的一个重要面向。大部分研究中国发展的西方学者认为中国仍然落后于美国，[87] 但是胡鞍钢的研究却持相反观点：

中国在高技术产业增加值、产品出口额、出口增加值各方面都实现了对美国的追赶和超越。这主要得益于高技术产业与经济增长的相互促进与互补带动，表现为经济发展与高技术产业发展生命周期趋势的一致性。此外，高技术产业具有明显的外部性，起到了促进制造业高增长、改善经济结构、推动贸易发展转型、发挥技术溢出效应的作用。[88]

经济发展中的负面问题与中国社会的再平衡

邓小平领导改革开放极大地促进了中国经济的发展，但是这样的改革规模和经济发展速度也带来了一些负面后果。首先，各地区之间、省市之间，以及居民之间都出现了发展差距。

社会和经济的不平衡对和谐、稳定和团结等传统价值观的实现造成了冲击。因此，从不同战略层次进行的数项变革就变得很有必要。第一步就是引入一些新价值观，如社会平等、法治和创新。[89]

中国社会保障体系的发展

2004 年 2 月，温家宝总理提及在经济加快发展中也出现了一些新问题。[90]中国在 21 世纪面临的最大挑战不是加快经济增长，而是保持稳定，实现可持续增长。其发展理念是，不能为了发展而发展，而应当把关注重点放在减贫和促进人类进步，这才是发展的最终目的。

投资基础设施建设，同样也需要培养相应的人才。因此，中国首先废除了一些不合理规定。2003 年到 2006 年期间，中国出台了三农政策，减轻农民的纳税负担。其次，中国在 2006 年取消了西部省份农村地区小学和初中的学杂费，在 2007 年取消了中部和东部省份农村地区的相应费用，并进一步在 2008 年取消了全国城市地区的小学和初中学杂费。[91]此外，在 2007 年 10 月召开的中共十七大提出，建立基本医疗卫生制度，预计到 2020 年实现城乡全覆盖。社会福利被认为是一项必需的政策，这不仅是为了公平，更是因为若国民受过良好教育，并有健全的医疗、失业和养老保险的保障，那么他们将能够更好地为社会发展做出贡献，这也能确保社会的稳定。

发展现代社会保障体系是中国最重要的任务之一。这有利于中国在公民年老力衰和疾病缠身时为其提供保障，并帮助公民应对以市场为基础的新经济体制所固有的失业风险。对于一个人口过 10 亿的国家来说，上述社会政策无疑需要巨额的支出和长期的规划。2018 年 10 月 4 日，时任美国副总统迈克·彭斯在哈德逊研究所的一次演讲中表示，中国在向其民众，尤其是未能从经济发展中充分受益的民众提供公共服务方面做出了巨大努力。[92]这一表态显然与其当时"中国压迫其民众"的政治主张相悖。

表 7 总结了中国城乡一些主要社会保险的数据。这一表格显示出 2001—2019 年保险覆盖人数的增长情况：

- 养老保险增长 2.06 倍；
- 工伤保险增长 4.86 倍；
- 生育保险增长 4.34 倍（2016 年数据）；
- 失业保险增长 98%；
- 城乡居民基本医疗保险从 2007 年才开始实施，但是到了 2019 年已经增长了 22.88 倍。

相关保险支出有更为惊人的增长（见表 8）。

社会救助是一项格外重要的保障，因为它关系到城镇贫困人口。1999 年，中国颁布了《城市居民最低生活保障条例》。该条例规定，持有非农业户口的城市居民，凡共同生活的家庭成员人均收入低于当地城市居民最低生活保障标准的，均有从当地人民政府获得基本生活物质帮助的权利；对无生活来源、无劳动能力又无法定赡养人、扶养人或者抚养人的城市居民，批准其按照当地城市居民最低生活保障标准全额享受。

到了 2018 年底（数据公布至 2018 年），所有城镇居民最低生活保障标

准都有了大幅提高，其中 8 个城市提升了 3—3.9 倍，13 个城市提升了
2.5—2.9 倍，10 个城市提升了 2—2.4 倍。北京、天津、上海、南京等主
要大城市的最低生活保障标准相较于 2005 年提升了 3.2 倍，拉萨提升了
3.9 倍。2018 年，每月最低生活保障标准区间为 449 元（长沙）到 1 000 元
（北京）。上述数据看上去令人欣喜，但是生活成本（尤其是在大城市）剧
增是需要注意的问题。

最后，中国农村地区的社会保障也得到了改善，新型农村合作医疗制
度（简称"新农合"）不断发展。2006 年时，全国共 1 451 个县实施该制
度，到了 2019 年末，这一数字上升到了 2 856 个，参保人数也从原本的
4.1 亿增加到了 5.48 亿，参保率更是达到了 98.8%，实现了农村全民参保
（参见《中国统计年鉴 2020》）。农村地区养老保险也是如此。中国自 20 世
纪 90 年代开始，根据农村社会经济发展实际情况试行养老保险制度。2010
年底，养老保险覆盖人口约为 1.027 7 亿；2016 年时，养老保险覆盖人口
达到 5.326 6 亿，是 2010 年时的 5 倍多，实现了农村全覆盖。

农民工的特殊情况

众所周知，中国城市的经济发展导致大量农村人口涌向城市，大量农
民工在城镇之间流动，寻求更好的就业机会。农民工长期无法在城市获得
社会服务和保险保障。这背后的原因是农民工的户口在家乡，他们只能享
受户口所在地的社会服务，迁至城市就无法获得和城镇居民相同的社会服
务。这是中国须解决的最严峻问题之一。一些评论家通过计算得出，在 20
世纪 80 年代至 90 年代，农民工对中国 GDP 增长的贡献率为 16%，占中国
劳动力的 35%，大致相当于 2016 年的 2.45 亿人口。[93]

因此，若中共需要切实创建和谐社会，就必须采取行动，缓解农民工
的贫困问题。中国也的确这么做了，此处将简述中国的行动。首先，随着
2010 年《社会保险法》的通过，中国开始认真解决这一问题。《社会保险

法》规定农民工参照城镇劳工的社会保障制度（SIW），而且：

> 引入城镇居民和农村居民的医疗和退休保障制度(SIR) ……让进
> 城务工的农村居民及其家庭能够更好融入城市生活，提高消费水平，
> 改善健康状况。这些对构建和谐社会至关重要，而构建和谐社会是国
> 家战略目标之一。[94]

2008 年的《劳动合同法》进一步完善了中国的社会保障体系。研究人员发现，《劳动合同法》的实施有助于持续、显著地提升进城务工人员参与社会保险的可能性，对那些签订长期合同的劳动者而言尤为如此。《劳动合同法》至少部分实现了其"提升对农民工这一劳动力市场上的弱势群体的社会保护"这一预期政策目标。[95]尽管如此，国际劳工组织还是警告说，确保社会保险基本全覆盖只是第一步。[96]

中国在社会保障上的发展引人注目，但是相较于西方而言（虽然在新冠病毒感染疫情时代，美国的保险覆盖率出现了波动），中国的全险种覆盖率并不算太高。实际上，多年以来一直有人认为中国的社会保障体系资金不足。[97]然而需要强调的是，如果中国共产党始终致力于构建一个公平公正的世界，实现全体人民共同富裕，那么中国现有的行动只是社会保障全面覆盖（尤其是覆盖中低收入群体）的第一步。在西方，小康和富裕以上的人口要么购买了商业保险，要么其收入能够支撑其相应支出。在中国，发展社会保障体系，保持较高的保险覆盖水平，并确保社会长期稳定并不简单，养老保险和医疗保险尤其如此。实际上，尽管计划生育政策已经放松，但是由于中国人口结构的变化，为这些社会保险提供财政支持还是变得越来越困难。另外，虽然中国已经成功消除了传统社会中的一些传染病，但现在心血管疾病、癌症、肥胖、糖尿病等相对富裕社会的典型慢性病患病率正在急剧增加。随着人口老龄化加剧，这些疾病将愈发普遍，相应支出

也将增加。因此，我们可以想见，未来中国的社会保障支出水平将越来越高。

个人收入水平的再平衡

基尼系数是一种用于判断收入分配公平程度的指标，可以表现出一国内部的收入或财富分配不平等程度，也可以进行国家间比较（见表9）。基尼系数的区间为0（完全平等）到100（完全不平等）。[98]一般来说，基尼系数40是一个严重的警戒线，超过这个警戒线意味着不稳定，可能发生社会和政治冲突。表9中，19个西方国家（基尼系数从27到41.4不等）基本比中国（基尼系数43.4）的情况要好，只有美国和中国比较接近，基尼系数为41.4。这些西方国家可以被分为4组。第一组是北欧4个国家、比利时以及荷兰，其基尼系数在27到28.8之间。第二组是中欧3个国家、法国和爱尔兰，基尼系数在29.7到32.8之间。这两组国家福利体系较完善或运行情况较为良好，收入分配相对公平。第三组国家的收入分配不平等情况严重一些，包括5个盎格鲁－撒克逊国家中福利体系较差的3个（加拿大、澳大利亚、英国），以及4个经济欠发达的南欧国家，这可能反映了这组国家收入分配不平等程度较高的原因。美国同样是一个非常富裕的国家，但其基尼系数却远高于其他西方国家。

基尼系数可以初步说明一国公民收入分配是否平等，但是这一指标不足以说明全部情况。这也就是为什么联合国开发计划署提出了人类发展指数（HDI）。人类发展指数综合考虑了收入水平、健康状况（以人均预期寿命衡量）和教育获得水平（以平均受教育年限衡量）3个方面。根据人类发展指数不同，国家的发展水平可以被分为4种：极高、高、中等和低。表10为2019年时部分西方国家的人类发展指数和性别发展指数的情况，中国的相关数据加在最后一行。尽管中国在改革开放后已经取得极大进步，但是仍远落后于西方国家。不过在性别发展指数方面，中国虽然落后于许多西方国家（中国居第 39 位），但是仍好于美国（居第 46 位）。[99]

此外，以出生时人均预期寿命为例，[100]中国在 2019 年时在"高人类发展水平"组别中排第 85 位，人均预期寿命为 76.9 岁。这和"极高人类发展水平"组别（共 66 个国家）中的 16 个国家（如匈牙利、阿根廷、罗马尼亚、土耳其和乌拉圭）大致相同，和波兰、葡萄牙、克罗地亚差距不大。另有数据表明从 1990 年到 2019 年，中国的人类发展指数不断提高，从1990 年较低的 0.499 上升到了 2019 年较高的 0.761。

最后，对中国各省人类发展指数的分析（基于 2015 年的最新数据）表明，[101]部分省市已经赶上了"极高人类发展水平"组别中的西方国家的水平。

联合国开发计划署 2016 年的报告涵盖了 188 个国家，这份报告表明，在 2015 年时，若中国省市参与排名的话，则北京可排到第 7 位（相当于西班牙），上海可排到第 28 位（相当于捷克），天津可排到第 36 位（相当于波兰），江苏可排到第 48 位（相当于黑山），辽宁可排到第 49 位（相当于俄罗斯），浙江则可排到第 50 位（相当于罗马尼亚）。这些省市（辽宁除外）毫无疑问是中国国民收入水平最高的几个省市，远高于全国平均水平。还有两个省处于"高人类发展水平"前列，非常接近"极高人类发展水平"：广东可位列 54（相当于乌拉圭），山东则可排在第 59 位（相当于马来西亚）。除了广东和山东外，还有 18 个省市可被列入"高人类发展水平"组别，不过其中有 12 个省市的人类发展水平高于全国平均水平（0.762）。最后，有 4 个省市达到了"中等人类发展水平"：青岛可排第 107 位，甘肃可列第 110 位，贵州可列第 118 位，西藏可列第 127 位。上述排名与经济发展水平基本对应。

若对人类发展水平下的 3 个组成部分进行分析，也可以得到类似的结论。以健康状况和人均收入为例，健康状况是以人均预期寿命衡量的，中国 31 个省份（即省、直辖市、自治区，不含港澳台，余同）在健康状况上表现得甚至比总体人类发展指数还要好。举例来说，上海（82.8 岁）、北京（82 岁）、天津（81.3 岁）是全国人均预期寿命最长的 3 个省级市，可以在"极高人类发展水平"组别中位列 26，媲美挪威、丹麦、荷兰、新西兰、法国、德国等国家的水平。还有 20 个省份的人均预期寿命为 75 岁至 79 岁，也达到了"极高人类发展水平"，排名高于该组别中处于末位的 3 个国家（排在第 49 位的俄罗斯、第 50 位的罗马尼亚和第 51 位的科威特）。但是，中国有 7 个省份的人均预期寿命低于 75 岁（山西、贵州、甘肃、宁夏、云南、青海和新疆），1 个省份（西藏）低于 70 岁。在人类发展指数的框架下，人均预期寿命和经济发展水平相关，不过表现较好的省市和其他省市之间的差距相对没那么重要。

省际再平衡

需要再次指出的是，在研究中国发展问题方面，人均收入最没有代表性。[102] 根据《中国统计年鉴 2020》中的数据，将各省份根据其人均 GDP 水平进行分组会发现一些有趣的现象：

1. 第一组：人均 GDP 高于 24 000 美元的"极高发展水平"组别，包括北京（25 772 美元）和上海（24 349 美元）。另外，只有江苏省（18 996 美元）与北京和上海差距不大。

2. 第二组：人均 GDP 在 10 350 美元至 16 541 美元之间的 9 个省份，包括天津、内蒙古、浙江、福建、山东、湖北、广东、重庆和陕西。

3. 第三组：人均 GDP 在 9 085 美元到 9 914 美元之间的 4 个省份，包括安徽、湖南、四川和辽宁。

4. 第四组：人均 GDP 在 8 123 美元到 8 890 美元之间的 7 个省份，包括江西、河南、海南、西藏、云南、宁夏和新疆。

5. 第五组：人均 GDP 在 7 231 美元到 7 936 美元之间的 5 个省份，包括河北、山西、吉林、贵州和青海。

6. 第六组：人均 GDP 在 6 664 美元到 6 926 美元之间的 2 个省份，包括黑龙江和广西。

7. 第七组：甘肃一省，人均 GDP 为 5 621 美元。

这些发现证实了专家们对中国发展的共识，即就人均收入而言，各省之间存在巨大差异。除少数外，沿海省市的人均 GDP 更高，但是正如前文讨论 GDP 作为衡量不平等的指标时所提及的那样，收入分配不平等不代表一切。当我们试图研究各省市之间的人类发展水平是否和人均 GDP 一样有较大差距时，我们发现各省市的人类发展水平出现了一种从低向高再到极高的发展趋势。我们使用了中国国家统计局公布的数据，将各省市在 5 个历史时点（1980 年、1990 年、2000 年、2010 年和 2015 年）上的数据归入4 个人类发展水平组别中，研究这些数据在 4 个组别中的分布情况的变化。[103]

在 20 世纪 80 年代初，也就是改革开放初，中国所有省市都处于"低人类发展水平"组别。这种聚合趋势是毛泽东时代发展战略所产生的结果：尽管沿海省市和内陆省市之间的差距已经较为明显，但是所有省市均处于同一发展水平（以人类发展指数衡量）。因此，我们可以观察到此时各省市都集中在"低人类发展水平"。

1990 年，上海、北京、天津和大连 4 个城市跃入"中等人类发展水平"，可以说是中国各省市人类发展水平（综合考虑人均收入、健康和教育水平）的排头兵。实施重点关注沿海省市经济发展这一战略，结果之一是造成各省市之间开始产生分化，中国各省市可被归入两个不同的人类发展水平组别，即低水平和中等水平。

2000 年，分化趋势加剧，各省份可被归入 3 个人类发展水平组别：低水平、中等水平和高水平。此时，只有 5 个省份还留在"低人类发展水平"组别：云南、甘肃、青海、贵州和西藏，均是西部省份。3 个省份从"中等人类发展水平"升至"高人类发展水平"：不出所料，它们是上海、北京和天津这 3 个直辖市（直辖市的行政级别相当于省）。但是同时，我们也可以观察到一种向更高人类发展水平组别聚合的趋势：其他 23 个省份均从低水平升入中等水平。

到 2010 年时，在更高人类发展水平组别上，像 2000 年时那样的分化趋势仍可得见。各省份虽然获得了更高的人类发展水平（从 2000 年的低、中、高人类发展水平提升至中等、高和极高人类发展水平），但是仍分布于 3 个不同的人类发展水平组别。2010 年已经没有省份仍处于低水平了。2000 年时的 5 个低水平省份已经踏入中等水平的大门。此时，一共有 11 个省份处于"中等人类发展水平"组别：宁夏、新疆、江西、安徽、广西、四川、青海、甘肃、云南、贵州和西藏。北京、上海和天津进一步跨过了"极高人类发展水平"的门槛。其他 17 个省份都归入"高人类发展水平"组别。除此之外，我们在 2000 年时观察到的聚合趋势再次得到证实：此时有 28 个省份集中于中等水平（11 个省份）和高水平（17 个省份）组别。

2015 年，辽宁和浙江同北京、上海以及天津一起构成了中国的"极高人类发展水平"组别。"中等人类发展水平"组别中只剩下了青海、甘肃、贵州、云南和西藏。其他 21 个省份都达到了"高人类发展水平"，这一数字高于 2010 年时的 17 个。虽然在 2015 年时，中国各省份仍然分布在 3 个不同的人类发展水平组别，但是上述数据仍再次证实了中国各省份向高人类发展水平聚合这一趋势。

城乡再平衡

首先我们将从国家层面对中国城市和农村进行对比。表 11 显示出自

1978 年改革开放以来，城镇人均可支配收入一直是农村的 1.82～3.33 倍。该比率的第一波下降是从 1978 年的 2.57 倍降至 1983 年的 1.82 倍，这很可能是因为推行农村家庭联产承包责任制提升了农民收入。但在这之后，该比率几乎是不断上升的，到 1994 年时，城镇人均可支配收入达到了农村的 2.86 倍。上述比率在很短的一段时间内有所回落，到 1999 年时降至 2.65 倍。值得注意的是，为了加入世贸组织，1997 年 9 月中共十五大强调了市场经济体制改革的重要性。在此之后，这一比率再次提高，从 1997 年的 2.47 倍升至 2009 年的 3.33 倍，且直到 2012 年均保持大致相同的水平。到了 2019 年，该比率下降到 2.64 倍，很有可能是因为之前提及的社会保障政策产生了积极的作用。

随后，我们将对各省份城乡个人收入水平进行比较。表 12 的第一列是中国各省份在 2006 年时城乡居民收入的比率。第二列是 2019 年的比率。其他各列分别是 2019 年城镇居民可支配收入以及农村居民净收入，这些数据用于计算表 12 第二列的 2019 年比率。

根据城乡人均可支配收入之比，我将各省份分为 6 组（见表 13）。2006 年时，第一组中没有任何省份。第二组中只有 5 个省份的比率处于 2 到 2.5 之间。不出所料，它们是天津、上海、北京、江苏和浙江，大部分是沿海省份。第三组共 9 个省份，比率处于 2.5 到 3 之间。除江西、湖北和黑龙江外，其他省份均沿海或离沿海省份很近。第四组共 10 个省份，比率处于 3 到 3.5 之间，包括 2 个沿海省份（广东和广西），2 个接近沿海省份的内陆省份（安徽、湖南）和 6 个不接近沿海省份的内陆省份（山西、河南、宁夏、内蒙古、四川和新疆）。第五组是两个西部省份（西藏和青海），比率处于 3.5 到 4 之间。最后，第六组的城乡人均可支配收入之比高于 4，共有 5 个省份（重庆、陕西、贵州、甘肃和云南），均在西部。这种分布并不令人惊讶，因为它反映出了不同的发展水平，并证明一个被多次提出的假设：最发达的省份城乡差距最小。

2006 年到 2019 年间发生了很多值得关注的变化（见表 12）。第一，在国家层面，城乡差距从 2006 年的 3.27 倍降至 2.64 倍。第二，各省份之间的差距已经开始缩小：从 2006 年时 2.03 倍（贵州的 4.59 倍除以上海的 2.26 倍）降到了 2019 年的 1.81 倍（甘肃的 3.36 倍除以天津的 1.86 倍）。更概括地说，除北京（北京略有增长，从原本的 2.41 升至 2.55）外，所有的省份城乡差距都在缩小。其中最引人注目的是重庆，其城乡差距从 4.02 下降到了 2.51，从第六组升入了第二组，这体现出 21 世纪以来实施的利好于农民工与外来务工人员政策的积极影响。第三，我们可以观察到一个明显的聚合趋势（天津除外，其本身就成了一个组）。首先，各省份内部城乡人均收入差距缩小。其次，各省份之间出现聚合趋势：2006 年时，各省份可以被分为 5 个组别，但是到了 2019 年时仅剩 3 个组别。此时，各省份城乡差距比率在 2.01 到 3.36 之间，已经没有省份落在第五组和第六组这两个城乡差距最大的组别了。最后，2006 年时，第二组和第三组有 14 个省份，到了 2017 年则有了 28 个省份，只剩下 2 个省份落在相对较差的第四组。因此，我们得出结论，各省份之间存在明显的聚合趋势，向城镇与农村个人收入差距缩小的方向发展。

产生上述积极变化的原因包括以下几点。一是 20 世纪 90 年代以来的新财政政策。这些政策为中央政府投资中西部省份提供了更多的财政手段。二是 1995 年中共十四届五中全会通过了区域经济协调发展战略。这些战略包括西部大开发战略（1999 年）、振兴东北老工业基地战略（2003 年）和中部崛起战略（2004 年）。三是 2002 年开始实施和发展的一系列社会政策。四是务工人员从内陆贫困农村向沿海富裕城市转移。这一人口转移缩小了地区间差异。[104] 上述各点共同促进了中国社会各阶层生活水平的提高，从而使得社会有着较高的凝聚力，较为稳定、团结与和谐。虽然社会不平等仍然存在，但这种不平等是可控的，中国人民对中国共产党的支持就证明了这一点。[105]

因对改革政策的不同见解而导致的争论也是存在的，全国各地也先后出现了不同的意见，以及在市场化改革进程中政府所暴露出的管理缺陷，除此之外，还有腐败、向房地产投机商非法转让土地，以及由此产生的拆迁和租户流离失所、进城务工人员欠薪问题等。当地民众希望中央干预并解决上述问题。尽管存在这些党和国家都非常忧心的问题，但是大部分中国民众仍然支持中国的各项发展战略。中国并未像许多西方观察者预言的那样出现大规模的抗议运动。

中国其他实力的发展

在上一节中，我们看到中国不仅经济实力有所发展，同时在综合国力的其他方面，诸如能源、科技和信息领域也有长足的进步。我们将对中国其他领域的发展进行分析，向读者展示这些资源是如何推动中国实现"一带一路"倡议的。

国内和国际优势：概述

旧中国经历了一个世纪的外国干涉和沦为半殖民地的历史之后，完全恢复的新中国主权是毛泽东时代中国第一个实现也是最根本的力量源泉。[106] 在毛泽东时代，中国人的健康和教育水平得到了极大的改善；虽然环境受到了一定程度的破坏，但是工业现代化进程却在不断推进。在毛泽东时代成就的基础上，中国进行市场化改革和对外开放，融入全球经济，进一步发展经济和社会并将实现四个现代化（农业、工业、科学技术和国防）进一步推进，使得中国重获世界强国地位。这里需要向读者指出，实现四个现代化是周恩来在 1964 年 12 月三届全国人大一次会议上正式公布的。在很长一段时间里，中国领导人避免制定和执行可能会引起他国敌意的强硬外交政策，认为和平的国际环境是让中国集中精力提高自身国力的必要条件。

中国通过向中西部省份进行基础设施投资和发展社会保障体系来应对地区发展不均衡和地区间贫富差距大的挑战。尽管一些严重问题还未得到解决，但总的来说，中国社会各阶层民众（不单中产阶层）都承认和感念自身生活水平的提高，这一点已被可靠研究证实。[107]

西方在看待上述中国政策的时候总是带有某种偏见：诚然，中国已是世界工厂，但是中国只能生产低附加值商品。西方长期认为，中国领导人在发展经济和提高社会福祉方面的声明只是一种以巩固政权为目的的宣传。举例来说，西方始终坚信中国只会模仿其技术，而从未把中国领导人坚持走"自主创新"道路的宣言（如胡锦涛在 2007 年 10 月中共十七大上所做发言）放在眼里。但到了今天，中国基本在所有技术领域都在追赶和超越西方，军备技术领域也不例外。

中国在改革开放过程中大量引入外资，到胡锦涛时期，中国开始"走出去"，也必经"走出去"。随着中国不断融入全球经济，像过去那样独善其身地恢复国家实力不再可能。自 19 世纪以来，中国需要不断应对国际体系的"转变"。在从一开始应对传统欧洲殖民国家的压迫，到后来应对美国施压的过程中，中国经济开放程度不断提升。中国如果要从全球市场中获利，就必须遵守国际规则。因此，中国在 2001 年 12 月加入了 WTO。由于中国经济不断增长，确保能够进入国际市场非常重要，这不仅是为了出口商品，更是为了进口原材料和能源，更快融入全球经济。后者在维持中国经济增长上必不可少。

此外，中国开始购买高新技术企业、房地产业和港口等的股份，积累资金向海外投资。这推动中国在国际体系中变得更加活跃，积极与其他国家签订商业协议，致力于发展区域合作（如促成上海合作组织），从数量和质量上提升国防实力，等等。由于中美关系越来越紧张，美元正日益成为不稳定性的来源，中国开始制定新的战略，逐步与美元脱钩，将人民币打造成新的国际货币。这是一项长期战略，需要循序渐进。这不仅要依靠中国经济实力的提升和美国实力的下降，并且需要充分利用其他国家（如伊朗）的战略为中国带来的有利机会。这里所说的其他国家和中国一样希望摆脱美国由于美元作为国际经济体系中的主要储备和结算货币而占据的霸权地位。

美国在远东的大量军事部署、假意（与其欧洲盟国一同）单边确保南海航行自由及其在欧洲、西亚等的激进态度，迫使中国决定制定一项重大决策以对抗美国并确保自身政治和经济安全。这项决策就是"一带一路"倡议。西方对"一带一路"倡议的认识可以参考《金融时报》的表述，"中国用'一带一路'环绕世界"。[108]实际上，"一带一路"可以被理解为中国对美国战略的回应：美国为了守住其世界唯一超级大国的地位，包围中国和俄罗斯，大规模干涉中东，控制拉丁美洲，加强对非洲的干预，维系美元作为世界主要货币的地位。

下文将讨论中国是如何达成前述成就的。我将关注以下几种国力资源的积累：中国的经济及其所占世界份额以及中国海外投资的发展，对美元国际地位的挑战，双边协议的发展及其对国际和区域组织的影响，中国文化的海外传播，军事实力的发展。

中国经济的发展及其在世界上的地位

直到毛泽东时代结束，中国一直都未正式融入世界经济体系，1978年底，中国向全世界公布其实行对外开放政策，在经济发展中推动中国增加对世界其他地区的进出口。我们已经看到中国改革开放以来的快速发展（见表3、4、5）。从1990年到2019年中国在世界GDP总量中所占份额从3.89%跃升至17.33%（高于美国的15.82%），其在世界进出口总额中的份额也从1.63%跃升至12%（高于美国的11.05%）。

三千纪[109]伊始，中国开始其海外投资之旅。早在20世纪以前，资本输出就已司空见惯。对佛罗伦萨来说，更是可以追溯到13世纪。[110]美国企业研究所的德里克·西瑟斯定期针对中国的海外投资给出报告。[111]

德里克·西瑟斯的报告综合分析了中国的海外投资范围，让我们认识到中国的全球影响力。[112]2018年，中国全球投资和建设总额超过1.9万亿美元，相较于2017年的1.6万亿美元有了大幅增长。具体投资情况为：欧洲3 851亿美元（2017年为2 919亿美元），撒哈拉以南非洲2 991亿美元（2017年为2 721亿美元），西亚2 751亿美元（2017年为2 404亿美元），东亚2 664亿美元（2017年为2 140亿美元），美国1 826亿美元（2017年为1 724亿美元），南美1 694亿美元（2017年为1 447亿美元），大洋洲1116亿美元（2017年为1 008亿美元），北美（除美国外）为698亿美元（2017年为667亿美元），等等。

此外，西瑟斯的报告也体现出了中国海外投资和建设所涉部门的多样性。能源和电力部门是中国投资最多的部门，随后是交通、金属、房地产、金融、农业、技术、旅游、文娱、物流和卫生部门。最后，他的报告还展现出私人投资的相对重要性（相对于国企）。从2010年到2018年，私人投资所占比重从2010年的9.5%上升到了2016年的47.4%，2017年有所回落，降到了31.5%，但是2018年又升至44.3%。2019年后中国的私人投资可能还会继续增长，但是中国国有企业对战略部门的投资不会减少，因为通过国有企业投资比私人投资更易准确定位和严格监控及治理。这也是中央确保其对中国发展战略控制力的总体战略之一。最后，虽然西瑟斯的报告指出中国的海外投资由于新冠病毒感染疫情的影响有所减少，但是他不得不在其2021年的报告中指出，"将在今年看到中国经济的强势复苏，其势头可能延续至2022年"。他认为，中国早在西方国家（尤其是美国）之前就已经克服了疫情危机。[113]

很明显，中国的投资遍及世界。通过"走出去"战略，中国走向了世界经济，并在某些方面遵循了西方至少从工业时代之初就已经遵循的轨迹。一个经济体发展到其生产的商品和资本无法被国内需求所吸收时，无疑就会寻求外部市场，以期输出剩余的商品和资本。因此，中国不可避免地会扩大对外投资。

这也正是西方国家担忧的根源。它们认为中国"侵入"他国经济，但这些国家正是那些西方国家一直以来出口商品和进行投资之处。因此，我们就不难理解，若中国开始从生产低附加值商品转向生产高技术产品（如人工智能产品、量子计算机、磁悬浮列车），美国和欧盟就将越来越焦虑，而这就是 21 世纪以来我们所看到的现实。西方国家始终认为其他国家向它们"专属经济区"（尤其是非洲和拉丁美洲）的"侵入"是对它们利益的威胁，这不可接受。因此，在这些西方国家看来，必须将中国在全世界投资的增长与其和西方（尤其是美国）关系的其他各个方面综合起来处理。[114]这也正是我们从 20 世纪末以来的这么多年所看到的。在本书第一章"西方对中国的诸多谬见"一节中，我们已经看到中国如何通过长期规划实现其从低附加值商品生产到高科技产品生产的转型。

挑战美元的国际地位

众所周知，美国最强大的两大权力来源是其军事实力和美元的国际地位。军事实力的提升是相对独立的（在有资金和技术支持的情况下），但挑战美元的优势地位则需要制订相当复杂的计划，中国只能逐渐增强人民币的支付能力，不可能立即对美元产生正面冲击。因此，中国通过数种方法，逐步减轻乃至摆脱其国内国际经济发展对美元的依赖。中国所提出和支持的战略一般被称为全球经济"去美元化"战略。

相关政策包括：设立可与美国及其盟友主导的国际金融机构竞争的国际性银行；在国际金融机构中获得与中国经济实力更相称的地位；与他国签订双边协议并允许对方使用该国货币而非美元结算；提出诸如石油人民币等货币工具以替代石油美元；设立能确保全球金融交易环境稳定性、标准性和可靠性的新机构，与美国主导的 SWIFT 支付系统脱钩；

建立不包括美国的国际贸易投资伙伴关系协定，以应对美国意图建立的排除、孤立和遏制中国的伙伴关系（如本书第一章提到的TPP，该协定的运行目前并不成功）。

亚洲基础设施投资银行（简称"亚投行"，AIIB）是中国发起的国际性银行。中国曾对世界银行、国际货币基金组织等金融机构提出改革建议，均被美国阻挠。亚投行的成立是中国对美国阻挠做出的首次明确回应。亚投行与中国的投资战略直接挂钩，为"一带一路"倡议提供了重要支持。下文将讨论以上两点。

中国于2013年9月7日提出"一带"（丝绸之路经济带）倡议后，一个月后又提出"一路"（21世纪海上丝绸之路）设想，同时还提出了成立亚投行的倡议。很快，亚投行就吸引了许多国家，包括美国一些最亲密的盟友（虽然美国强烈反对）和金砖国家其他成员国（俄罗斯、印度、巴西和南非）。到2018年5月，亚投行在全球已经拥有了86个正式成员和17个意向成员。[115]

在去美元化的战略执行中，中国通过多种方式来避免使用美元并更多使用人民币。其中一种方式是签订双边本币互换协议。中国和多个国家及经济组织签订了这种协议，如俄罗斯、巴西和南非（除印度外的金砖国家），还包括巴基斯坦、澳大利亚、英国、加拿大、瑞士等国家，另外还包括欧盟。双边本币互换协议使得缔约方可以使用本币而非美元来结算。

上述协议以及"一带一路"倡议的成功体现出中国经济日益增长的吸引力。目前，中国是唯一一个GDP年增长率接近7%的大国。[116]

全球多国逐渐减少使用美元而转用本国货币的趋势日益显著，其根本原因在于美国往往对不符合其利益的国家采取激进的政策。需要指出的是，在一些国家意图使用欧元而非美元进行石油交易时，美国常通过贸易禁令或军事干涉来制裁这些国家。到2021年6月为止，受过美国制裁（单边或部分制裁）的国家和地区包括巴尔干半岛各国、白俄罗斯、缅甸、布隆迪、中非共和国、古巴、刚果民主共和国、中国香港、伊朗、伊拉克、黎巴嫩、利比亚、马里、尼加拉瓜、朝鲜、索马里、苏丹、南苏丹、叙利亚、乌克兰、俄罗斯、委内瑞拉、也门和津巴布韦等。[117]

值得注意的是，中国和俄罗斯这两个美国的主要竞争对手已于2014年签署了一项价值4 000亿美元的协议。这项协议约定两国将直接以人民币和卢布进行商品（尤其是石油）交易结算。此外，中国和伊朗在2021年3月签署了一项重要协议，该项协议将在本章"双边协定与参与全球和区域组织"部分中具体讨论。

实际上，如今中国，以及俄罗斯、伊朗、委内瑞拉、欧盟成员国等国家都有足够的地缘政治理由不再使用美国主导的SWIFT支付系统来进行国际结算，并转投其他替代性机制。[118]美国可以通过SWIFT支付系统获取信息，阻挠交易，扣押向受美国制裁国家转入的资金，威胁将相关企业排除在美国市场之外，并最终如惯常那样处以高额罚金。美国上述政策曾有效制止他国与伊朗交易，并阻碍俄罗斯和德国之间的"北溪二号"天然气管道建设，等等。

因此，避免美国继续在国际金融领域占据主导地位的另一项举措浮出水面。2019年1月，英国、德国和法国决定设立一项名为贸易互换支持工具（Instrument In Support of Trade Exchanges，INSTEX）的政策工具。这一工具将被用于替代SWIFT支付系统，以规避美国的制裁。被美国称为北约军事联盟中的特殊盟友的欧盟成员国正在努力摆脱被视为美国附庸的处境。[119]不仅欧洲国家对SWIFT支付系统感到不满，俄罗斯和中国也在认真考虑摆脱美国的威胁，建立SWIFT支付系统的替代机制。

另外一个对抗美元优势地位的行动是中国的原油期货交易。2018年3月26日，中国这一全球最大的石油进口国宣布其将在上海国际能源交易中心开启原油期货交易，并允许通过人民币交割。这产生了"石油人民币"

这一新的概念，并可能对石油美元（目前，布伦特原油期货价和西得克萨斯中质原油期货价这两种国际原油市场基准价格基本都是以美元计算的）产生冲击。[120]中国酝酿了25年的原油期货交易在开启一个小时内就产生了100亿元人民币的名义交易额，这是一个令人惊叹的开端。虽然被西方媒体唱衰，但是在6个月后（2018年10月初），石油市场运行良好，中国的原油期货在市场上站稳了脚跟，甚至在新加坡和迪拜市场中，中国原油期货的交易数量超过了美国原油期货。但这里提及的交易只不过代表着一小部分以美元进行结算的贸易。

此外，西方主流媒体目前仍在质疑上海国际能源交易中心的发展前景。这些质疑言论在短期内尚可能成立，但中国的各项行动是其长期战略框架的一部分，且目前的国际体系正在发生变化，西方（尤其是美国）正逐渐丧失其惯于从中攫取利益的主导地位。这不是说人民币会取代美元，只是意味着国际权力结构的变化使得天平开始向中国倾斜，美元可能不再能维持其在第二次世界大战后特别是在冷战结束后所取得的唯一国际货币的地位了。可以说，除美国以外能够主导新国际经济和金融系统的政权产生的时间比不少权威所预测和担心的都要早。[121]

如果要对中国未来在国际金融体系中的地位做出总结性分析，我们认为，人民币国际化可能会对中国发展战略的独立性造成一定威胁。相关领域专家认为，中国如果想在国际金融体系中占据主导地位，那么应当放开其资本账户。但一旦中国这么做了，独立性危机就有可能发生，因为放开资本账户意味着资本可以自由流入和流出中国，国际投资者（来自美国、日本和欧洲等）可自由进入中国市场，对中国的中央银行和国有银行施压。需要注意的是，正是由于中国没有放开其资本账户，它才能够克服1997年的亚洲金融危机和2008年的国际金融危机。无疑，西方（特别是美国）及其主要银行和跨国企业正不断向中国政府施压，要求其放开资本账户。但是目前，中国非常注重确保其对资本流动的控制，以维护其发展战略。

双边协定与参与全球和区域组织

一些西方专家称，与美国相比，中国的弱点之一是无论是在国际组织（如美国领导的北约）中，还是在双边合作下，其盟友的数量都比不上美国。因此，他们自然认为中国和俄罗斯一样孤立于国际体系，但这与现实情况相去甚远。毛泽东时代，中国的确少与国际接轨。但这是由于新中国成立后，美西方在冷战思维影响下，对中国进行封锁，对社会主义制度进行打压。当时，中国认为其需要在不受外国干涉的情况下自主重建其政体、经济和社会。其国际合作（如与俄罗斯）的抉择都是出于自主做出的评估和考量。

此外，我们可以看到中国文化与西方文化在许多方面都有差异，到了今天仍是如此。举例来说，人际关系在今天的中国仍十分重要。尽管签订正式协议已经成为一种规则，但是签订协议前仍需要充分沟通，建立互信，互相理解和尊重。互相理解和尊重是十分重要的，因为中国的崛起让邻国感到了担忧。但也应当认识到，中国的崛起也对邻国产生了巨大的吸引力，因为中国庞大的经济体量对它们也意味着机遇。因此，若中国希望在亚洲发挥主导作用，限制并最终消除美国的影响，那么就必须向邻国表明中国并非寻求支配地位而只是想要如一贯声明的那样合作共赢。美国已经了解到了这一点，因此它通过各种手段试图说服中国的邻国，让它们相信美国才是确保它们国家安全和独立的更可靠和更稳定的伙伴。故而，美国开始向印度等中国的重要竞争对手抛出橄榄枝，希望将印度纳入自身轨道。因此，中国需要说服印度，双方合作共赢是可能的。而美国则应该认识到亚洲国家还没有忘记包括美国在内的西方国家，是如何在过去3个多世纪里对其进行侵略的。同时，新型国际关系不再延续冷战思维，竞争并不意味着不再合作，二战后欧洲的多层次合作已经证明了这一点。[122]

在上述几点的基础上，中国与亚欧国家，特别是共建"一带一路"国家达成了一系列双边合作。美国在二战后犯了一个致命的战略错误，那就是用遏制苏联发展的战略来应对 20 世纪 90 年代已被大幅削弱的俄罗斯，以二战后国际两大对立阵营思维来应对今日俄罗斯，正如第二章开头所提及的，美国已经深陷其固有的冷战时期的意识形态，无力改变其战略，忽略了其国内一些战略家的警告。这些战略家指出，美国应当防止亚欧大陆产生一个世界大国。考虑到亚欧大陆的重要性和中心地位，世界大国一旦出现，该国无疑将主导世界。冷战后，美国不断针对俄罗斯，将北约和欧盟东扩，拜登政府的外交政策表明，美国正在回归其惯常的美帝国主义路线，这一路线从克林顿政府起延续到布什政府、奥巴马政府，现在又到了拜登政府。但现在的美国还有实力同时遏制俄罗斯和中国的发展和合作吗？还是说美国将不可避免地走向"即将到来的崩溃"[123]？

中国和俄罗斯之间的密切合作无须赘述。除此之外，中国还和亚洲、非洲、拉丁美洲甚至欧洲的许多国家建立了良好乃至密切的合作关系。下文将详述中国与有着实际或潜在战略重要性的国家之间的合作关系，这些国家包括土耳其、伊朗、叙利亚、菲律宾以及其他共建"一带一路"国家。

在中国签订的所有合作协议中，2021 年 3 月与伊朗之间的协议尤其重要，原因之一是，由于中国、俄罗斯和伊朗之间存在三边伙伴关系，中国和伊朗之间的协议必然会成为"一带一路"的重要支柱之一。2016 年习近平访问伊朗后，中伊双方开始就中伊全面战略伙伴关系展开协商。无论是从历史角度来看，还是从地缘政治角度来看，中伊之间伙伴关系的建立都和中俄伙伴关系有着相同的逻辑，也就是应对美国的帝国主义外交政策。

美国自 1953 年开始对伊朗采取干预措施。当时美国中央情报局组织了一场政变，使得伊朗民选首相穆罕默德·摩萨台失去了一切，取而代之的是伊朗国王穆罕默德·礼萨·巴列维领导下的独裁政府。之后，奥巴马政府对伊朗采取严厉制裁，迫使伊朗将核技术开发限于民用活动，不能发展军事用途。到了 2015 年，联合国安理会 5 个常任理事国（中国、法国、俄罗斯、英国和美国）以及德国和欧盟共同签署了 JCPOA[124]。2018 年 5 月，特朗普政府退出了伊核协议，并大幅增加了对伊朗制裁的力度，明确要让伊朗"经济尖叫"（1973 年，尼克松政府在推动智利政变时曾说过"让智利的经济尖叫起来"），让伊朗民众的生活陷入窘境，从而迫使他们反抗政府，并呼吁美国"将他们从阿亚图拉[125]的暴政中解放出来"。之前的美国对伊朗政策及其背后的原理行之有效。伊朗曾被禁止与外国开展贸易和投资，不得向包括美国盟友在内的其他国家出售石油，而石油出口是伊朗的主要收入来源。这可真是"民主和尊重人权"的绝佳例证。虽然伊朗仍受伊核协议的制约，但是它也做出了实质回应，寻求维系其经济运行的其他途径。伊朗自然而然地开始与同样受美国帝国主义外交政策针对的国家进行讨论，建立联系。因此，中国、俄罗斯和伊朗形成了三边伙伴关系。

从地缘政治的角度来看，中伊伙伴关系是在"一带一路"倡议的框架内建立的 25 年全面合作伙伴关系。伊朗是中国通往西亚和欧洲之"一带一路"的中转站。按照计划，高速公路将从中国西北部新疆出发，涉及伊朗、哈萨克斯坦、吉尔吉斯斯坦、乌兹别克斯坦和土库曼斯坦等国，最终到达欧洲。中伊全面合作协议计划将双边投资额扩大 10 倍，达到 6 000 亿美元，合作范围覆盖政治、文化交流、安全、国防等方方面面。中国计划向伊朗的石油、天然气、可再生能源和核能基础设施投资 4 000 亿美元，伊朗方面则承诺将成为中国可靠的主要能源来源。虽然双方仍需就协议的某些方面继续磋商，但是这一协议无疑应当被置于中国的战略框架内进行考量：首先，双方须在宏观层面确定协议的目的；接着，在协议的讨论过程中处理问题，共同商定解决方案，并考虑中伊双方以及国际体系中不断变化发展的"潜在形势"。这也难怪中伊全面合作协议被主流观察者们认为是对拜登政府的重大挑战。举例来说，彭博社 2021 年 3 月 27 日刊登的一篇文章就起名为"中伊签订的 25 年协议将对美国提出挑战"（China Signs 25-Year Deal With Iran in Challenge to the U. S.）[126]。

除双边合作外，中国的战略还包括更多参与区域性国际组织和全球性国际组织，从中获得更多资源。自1971年以来，中国一直是联合国安理会的常任理事国，并和俄罗斯一起行使否决权来对抗美国在格鲁吉亚、乌克兰和叙利亚等问题上的提案。随着中国不断行使否决权，其在安理会中的地位也不断得到提升。中国开始更多参与联合国维和行动，自2010年以来，中国已经成为联合国维和行动的主要参与者之一。[127]

更重要的是，中国致力于通过设立区域性国际组织对抗美国在某些领域的世界霸权地位。金砖国家是其中一例。除此之外，更值得关注的例子是上海合作组织。2001年，中国、哈萨克斯坦、吉尔吉斯斯坦、俄罗斯、塔吉克斯坦和乌兹别克斯坦的领导人在上海宣布了上合组织的成立，该组织为一个政治、经济和安全组织。随着印度（除中国外的另外一个经济大国）和巴基斯坦的加入，上合组织成员国人口总和达30多亿，是目前人口最多的组织。若加上4个观察员国（伊朗、阿富汗、蒙古和白俄罗斯）的1.25亿人口，以及其他5个正在就入会问题进行讨论的国家（其中最为重要的是土耳其）的人口，[128]那么上合组织就将覆盖世界人口的42%。除此之外，上合组织所涉国家的国土面积也是世界最大的，超过亚欧大陆的60%。其GDP总量（以购买力平价计算）超过37.2万亿美元，几乎相当于欧盟和美国GDP的总和。

上合组织总计拥有560万人的军队，军事预算总额可达3700亿美元。与之相较，北约国家军事预算总额超过了9000亿美元。多年来，上合组织成员国通过外交手段在许多领域开展了合作，如安全、边境问题、军事合作、情报共享、反恐和打击美国对中亚的干涉等多个方面，是东方抗衡北约的重要力量。我们已经在前文看到，北约计划更多地参与亚洲事务，因此我们需要特别重视上合组织在这一问题上的作用。随着上合组织的活动不断开展，实力不断增强，中国获得了实现其国家和国际利益的额外资源。[129]

金砖国家是另外一个著名的组织，中国是创始成员国之一。金砖国家由世界上的 5 个主要国家构成：巴西、俄罗斯、印度、中国和南非。这 5 个国家都是 G20 的成员。2009—2021 年，金砖国家每年都会举行一次正式峰会。2015 年时，金砖国家代表了世界上超过 36 亿的人口，约占世界人口的 40%，2019 年其在世界 GDP 总额中占 30.38%（见表 3）。

金砖国家关注经济、金融和全球治理问题。2013 年，成员国同意设立新开发银行（NDB，简称"新开行"）。新开行的设立目的是支持金砖国家及其他新兴经济体和发展中国家的基础设施和可持续发展项目，其初始资本为 1 000 亿美元。2014 年 3 月，金砖国家外长发表联合声明称："下一届 G20 峰会将于 2014 年 11 月在布里斯班举行，我们对此关注和感到担忧，并提醒（相关人士）G20 的管理权平等地属于所有成员，任何成员都不能单方面决定它的性质与特征。"这一声明明确指向美国，因为美国惯于单边决定 G20 议程和撰写最终声明。此外，在乌克兰问题上，金砖国家首脑表示："根据国际法以及《联合国宪章》的目的和宗旨，仇恨言论、制裁和反制裁措施以及武力使用不能和平、可持续地解决争端。"这是在明确批评美国在乌克兰以及其他地区所推动的政变。[130]

再者，一些观察家认为，金砖国家的合作发展可能会受到一些阻碍，具体包括巴西和南非最近的经济衰退，中国和印度在领土上的争端，俄罗斯主导的欧亚经济联盟以及中国主导的"一带一路"倡议之间的相互竞争，等等。总的来说，金砖国家如果克服了这些困难，那么就算不能替代美国主导的国际秩序，其也将成为美国的重要竞争对手。

进一步来说，伙伴关系日趋紧密的中俄两国构成了金砖国家的核心，这足以抵消其他成员国的不足。阿富汗、阿根廷、印度尼西亚、墨西哥、土耳其、埃及、伊朗、尼日利亚、苏丹、叙利亚、孟加拉国和希腊等多个国家对获得金砖国家的正式成员国资格表达了强烈的兴趣。成员国和潜在成员国的数量之多解释了为何中国热衷于推动金砖国家间的合作，因为这与中国提出的"一带一路"倡议有着明确的联系。

2020年下半年，在多年的谈判和协商之后，中国成功与一些亚洲国家和欧盟分别签订了两项国际协议。这有力地证明了中国经济在世界上的吸引力，说明中国是美国的重要竞争对手。这也进一步阐释了中国如何通过实施其战略成为国际舞台上的主要参与者。协议从协商到敲定所跨越的时间（从特朗普政府到拜登政府）说明一旦"潜在形势"有利于中国，中国就会很快采取行动把那些协商已久、谈判困难重重的协议确定下来。时机的把握有助于防止美国可能的反对，这一点在亚投行设立之时就已经得以体现。很明显，这两个国际协议的技术细节还需要进一步讨论；更有甚者，拜登政府上台后，欧盟议会在美国疯狂的反华（和反俄）气氛中驳回了中欧投资协定的批准。但正如前文所述，一些著名美国观察家认为，这两项协议的达成本身已经可以说是拜登政府的失败。[131]再加上亚投行的协议中不仅包括欧盟中一些美国的老盟友，还包括美国在亚洲的不少盟友和伙伴，无怪乎美国不惜一切代价阻挠这些协议的履行，甚至希望使其无法实施。

《区域全面经济伙伴关系协定》（RCEP）是一项自由贸易协定，目前有15个成员国，包括东盟的10个成员国（文莱、柬埔寨、印度尼西亚、老挝、马来西亚、缅甸、菲律宾、新加坡、泰国和越南）以及目前与东盟已经签订自由贸易协定的5个国家（澳大利亚、中国、日本、韩国和新西兰）。RCEP于2020年11月签订。印度在2019年1月退出谈判，但该协定为印度提供了快速加入程序，允许印度未来加入。RCEP的15个成员国拥有23亿人口，占世界人口的30%；其GDP总计约388 130亿美元，约占全球GDP总量的30%。另外，有5个RCEP的成员国同时是G20的成员（澳大利亚、中国、印度尼西亚、日本和韩国），而G20是全球20个最大经济体组成的国际经济合作主要论坛。若RCEP最终敲定，那么这个协定就将把世界经济重心重新拉回亚洲，而中国将带头书写这一地区的贸易规则，在经济和政治事务上把美国甩在身后。目前RCEP在劳工问题、人权问题和环境的可持续性问题上受到了一定批评。

中欧投资协定的目的是促进中国和欧盟这两个重要经济区之间的投资。中国、欧盟和美国是目前世界三大经济体。因此，如果中欧投资协定通过，这将对美国在大西洋地区和亚欧大陆的领导地位形成重大冲击。故而，美国的外交政策很可能是继续推动其欧洲盟友站在北美这一边。然而，现在许多欧洲国家并不打算切断和亚洲之间的经济往来。德国和法国已经对拜登政府的外交政策有所质疑，因为就目前来看，拜登政府仍然采取传统的外交政策，把世界分为截然分明的支持方与反对方。乔治·W. 布什曾直言："你要么是支持我们，要么就是反对我们。"[132]

中国文化的海外传播

中国战略的另一方面是对外传播其文化。这主要是指两项行动。一是在海外建立孔子学院。孔子学院主要是向年轻大学生教授汉语和面对更广大群体公开举办会议，使国外民众能够了解中国的语言和文化。有时，孔子学院还会资助中国与他国学者共同进行研究。有些观点批评孔子学院是中国共产党的宣传工具，但要这么说的话，西方国家不断设立的类似机构也应该受到类似批评。德国歌德学院、法国"法兰西学院"、"美国文化中心"和英国文化教育协会等都是和孔子学院类似的机构。所有这些机构的设立目的都是促进跨文化沟通和交流，只有当它们在东道国境内支持某些观点或抗议活动的时候，才可能受到批评，然而孔子学院的待遇却与它们大相径庭。

除此之外，还有另外一种方法可以用来传播语言、文化以及思维方式，那就是新闻传播以及在公共媒体上分析政治、经济和社会问题。中国建立了中国国际电视台这一全球广播网络，向其他文化群体传递中国信息，使用英语、法语以及其他一些语言。中国中央电视台国际频道自开播以来在各大洲播出了大量文化节目和新闻，不断提升其节目质量。此外，几位优秀的记者使得其新闻播送较之 CNN 和 BBC（英国广播公司）等的新闻频道（主要是指美国频道）更显合理。另外，中国国际电视台所组织的辩论会邀请视角不同的辩论者（往往一名中国辩手和一至两名他国辩手）。中国国际电视台是一个了解中国视角、分析其国内和国际问题的宝贵信息来源。当然，聪明的读者们知道，为了获取对一个问题的全面认识，需要从多个不同渠道获取信息，观看不同国家的频道，同时阅览主流媒体和其他媒体提供的信息。

军事实力的发展

中国与西方的对抗史推动中国不断追赶西方的军事优势。[133]不了解这一点，就不能理解中国军事实力的发展。中西之间的实力差距使得西方（主要是指欧洲国家）在 19 世纪时得以迫使中国向全球经济开放，允许二战结束时的美国在中国领土附近建立军事联盟、设立军事基地以保护美国及其盟友的国家利益。不平等的关系对中国造成了极大限制，使其在维护自身利益和参与国际规则修订方面捉襟见肘。至今，美国一直在试图限制中国。

目前，军事领域仍然是中国落后于美国的主要领域，但是中美之间的差距正在缩小。中国在科技领域尤其是人工智能领域大量投资创新，由此产生的创新使其军备质量获得长足提升。[134]显然，由于军事实力的提升，中国开始在其近邻针对他国的一些激进政策做出更果决的回应，南海问题就是很好的例子。

评估中国军事实力的一种方法是了解其主要竞争对手对其的评价。美国虽然对自身军事上的控制权始终抱有自信，但也非常重视"中国的军事威胁"。虽然很难说这种评价是出于对威胁的客观分析，还是为了获得更多联邦预算而夸大其词，但这显然导致美国在军事上的投入与日俱增，以期提高其空军、海军以及核军备力量。对中美两国而言，最重要的问题是自身的军事实力是否能构成足够的威慑力量，以阻止侵略的发生。

有几份美国文件表明美国越来越对"中国的军事威胁"表示担忧：美国国防部长的《有关2018年中华人民共和国的军事和安全发展》（*Military and Security Developments Involving the People's Republic of China* 2018），美国国防情报局的《中国的军事力量：军队现代化以赢得战斗》（*China Military Power. Modernizing a Force to Fight and Win*）等。这些报告对中国日益增长的实力，以及美国霸权及"美国缔造的世界"造成的威胁进行的分析值得关注。此处我将讨论"美中经济与安全评估委员会"的报告。[135]这份报告虽然涉及中国所有正在发展的领域，但关注重点是军事领域。这证明了我的分析：军事实力（无论是使用抑或是威胁使用）是综合实力的核心，没有军事实力就不存在真正的国家捍卫主权的能力。[136]

2016年的报告似乎有些遗憾地指出：

> 中国在经济、外交政策和军事领域的行动表示，中国领导人在遵循邓小平提出的"韬光养晦"这一长期战略上展现出新的发展环境下的灵活性。中国正向世界展示自己的新发展面貌，其效果与15年前中国加入世贸组织和世界经济体系时许多人所期待的大不相同。我们的报告和建议反映出的是**中国的现实，而非一些西方人所期待的中国**。[137]

那么美国对中国的认知哪里出错了呢？

2016年报告强烈批评了中国在国际体系中的行为，体现了这种认知偏差：

> 中国不断违反其国际义务以及相关协议的精神，推行进口替代政策，强制技术转让，通过网络窃取知识产权，阻碍信息和贸易的自由流通。中国市场越来越不受外国投资者欢迎。[138]

这种表述在以下对中国的评价比较集中。更具体而言，这份报告指责中国不遵守自由市场经济的规则：

> 尽管中国一再承诺市场要在资源配置中起"决定性作用"，但是中央政府一直通过国有企业推行其社会、产业和外交政策目标，通过直接或间接补贴以及其他激励措施影响企业的决策，以实现国家的目标。[139]

该报告明确指出，中国的"一带一路"倡议体现其拓展海外影响力的意图：

> 随着中国国际影响力的增长，它开始希望重塑经济、地缘政治和安全秩序，使其符合自身利益。最近，这体现在了中国的"一带一路"倡议中。该倡议通过大量投资和基础设施建设将中国与世界大部分其他地区联系了起来。[140]

2016 年的报告尚不认为需要专门研究"一带一路"，不过 2018 年的报告就新展开一节，以超过 30 页的篇幅讨论"一带一路"。需要注意的是，该报告还增加新章"中国高科技发展"。这意味着对中国实力的分析变得更加全面，不仅需要研究中国实力最重要的两个面向（军事和技术），还要考虑两者之间的相互影响。

2018 年的报告重申并强化了其对中国的批评。和 2016 年的报告一样，2018 年的报告对邓小平"韬光养晦"的黄金时代不幸"消失在历史的长河"中感到遗憾。实际上，2017 年的中共十九大宣布中国进入一个"新时代"，这意味着中国"前所未有地走近世界舞台的中心"，向世界展现出解决问题的"中国道路"。2018 年的报告对中国的认识更加偏执，认为中国通过经济增长强化控制权，推进国家资本主义，支持海外威权政府，**为大规模军事建设提供资金，对邻国造成威胁**。

报告进一步批评中国：

> 认为（其）**强大的军事实力是实现其全球目标的根本条件**。中国的最终目标是建设世界级军队。中国正在印太地区加强作战准备，提升其军事能力，希望未来在与美国的冲突中威慑和击败美军。[141]

该报告还批评中国的"一带一路"倡议：

> 中国没有按照商业规则为发展提供资金，而是在一些并不一定满足全球治理标准，也不一定通过商业可行性测试的项目上以不透明的方式提供贷款和投资。

报告无疑会涉及一个现有问题：中国领导人要实现中国崛起目标，需要对世界秩序进行结构性变革，那么这一秩序是和现有秩序直接产生冲突，还是会创造一个持续竞争的新时代？美国立即给出了它的回答，认为中国获得领导权的意图无疑会**将美国及其盟友和伙伴的安全和经济利益置于危险之中**。

"美中经济与安全评估委员会"的 2020 年报告再次肯定了之前报告中的分析。值得注意的是，报告整体措辞更加激昂。报告认为：

> 中国的野心不是新鲜事，也不是秘密，但是，中国共产党正强势地维护其国内和国际利益。此外，试图掌握**新的全球等级秩序**，这一新的秩序默许中国的世界观，为中国提供市场、资本、资源和人才。更有甚者，中国共产党加快了其对世界领导权的追求，**希望建立新的、**

以中国为中心的世界秩序。中国军队目前正在不断发展为一支强大、日益现代化的军队，有能力在远离中国领土的地方**作战**。

上述摘要肯定了 2019 年美国国防情报局所做的评估，也就是前文提到的《中国的军事力量：军队现代化以赢得战斗》。[142] 在这篇报告的序言中，美国国防情报局局长、陆军中将小罗伯特·阿什利解释说：

> 中国两位数的经济增长率在这几年放缓了，但是其经济增长足以为连续几次的国防现代化五年计划提供资金。……中国通过各种方式获得技术，解放军即将部署一些世界上最先进的武器系统。**在部分领域，它甚至领先于世界**。……举例来说，中国在军舰制造方面的技术成就已经追上，甚至**在一些情况下超越其他国家和地区的现代化海军**。[143]

这反过来将帮助中国"获得大国地位"。实际上，中国正在建设一支强大且有着致命打击能力的军队，能够在空中、海上、太空和信息领域作战。随着中国实力和自信心不断提升，阿什利在报告中提出："美国领导人所面临的情况是，中国不断寻求在全球问题上更大的发言权，随时可能违背美国的利益。"他总结说：

> 这一报告深入分析了中国的军事实力现代化。中国的军队已经从防御性、不灵活的陆军部队，变成了一个具有联合性、高度灵活并具**有远程打击能力和作战能力的中国对外政策部门，承担国内和周边安全责任，并在全球范围内进行军事外交和采取军事行动**。[144]

回顾 2020 年的"美中经济与安全评估委员会"报告，其结论是明确的：

在过去的 20 年里，中国**对美国的重大利益造成了威胁**。中国正在威胁以美国为首（其希望继续占据领导地位）的以自由主义规则为基础的国际秩序。

同样地，2020 年的报告在"重点建议"部分认为中美关系应当遵循以下原则：（1）记者和网络媒体不应受到不当限制；（2）非政府组织应当能与市民社会进行实质性接触；（3）允许使用美国的社交媒体和应用程序；（4）外交人员的准入，包括但不限于外交人员的旅行自由，以及与接受国公众进行实质性意见交换的权利。美国会对不符合其利益的国家采取政权颠覆行动，即使不是这方面的专家，也能够充分理解上述建议的全部含义。

上述分析耸人听闻，但尽管美国在二战后经历了无数次公开战争的失败，尤其是最近在阿富汗战争中的失败（下文将对此进行讨论），美国仍有着最强大的军队（至少名义上如此）。

我将再次参考美国国防情报局的评估（《中国的军事力量：军队现代化以赢得战斗》）来对本节做出总结。这份报告指出了军事运输和"一带一路"倡议之间的明确联系：

> 运输也是"一带一路"倡议的核心之一，包括公路、铁路和港口的建设，用于连接亚洲、非洲和欧洲的国家。尽管"一带一路"主要是为了促进贸易和发展，但中国国内交通基础设施的发展，以及与海外交通基础设施的连接也为中国人民解放军利用交通枢纽和道路系统提供了便利。[145]

"一带一路"倡议

习近平主席于 2013 年 9 月 7 日在哈萨克斯坦纳扎尔巴耶夫大学发表演说，提出共建"丝绸之路经济带"倡议。[146]他用下文这段话来描述这一倡议（本书第一章也引用了这段话）：

2100 多年前，中国汉代的张骞肩负和平友好使命，两次出使中亚，开启了中国同中亚各国友好交往的大门，开辟出一条横贯东西、连接欧亚的丝绸之路。[147]

习近平在 2013 年 10 月 3 日于雅加达发表的一次讲话中提出了共建"21 世纪海上丝绸之路"的倡议。中国明确了"一带一路"倡议的目标：扩大区域合作，加强政策交流，促进无障碍贸易，加强货币流通，增进两国人民之间的了解。

该倡议主要针对向基础设施项目投资，具体包括铁路建设，在中亚、西亚、南亚以及非洲和欧洲建设电网等。

走向"一带一路"的策略

正如第二章所述，中国的战略利用了其"潜在形势"。这有时候可能会让人摸不着头脑，但是中国的整体目标指引着它的行动，一旦"潜在形势"表明采取行动的成功概率很高，中国就会采取行动；而若"潜在形势"表示形势不利，或很可能失败时，中国就会暂缓行动或暂时撤退，等待长期"默化"将"潜在形势"转向对中国有利的方向。一旦形势有利，中国就会毫不犹豫地立刻采取行动，否则就会错失最佳时机。这也正是中国为实现其"一带一路"倡议所做的。钱法仁曾说过：战略的本质一方面是逐渐将竞争者困于某一既定立场，使得战略研究者可以做出应对；另一方面是不断改变自己的立场，使竞争者无法理解自己的战略。[148]下文将分析中国是如何运用这一方法的。我所分析的行动有一部分是立即实施的，另一部分则是循序渐进的，但是所有这些行动的最终战略目标都是重获大国地位。

简而言之，中国战略的基点是发展国内经济。由于市场化改革和对外开放，中国得以从商品出口和外国投资中受益，不仅提高了民众的生活水平，也使得贸易更加均衡，私企和国企都能够获利，从而能够在国际市场上进行投资。同时，政府获得了大量外汇，直接或间接地通过中国所推动建立的新金融机构，向世界市场进行投资。另外，这一战略让中国得以通过中外合营企业从他国企业获得技术。上述这一切使得中国在海外投资方面上了一个台阶。中国一开始向美国出口低附加值商品，因此出现了中国是"世界工厂"的看法（见第一章）。西方对此一直采取蔑视的态度，认为中国无法自主发展技术，只能生产低附加值的商品。2007年，中国宣布将在多个战略部门推动自主创新。第二年，中国通过多项政策吸引海外顶尖科学家来华，以及在海外受教育的中国科学家回国。

2013年，"一带一路"倡议这一宏伟计划诞生，它将推动中国经济和世界经济实现紧密连接。这一次，中国取得了主导地位。当年10月，中国宣布成立亚投行，这一机构立即被美国视作对其主导的金融机构（国际货币基金组织和世界银行）的挑战。因此，美国及其盟友驳回了中国提出的对美国、欧盟和日本主导的国际金融机构进行改革的建议。中国的提议还显示出其希望减少对美元的依赖（美元目前在国际金融体系中占据主导地位）。面对美国的敌意，中国采取的战略是逐渐减少对美元的依赖。所有这些措施构成了通常所说的全球经济"去美元化"，具体而言包括：双边本币互换协议的签订（允许缔约方用本币而非美元支付），2018年3月在上海建立的人民币主导的原油期货市场，单独或与其他国家一起创建的使全球金融机构得以在安全、标准化和可靠的环境中进行金融交易的新国际协会（以取代美国主导的SWIFT）等。

2015年5月，在亚投行宣布成立不到两年时，国务院公布了《中国制造2025》，明确表明中国的海外制造将开始以一流高科技能力为根基。同时，中国大量购买黄金，这表明它开始为金本位国际金融体系做准备。中国也开始提升自身军事实力，向美国显示出它已经在为应对美国及其盟友在它周边的大量军事基地做准备。

同时，中国在区域和全球性国际组织中的活动也开始变得更加积极，与其他渴望减少对美元依赖的国家建立合作。这些合作的目的也包括保证这些国家所在地区的相关国家安全。最后，中国开始发展其传播工具，不仅向世界传递其文化，更主要的是让其他地区的人了解到中国在许多国际问题上的立场。如前所述，中国还在不断发展其军事实力。下文我将从中国经济发展开始说起。

通过分析至少自 20 世纪末以来全球经济的变化，我们可以预想到中国发展战略（包括国内和国际两个层次）的国际化转变。世界经济的变化仍在继续，在 2014 年乌克兰危机期间，美国及其欧洲盟友对俄罗斯进行经济制裁时，这一变化甚至有所加速，也推动了中俄合作的进一步发展。

汇丰银行 2017 年 5 月发布的简报指出：

> "一带一路"倡议是中国政府构想和推动的一项基础设施投资倡议，连接了全世界超过 65 个国家和 44 亿人口，这些国家 GDP 总量占世界的 40%。……尽管在不同地区和地理环境中，潜在的投资机会不同，但汇丰银行强调，中国的投资基本都是通过建造新的重要铁路网、公路、管道和电力网，将重点集中于对中国企业有强烈吸引力的领域，以及泰国、马来西亚、新加坡和印度尼西亚等区域，还有运输、能源、可再生能源等部门。……外国投资者的机会不仅限于基础设施投资，到了 2050 年，新兴经济体中将会新增 30 亿中产阶层人口，包括技术、娱乐和医疗在内的服务需求将剧增。……目前"一带一路"倡议的大部分项目还在早期规划和招标阶段，这也就是为什么对欧洲国家和企业来说，现在是加入这个世界上最大的经济倡议的绝佳机会。[149]

在 2013 年 9 月、10 月"一带一路"倡议提出后，西方媒体就开始对其进行批评。今天这些批评仍没有停止，批评意见不断指出倡议下项目不够明确、实施有困难、存在不确定性等问题。但一些持续关注中国战略发展的观察家从一开始就认识到该倡议的重要性及其对美国在亚洲主导地位的威胁，并因此预测中国将"转向西方"。[150] 举例来说，《华盛顿邮报》在2013年10月4日的一篇评论认为：

> （习近平）让美国对"新丝绸之路"的希望破灭了。两年前，时任国务卿希拉里·克林顿大张旗鼓地提出这个"新丝绸之路"计划，希望振兴阿富汗，将其作为纽带连接中亚和南亚。但是对比中国和美国的丝绸之路，一个已经有着大量资金，另一个却仍在挣扎着起步，这只能凸显出中国在亚洲日益增长的影响力正对美国提出挑战。[151]

自从2013年"一带一路"倡议提出以来，越来越多的西方媒体对其成功表示了认可。《福布斯》2016年9月9日的一篇文章就承认：

> 不幸的是，这个大胆的计划（希拉里的"新丝绸之路"）似乎在开始前就失败了。现在中国正努力将阿富汗纳入其"一带一路"倡议。[152]

"一带一路"倡议：走向世界

那么，"一带一路"倡议的真正意义是什么？在西方，最常被用于分析"一带一路"倡议的政策框架是地缘政治，即中国通过"一带一路"提升其地缘政治实力，在全世界实现其国家目标。[153] 中国官方认为"一带一路"与政治无关，而是基于"双赢"的经济合作。然而历史证明经济资源（如前文所述，与军事手段一起）常被用于实现地缘政治目的。著名的《南华早报》在2017年6月的一篇文章认为："该倡议有3万亿美元的外汇储备受到国有企业的支持。'一带一路'也反映出了中国的地缘政治目的，中国领导人希望建立一个新的区域秩序，而这一区域涉及范围超过半个世界。"[154]将来我们能看到，中国是否能够斩断这种被历史证明的经济和军事实力与地缘政治主张之间的联系。至少，"一带一路"可以被看作中国对美国在远东之存在的回应。[155]

为更好理解"一带一路"的意义和范围，我将再次参考胡鞍钢对中国领导人自 1949 年以来所实施的发展战略的分析。事实上，从其提出的第一个到第四个战略的发展让我们认识到，前三个战略不可避免地导向了第四个战略，也就是中国走向海外，或者说走向世界。[156]这些战略考虑到了中国疆域的多样性，以及 19 世纪到 20 世纪前半叶的社会活动。胡鞍钢认为，在不同的发展阶段下，区域发展战略先后有四个版本。简单来说：

第一个战略阶段（1949 年至 1978 年）：由于计划经济，中国实现了相对平衡的发展，但是也产生了一些负面后果，如经济发展不足、缺乏创新动力、环境受损、受到"大跃进"和"文化大革命"的破坏性影响等。

第二个战略阶段（1979 年至 1998 年）：随着市场机制的引入和不断向全球经济开放，中国把重点放在推动沿海和西部的经济快速发展。然而，随着经济的发展和贫困的减少，各地区、各省份、各群体之间的差距也在扩大。

第三个战略阶段（1999 年至 2013 年）：这一时期的战略以区域平衡发展和减贫为主。实现方法主要是向中西部区域投资，并开始发展现代社会保障体系。

第四个战略阶段（2013 年至今）："不仅要继续缩小区域差距、推动区域经济合作发展（下文详述），还要继续推动重塑世界经济格局，提出新的国际发展模式，构建面向未来的新的国际政治和经济秩序。"[157]

因此，前三个战略阶段处理了中国国内经济问题，主要目的是发展经济（第一和第二个战略阶段）和减少区域间差距（第三个战略阶段），第四个阶段的目的是进一步缩小差距，并在国内和国际环境间建立桥梁。

奥巴马总统在2016年国情咨文演讲中称："说到跨太平洋伙伴关系协定，中国不能在跨太平洋地区内制定规则，我们才应该是规则制定者。想要在这个新世纪展现我们的实力？那么批准这个协定，让我们有能力执行它。这才是正确的做法。"[158]这表明奥巴马试图维持美国在国际规则制定中的领导地位。尽管一些评论家为奥巴马的这一努力辩护，但是他的努力可能已经太晚了。正如我在其他场合中曾多次指出的，至少从冷战结束以来就开始的"默化"已经一点点地削弱了美国的主导地位。

从国内发展过渡到向国外发展是"一带一路"的重要特征，也是国际形势改变和中国经济发展的必然逻辑结果。中国通过向海外销售商品积累了大量资金并用于投资全球经济，需要进口经济发展所必需的原材料和能源，在一些能够对外销售的部门产能过剩。因此，加快和扩大"走出去"对中国来说似乎是唯一一个理性、（并希望能够是）合理和和平的选择，使其能够维持稳定、平衡发展，保障其稳定、团结、和谐的传统价值观。

第四个战略阶段首次在国内区域发展和对外施加影响力之间建立了明确的联系。这一点也体现在了"十三五"（2016—2020年）规划（2016年3月通过）中。这一总体规划整合了以三个方向（京津冀协同发展、长江经济带发展和"一带一路"建设）为引领和四个经济区（东北、中部、东部和西部）深入发展的战略。[159]它们构成了中国的大战略，重塑了中国的经济格局。除此之外，中国还制定了《国家新型城镇化规划（2014—2020年)》。

此外，第四个战略提出通过社会保障城乡全覆盖进一步缩小区域间发展差距。这一差距产生于第三个战略阶段（1999—2013年）（见"经济发展中的负面问题与中国社会的再平衡"一节）。"一带一路"倡议涵盖所有四个经济区，包括31个省级行政区划单位[160]中的25个。举例来说，"一带一路"倡议涉及的省份包括："一带"——黑龙江、辽宁、吉林、河南、

谁是世界的威胁

江苏、陕西、甘肃、青海、宁夏、新疆、重庆、四川、云南、广西、西藏和内蒙古，"一路"——浙江、福建、广东、上海、海南、辽宁、天津、山东和广西。

因此中国重视"一带一路"倡议不仅是因为其海外影响力，更是因为其涉及中国国内省份的发展。第四个发展战略：

> 特别是"一带一路"倡议，通过加强与相关国家的基础设施建设、投资、贸易和金融合作，把国内的区域发展延伸至邻国，从而重塑世界经济地理……这一倡议还更强调（中国）不同经济区之间的协调发展。[161]

因此，"一带一路"的创新性和影响力不仅体现在中国经济的海外影响力上，还体现在它在强化和协调中国不同地区（经济区、省市和区域）之间内部经济和社会发展的作用上。

对中国四个发展战略的分析表明，中国领导人依赖的不是行动前的理论模型，即不会按照中国传统的模式来理解和实施战略。相反，中国的各项行动是基于对结果的评估来进行的，因此如果在取得某项积极成果的同时，不可避免地产生了一些负面影响（如改革开放导致社会贫富差距的拉大），那么就需要制定和执行新的举措（包括制度和政策上的举措）等等。用胡鞍钢的话来说就是：

> 需要强调的是，任何区域发展战略都不是一蹴而就的。……每个战略阶段都需要调整和升级，这体现出"做中学"的特点。同样地，第四个战略也经历了"提出战略"、"实施政策"、"政策调整"和"政策成熟"的过程，以应对新的机遇和挑战（可能产生于国内和外部发展所带来的"潜在形势"变化）。[162]

中国现在不进行先验的意识形态选择：政策和制度被认为没有内在价值，对其的评估是基于其实现政策目标的能力。中国目前的政策目标是恢复世界大国地位（这可能是战略中唯一不会变化的）和维护国内和谐稳定。同时，中国会在任何可能取得成功的时点和情况下采取行动。此外，由于任何事物都会随着时间推移而变化，中国领导人会等待"默化"将"潜在形势"（此处可能是指国际体系中权力资源的分配）转为对自己有利的时机。随后，中国就会在新形势下（如特朗普退出跨太平洋伙伴关系协定之时）采取行动。

无须深挖"一带一路"倡议的更多详细信息，就能明白为什么这一倡议构成了对"美国缔造的世界"的威胁。下述信息足以展现出该倡议的范围：三条陆上丝路，两条海上丝路。

第一条陆上丝路从中国东北部、西北部经中亚和俄罗斯到达欧洲和波罗的海，第二条从中国西北部经中亚和西亚到波斯湾和地中海，第三条从中国西南部途经中南半岛到达印度洋。

第一条海上丝路从中国沿海港口出发，穿过南海和马六甲海峡到达印度洋，最后延伸至地中海和欧洲；第二条从中国沿海港口出发，穿过南海延伸至南太平洋。[163]

在五条路线的框架内，中国提出了六大经济走廊：

1. 新亚欧大陆桥经济走廊；

2. 中蒙俄经济走廊；

3. 中国—中亚—西亚经济走廊；

4. 中国—中南半岛经济走廊；

5. 中巴经济走廊；

6. 孟中印缅经济走廊。

经济走廊的项目主要涉及：

　　走廊内的项目主要涉及交通（公路、铁路）、能源（电网、电站、包括中俄原油管道在内的管道）、港口、矿业、信息技术和通信等的基础设施开发，还包括工业园区和经济特区建设，以及旅游业和城市发展等。许多"一带一路"项目在2013年之前已经启动，"一带一路"倡议为其提供了额外支持。

此外，"一带一路"项目还规划了不同走廊之间的相互作用和影响及其战略意义。举例来说：

　　1. 中巴经济走廊北起新疆喀什，南至瓜德尔（巴基斯坦俾路支省西南海岸的一个港口城市），将陆上丝路和海上丝路连接起来，从而避开了马六甲海峡。[164]
　　2. 新亚欧大陆桥经济走廊连接中蒙俄经济走廊。
　　3. 贯穿亚欧大陆中部和东部的中国—中亚—西亚经济走廊连接了经济活跃的东亚经济圈和发达的欧洲经济圈，同时也构建了从波斯湾到地中海和波罗的海的畅通合作通道。这有益于建立高效、稳定的亚欧市场，并为亚欧大陆腹地和共建"一带一路"国家创造发展机遇。
　　4. 中国—中南半岛经济走廊连接中巴经济走廊和孟中印缅经济走廊。

最后两个经济走廊的连接贯穿了世界人口最密集的亚洲东部和南部区域，将"一带一路"沿线的人口和工业集群相连。澜沧江—湄公河国际航道以及区域铁路、公路和石油天然气网络将陆上丝路和海上丝路相连，经济活动辐射南亚、东南亚、印度洋、南太平洋和其他地区。[165]几个经济走廊及其连接展现出了新疆在中国西北部发展、亚洲中西部（和欧洲）连接以及与巴基斯坦瓜德尔港连接的中心地位。这样的连接使中国得以绕开马六甲海峡，以及美国海军的干涉。此外，新疆有油气、稀土等丰富的自然资源。前文已经提到过，美国支持该自治区的分裂主义势力。

随着美国从阿富汗撤军，各方相互指责并对这几十年间美国建制派的对外政策失望透顶，在这一片混乱中，中巴经济走廊的重要性日益凸显。[166]美国从阿富汗的撤军强化了中国、巴基斯坦和阿富汗长期以来的合作。这和美国在过去20年那场令世界震惊的失败战争中未能兑现的模糊的民主和人权承诺形成鲜明对比。这对美国而言是另一个打击。

即使在美国主流媒体眼中，美国从阿富汗撤军也常被认为是一场失败。一些人甚至认为这是一场新殖民主义战争。[167]然而，虽然这场失败向美国民主党和共和党两党都发出了鲜明的信号，但这不会从根本上改变美国的对外政策。美国仍在世界的其他许多地方通过代理人或销售武器等手段进行公开或非公开隐秘的战争。显然，阿富汗战争是继朝鲜战争后美国一系列溃败中的又一次失败。不过，由于美国建制派精心策划的有力宣传，这些溃败并未被承认。为应对阿富汗战争失败（大量美国观察家和实务人士应对此负责）的负面后果，我们必须看到现在国际体系中的主要特征短期内不会改变：美国对外政策的根本目标（对华遏制）以及达成目标的经济、军事和外交工具始终由美国自己控制。

显然，就目前来看，"一带一路"倡议已经不能简单地从"项目"层级来加以评判。"一带一路"官网[168]上公布了数十个已经通过批准、正在实施阶段的项目的最新信息。

需要注意的是，中国正在规划另一条丝路，也就是北极航道。继续开拓新路线有多重战略原因：一是避免现有航道下与美国展开竞争所产生的地缘政治风险，二是避免经过政治不稳定区域（如陆上丝路所涉的一些区域），三是避免通过宗教和文化不同的区域时可能遇到的困难，四是规避能源安全风险。许多著名西方观察者认为"一带一路"正逐渐成为史上最大的经济和地缘政治行动。

最近，最有影响力的美国外交政策研究智库美国外交关系委员会成立了令人瞩目的"独立课题研究组"，评估"一带一路"对美国的影响。这一研究组由不少于29名成员和9名观察员组成。其第79次报告（2021年）的执行摘要表示：

> "一带一路"是世界上最大的基础设施建设项目，也是纳入了139个国家（虽然并非每个国家都签订了正式文件成为"一带一路"项目的东道国）的全球项目。这一项目甚至纳入了拉丁美洲（自1823年门罗主义公开宣布后一直是美国的后花园），使其成为"21世纪海上丝绸之路的自然延伸"。"一带一路"倡议的内涵也在不断扩张，超越了有形层面，有了更多的含义。例如，随着中国提出数字丝绸之路（DSR）、健康丝绸之路（HSR）和绿色"一带一路"等概念，"一带一路"超越了地理限制。

这是如何实现的呢？报告指出"其实现有其道理"，并对此做出了解释：

> 美国对许多共建"一带一路"国家的投资和贷款不足，且数额还在下降。
> 美国在高新技术研发方面的支出及投资逐渐削减，使得中国在下述方面迎头赶上：5G技术的开发和销售，高铁的建设，太阳能和风能的利用，电子支付系统的普及，超高压输电系统的发展等。
> 尽管美国在世界银行和许多区域性发展银行仍占据主导地位，但

是这些机构渐渐不再投资重大基础设施项目。

美国没有加入那些本可加强美国与亚洲经济联系的区域性投资与贸易协定。

美国外交关系委员会发现了中国战略的一个主要特点：只要国际环境允许，中国就会尽快行动，因为一旦拖延，情况就有可能发生改变，从而使其失去"最佳时机"。

美国外交关系委员会接着表示：

如果"一带一路"没有遇到挑战和阻力，中国很可能会成为全球贸易枢纽，制定重要的技术标准（这可能对非中国企业不利），使得各国继续使用煤炭密集型电站，各国政治决策被施加更大影响，使中国军队作战能力进一步增强。美国若要保证其利益，应当采取向中国施压战略，使中国改变其"一带一路"倡议，并提出针对"一带一路"的有效替代方案，促进可持续的基础设施建设，坚持较高的环境标准和反腐标准，帮助各国维护其政治独立性。

美国的回应是："美国回来了。"而要将表态落实到行动又该怎么做呢？美国外交关系委员会承认，美国执行此类政策的手段是有限的：

美国不能也不应当以"完全对应"的方式回应"一带一路"倡议，如以美元对人民币、以建设项目对建设项目等。相反，美国应该关注它占优势的领域，单独或与其盟友一起提出一个能够替代"一带一路"的有力方案。

美国外交关系委员会因此对美国提出建议：

带领全球处理"一带一路"所引发的债务危机，推动各方遵守高标准的贷款实践原则；

加强美国商业外交，促进美国提出高标准、高质量的"一带一路"替代方案，使得东道国认识到一些"一带一路"项目的环境和经济成本；

向共建"一带一路"国家提供技术援助，帮助它们对可能开发的项目进行经济和环境的可持续性审查，开展有力的反腐行动；

采取多项措施，提高美国竞争力；

为加强对"一带一路"的多边应对，（特别要）与盟友和伙伴一起革新世界银行，使其能够提供"一带一路"倡议的更好替代品。

最后，美国外交关系委员会对"一带一路"倡议的成果做出评价：

"一带一路"倡议主要针对发展中国家，巴基斯坦、马来西亚、孟加拉国、缅甸和斯里兰卡都是"一带一路"的最大受益国，但该倡议也纳入了许多发达国家，其中包括美国的很多盟友。

随后，美国外交关系委员会警告说：

如果这些美国盟友转而通过"一带一路"来进行关键基础设施（如电网、港口或通信网络等）的建设，可能会使美国的应急计划复杂化，并使其更难保卫其盟友。

尽管美国外交关系委员会提出的战略承认了美国不应当以"完全对应"的方式回应"一带一路"倡议，如以美元对人民币、以建设项目对建设项目等，但该机构提出的建议仍符合美国一贯的对外政策：批评中国的错误行为（虽然其中很多行为是美国长期以来自己就在做的）；认为自己是唯一能够从"中国的侵略"中拯救世界的领导者；为此，毫无疑问，要和志同道合的、采用资本主义制度的、经济领先的自由民主国家通力合作；与世界银行、国际货币基金组织以及多边开发银行等国际组织（这些国际组织在发展中国家，甚至在包括不少欧盟成员国在内的美国盟友眼中都已丧失信誉）一起支持有价值的发展项目；等等。这可不是对"一带一路"倡议的有力替代。那么接下来的问题就是：美国能做什么？

在两大主流媒体上发表的两篇文章给出了解决美国困境的两个主要方向：要么继续帝国主义政策，要么改变看法。

艾克·弗雷曼发表在《财富》杂志上的文章评述了"一带一路"项目，他在某种程度上逐项阐述了对"一带一路"项目发展的主流评估：

> （"一带一路"）概念正在扩张。例如：中国正在推动的冰上丝绸之路（前文提到的北极航道），这条丝路将中国和南北极相连；海底电缆、数据中心和 5G 电信网络的数字丝绸之路；推广中国新冠病毒疫苗的健康丝绸之路；出口（享受政府补贴的）中国可再生能源技术的绿色丝绸之路；（"一带一路"）空间信息走廊可能取代 GPD（全球产品样本数据库）系统成为世界领先的卫星导航系统。

随后，弗雷曼提到了中国"一带一路"倡议无法被忽视的积极一面：

> 中国没有掠夺受害者，而是正在吸引有意愿的合作伙伴，这是因为中国提供了一系列美国没有的经济、政治和技术福利。除此之外，中国还有一种无形但非常重要的能力，也就是这些国家相信中国会在危急时刻兑现它的承诺。

随后是一个合理的问题：

> 如果"一带一路"真的如此危险和具有掠夺性，那么中国为什么
> 还能有这么多伙伴国愿意与其合作呢？如果不能向中国的伙伴们提供
> 更好的条件，美国如何能阻止中国这一宏伟项目的无情扩张呢？换句
> 话说，美国要停止批评，开始竞争。

但美国有能力进行竞争吗？

美国外交关系委员会的报告以及之前提及的一些美国官方文件表明，美国专家倾向于将美国实施了几十年（若从印第安人战争开始计算，那么从那时起到冷战再到今天，已经是几个世纪）的外交政策所导致的消极影响归咎于中国。在这个世界里，建制派会试图通过一切手段迫使他人接受一种满足美国自身经济和国家利益的世界组织架构。与此同时，美国还会扛着宣扬民主和保护人权的大旗，将其作为幌子。

"一带一路"是一个长期项目。时间和实践会告诉我们其能否成功，其成功将如何实现。本书分析了不断变化的世界体系下中美两国的对外政策，但这些分析不足以说明中国会取代美国成为唯一的超级大国。尽管如此，中国还是已经无可辩驳地成了一个世界大国，而且如果中国不会犯根本性错误（自 1978 年以来，中国就没有犯过这样的错误），它肯定会在不久的将来成为能和美国比肩的新的世界强国。截至目前，中国没有通过军事力量来实现其目标（使用军事力量这一点甚至都没有出现在正式的"一带一路"文件中）。军事力量对于中国来说，只是用来对其所经历过的侵略做出威慑的工具。

"一带一路"倡议看起来的确还不那么务实和体系化，其中许多方面仍有待规划、定义、确认和实施。尽管如此，"一带一路"还是已经取得了显著的成果，（与其他新兴和重新崛起的国家一起）让美国领导

人感到（对一些人来说，甚至可能是确信）美国再也不是世界唯一的超级大国。

可以说，"一带一路"以当代的方式定义中国一直以来的发展理念，使其实施方式有了当代的表现形式。首先，以笼统但有意义的术语描述其整体框架；随后，在"实践"过程中，由其他国家选择和接受实际的决定、国际协议和正式项目，而这一切都取决于不断变化的"潜在形势"带给中国领导人的契机。与中国前三个发展战略（如前所述），尤其是邓小平时期的第二个发展战略不同的是，中国现在的总体目标更加公开和透明了。中国向全世界公开其进行伟大复兴的宏伟目标。

此外，考虑到这一项目的宏大表述，我们可以认为"一带一路"倡议并不仅仅是中国走出去的长远发展目标。"一带一路"本质上是一个地缘战略项目。如果其得到充分实现，中国就将终结单极的"美国缔造的世界"，与新兴发展中国家建立命运共同体。

结论

如果"美国回来了"，回来的将是什么样的美国

我们被美国总统拜登告知，"美国回来了"。但是正如世界万物都有盛衰沉浮的规律，帝国的命运亦是如此。它与万物一样经历诞生，发展，达到强盛的顶峰，然后衰落，最终消失。

　　到底什么时候，这套已经编码进人类历史进化过程的规律会在美国自己身上得到印证？在给结论部分收尾的时候，古巴爆发了示威活动，这也许给我们提供了一些启示。示威活动爆发之后，美国的主流媒体、右翼政客和右翼古巴外来人口马上蜂拥而出，声援他们口中那些"向共产党独裁要民主"的古巴人民。拜登总统也很快公开地表达了他的支持。2021 年的 7 月 12 日，白宫发表了拜登的总统声明：

　　　　我们与古巴人民站在一起，与他们渴望自由、摆脱这一（新冠病毒感染）流行病的悲惨控制、摆脱古巴政权几十年的压迫和经济苦难的呼声站在一起。古巴人民正勇敢地维护基本和普遍的权利。这些权利，包括和平抗议的权利和自由决定自己未来的权利，必须得到尊重。

　　众所周知，美国几次试图刺杀菲德尔·卡斯特罗和入侵古巴，对古巴实施了残酷的禁运政策和制裁措施，尽管联合国大会几乎一致通过废除这些决议，制裁还是持续了 60 年之久。人们难免会认为拜登的宣言是伪善的、煽动性的和具有讽刺意味的。美国一直在利用古巴所面临的问题对古巴政府横加指责，而事实上让古巴人民的生活每况愈下的正是美国的制裁。尽管如此，古巴，一个仅有 1 100 万人口的小国，还是在很长一段时间内成功地抵御了美国的霸凌，特别是构建了一套富有效率、全球推崇的医疗体系。古巴人虽然经历了严重困难，但是并没有陷入饥荒和贫困。美国进行制裁的目标就是让古巴人的生活陷入绝境，最后别无选择只能反抗自己的政府，并且央求美国将他们从被美国称为"独裁政权的暴政"下解放出来。这不禁让人想起 1973 年尼克松总统告诉他的下属要制裁智利时的情景，他明确表示要让智利"经济尖叫"，从而在制裁中推动政权更迭。美国的战略始终没有改变，美国曾经对伊朗、委内瑞拉、叙利亚等许许多多国家进行过如此制裁，只是对于不幸的智利来说，它的结局格外悲惨。

美国对中国的制裁，充分体现了其沉溺于用多种制裁手段来惩罚不听命于其的国家。美国不断以其制造的中国内部问题为借口意图破坏中国内部稳定，并期望如其所愿让中国发生政权更迭。正如我们在第三章"政权更迭和颠覆活动的愚蠢之处"一节中所看到的那样，美国通过在 3 个敏感区域大做文章来打击中国：香港、新疆和西藏。[1]美国在其根深蒂固的冷战思维的怂恿下不断掀起反华宣传运动，在其发起的舆论战中夹杂被滥用的制裁措施，持续在中国领海范围内加强军事武装，并且寻找机会支持中国国内的颠覆性活动。此外，美国还不断煽动其在欧洲和亚洲的盟友联合起来，共同对付其视作潜在威胁的中国。同样的伎俩也被用来打击俄罗斯。综合考虑美国及其盟友所运用的各种政治手段，一些美国专栏作家毫不犹豫地将其定性为"文明国家遏制不文明国家的战争"[2]。因此中国和俄罗斯团结起来就毫不奇怪了。

拜登总统的外交政策已经清楚地表明了要将北约全球化的设想。[3]因此，不同于它最初存在的理由——抑制苏联，北约正在成为延续美帝国主义势力的全球联盟。正如我在第三章第一节中所探讨的，拜登上台之后的前几个月里，尽管不断声称要对特朗普时期的外交政策进行根本性改变，也就是所谓的"外交回来了"，但是事实上美国的外交政策并没有什么显著变化。不幸的是，拜登政府的所作所为已经表明了其军事武装力量会持续加强，并且对敌人的妖魔化也将继续。但是，美国所谓的外交优先和它实际上持续实施的制裁，明里暗里的军事活动，以及针对不服从美国的国家策划的颠覆性活动，种种言行不一的矛盾已经愈发清晰地暴露在全球公众和精英面前，让他们能够从宏观的视角透视这一问题的本质。

这种处理国际关系的零和博弈态度，实际上就是建立在"他们"反对"我们"的价值观的认知基础上的。这不禁让人想起乔治·W. 布什总统时代的"要么和我们站在一起，要么和他们站在一起"，或者他父亲时代的"美国说了算"的含蓄威胁。这使得美国传统的外交政策变得愈发僵化。事实上，美国已经开始对中国不宣而战，意图在于对抗所谓的潜在中国威胁。

价值观在实施美国外交政策中的重要性

拜登总统的外交政策首先是建立在价值观至上的基础上的——鉴于美国的实际行动，这听起来可能会有些自相矛盾。如果价值观没有嵌入意识形态的最高层级，那么它就可能会无用武之地。为了获得它实际的价值，价值观是在现实社会中得到实施的，不管是在国内还是在国外。连续500年以来，首先是欧洲国家，然后是美国，都已显露出不爱在国外按照当地价值观行事的倾向。二战末期，美国在将德国、意大利、日本和韩国从独裁统治之中解放出来之后，马上就对这些地方进行了军事占领并建立了军事基地。此外，这种解放其实都是带有条件的：被解放的国家不仅要向自由民主政体和资本主义制度转变，还必须成为美帝的盟国，并且明显处在附庸位置。拜登呼吁要让美国的盟国团结起来共同对付中国的方式，无疑揭示出美国对自己在世界中的位置的看法，以及它和盟国之间的关系——事实上就是主人和附庸的关系。这不禁让我们想起杰斐逊所说的："我们注定要成为阻挡无知和野蛮主义回归的屏障。旧欧洲将不得不依靠我们的肩膀，蹒跚地追随着我们。"[4]

其实，美国并不是一个民主国家，更准确地说，它应该是一个富豪统治的国家。许多实际证据表明，不少欧洲国家也是如此。的确，拜登总统提出了通过一些方面的举措提高美国人民生活水平：美国救助计划、医疗、税务（更加符合纳税人财务状况的税收制度）、学生贷款、工人权利、"全部美国造"的基础设施，还有气候变化、美国乡村、美国中产阶层等等。这些方面的举措都获得了极大的好评，事实上它们已经不仅仅是竞选口号，还有机会成为法案。从消极的一面看，有两点值得关注。首先，许多倡议都与传统建制派处理和美国民众关系的方式背道而驰，建制派优先考虑的是与自己利益攸关的群体，得到的支持也来自这部分群体，比如说主流学者、媒体还有智库等。其次，同样重要的是，这些价值观必须在国际社会得以贯彻，事实上，美国已经试图让世界卷入一场新的冷战。[5]

必须指出的是，这种行为的根源并不来自美国。毕竟，在一定程度上，美国人的祖先来自欧洲，就像夏娃是亚当的肋骨一样，美国人身上还是携带着欧洲文化的主要特征。当然，我们可以说，美国人将从欧洲带来的品质打磨到日臻"完美"。不幸的是，这些被美国人挑选和美化后的品质可能都不是好的品质。如果西方真的想要和世界其他国家发展建设性关系，它首先要做的就是毫不畏惧地审视它忧患重重的过去，尤其是当它想要将自己塑造为被世界其他国家热情拥抱的典范时。

西方文明确实是伟大的文明。它有着至少 2500 年的发展史，经历了古希腊哲学、古罗马法律、基督教、科学革命，从中世纪的以奴隶经济为基础的经济形式（通过奴隶和农奴发展经济）到一种新型的经济形式——市场经济（尽管也会使用拿工资的"奴隶"），工业革命等。这是一个伟大的文明，但是相比于它所创造出的思想，西方世界的实际作为（至少可以说）就不见得那么伟大了。

西方国家外交政策对价值观的背叛

美洲大陆被发现以来，开始是欧洲国家，之后是美国，陆续侵略其他国家。初期这些侵略都是为了维护统治阶层的利益，这些国家发动了一系列无休止的侵略和征服战争，包括它们自己之间的战争。大部分人都不希望战争发生，他们希望和平共处，并且有足够的收入以过上体面的生活。但是西方出于贪婪的考量（首先是欧洲，后来是美国）蹂躏了整个美洲，发起了几个世纪以来针对南北半球原住民最残忍的种族灭绝，组织了极大规模的非洲奴隶贸易。在美国，奴隶制从 1619 年（第一批奴隶到达）持续到了南北战争结束（1865 年），然后是一个世纪的种族隔离。同时，欧洲人（美国人很快就加入其中）通过殖民强权让整个非洲、大半个西亚地区甚至整个亚洲屈服于独裁和剥削之中。许多西方的学者非常骄傲地提到它们的前殖民地在获得独立之后引入了一些自由民主的制度，比如说印度。但是西方真的不能对这些所谓的成就引以为傲。读一读沙希·塔鲁尔的题为《不光彩的帝国：英国对印度做了什么》的著作，你就会知道："印度人永远都不能忘记在长达两个世纪的殖民统治后重新找到自己祖国的情景。"[6]

殖民时代和西方国家（尤其是欧洲国家）之间对殖民权力的争夺，最终以两次它们自己发起的世界大战而告终。那些认为第二次世界大战是出于正义目的的说法是站不住脚的，因为它导致了数千万人丧生于战场和其他地方，包括对成千上万名日本和德国平民的屠杀，只是因为他们不能阻止自己国内的法西斯势力崛起。

随后到来的就是辉煌的去殖民化时代，可惜只停留在口头上，因为许多被"解放"的殖民地很快就被套上所谓的"华盛顿共识"的枷锁，而又一次屈服于新殖民主义的淫威之下，西方国家可以借此继续剥削它们的前殖民地。美国很快就迎头赶上，通过操纵它一手缔造的国际经济组织（世界银行、国际货币基金组织）维护自身的经济利益和强权政治。无论是欧洲还是美国都将它们的真实目的掩藏于帮助其他国家发展经济的伪善外衣之下。张夏准非常形象地将这些新的殖民者称为"坏撒马利亚人"。[7]大部分前殖民地国家是不可能真正从殖民者手中解放出来的。只有那些本来就已经启动了现代化转型进程的国家，比如韩国和日本，才能够在本国政府主导的发展战略中实现自身经济发展。这也是美国允许和鼓励的，前提是它们必须接受美国的领导地位，让美国可以把它们塑造为亚洲社会主义国家的发展竞争者，就像德国在欧洲和苏联的较量一样。

在第二次世界大战结束后的短暂时间内，美国就在那些被解放的国家内建立起了数量惊人的军事基地：在德国建立了119个，在意大利有44个，英国有25个，日本有119个，韩国有80个。在这样的状况下，一个国家的独立从何谈起呢？之后就是不断发生的区域战争（热战或者冷战）所带来的死亡、分裂、流离失所和屠杀：朝鲜、越南、伊拉克、阿富汗、叙利亚、利比亚战争，更不用提那些在拉丁美洲和其他地方上演的暴力政权更迭。再加上动不动就挥舞的经济制裁大棒，如果目标国家不服从美国的指挥，美国还会叫上它自愿或者受胁迫的欧亚盟友们加入制裁者阵营。此外，在这个时期，美国已经通过冷战在欧洲国家建立了许多秘密部队，在冷战期间和之后发动了13场非法战争，81次试图干涉他国的选举，策动了 59 次他国政权更迭，还建立起了无数座非法监狱，方便美国对敌人秘密进行折磨。

美国是时候为自己的外交政策付出代价了

外交政策出现"反噬"的时候，意味着傲慢者历史报应的到来。有一些国家已经拥有足够的权力资源，可以抵制美帝国主义的指令。在特朗普政府时期，美国已经目睹了几次"反噬"的出现。首先，朝鲜就鲜明抵制了美国以夸张的语言表达的明确威胁，即如果朝鲜不服从美国去核化的指示，就将被美国的军事力量从地球上抹去。然后，美国在叙利亚、委内瑞拉和伊朗发动的政权更迭均以失败告终。此外，这些国家还受到了中国和俄罗斯的支持。更加让人忧心忡忡的是，不仅仅是俄罗斯和中国的全面战略协作伙伴关系得到了巩固，中国和伊朗也达成了涵盖大量战略性领域的全面合作协议。

在从特朗普政府向拜登政府过渡的时期，还出现了两次更加重要的"反噬"。2020 年 11 月 15 日，以中国为首的 15 个国家签订了《区域全面经济伙伴关系协定》，组成了世界上最大的贸易联盟，涵盖了 23 亿人口和 30% 的世界贸易总量。一家非常有影响力的主流智库毫不犹豫地将该协定定性为"中国在地缘政治上的胜利"。[8]然后，另一个重要的"反噬"出现了。2020 年 12 月 30 日，欧盟向美国发出将与中国签署一项重要贸易投资协定的信号：中欧投资协定。短短几天以后，另一家主流智库立即宣称该协定将预示着"拜登的败局"。[9]诚然，欧洲议会已经暂缓批准该项协定，很有可能是迫于美方的施压，然而，欧盟签署这项协定的根本原因并不会在可见的未来消失。法国、意大利，尤其是德国，以及其他的欧盟国家，显然都能够通过与中国合作获利。这并不意味着它们支持中国的政治制度。事实上，与美国相反，它们对国际形势的分析并不完全基于价值观，而是更接近于现实，而美国的外交政策则完全陷入了价值观的泥潭。更加令人担忧的是，美国建制派并没有捕捉到这些再明确不过的信号，并且开始对中国和俄罗斯进行讨伐，同时试图在违背盟友利益的情况下争取美国在欧洲和亚洲的盟友的支持。

2021 年 7 月 1 日，在庆祝中国共产党成立 100 周年大会上，中国国家主席习近平更加明确地传递了中国的信息。他从讲话一开始就提醒听众和全世界，1840 年鸦片战争以后，中国逐步成为半殖民地半封建社会，国家蒙辱、人民蒙难、文明蒙尘，中华民族遭受了前所未有的劫难。从那时起，实现中华民族伟大复兴，就成为中国人民和中华民族最伟大的梦想。然后，他提到了毛泽东在 1949 年的声明：

> "我们的民族将再也不是一个被人侮辱的民族了，我们已经站起来了"，并且再一次确认："中国共产党和中国人民以英勇顽强的奋斗向世界庄严宣告，中国人民站起来了，中华民族任人宰割、饱受欺凌的时代一去不复返了！"[10]

习近平的声明应该被严肃对待。第一个证明该声明是现实的事件发生在 2021 年 8 月，习近平发表讲话后的短短几周，美国就在混乱和屈辱中撤离了阿富汗。如前文所述，[11]阿富汗是中国"一带一路"倡议中的一个重要支点，"一带一路"倡议是中国的宏大项目，英国的《金融时报》曾在 2017 年断言，中国将通过"一带一路"倡议"包围世界"。[12]中巴经济走廊是"一带一路"倡议的重要组成部分，该走廊将"一路"（从新疆维吾尔自治区的喀什开始）和巴基斯坦西南沿海港口城市瓜德尔的海上通道连接起来，从而绕开了马六甲海峡和美国海军的屏障。美国所面临的问题不仅仅是中国已经崛起了，还有美国始终没有正视这个大国的崛起。中国并不会被吓倒。所以我们可以说，中国一定行！

中国一定行！

首先证明"中国一定行"的，是中国能够通过战略实施逐步将毛泽东1949年关于"站起来"的声明转化为现实。中国已经成功了，这要归功于它在具备取得成功的机会后因时而动，以及在等待"默化"将国内国际"形势"变得有利于自己的时期内，不轻举妄动。通过这些战略手段，它成功地将美国困于一个相当固定的安排布置，也就是继续实施基于威胁论的外交政策，并最终使用经济和军事力量对他国进行遏制。而在同一时期，中国给人的印象是一直在行动，不断从一个阶段进化到另一个阶段：从经济到军事、技术、对外投资、人才培养、传播中国文化，从模仿西方到自主创新，从向世界经济打开大门到保护国家市场不受掠夺性资本家侵害，从追求双边协议到建立新的多边组织，从维护地方利益（中国领海、台湾）到在亚欧大陆、非洲、拉丁美洲和北极地区共谋全球利益，从批判宿敌（如日本和印度）到与它们谈判，等等。

中国的案例再次确认了对战略本质的判断：

> 战略的本质就是，一方面，引诱敌方采取一种相当固定的安排布置，战略家可据此采取行动；另一方面，战略家通过不断更新战略布局，迷惑敌方，令其毫无能力控制局势。……当对手明白的时候，为时已晚。[13]

不能全盘考虑自己的错误显然是美国建制派的愚蠢习惯。正如中国诗人雷平阳所言："愚蠢的人就像竹子一样，内部空虚但是顽固。"（蠢者如竹，中空而不倒。）

中国一定行，各种各样的官方文件，尤其是出自美国军事机构之手的文件，就能够进一步证明这一点。这些文件表明，美国今天还没有准备好以建设性和务实合作的方式对待世界其他国家，尤其是中国和俄罗斯。这些国家被视为一种修正主义的势力，构成了挑战美国繁荣与安全的主要威胁，由此美国得出要投入更多经费持续巩固美国竞争优势的结论，尤其需要在关键能力上实现现代化。

受威胁的历史：从印第安人到中国人

显然，这让我们又一次回到了本书的开头，那就是印第安人的威胁和由此产生的恐惧：野蛮的印第安人正在攻击我们！萦绕不去的威胁和恐惧之后是一长串不符合美国和建制派利益的名单：拉丁美洲人、布尔什维克、德国人、日本人、朝鲜人、越南人、叙利亚人、利比亚人，最后是中国人和俄罗斯人。事实上，恐惧的本质并不是由于他们真的意图掠夺美国国土和伤害美国人民，而是他们想要终结二战以来美国一手缔造的世界秩序并且让美国失去唯我独尊的霸主地位。

今天的美国已经不再是二战结束到 20 世纪末的美国了。彼时，经济、军事和文化资源都主要向美国倾斜。但是今天，美国已经失去了经济、军事和文化（也就是价值资源）方面的大部分优势。

拜登政府似乎还没有意识到，决定世界强国和超级大国结盟的因素，并不是军事价值资源，而是经济价值资源。这是美国建制派应该从它的历史经验当中学到的另外一条铁律。无论情愿还是不情愿，吸引其他国家围着美国转的原因还是它非凡的发展成就。但是美国从来都是使用军事实力强迫那些被解放的国家就范，或者打击"冥顽不灵"的国家，使其屈从。在大部分情况下，文化资源都是橱窗上的展览品，单靠文化资源肯定无法吸引到其他国家的依附。事实上，美国文化资源的吸引力更有可能来自美国的经济和军事实力。

今天，中国的吸引力再次证明了这一历史规律：尽管它的文化资源并不具有侵略性，而且西式自由民主制国家也对其政治制度进行了负面打压，但是它蓬勃发展的经济仍旧可以将它的吸引力无限放大。今天，正如本书中所展示的那样，美国几乎各个领域都在衰落（无论是基于绝对指标还是相对指标），而中国正在以一种让美国主流精英群体恐惧的速度迅速崛起。

中国的崛起让美国及其盟友心烦意乱。它们继续把自己的问题定性为民主和专制之间的斗争，却忽视了这样一个事实：今天的美国已经不再是二战结束到 20 世纪末的美国了，彼时的经济、军事和文化资源都主要向美国倾斜。但是今天，美国已经失去了经济、军事和文化（也就是价值资源）的大部分优势。我们看到，美国曾经可以将自己的模式标榜为典范，并将其意志强加于他人，到了现在，它正在经历不能左右他人选择的严重困难，无论是经济和军事行动还是文化传播，都疲软无力。

为什么美国既害怕国内不稳定，又害怕在国际上因为中国和俄罗斯的强大失去霸主地位？这是因为美国的建制派对其制度优越性已经失去了信心吗？或者是因为美国建制派终于意识到，他们已经无法让自己的民众满意，无法让民众相信民主的好处，甚至无法让他们相信已经施行了如此之久的民主模式？还是因为那些掌控资本主义发展的人，已经偏离了创造真正财富的工业资本主义，出于贪婪的目的，像迈克尔·哈德森总结的那样，转而投向为一小撮投机者创造惊人财富的金融资本主义？[14]

接下来美国遇到的问题将更加棘手：中国是会满足于结束美国一手缔造的世界，还是想取而代之成为新的霸主呢？还是说这种想象只是在不断催化美国产生被威胁的恐惧？

又一次，中国的历史和文化表明，中国从来没有出现过西方列强式的梦想征服和统治世界的帝国主义战略。和西方表达的意图恰恰相反，中国从来都没有侵略或者殖民过亚洲其他地区。在西方发现美洲大陆之前，中国本来是有机会这样做的。早在 14 世纪到 15 世纪上半叶，中国已经拥有足以媲美西方统治世界的经济、军事和科技资源。[15] 即便当中国拥有征服世界的技术能力时，它也没有这样做。甚至当它拥有比哥伦布发现美洲大陆的脆弱小船更大、功能更好的大船时，它的海外之旅也仅仅旨在谋求建立文化纽带和贸易联系，而且在任何情况下，它的所作所为都不是出于征服外国的目的。[16]

此外，今天的时局已经迥然不同。发现了美洲大陆之后，西方的力量不断扩张，尤其是从工业革命以来，西方已经发展出了没有任何其他国家能够媲美的强大经济和军事力量。在经济利益的驱使下，在传教士要在所有领域（政治、经济、社会和宗教）传播文化的梦想驱动下，西方已经统治了世界几个世纪之久。但是，如果今天的中国走近世界舞台中央，将其意志强加于世界上的其他国家，它就会面对令人望而生畏的反对力量。首先来自美国及其盟友，其次来自其他区域内的强国，因为没有任何国家想成为他国的附庸。当然，如果中国真的成功终结了美国主导的国际体系，这会削弱美国的力量，但是并不可能彻底摧毁美国的权力资源，特别是如果美国放弃基于文化优越性而表现出来的世界霸主姿态，转而对他国采取更加务实的合作姿态的话。

不幸的是，中国面对的是美国不断妖魔化中国外交政策和领导人的挑衅。此外，美国对中国发动了由轮番制裁构成的贸易战，而拜登政府似乎并不想结束这场战争。最后，美国会继续借助它操纵的所谓非政府组织发起的一系列颠覆破坏活动来确保其战略落地。

意识形态作为美国外交政策指南的重要性和局限性

为了解释中美长久以来在谋求合作和理解的过程中所经历的种种困难，我对美国和中国的意识形态的未来影响力进行了预测（见第二章）。

美国和中国之间的竞争起源于两国的意识形态在实施外交政策时所扮

演的特殊角色。中国文化非常灵活，会在西方的巨大压力下因时而变。此外，中国不会根据他国的政治、经济和文化体制的性质决定是否与其合作。中国奉行尊重主权和互不干涉内政原则，不会将一个国家的内部组织的强行改变作为合作的前提。相反，中国以互惠互利为理念追求"双赢"的合作。尽管美国表面上表现出开放姿态，但实际上美国的文化不是以融合为理念根基的。正如拜登的外交政策所清晰表明的，美国只与具有共同价值观的国家建立联系。当然，有时美国政府会基于对地缘政治的判断，做出一些不同寻常的选择。比如美国过去常常与沙特阿拉伯等集权国家合作，现在亦是如此，它甚至还支持部分独裁政权取代了通过民主选举产生的政府，比如说1953年的伊朗和1973年的智利。此外，它还会就气候变化和恐怖主义等问题和非民主国家合作。尽管如此，这些合作并不意味着美国会接纳这些国家的政治制度，或者这种合作将会一直存续下去。合作与否取决于美国对其地缘政治利益的判断。

在本书第二章，美国的意识形态被解读为一整套强大、连贯而互相关联的信念。它已经成了一种思考方式，当深深植根于人们的头脑之中时，让人们不可能客观分析和深入思考个人在世界中的地位和行动的意义，只能盲目追随。只有用意识形态来解释，即美国是被上帝选中的一个特殊、高尚、不可或缺的共和国，将领导世界直至历史的终结，才能够说清楚美国征服其他民族的领土时油然而生的那种活力、决心甚至是发自肺腑的正义感（基于美国的价值观）。这样的意识形态是美国外交政策的主要推动力，但是毋庸置疑的是它被一系列因素放大了，包括经济利益、政治权力的发展、相辅相成的救世主意识和宗教动机。

从美国建立以来，这种意识形态就充当了美国的外交政策指南，直到现在仍然在发挥作用。如果我们了解美国建立以来实施这种意识形态的情况，就会意识到它已经成了一种可怕的大规模杀伤性武器。

这种意识形态也限制了美国建制派的想象力，让他们不能允许美国在差异化的世界中扮演任何一种不同于现在的角色。在这样的意识形态控制下，美国会认为它有权利和义务在世界范围内进行一系列大规模破坏活动（贯彻上帝的指令）。这些被打击的对象都被视为一种来自敌对势力的外部威胁，即那些可能打败和摧毁"被上帝选中的民族"和它宣誓要捍卫的价值观的威胁。[17]同时，美国（或者它的盟友）在对其他国家进行大规模破坏之后，总是以它的敌人正在实施大规模破坏活动为借口来倒打一耙，尽管这些破坏和美国相比并不算什么。这显然反映出美国和欧洲惯用的双重标准。

得益于这样的意识形态，美国能够取得令人瞩目的权力资源，至少直到最近都是如此。也正是由于美国在国内外长达两个世纪的成功故事，在这种意识形态的催化下，美国陷入了对所谓光辉过去的强烈怀旧情绪之中，尽管它无论是在国内还是在国外都已无数次背叛了自己的价值观。当一种文化发展到认为自己什么都正确（价值观）的程度，并且不觉得需要任何改变时，它其实也就是一种死去的或者将死的文化。

考虑和其他文化进行对话而不是直接讨伐难道不是更好吗？利用每一种文化所拥有的资源，朝着文化交流互鉴的方向努力不是更好吗？放弃西方将自己的文化强加于世界其他国家使其沦为附庸的惯用做法，不是更好吗？陈祖为已经表明，尽管儒家文化中有一些与其他文化（例如自由民主）不兼容的价值观，但它也拥有许多其他不仅能够兼容，甚至能够通过交流改善其他文化的价值观。[18]

然而，意识形态和价值观不足以成为权力的来源。如果没有科技、经济和军事实力，美国就不可能在这么长的时间内保持世界霸主地位。同样，中国也不可能强大到足以抵抗美国的指令。美国的衰落不仅是因为意识形态的僵化，更是由于权力资源的衰落。过去那些可以维护美国建制派利益的外交政策，现在已经实施不下去了。至少从冷战结束以来，权力资源的分配已经发生了巨大的变化。[19]今天，很明显，美国政府不但缺乏在国际体系中单方面施加意志的手段，也缺少满足国内公民需求的行政和经济手段，尤其是在医疗、教育和基础设施领域。人们或许会考虑到，满足需求的经济手段确实是存在的，但已经被转移到服务于约瑟夫·斯蒂格利茨强烈谴责的最富有的1%的那些人了。

美国能够使其意识形态和外交政策
更加适应多极化世界吗

考虑到中国的政治和经济体制将在可以预见的未来存续下去，以及中国在国际舞台上的力量正在日益增长，美国是否有能力调整对国家利益的认知并且相应地重新定位其外交政策？从这个方面来看，存在的最根本问题是：美国是否准备好了抛弃过去基于不可争辩的优越感的救世主姿态？是否准备放弃横加干涉他国内政、谋求政权更迭的做法？是否准备并且停止以打击"威胁"美国国家利益的国家为借口进行的一系列口头或者事实上的侵略行为？只有当一个国家真心诚意地以国家主权原则为指导，在基于互相尊重和理解的国际制度中开展国家行为，才有可能真正地做到上述一切。[20]

美国和西方所希望看到的是一个能够融入全球资本主义拼图的自由民主制的中国，并且让其扮演美国附庸的角色。美西方忘记了，从古希腊第一次出现民主思想，到西方在十八九世纪实施并不成熟的自由民主体制，其经历了多么漫长的旅程。美西方花了那么多时间，却希望其他国家和组织立即拥抱美西方的价值观和组织形式。美西方往往喜欢把自己的历史观强加于他人。美西方陶醉于宣传自己的民主观，却不能理解为什么其他国家不愿意立即践行美西方的民主制度。美西方那么轻易地忘记自己在国内外的种种作为常常与自己的价值观相抵牾。西方国家习惯于将其他国家纳入自己主导的全球化进程，首先是英国，其次是美国，它们依靠这种做法扭转了自己初始的劣势地位。为什么这些国家就不能接受如中国这样有着伟大文明的国家不愿意无限期地接受这种从属关系的事实？西方准备好改善自己的文化了吗？美国和欧洲国家似乎都没有做好准备。事实上，历史表明，这种行为不仅很难产生效果，甚至还会产生反噬，真正受损的是美国人民的利益。

美国外交政策的悲剧

西方的悲剧，尤其是美国所奉行的帝国主义外交政策的悲剧，导致全世界（包括美国的一些盟友）对美国的反感不断加剧。世界仍然需要美国，但是并不是将美国作为独一无二的、不可或缺的国家，世界其他国家也不是等待被征服的领土，更没有人赋予过美国基于一种狭隘的地方主义的"天命论"带领人类走向历史终点的权利和义务。

美国人民拥有许多优良品质，这些品质在他们的祖先离开欧洲之前就已经存在，后来在这些人为了能在新大陆生存下去进行的斗争中得到了强化。[21]不幸的是，美国建制派并没有服务好美国人民的利益。从意识形态的角度思考，到底哪里出错了呢？是因为持续了40年之久的新自由主义革命加重了业已存在的不平等、贫困，医疗和教育不均等的顽疾吗？还是因为二战一结束美国就马上对朝鲜宣战？是因为20世纪早期建制派策划的那场声势浩大的宣传运动，说服美国男性入伍参加一战，搅和到欧洲人的战争中去？还是因为在19世纪的最后几十年，在强盗资本家的时代，让工业主和金融家肆无忌惮地靠剥削工人发大财？或者是因为美国一直不择手段地敛财，几个美国人在中国靠鸦片贸易发家的消息一传出，大家就蜂拥而上跑去中国打劫？

或者是从我在第二章分析的共和国第一阶段开始，这种意识形态就已经深深地嵌入美国人的骨子里？我认为，美国的普通人和精英阶层（今天的建制派）之间的裂痕从《独立宣言》发表的那一刻就已经存在。

在这里我们可以从另一个维度审视"我们"和"他们"之间的分歧。签署那些历史性文件的人物都是剥削阶级的成员，尤其是农场主，奴隶制在他们的农场里是合法存在的。据此，我们能够发现当时美国精英的行为动机。因为棉花田的开发需要大量廉价的劳动力，激进的种族法律通过禁止黑人与白人通婚，让白人对黑人劳动力的剥削永远延续下去。剥夺了黑人奴隶一切权利的人不只是农场主，北方的大金融家们也通过投资南方农业生产所需的奴隶贸易大发横财。从那时起，美国就没有改变过。幸运的是，今天新一代的政治家试图将美国从失落的梦境之中唤醒。但是美国的建制派会屈服吗？毕竟他们拥有书写和强化美国的过去、现在和未来的非凡权力。

美国是否愿意在多极世界中寻求各个领域的合作？只有接受这样一个事实，即在不干涉别国内政的情况下，才有可能与奉行不同价值观和原则的国家达成合作，并且只有通过在国内实施真正的民主，美国才能说服其他国家相信西方模式的优越性。

总而言之，对于本书提到的至今仍然不想改变外交政策的美国人来说，这是一条值得他们反思的信息。让我们回到珀西·柯利达对1992年至1997年之间港英政府所谓政制改革的分析，这些分析可以很好地解释美国未来在对待中国和世界其他国家的外交政策上可能出现的问题，他是这样写的：

> 这是不是一个怀旧主义的例子，一次希冀于回到英国有能力强加解决方案的时代的尝试？对中国意图的失败解读是不是只是另一个例子，证明了英国外交政策在欧洲和东方困境都凸显出来的顽疾——不能设身处地为对方着想？……所有更深入看问题的人都会思考，为什么英国，这个有着长期而丰富的侵占中国经验的国家，要把它最大的错误留到戏剧的最后一幕。

显然，英国对香港的政策和美国的对华政策有一些相似之处，这些政策基本上都是以价值观为基础的，并且这些价值观也被用来作为美化或者隐藏其真实经济或者弄权目的的幌子。最后，我想说，如果美国外交政策的终极大招不是对中国发动战争的话，全世界人民都会感激不尽，因为战争不仅是美国人民的灾难，也是全人类的灾难。

统计数据附录

表 1A　三大经济部门各就业人口占劳动人口比重的变化（1952—2019 年）

单位：%

部门	1952	1978	2003	2006	2008	2016	2019
农业	83.5	70.5	49.1	42.6	39.6	27.7	25.1
工业	7.4	17.3	21.6	25.2	27.2	28.8	27.5
服务业	9.1	12.2	29.3	32.2	33.2	43.5	47.4
总计	100	100	100	100	100	100	100

数据来源：中国国家统计局官方网站，《中国统计年鉴2020》。

表 1B　三大经济部门产值占 GDP 比重的变化（1952—2019 年）

单位：%

部门	1952	1978	2003	2006	2008	2016	2019
农业	56.6	27.7	12.4	10.6	10.1	8.1	7.1
工业	20.6	47.7	45.6	47.6	47	39.5	39
服务业	22.8	24.6	42	41.8	42.9	52.4	53.9
总计	100	100	100	100	100	100	100

数据来源：中国国家统计局官方网站，《中国统计年鉴2020》。

表2　各国GDP（以购买力平价计算）占世界GDP总量的比例（1820—2019年）

单位：%

国家	1820	1870	1913	1929	1950	1973	2000	2008	2015	2019
中国	32.88	17.05	8.83	7.37	4.5	4.62	6.43	10.64	15.28	17.33
美国	1.8	8.84	18.94	22.7	27.32	22.07	20.88	18.23	16.47	15.82
美国/中国	0.05	0.52	2.14	3.08	6.07	4.78	3.25	1.71	1.08	0.91
日本	2.98	2.28	2.62	3.45	3.02	7.76	6.68	5.31	4.45	4.05
英国	5.21	9	8.22	6.76	6.53	4.22	3.31	2.94	2.57	2.41
德国	3.86	6.48	8.69	7.06	4.98	5.9	5.21	4.25	3.68	3.45
俄罗斯	5.42	7.52	8.5	6.42	9.57	9.44	3.16	3.86	3.29	3.06
印度	16.02	12.12	7.48	6.52	4.17	3.09	4.01	4.83	6.28	7.05

数据来源：1820—1973年数据来自安格斯·麦迪逊，《世界经济千年统计：公元1—2008年》；2000—2019年数据来自世界银行数据库。

表3　G20成员的GDP（以购买力平价计算）占世界GDP总量的比例（1990—2019年）

单位：%

国家	1990	1995	2000	2005	2010	2014	2019
阿根廷	NA	NA	NA	NA	NA	NA	0.76
澳大利亚	1.04	1.04	1.05	1.02	0.97	0.95	0.97
巴西	3.5	3.58	3.29	3.14	3.17	3.01	2.38
加拿大	1.95	1.87	1.86	1.78	1.54	1.44	1.42
中国	3.89	6.13	7.65	10.08	13.98	16.59	17.33
法国	3.59	3.37	3.29	2.94	2.64	2.37	2.38
德国	5.3	5.16	4.55	4.06	3.66	3.41	3.45
印度	3.49	3.94	4.37	5.01	6.08	6.8	7.05
印度尼西亚	1.84	2.36	2.02	2.11	2.27	2.46	2.46
意大利	3.63	3.41	3.15	2.63	2.33	1.96	1.97
日本	8.31	7.86	6.83	5.95	4.89	4.26	4.05
韩国	1.29	1.66	1.77	1.78	1.7	1.6	1.71

国家	1990	1995	2000	2005	2010	2014	2019
墨西哥	1.8	2.06	2.2	2.03	1.96	1.98	1.94
俄罗斯	4.16	2.28	2.08	2.6	3.31	3.45	3.06
沙特阿拉伯	1.31	1.33	1.24	1.31	1.38	1.48	1.24
南非	0.82	0.76	0.72	0.72	0.68	0.65	0.56
土耳其	0.84	0.87	1.22	1.2	1.32	1.34	1.82
英国	3.6	3.35	3.36	3.2	2.55	2.36	2.41
美国	20.92	20.95	21.37	20.04	16.93	16.04	15.82
欧盟	25.09	23.75	22.87	21.06	18.96	17	15.31
总计*	80.25	80.44	80.54	79.83	79.14	79.05	77.88

数据来源：1990—2014 年数据按照 2011 年国内生产总值的定值美元计算；2019 年数据按照世界银行数据库提供的 2017 年国内生产总值的定值美元计算。

注：＊表示英国、德国、法国和意大利的数据已从总计中扣除，因为它们当时属于欧盟。

表4　G20 成员的进出口额占世界进出口总额的比例（1990—2019 年）

单位：%

国家	1990	1995	2000	2005	2010	2014	2019
阿根廷	0.23	0.39	0.39	0.32	0.4	0.36	0.3
澳大利亚	1.16	1.09	1.03	1.08	1.34	1.26	1.29
巴西	0.76	0.96	0.86	0.92	1.27	1.22	1.07
加拿大	3.55	3.45	3.95	3.19	2.56	2.49	2.39
中国	1.63	2.69	3.59	6.64	9.62	11.3	12
法国	6.38	5.65	5.05	4.52	3.67	3.32	3.2
德国	11	9.44	7.95	8.16	7.49	7.17	7.14
印度	0.59	0.62	0.71	1.13	1.87	2.04	2.12
印度尼西亚	0.67	0.82	0.83	0.76	0.95	0.93	0.89
意大利	4.99	4.2	3.63	3.54	3.02	2.63	2.64
日本	7.4	7.45	6.51	5.19	4.74	3.96	3.74
韩国	1.91	2.49	2.52	2.55	2.89	2.88	2.74
墨西哥	1.19	1.47	2.62	2.07	1.97	2.13	2.44

国家	1990	1995	2000	2005	2010	2014	2019
俄罗斯	0	1.36	1.14	1.72	2.1	2.11	1.76
沙特阿拉伯	0.97	0.75	0.82	1.12	1.16	1.36	1.09
南非	0.59	0.56	0.45	0.53	0.61	0.56	0.52
土耳其	0.5	0.55	0.62	0.89	0.97	1.05	1.03
英国	5.78	4.83	4.8	4.25	3.26	3.13	3.04
美国	12.89	12.96	15.47	12.3	10.51	10.59	11.05
欧盟	45.6	41.26	37.73	38.49	34.01	31.98	30（估）
总计*	79.64	78.87	79.24	78.9	76.97	76.22	74.43

数据来源：世界银行和世界贸易组织数据库。

注：*表示英国、德国、法国和意大利的数据已从总计中扣除，因为它们当时属于欧盟。

表5　G20成员的经济实力世界占比（1990—2019年）

单位：%

国家	1990	1995	2000	2005	2010	2014	2019	2019年与2010年差异
阿根廷	NA	NA	NA	NA	NA	NA	0.53	
澳大利亚	1.12	1.07	1.03	1.06	1.22	1.15	1.13	−0.09
巴西	1.67	1.84	1.67	1.66	1.91	1.81	1.73	−0.19
加拿大	3.02	2.92	3.25	2.72	2.22	2.14	1.91	−0.32
中国	2.39	3.83	4.95	7.79	11.08	13.07	14.67	3.59
法国	5.45	4.89	4.46	3.99	3.33	3	2.79	−0.54
德国	9.1	8.01	6.82	6.79	6.21	5.92	5.3	−0.92
印度	1.56	1.73	1.93	2.42	3.27	3.63	4.59	1.32
印度尼西亚	1.06	1.34	1.22	1.21	1.39	1.44	1.68	0.29
意大利	4.53	3.94	3.47	3.24	2.79	2.41	2.31	−0.49
日本	7.71	7.58	6.62	5.44	4.79	4.06	3.9	−0.9
韩国	1.7	2.21	2.27	2.29	2.49	2.45	2.23	−0.27
墨西哥	1.4	1.67	2.48	2.05	1.97	2.08	2.19	0.22
俄罗斯	1.39	1.66	1.45	2.01	2.5	2.56	2.41	−0.09
沙特阿拉伯	1.08	0.94	0.96	1.18	1.23	1.4	1.17	−0.07

国家	1990	1995	2000	2005	2010	2014	2019	2019 年与 2010 年差异
南非	0.67	0.63	0.54	0.59	0.63	0.59	0.54	-0.09
土耳其	0.61	0.65	0.82	0.99	1.09	1.15	1.44	0.34
英国	5.05	4.34	4.32	3.9	3.02	2.87	2.73	-0.3
美国	15.57	15.62	17.43	14.88	12.65	12.41	13.44	0.79
欧盟	38.76	35.42	32.78	32.68	28.99	26.99	22.6（估）	—
总计*	79.71	79.11	79.4	78.97	77.43	76.93	76.16	-1.28

数据来源：世界银行数据库。

注：* 表示英国、德国、法国和意大利的数据已从总计中扣除，因为它们当时属于欧盟。

表6　中国和美国的战略资源占世界总量比例的比较

单位：%

	2000	2005	2010	2015	2020	2015 年与 2000 年差异
经济实力						
中国	7.43	9.83	13.99	17.21	19.90	9.78
美国	20.57	19.33	16.72	15.67	14.60	-4.90
美国/中国	2.78	1.97	1.20	0.91	0.74	
人力资本						
中国	27.04	29.26	30.27	28.36	26.60	1.32
美国	9.46	8.93	8.43	7.94	7.49	-1.52
美国/中国	0.35	0.31	0.28	0.28	0.28	
能源实力						
中国	10.68	16.40	20.42	22.92	25.74	12.24
美国	24.63	21.48	18.76	17.35	16.04	-7.28
美国/中国	2.31	1.31	0.92	0.76	0.62	
资本实力						
中国	5.31	8.49	18.11	30.29	40.00	24.98
美国	30.60	27.17	17.43	20.06	23.07	-10.54
美国/中国	5.76	3.20	0.96	0.66	0.57	

	2000	2005	2010	2015	2020	2015 年与 2000 年差异
科技实力						
中国	3.97	9.29	15.78	24.17	29.31	20.20
美国	25.63	24.58	22.64	19.66	17.06	-5.97
美国/中国	6.46	2.65	1.43	0.81	0.58	
政府实力						
中国	7.45	8.67	10.38	13.23	16.85	5.78
美国	18.61	18.35	16.24	12.73	9.98	-5.88
美国/中国						
军事实力						
中国	7.30	7.95	8.60	9.92	11.12	2.62
美国	21.95	22.29	22.65	21.01	19.51	-0.94
美国/中国	3.01	2.80	2.63	2.12	1.75	
国际市场						
中国	2.99	5.56	7.98	10.67	14.26	7.68
美国	16.21	13.03	11.31	12.03	14.26	-4.18
美国/中国						
信息资源						
中国	8.40	14.20	19.32	19.95	19.92	11.55
美国	22.03	14.33	8.15	6.98	5.87	-15.04
美国/中国	2.62	1.01	0.42	0.35	0.29	

数据来源：主要来自世界银行数据库，以及胡鞍钢对 2020 年的估计。

表 7　城乡主要社会保险的参保人数（2001—2019 年）

单位：百万人

年份	养老保险	基本医疗保险		工伤保险	生育保险	失业保险
		职工	城乡居民			
2001	141.83	76.30	—	43.45	34.55	103.55
2002	147.37	94.00	—	44.06	34.88	101.82
2003	155.07	109.02	—	45.75	36.55	103.73

年份	养老保险	基本医疗保险		工伤保险	生育保险	失业保险
		职工	城乡居民			
2004	163.53	124.04	—	68.45	43.84	105.84
2005	174.88	137.83	—	84.78	54.08	106.48
2006	187.66	157.32	—	102.68	64.59	111.87
2007	201.37	180.20	42.91	121.73	77.75	116.45
2008	218.91	199.96	118.26	137.87	92.54	124.00
2009	235.50	219.37	182.10	148.96	108.76	127.15
2010	257.07	237.35	195.28	161.61	123.36	133.76
2011	283.91	252.27	221.16	176.96	138.92	143.17
2012	304.27	264.86	271.56	190.10	154.29	152.25
2013	322.18	274.43	296.29	199.17	163.92	164.17
2014	341.24	282.96	314.51	206.39	170.39	170.43
2015	353.61	288.93	376.89	214.33	177.71	173.26
2016	379.30	295.32	448.60	218.89	184.51	180.89
2017	402.93	303.23	873.59	227.24		187.84
2018	419.02	316.81	1027.78	238.74		196.44
2019	434.88	329.25	1 024.83	254.78		205.43

数据来源：中国国家统计局官方网站，《中国统计年鉴2020》。

表8 社会保险基金的资金收入（2001—2019 年）

单位：十亿元

年份	基本养老保险	基本医疗保险 （城市地区）	失业保险	工伤保险	生育保险
2001	248.90	38.36	18.73	2.83	1.37
2002	317.15	60.78	21.56	3.20	2.18
2003	368.00	89.00	24.95	3.76	2.58
2004	425.84	114.15	29.08	5.83	3.21
2005	509.33	140.53	34.03	9.25	4.38
2006	631.98	174.71	40.24	12.18	6.21

年份	基本养老保险	基本医疗保险（城市地区）	失业保险	工伤保险	生育保险
2007	783.42	225.72	47.17	16.56	8.36
2008	974.02	304.04	58.51	21.67	11.37
2009	1 149.08	367.19	58.04	24.01	13.24
2010	1 387.29	430.89	64.98	28.49	15.96
2011	1 800.48	553.92	92.31	46.64	21.98
2012	2 183.02	693.87	113.89	52.67	30.42
2013	2 473.26	824.83	128.89	61.48	36.84
2014	2 761.99	968.72	137.98	69.48	44.61
2015	3 219.55	1 119.29	136.78	75.42	50.17
2016	3 799.08	1 308.43	122.89	73.69	52.19
2017	4 661.38	1 793.13	111.26	85.38	64.30
2018	5 500.53	2 138.44	117.11	91.30	78.10
2019	5 702.59	2 442.09	128.42	81.94	

数据来源：《中国统计年鉴2020》。

表9 联合国开发计划署发布的19个西方国家及中国的基尼系数

国家	2015年基尼系数	排名	国家	2015年基尼系数	排名
挪威	27.0	1	加拿大	33.8	12
芬兰	27.4	2	葡萄牙	33.8	12
比利时	27.4	2	澳大利亚	34.4	14
荷兰	28.5	4	希腊	34.4	14
丹麦	28.7	5	西班牙	34.7	16
瑞典	28.8	6	英国	34.8	17
			意大利	35.9	18
奥地利	29.7	7			
法国	31.6	8	美国	41.4	19
德国	31.9	9			

国家	2015 年基尼系数	排名	国家	2015 年基尼系数	排名
瑞士	32.7	10			
爱尔兰	32.8	11	中国	43.4	20

数据来源：联合国开发计划署人类发展报告。

注：根据开发署的数据，中国的基尼系数在所涵盖的期间（2010—2018 年）为 38.5。世界银行的数据库也显示，中国的基尼系数在 2016 年是 38.5，但如今它要高得多。根据中国国家统计局公布数据，中国的基尼系数在 2019 年是 46.5，低于 2008 年的 49.1。由于我们没有中国 2015 年的可比数据，我个人估计为 43.4。无论如何，这与中国的基尼系数比美国高约 2 个百分点，并远高于表中其他国家这一事实并不矛盾。

表 10　20 个西方国家及中国的人类发展指数、性别发展指数及排名（2019 年）

国家	人类发展指数	人类发展指数排名	性别发展指数	性别发展指数排名
挪威	0.957	1	0.045	6
澳大利亚	0.944	8	0.097	25
新西兰	0.931	14	0.123	33
美国	0.926	17	0.204	46
爱尔兰	0.955	2	0.093	23
荷兰	0.944	7	0.043	4
加拿大	0.929	16	0.080	19
瑞典	0.945	7	0.039	3
德国	0.947	6	0.084	20
瑞士	0.955	3	0.025	1
法国	0.901	26	0.049	8
芬兰	0.938	11	0.047	7
比利时	0.931	14	0.043	4
丹麦	0.940	10	0.038	2
西班牙	0.904	25	0.070	16
希腊	0.888	32	0.116	29
意大利	0.892	29	0.069	14

国家	人类 发展指数	人类发展 指数排名	性别发展 指数	性别发展 指数排名
奥地利	0.922	18	0.069	14
英国	0.932	13	0.118	31
葡萄牙	0.864	38	0.075	17
中国	0.761	85	0.168	39

数据来源：联合国开发计划署 2020 年人类发展报告。

表 11　中国城镇居民年人均可支配收入和农村居民年人均净收入（1978—2020 年）

	比率［1］／［2］	城镇居民年人均可 支配收入（元）［1］	农村居民年 人均净收入（元）［2］
1978	2.57	343	133
1979	2.53	405	160
1980	2.50	477	191
1981	2.24	500	223
1982	1.98	535	270
1983	1.82	564	309
1984	1.84	652	355
1985	1.86	739	397
1986	2.13	900	423
1987	2.17	1 002	462
1988	2.17	1 180	544
1989	2.28	1 373	601
1990	2.20	1 510	686
1991	2.40	1 700	708
1992	2.58	2 026	784
1993	2.80	2 577	921
1994	2.86	3 496	1 221
1995	2.71	4 283	1 577
1996	2.51	4 838	1 926

	比率［1］／［2］	城镇居民年人均可 支配收入（元）［1］	农村居民年 人均净收入（元）［2］
1997	2.47	5 160	2 090
1998	2.51	5 425	2 162
1999	2.65	5 854	2 210
2000	2.79	6 280	2 253
2001	2.90	6 859	2 366
2002	3.11	7 702	2 475
2003	3.23	8 472	2 622
2004	3.21	9 421	2 936
2005	3.22	10 493	3 254
2006	3.27	11 759	3 587
2007	3.33	13 785	4 140
2008	3.31	15 780	4 760
2009	3.33	17 174	5 153
2010	3.23	19 109	5 919
2011	3.13	21 810	6 977
2012	3.10	24 565	7 916
2013	2.98	26 467	8 896
2014	2.92	28 844	9 892
2015	2.90	31 195	10 772
2016	2.72	33 616	12 363
2017	2.71	36 396	13 432
2018	2.69	39 251	14 617
2019	2.64	42 359	16 021
2020	2.56	43 834	17 131

数据来源：1978—2008 年的数据来自《新中国六十年统计资料汇编》，由国家统计局综合统计司编纂；2009—2020 年的数据来自中国国家统计局。

表 12　中国各省份城镇和农村地区的人均年收入

2006 年比率 [1]／[2]*	2019 年比率 [1]／[2]*	城镇地区		农村地区	
		地区	2019 年可支配 收入（元）[1]	地区	2019 年净 收入（元）[2]
3.27	2.64	全国平均	42 358.8	全国平均	16 020.7
2.41	2.55	北京	73 848.5	北京	28 928.4
2.29	1.86	天津	46 118.9	天津	24 804.1
2.71	2.32	河北	35 737.7	河北	15 373.1
3.15	2.58	山西	33 262	山西	12 902.4
3.10	2.67	内蒙古	40 782.5	内蒙古	15 282.8
2.53	2.47	辽宁	39 777	辽宁	16 108.3
2.68	2.16	吉林	32 299.2	吉林	14 936
2.58	2.07	黑龙江	30 944.6	黑龙江	14 982.1
2.26	2.22	上海	73 615.3	上海	33 195.2
2.42	2.25	江苏	51 056.1	江苏	22 675.4
2.49	2.01	浙江	60 182.3	浙江	29 875.8
3.29	2.44	安徽	37 540	安徽	15 416
2.84	2.33	福建	45 620.5	福建	19 568.4
2.76	2.31	江西	36 545.9	江西	15 796.3
2.79	2.38	山东	42 329.2	山东	17 775.5
3.01	2.26	河南	34 201	河南	15 163.7
2.86	2.29	湖北	37 601	湖北	16 390.9
3.09	2.59	湖南	39 841.9	湖南	15 394.8
3.15	2.56	广东	48 117.6	广东	18 818.4
3.10	2.54	广西	34 744.9	广西	13 675.7
2.88	2.38	海南	36 016.7	海南	15 113.1

		城镇地区		农村地区	
2006 年比率 [1]／[2]*	2019 年比率 [1]／[2]*	地区	2019 年可支配 收入（元）[1]	地区	2019 年净 收入（元）[2]
3.11	2.46	四川	36 153.7	四川	14 670.1
4.59	3.20	贵州	34 404.2	贵州	10 756.3
4.47	3.04	云南	36 237.7	云南	11 902.4
3.67	2.89	西藏	37 410	西藏	12 951
4.02	2.51	重庆	37 938.6	重庆	15 133.3
4.10	2.93	陕西	36 098.2	陕西	12 325.7
4.18	3.36	甘肃	32 323.4	甘肃	9 628.9
3.81	2.94	青海	33 830.3	青海	11 499.4
3.32	2.67	宁夏	34 328.5	宁夏	12 858.4
3.24	2.64	新疆	34 663.7	新疆	13 121.7

数据来源：《中国统计年鉴 2020》。

注：＊表示由作者计算得出。

表 13　六组省份的不同城乡个人收入比（2006 年和 2019 年）

2006 年

组一 <2	组二 2.0—2.5	组三 2.5—3.0	组四 3.0—3.5	组五 3.5—4.0	组六 >4
	天津 上海 北京 江苏 浙江	河北 辽宁 吉林 黑龙江 福建 江西 山东 湖北 海南	湖南 山西 内蒙古 安徽 河南 广东 四川 广西 宁夏 新疆	西藏 青海	重庆 甘肃 贵州 云南 陕西
N = 0	N = 5	N = 9	N = 10	N = 2	N = 5

2019 年

组一 <2	组二 2.0—2.5	组三 2.5—3.0	组四 3.0—3.5	组五 3.5—4.0	组六 >4
天津（1.9）	辽宁 吉林 上海 江苏 安徽 福建 江西 山东 河南 湖北 广西 海南 重庆 四川 黑龙江 浙江 河北	北京 山西 内蒙古 湖南 广东 云南 西藏 山西 青海 宁夏 新疆	甘肃 贵州		
N = 1	N = 17	N = 11	N = 2		

数据来源：表 12。

注　释

引言

1. 利比亚政府在美国的施压之下放弃了核计划，随后即被美国所支持的国际联盟推翻。而朝鲜在美国的重压之下仍坚持其核计划。有一种观点认为，朝鲜之所以敢这么做是因为背后有中国支持，而美国也不敢对朝鲜展开军事攻击。历史证明，对于一个国家来说，拥有武器永远比拥有盟友更可靠。

第一章　破除关于美国和中国的迷思

1. 政治科学文献充斥着不少迷思，例如：Ha-Joon Change, *Bad Samaritans. The Myth of Free Trade and the Secret History of Capitalism*, New York, Bloomsbury, 2008；Paolo Urio, *China, the West and the Myth of the New Public Management*, London & New York, Routledge, 2012。

2. 当然，此处也可以用"米开朗琪罗创作的大卫形象是男性美的标杆"举例。

3. 英国历史学家露西·沃斯利也通过类似的方式揭露了关于英、美两国的不少迷思，这些都被主流历史学家认定为"历史事实"，实则却是谎言。她为英国广播公司制作了多部电视节目，其中部分可在视频网站优兔观看。

4. Urio 2018 and 2019, chapter 6.1. 还有另一个国家——俄罗斯，也常被所谓的主流专家描绘成可怕的敌人。再加上中俄两国在贸易、国际金融、军事等领域都组成了伙伴关系，俄罗斯的威胁更加令人担忧。可参阅 Jeremy Kuzmarov and John Marciano, *The Russian Are Coming, again. The first cold war as tragedy, the second as farce*, New York, Monthly Review Press, 2018。

5. Aviva Chomsky, 2018.

6. 美国此举成功还有另一个因素：美国动用一票否决权阻止了中国获得安理会合法席位，苏联因此抵制联合国安理会，拒绝出席会议，最终因缺席而没能对朝鲜战争使用一票否决权。而美国直到1979年1月1日才正式承认中华人民共和国的合法地位。

7. Stone, 1952 – 1970, Cumings 2005 and 2011, Bovard 2020, Leebaert 2011, Conway-Lanz 2006,

Hanley et al. 2001.

8. Jullien 2005，pp. 9 – 11.

9. Pirazzoli-T'Serstevens（2007），*Giuseppe Castiglione*；Michel Cartier（ed.），*Giuseppe Castiglione dit Lang Shining*，*1688 – 1766*，*Jésuite italien et peintre chinois*，Paris，Favre，2004.

10. Zakaria 1997.

11. Losurdo 2011，Losurdo 2007.

12. 皮埃尔·范登伯格首次使用这一术语是在他的著作中：*Race and Racism. A Comparative Perspective*，New York，Wiley，1967。

13. 从《独立宣言》签署方的社会地位可以看出。更多相关内容请参阅 Losurdo 2011，pp. 102 – 125，323 – 344。

14. 值得注意的是，立法虽然推动了白人获得普遍选举权，但同时也让黑人离选举权和政府职位更加遥远了，直至 1965 年《选举权法》通过，这一境况才得到了改善。

15. 第二章第一部分将对此展开阐述。可参阅潘卡杰·米什拉的相关著作，正如丹尼尔·因莫瓦尔的评论文章标题《只有在底层才能看清自由主义的真相。潘卡杰·米什拉为何比许多自由主义的强大追随者更能看清这一意识形态的局限》（Immerwahr 2020）。特别参阅：Pankaj 2020 and 2013。

16. Stone 1997.

17. Polanyi 2001.

18. 例如，被认为是社会市场经济模式创始人的威廉·勒普克和瓦尔特·欧根。

19. Urio 1999.

20. Friedman 1982.

21. 新公共管理理论的主要特点有：优先经济效率；保护产权；人被视为消费者而非公民；强调财政纪律；大规模私有化，包括社会政策在内；市场去管制化，包括国内和国际市场，包括且不仅限于所有金融市场；消除外商直接投资障碍；限制对高收入个人和企业征税以促进商业投资（即经济学的"涓滴效应"）；边缘化工会。可参阅：Urio 2012。

22. Stiglitz 2013.

23. Stiglitz 2002，2010，2013，2016；Wallach 1998，2013，2017；Kelsey 2011；Jäcklein 2014；关于"投资者 – 国家争端解决"的评论，请参阅 Eberhardt 2016。

24. Le Corre，and Pollack 2016.

25. https：//en. wikipedia. org/wiki/East_ Asian_ foreign_ policy_ of_ the_ Barack_ Obama_ administration（访问于 2017 年 5 月 22 日）；关于美国"转向亚洲"战略，见 Kenneth Lieberthal（2011）and Clinton，Hillary（2011）。

26. TPP 的 12 个成员国分别为：澳大利亚、文莱、加拿大、智利、日本、马来西亚、墨西哥、新西兰、秘鲁、新加坡、美国（截至 2017 年 1 月 23 日）和越南。关于遏制中国的战略，参阅 McCoy 2015。

27. TTIP 项目的长期支持者包括在欧盟委员会和美国商务部资助下成立于 1995 年的跨大西洋商业委员会，TPP 项目也得到了跨国企业（尤其是美国医药及烟草行业的跨国企业）的支持。

28. Urio 2012.

29. Urio 2012，pp. 109 – 144.

30. Urio 2019，p. 245.

31. 本书第二章、第三章将对此进行进一步分析。

32. Almond and Powell 1966，Almond and Verba 1963.

33. Nye 2004，2008，2011，2015.

34. 在特朗普任职期间，这一恐吓手段通常以公开声明的形式出现，他声称"所有选择都已摆在面前"，不过这并非特朗普政府独有。早在 2016 年的国情咨文演讲中，奥巴马就已经表明，军事力量是美国力量的重要组成部分。

35. 参阅 Blinken and Kagan 2019，and Biden 2020，对后者的精彩分析参阅 Bandow 2020a。班陡（Bandow）是卡托研究所（Cato Institute）高级研究员，曾任里根总统特别助理。对于 Blinken and Kagan 2019，值得注意的是，当时，布林肯（Blinken）即将成为拜登政府国务卿，卡根（Kagan）是最具影响力的新保守主义人士之一。在这篇文章中，他们写道："大力推行'美国优先'战略只会使其本身带有的民族主义、单边主义和仇外心理更严重。但若选择另一条道路，即按照意识形态领域各个思想家所建议的——我们管得太宽，需要有所收敛，却全然不顾这样做的后果，也行不通。就像 20 世纪 30 年代，那样做反而加剧了全球冲突。但在二战后，美国持续参与国际事务，与其他民主国家建立强大的盟友关系，制定规则，建立国际关系组织，使世界达到了空前的繁荣、民主和安全，而美国从中获益最多。那时的世界并不完美，却比任何其他选项更好。"

36. Kagan 2012a.

37. Biden 2020.

38. Biden 2020.

39. Kagan 2017b。另推荐阅读罗伯特·卡根的以下著作：*The Return of History*（Kagan 2008）；*The World America Made*（Kagan 2012b）；'Superpowers don't get to retire：what our tired country still owes to the world'（Kagan 2014）。

40. Kent 2012.

41. State of the Union address 201，（Obama 2016）。另一项大型协议 TTIP 也有着同样的政策目标，其目的是遏制俄罗斯。

42. Schadlow 2020。沙德罗（Schadlow）是美国学者、国防事务政府官员，曾在 2018 年短期任特朗普的总统助理和国家安全战略副顾问。

43. Biden 2020。另参阅 Joseph R. Biden and Michael Carpenter，'How to Stand Up to the Kremlin,' *Foreign Affairs*，January/February 2018；关于副总统卡玛拉·哈里斯参阅 Caleb Maupin，*Kamala Harris and the Future of America：An Essay in Three Parts*，Center for Political Innovation，2020。关于拜登团队参阅：Jake Johnson，'Biden Quietly Adds Goldman Sachs, Big Tech Officials to Transition,' *Consortium News*，22 December 2020；Jonathan Guyer，'How a Biden Adviser Got a Gig With Uber,' *Prospect. org*，8 July 2010；Medea Benjamin and Marcy Winograd，'Why Senators Must Reject Avril Haines for Intelligence,' *Common Dreams*，29 December 2020。另可参阅一位主流媒体

记者关于中美关系更客观的分析：Fared Zakaria, 'The New China Scare. Why America Shouldn't Panic About Its Latest Challenger,' *Foreign Affairs*, 6 December 2019。

44. Kluth 2020. 这些"建制派"成分已得到普遍认同。由于篇幅有限，在此无法详细解释"建制派""势力集团""深层国家""影子政府""外交政策建制派"等概念的含义。可参阅 Lofgren (2016), Scott (2017), Engelhardt (2014)。

45. 可参阅以下有影响力政治家、资深行政官员、学者和智库的相关陈述：美国国务院欧洲及欧亚事务局前助理国务卿（2013 – 2017 年）、在 2014 年乌克兰政变中扮演重要角色的 Victoria Nuland, 'Pinning Down Putin,' *Foreign Affairs*, July/August 2020；美国国家安全顾问 Robert C. O'Brien, 'How China Threatens American Democracy. Beijing's Ideological Agenda Has Gone Global,' *Foreign Affairs*, 21 October 2020；胡佛研究所高级研究员、斯坦福大学教授 Michael McFaul, 'How to Contain Putin's Russia,' *Foreign Affairs*, 19 January 2021；普林斯顿大学政治与国际事务教授 Aaron L. Friedberg, 'An Answer to Aggression,' *Foreign Affairs*, September/October 2020；最著名的汉学家之一 Rana Mitter, 'The World China Wants,' *Foreign Affairs*, January/February 2021；最具影响力的智库网站之一 Constanze Stelzenmüller, 'Stronger together：A strategy to revitalize trans-Atlantic power,' *Brookings*, 14 December 2020；Andrea Kendall-Tylor, Erica Frantz, and Joseph Wright, 'The Digital Dictators. How Technology Strengthens Autocracy,' *Foreign Affairs*, March-April 2020。肯德尔 – 泰勒（Kendall-Tylor）是美国新安全中心跨大西洋安全计划总监，弗朗茨（Frantz）是密歇根州立大学政治科学助理教授，赖特（Wright）是宾夕法尼亚州立大学政治科学教授。

46. 可参阅最具影响力的美国战略家之一布热津斯基（Brzezinski）的文章，标题为《走向全球重组：美国主导全球时代已落幕，将继续引领全球力量结构重组》（Brzezinski 2016）。

47. Alex Fang et al., 'Team Biden says America is back. But is Asia ready to welcome it？'（Fang et al. 2020）。

48. Barfield 2021.

49. 只需在互联网搜索即可了解到拜登团队成员的职业生涯和政策方向，尤其是关键职位人员，如：维多利亚·纽兰（副国务卿）、安东尼·布林肯（国务卿）、劳埃德·奥斯汀将军（国防部长），以及埃夫丽尔·海恩斯（国家情报总监）。要获取完整信息，除了主流媒体以外，还可通过一些小众但重要的网站进行补充，包括：Politico, Consortium News, American Prospect, Truthout, AntiWar；以及传统保守派网站：Ron Paul Institute, Lew Rockwell, The Future of Freedom Foundation。

50. Wallerstein 2006, p. 1.

51. 引用自 Wallerstein 2006, p. 9，原引文出处：Las Casas 1974，另参阅 Las Casas 1992, chapters 31, 32 and 33, 特别参阅 pp. 204 – 220。

52. Fukuyama 1989 and 1992.

53. Kagan 2017b.

54. Wallerstein 2006.

55. Kagan 2012b.

56. Bell 2006，pp 4 – 5.

57. 《世界人权宣言》不是一项国际条约。因此，签署方若不遵守文件中的人权要求，无须负法律责任，但签署方至少有遵守的道德义务。

58. Losurdo 2011.

59. 我们可以看到，目前中国人民对共产党领导中国从落后的农村社会转变为较为富裕的城镇社会的方式是满意的。

60. Huntington 2011.

61. 2015 年，朱利安提出了"文明的对话"这一概念（Jullien 2015）。

62. 值得一提的是，最著名的中国新儒家学派人物之一陈祖为在处理儒家思想对民主制度可能的贡献时使用了"资源"一词："我认为，民主制度应该以强大的道德基础和可替代机制为补充，而儒家资源可以提供这些补充。"可参考 Chan 2014，Chapter 5，p. 90 of paragraph 'Combining Democracy and Confucian Values,' pp. 90 – 94。后文将对陈祖为的著作展开讨论。

63. Friedman 1982.

64. Prins 2011 and 2018，Stiglitz 2010. 根据 Nomi Prins（2011 and 2018），"2008 年之前的 5 年，'标准普尔'不经严格审查就批准了共 14 万亿美元的有毒资产，导致了 2008 年全球金融危机。这样'开绿灯'的行为让华尔街得以制造这些资产并售卖到全球各地，赚得盆满钵满"。另可参阅 Joseph Stiglitz 2010 了解 2008 年全球金融危机主要的始作俑者：金融行业的领导者（央行领导人尤其是美联储、银行和投资企业以及交易者），赞同新自由主义计划的主流经济学家和大众媒体，听从以上人士建议的政治家，不负责任的评级机构（在金融机构濒临破产时仍给它们最高评级），跨国企业及银行的首席执行官、资深交易员（他们继续拿着超高薪水和奖金）。同样的事情在本书撰写的此刻（2021 年 7 月）也仍在上演，只不过背景换成了新冠病毒感染疫情引发的经济危机。

65. Braudel 1979a，1979b.

66. "物质生活"可简单定义为"厨房花园经济"，即不存在市场经济中起着重要作用的价格和供需关系，只存生存需求，而这种需求可通过家庭成员之间的合作得到满足。

67. Braudel 1979a，vol. 2，pp. 8 – 9；另参阅 pp. 542 – 546。

68. Braudel 1979b，pp. 113 – 114.

69. Chayes 2020a and 2020b，on Chayes 2020a see Parramore 2020. 亦可参阅 Schweizer 2020，Prins 2018，Grundvig 2016，Angell 2005，Craig 2005。

70. Canfora 2002，2006，2008，2009，2010，and 2017；Canfora and Zagrebelsky 2014.

71. 关于这一点有大量相关文献论述，包括罗伯特·卡根（最具影响力的新保守主义代表人物之一）的著作以及美国官方文件。可参阅：Kagan 2008，2012a，2012b，2014，2017a，2017b；以及美国官方文件：U. S. A 2016a，U. S. A 2016b，Trump 2017，U. S. A 2018a，U. S. A 2018c；布鲁金斯学会等有影响力智库发布的文件：Chollet et al.（2017）。

72. Biden and Carpenter 2018，Biden 2020.

73. 可参阅自由放任主义者的网站（https：//www. lp. org/），罗恩·保罗研究所的网站（http：//ronpaulinstitute. org/）以及卢·罗克韦尔的评论网站（https：//www. lewrockwell. com/），他们骄

傲地展示自己的信条。

74. Canfora and Zagrebelsky 2014. 关于审查制度，可参阅 MacLeod 2020，Johnstone 2021a and 2021b and Cashill 2020，Lauria 2021，Kendall and McKinnon 2020；关于政治宣传，可参阅 Alford and Secker 2017，McGovern 2020，Pike 2020，Norton 2020a，Norton 2020b，and Singh 2020；关于间谍行为，可参阅 Zuboff 2019b and 2021，Starr 2019，Walker 2020，Vos 2020，Napolitano 2020，Koepke et al. 2020。

75. 图尔西·加巴德是美国夏威夷州联邦众议员，公开反对美国政府的长期战争和政权更迭政策。她曾在叙利亚服务于美国军队，甚至曾与总统巴沙尔·阿萨德会面，希望收集关于该国形势的第一手信息。在民主党内初选辩论时她表现良好，特别是披露了她在加利福尼亚州任公诉人时所掌握的卡玛拉·哈里斯的一些不良行径。许多媒体认为，她在"毁了"哈里斯的同时也毁了自己的总统梦。建制派也勃然大怒，因为没有人胆敢攻击美国外交政策的"好战"这一传统特征，更没有人胆敢与敌人见面！不仅如此，今日俄罗斯电视台的英语节目还经常称她是"有意思的一位候选人"。显然，这一切实在对她太不利了。不久后，主流媒体便开始在建制派主要代表的支持之下大肆抨击她，其中，希拉里扮演了龌龊（已是最轻的措辞）的角色。后来，加巴德退出了竞选，哈里斯成了美国副总统。

76. Urio 2019，pp. 230 - 283. 特朗普的外交政策主张与建制派利益不符，他提出与俄罗斯及朝鲜进行谈判、废除北约组织（并清晰表明至少需要减少美国的投入而增加欧洲国家的投入）、降低美国债务水平、减少军费支出、减少海外军事干涉、从阿富汗和叙利亚撤军，他还抨击了各种国际贸易和投资协定。这意味着军费支出减少，军工复合体的利益将受到损失。他唯一对建制派有利的提案是将中国视为美国主要的竞争对手，或许还有针对以色列的某些行动，这些行动暂未撤销。

77. Biden 2020，标题为《为什么美国必须再次领导世界——拯救特朗普之后的外交政策》。此外，拜登团队中也有不少鹰派人士，许多曾是奥巴马班子的成员。

78. 在阿金的辞职信中，他表示："在 NBC 的工作体验非同寻常，我作为一个平民身处一群将军之中。"美国所有广播和有线网络都雇用前军事指挥官做发言人，由他们宣布美国对于各种战争的官方立场。其实，NBC 聘请的其中一位"平民"专家评论员就是中情局前局长约翰·布伦南。参考网站：https：//www. wsws. org/en/articles/2019/01/05/arki-j05. html。

79. Le Bon（1905），Edward Bernays（1928），Zuboff（2019b）. 这 3 本著作分别是：Le Bon：*Psychologie des foules*；Bernays：*Propaganda*；Zuboff：*The Age of Surveillance Capitalism：The fight for a human future at the new frontier of power*。

80. Creel 2012，p. 3，标题为：《我们如何宣传美国：美国公共情报委员会倾情讲述美国故事，把美国主义福音散布到世界各地》；另可参阅 Ponsonby，Arthur（1928），*Falsehood in War-Time：Propaganda Lies of the First World War*；庞森比（Ponsonby）有一句经常被引用的格言："在战争中，第一个倒下的是真理。"

81. Creel 2012，p. 14.

82. Anderson 2015，pp. 1 - 2.

83. 可参阅文章 Louise（2020）：' These 6 corporations control 90% of the media outlets in America. The

illusion of choice and objectivity'；以及 Vinton（2016）：'These 15 Billionaires Own America's News Media Companies'。

84. 政府规定监管机构有监管这些领域（以及私有化的国有企业）的职责。当监管者和被监管者来自同样的大学，接受同样的训练，价值观一致，通常还有同样的工作经历（都在受监管的组织中工作过），屡次出现监管者包庇被监管者的情况也不足为奇。2008 年全球金融危机就是一个例子，参见：*Los Angeles Times*，October 6，2008（'Regulator takes heat over IndyMac Bank failure'）；*The Washington Post*，November 23，2008（'Banking regulator played advocate over enforcer'）；*Dollar&Sense Real World Economics*，available online at：www. dollarsense. org（accessed 12 March 2009）。

85. 这一原则与西方国家逐步实行自由民主的实践相符合。很长时间以来，只有被认为拥有足够知识的公民才能获得投票权，其评价标准有：（1）拥有足够的财富，以纳税额为指标；（2）在经济体系中的作用，妇女则因不参与经济体系无法满足这一标准；（3）识字水平，这一标准通常用于排除非洲裔美国人。

86. Canfora，*L'imposture démocratique*，p. 80.

87. Canfora 2002b，pp. 80 – 81. 该著作持主流传统观点，即：无论一个组织的意识形态是民主还是独裁性质，都会出现寡头统治。参见：Robert Michels，*Political Parties*：*A Sociological Study of The Oligarchical Tendencies of Modern Democracy*，New York，Collier，1962；Gaetano Mosca，*Ruling Class*，London，McGraw-Hill，1960；C. Wright Mills，*The Power Elite*，Oxford Press（USA），1956。

88. Galbraith 2008，pp. 15 – 24.

89. 众所周知，世界银行、国际货币基金组织、世界贸易组织等自称具有全球监管作用的国际组织，在运行中都不具备真正民主组织的特点。

90. Wang Hui 2009，p. xxx.

91. Wang Hui 2009，p. xxxii.

92. 例如，奥巴马的讲话就强调了军事资源作为美国力量基础的重要性。

93. 如：U. S. A 2016a，U. S. A 2016b；Trump 2017，U. S. A 2018a，U. S. A 2018b，U. S. A 2018c，以及布鲁金斯学会等有影响力智库的文件，Chollet et al.（2017）。

94. 值得一提的是，美国对日本的空中打击是从 1944 年中开始的，1944 年末的几个月战事激烈起来。攻击日本的计划早在太平洋战争之前就已制订，但仍然等到 B – 29 远程轰炸机（绰号"超级空中堡垒"）战斗就绪后才得以实施。参见：Wikipedia，Air Raids on Japan，https：//en. wikipedia. org/wiki/Air_ raids_ on_Japan，访问于 2021 年 1 月 5 日。

95. 罗斯福总统签署的《租借法案》承诺向苏联提供大量物资，在很大程度上拯救了苏联。这些物资包括（每月提供）：400 架飞机、500 辆坦克、5 000 辆汽车、10 000 辆卡车，大量的战防炮、高射炮、内燃机、野战电话、电台、摩托车、小麦、面粉、糖，20 万双军靴、50 万双外科手套、15 000 把截肢刀。至 1941 年 10 月底，已经运送了 100 架轰炸机、100 架战斗机、166 辆坦克，备用零件和弹药齐全，此外还有 5 500 辆卡车。参见：Chung 2020a，2020b。物资统计总数参阅美国国务院对外的外交政策发布平台：https：//share. america. gov/america-sent-equipment-to-soviet-union-in-world-war-ii/，访问于 2021 年 1 月 5 日。

96. 苏联有 2 000 万～2 600 万人丧生，包括数百万平民。而美国同期的死亡人数为 41.9 万（其中只有 12 100 人为平民）。数据来源：Wikipedia, *World War II casualties*。

97. Lacroix-Riz 2014，pp. 31－46；Migone 2015，pp. 141－149，165－170.

98. 根据美国战略轰炸调查团数据，自 1944 年 1 月至 1945 年 8 月，美国总计在日本上空投下 157 000 吨炸弹，估计日本死亡人数为 33.3 万，其中 1944 年 8 月 8 日就有 8 万人死亡，广岛原子弹爆炸导致约 6 万人死亡，3 天后的长崎原子弹爆炸则导致约 4 万人死亡。其他统计估算数量更高。根据美联社在 2015 年 3 月 9 日发表的文章，这一时期日本总人口为 7 200 万左右，所述事件导致了其中 1 500 万人流离失所。参见：https：//www. tampabay. com/author/associated-press/，访问于 2020 年 12 月 2 日。

99. Martyanov 2018，2019，2021，Ch. 7.

100. Obama 2015. 奥巴马此处指的是伊朗核协议。

101. 参见：Turse 2012a，2012b 关于"新奥巴马主义"的内容；Turse 2017a，2018 and 2020 关于特种作战部队的内容。这些文章中含有地图，可以供读者了解作战所在地区。另可参阅图尔斯（Turse）定期在网站 www. tomdispatch. com 更新的内容。图尔斯是记者、历史学家、国家研究所研究员。

102. Turse 2017b.

103. Turse 2016 and 2017b.

104. *Washington Blog* 2015.

105. Salazar Torreon 2020.

106. 这位国务院历史学家在自己的网站上进一步将美国外交政策历史划分为几个"里程碑"。其中，题为"《印第安条约》与 1830 年《印第安人迁移法》"的里程碑这样写道："美国政府利用《印第安条约》将印第安人驱逐出部落土地，随后又通过 1830 年《印第安人迁移法》强化这一机制。如果遇到失败，政府有时会不顾条约和最高法院的判决，强行向西扩张增加欧裔美国人的领土。19 世纪以来，贪图土地的美国人涌向南边海岸，开始进入后来的亚拉巴马州和密西西比州；由于这一地区的印第安人被视为西部扩张的主要障碍，白人定居者便向联邦政府请愿驱逐他们。托马斯·杰斐逊和詹姆斯·门罗两任总统都提出东南地区的印第安部落应用他们的土地与密西西比河西边的土地交换，但没有执行。事实上，第一次大型的换地行动是战争的结果。"

107. 关于北约组织秘密军队参见：Ganser 2005；关于北约曾发动的非法战争参见：Ganser 2016 and Jones 2017；关于干涉他国竞选参见：Shane 2018 and Levin 2016；关于在他国推动政变参见：Blum 2013－2014，2014a，b，2018，and Valentine 2017；关于秘密监狱参见：Marty 2018，pp. 153－193。

108. 受伤害的人包括但不限于 530 万阿富汗人（即战争前国家人口的 26%）、370 万巴基斯坦人（即战争前国家人口的 3%）、440 万也门人（即战争前国家人口的 24%）、420 万索马里人（即战争前国家人口的 46%）、170 万菲律宾人（即战争前国家人口的 2%）、920 万伊拉克人（即战争前国家人口的 37%）、120 万利比亚人（即战争前国家人口的 19%）、710 万叙利亚人（即战争前国家人口的 37%）。参见 Vine et al. 2020，p. 17。

109. U. S. Department of the Treasury. "Sanctions Programs and Country Information." Accessed June 16，2021.

110. Vohra 2020.

111. 此前，美国政府就已通过对法国巴黎银行、德意志银行、英国汇丰银行以及法国企业阿尔斯通罚款赚取了数十亿美元。

112. 例如，美国曾向戈尔巴乔夫保证北约和欧盟不会东扩，以此换取苏联对德国统一的支持。这一承诺在很长时间内都是争端的根源。公开发布的解密文件显示，美国的确做出了该承诺，参见：Smith Yves, Newly-Declassified Documents Show Western Leaders Promised Gorbachev that NATO Would Not Move "One Inch Closer" to Russia, *Naked Capitalism*, 15 December. 该文出自 www. nakedcapitalism. com/2017/12/newly-declassified-documents-showwestern-leaders-promised-gorbachev-nato-notmove-one-inch-closer-russia. html，访问于 2018 年 1 月 3 日。另参阅 Richard 2018，标题为：《孤独的俄罗斯：莫斯科无法加入"欧洲大家庭"》。

113. Blinken 2021.

114. Nye 2004，pp. 5 – 6，另见 2012，pp. xiii – xviii，3 – 4，81 – 109。

115. Urio 2018，pp. 36 – 43.

116. 关于"传达清楚的信息"实例，参见：Bandow（2020b）'When Washington Sends a Message by Threatening War. Other Countries Hear "Build Nukes!"' *AntiWar. com*。

117. Cumings 2005 and 2011；Stone，Isidor，1952；Bovard 2020；Leebaert 2011；Conway-Lanz 2006. 美国对朝外交政策和朝鲜战争历史简介参见：Cumings，2017。卡明斯（Cumings）在 2011 年的著作中写道："美国本想牢牢把握局势，赢得这场战争，但最后却只能眼睁睁地看着胜利从手中溜走，战争慢慢被遗忘。其主要原因在于，美国根本不了解自己的敌人，到今天仍然如此。因此，这本书也旨在揭露大多数美国人不知道甚至不想知道的真相，因为有些真相很可能令他们感到自尊扫地。"还可见：Abrams，*Immovable Object*：*North Korea's 70 Years at War with American Power*，2020。

118. 见前文引自贝拉克·奥巴马、罗伯特·卡根和约瑟夫·拜登的内容。

119. 美国军队的"恶劣行径"这一重要主题在此不做详述，只需寥寥数例便可勾画：二战期间向日本本土投下原子弹、印第安人大屠杀（最著名的当数 1890 年的伤膝河大屠杀）、老根里大屠杀（1950 年，朝鲜半岛）、美莱村屠杀（1968 年，越南），以及伊拉克战争、阿富汗战争期间的多次屠杀行为。

120. https：//www. reuters. com/article/us-usa-politics-iran-idUSN2224332720080422.

121. Narayanan Soma Sundaram "Will China's Digital Yuan Vanquish the Dollar?" *Nikkei*，August 11，2021；https：//asia. nikkei. com/Spotlight/The-Big-Story/Will-China-s-digital-yuan-vanquish-the-dollar.

122. Ward 2020；see also the *Financial Times*：Brunsden 2020 et al.

123. Kluth 2020.

124. Barfield 2021.

125. "美国世纪"的说法源自美国媒体巨头亨利·卢斯于 1941 年 2 月 17 日在他的《生活》杂志发表的一篇著名文章。他在文章中敦促美国抛弃孤立主义，要承担起传教士的职责，要做世界的"无偿施救者"，传播民主观念。他号召美国加入二战，捍卫民主价值观。值得注意的是，卢斯出生于长期旅居中国的一个美国传教士家庭，15 岁离开中国前往美国读书。他建立了自己的媒体帝国，成为那个时代最具影响力的意见领袖之一。他还致力于教育中国走向现代化，带有美国"风味"的现代化。另可参阅 1973 年普利策奖获奖作品《卢斯与他的帝国》。

126. 后来，苏联解体，美国得以保持其唯一超级大国地位。见证这一时刻的老布什总统说了一句著名的话："我们说了算。"这与杜鲁门总统这一讲话一脉相承。

127. https：//millercenter.org/the-presidency/presidential-speeches/august-9-1945-radio-report-american-people-potsdam-conference，accessed 10 October 2020.

128. 关于向日本投下原子弹的犯罪性质，参阅 McNamara 2009。

129. 有意思的是，1952 年，在民主党执政长达 20 年（罗斯福和杜鲁门执政，1932—1952 年）后，共和党人终于赢得总统选举，随即愤怒谴责民主党人"弄丢了中国"。

130. 参阅达特茅斯学院（哈佛法学院）一位非洲裔美籍历史与法学教授的文章：Gordon-Reed Annette（2018），America's original Sin，*Foreign Affairs*，January/February。值得一提的是，该文章提及美国将奴隶制合法化的实践，但没有提及印第安人战争。迫使非洲人成为奴隶的做法在《独立宣言》颁布之前许久就已开始，1619 年，一艘武装民船"白狮子号"载着 20 个非洲奴隶，在当时还是英国殖民地的弗吉尼亚州的詹姆士镇登陆，参阅 *Slavery in America*，https：//www.history.com/topics/black-history/slavery#section_2，访问于 2020 年 12 月 27 日。

131. 这不仅发生在美国南部，很多美国北方的投资者也通过奴隶贸易发家致富。参阅：Anne Farrow，Joel Lang and Jenifer Frank，*How the North Promoted*，*Prolonged and Profited from Slavery*，New York，Ballantine Books，2006。

132. 参阅 Worland 2020，标题为《美国早该从结构性种族主义中觉醒》。

133. *Native News Online.net*，20 February 2017：http：//nativenewsonline.net/currents/us-presidents-words-concerning-American-indians（accessed 6 March 2017）. See for example the opinions of George Washington，Thomas Jefferson，and Theodore Roosevelt.

134. 这并非说当时没有反对屠杀印第安人的声音。如 1786 年 9 月 16 日的《哈珀周刊》就刊登了一张印第安人袭击马拉篷车队的照片，配文评论道："印第安人战争是白人挑起的，这无可置疑。每一个与印第安人签订的条约，只要破坏该条约符合白人的利益，那么条约定会被破坏。白人掠夺印第安人的土地，用威士忌使他们意志消沉，教他们背信弃义，利用'优越种族'的地位诓骗他们。为夺回属于自己的土地而战斗，这再有理不过了。"《哈珀周刊》是美国纽约的政治杂志，广受读者欢迎，由纽约哈珀兄弟公司出版，在 1857—1916 年间发行；主要刊登国内外新闻、小说、杂文、笑话、插图等，在当时这样的评论实属罕见。

135. 考虑到 20 世纪初日本在美国支持下殖民朝鲜半岛，我们就能理解朝鲜领导层对美国的看法，以及朝鲜为何热衷于提升其军事实力、避免再次受到入侵。参阅 A. B. Abrams，*Immovable Object：North Korea's 70 Years at War With American Power*，Atlanta，Clarity Press，2020。

136. 在一战期间，美国在政治宣传中将德国描绘成一个野蛮人的国家。参阅 Creel 2012，标题为《我们如何宣传美国：美国公共情报委员会倾情讲述美国故事，把美国主义福音散布到世界各地》。可参见：https：//www.forgottenbooks.com/en（first edition 1920）；Ponsonby 1928。

137. 耐人寻味的是，美国内战并不以这样的局面结束。北方战胜南方后获得了整个美利坚合众国的土地。

138. 例如，Harris 2014，p. 5。

139. "扩张"一词援引自杰斐逊总统 1801 年写给弗吉尼亚州州长詹姆斯·门罗的一封信，我将在本书第二章中进一步解释。

140. Gernet 1991，pp. 252 – 253.

141. Platt 2018. 普拉特（Platt）详细记录了英国使团这次耗时两年的访华之旅。这本著作对于想了解第一次鸦片战争起源和战争是否不可避免这一问题的读者而言是宝贵、重要的参考。总的来说，这本著作透彻地分析了从大清帝国衰落到大英帝国崛起的过渡历程。

142. Hancock 2017.

143. Urio 2019，pp. 43 – 82.

144. 例如，Chang 2001 and 2006，Wolton 2007，Sorman 2008。

145. 约瑟夫·斯蒂格利茨在其关于经济危机的书中也用了"市场机制"这个词来描述包括中国在内的东亚国家的改革：Stiglitz 2010，p. 245。

146. "我们的民族将再也不是一个被人侮辱的民族了，我们已经站起来了。"参见：Mao Zedong（1949）。

147. Bergère 1986，2007.

148. Peerenboom 2002，2006，2007.

149. Urio and Ying 2014.

150. 《外交世界》杂志刊登的两篇关于此类干预活动的文章非常清晰地展示了中国和西方国家之间的相似性：Zuboff 2019a，Raphaël and Ling Xi 2019。

151. 在冷战时期，名为中立国实则支持北约军事政策的瑞士像其他西方国家一样担忧苏联入侵。为应对这种可能性，瑞士政府采取了两大具有重要意义的非法政策：组建一支非法军队（和其他西方国家在冷战期间的做法相同），非法监听数千名左翼瑞士公民。后者显然是从历史先例中得到了启示，即侵略国总是会在被入侵国内找到很多愿意与其合作的当地精英。瑞士政府由此推测信仰马克思主义的苏联入侵者会从持有左翼政见的瑞士公民中得到支持。这些非法政策与其建立在法治基础上的自由民主政体的身份完全不符，在曝光后引发了舆论强烈的愤慨：民主政体并不能容忍非法行为，然而……

152. World Bank 2012.

153. Cunningham，Saich and Turiel 2020，Saich 2016；Forsythe 2015.

154. 《南华早报》曾有数篇文章报道了此类社会抗议活动。

155. Braudel 1979a，vol. 2，p. 262.

156. Dickson 2003，2008.

157. Stiglitz 2010，p. 245. 我非常欣喜地看到，斯蒂格利茨在其关于经济危机的书《自由市场的坠落》中也使用了"市场机制"一词来指代包括中国在内的东亚国家经济改革。

158. 例如：Longling Wei，'China Eyes Shrinking Jack Ma's Business Empire,' *Wall Street Journal*，29 December 2020。参见：https://www.wsj.com/articles/china-eyes-shrinking-jack-mas-business-

empire11609260092？mod＝djemalertNEWS，accessed 29 December 2020。

159. Jie Chen and Dickson 2008.

160. Urio 2010 pp. 119－152，Urio 2019，pp. 119－151.

161. Prins 2011 and 2018.

162. 在新中国成立初期的十几年，人均预期寿命由35岁提升至61岁，成人识字率由20%提升至70%，这些数据是估测，因为多数学者认为这一时期的数据并不都是可靠的。但是提升的幅度确实毋庸置疑。

163. 1963年1月29日，周恩来在上海科学技术工作会议号召科技工作人员实现四个现代化。1963年2月，聂荣臻在全国农业科学技术工作会议上特别强调四个现代化由农业现代化、工业现代化、国防现代化和科学技术现代化组成。"文化大革命"使四个现代化的实施受到了影响。1975年，周恩来在第四届全国人民代表大会一次会议上再次强调实现四个现代化，这是他生前最后几次公开活动之一（摘自维基百科"四个现代化"词条）。

164. 2010年，中国国务院公布了可得到政府扶持的七大战略性新兴产业：节能环保产业、新一代信息产业技术、生物科技、高端装备制造产业、新能源产业、新材料产业、新能源汽车。

165. *Forbes*，*The 2018 Global Talent Mobility and Wealth Management Report.*

166. 参见：新加坡《海峡时报》2017年10月24日报道（https：//www. straitstimes. com/asia/east-asia/china-a-strong-magnet-for-global-talent-forbesreport，2018年12月20日访问）。

167. FBI，2015.

168. Huang and Lo 2019.

169. 有关该战略的信息可检索《金融时报》，美国企业研究所网站，美国外交关系委员会（及其主办的《外交事务》杂志）网站，《南华早报》，财新网，新华社等的官方网站。

170. PRC 2015c.

171. European Chamber 2017，U. S. Chamber of Commerce 2017，Wübbeke 2016，PRC 2015c，Hu Angang and Ren Hao 2016.

172. Pence，2018.

173. Yip and Mickern 2016，p. 3.

174. U. S. 2018b.

175. 我不会讨论中国是否在所有综合国力方面均已超越美国这一话题，因为可以确定的是，在中国不犯严重错误的前提下经济实力有可能达到和美国相当的水平。考虑到中国目前没有犯重大错误，更有意思的课题是分析中国如何组织其权力资源的发展。

176. Sanderson 2019.

177. Ho Matt 2021.

178. Reuters Staff 2020，Flounders 2020.

179. Kania 2018.

180. Wall 2019，Deng and Fan 2020，Planetary 2020.

181. *Science Alert* 2020.

182. IHEP，2018.

183. IHEP, 2018.

184. Lee, 2018.

185. Fannin 2019. 此书专门写道："中国的高科技企业家充满了活力——疯狂工作，不知疲倦，雄心万丈，热情似火。他们让谷歌的创业者们相形见绌。"

186. Farrel et al. 2008.

187. Barton et al. 2013.

188. 有关消费已成为中国经济增长主要动力的话题详见经济学人智库发布的《中国消费者2030年前瞻》。

189. China Power Report 2018.

190. China Briefing 2019.

191. 考虑到普通中产阶层相对较低的收入，我们可能会倾向于将其排除出中产阶层范围并代之以富裕家庭。只有这些家庭才会真正地拉动消费！

192. 2019年的麦肯锡报告只分析了消费者整体的行为态度、消费模式和休闲习惯的重要趋势，关于他们对生活、成功、金钱和健康的态度，参见：Ho and al. 2019；关于如何评价中国日益扩大的中产阶层对政治制度的影响（例如，向"西式"民主化的转变）这一复杂课题，详见：Jie Chen and Chunglong Lu（2006），and Jie Chen（2013）。

193. 这项研究是持续时间最长的以中国人民对政府表现满意度为课题的追踪研究。参见：William Zheng 2020。

194. Cunningham，Saich and Turiel 2020.

195. Bairoch 1993. 此书列举了英国和美国在经济发展早期阶段采取的很多政策。例如，1875年美国制造产品的平均关税水平在40%到50%之间。亚历山大·汉密尔顿，第一届美国政府的第一任财政部长，他首先提出实现工业化必须有关税保护的观点。弗里德里希·李斯特后来在理论上继承和发展了汉密尔顿的观点。

196. 我要提醒读者的是，在"华盛顿共识"之下，西方国家所实施的政策是遵从新自由主义意识形态的，即认为政府这只看不见的手，非但不能解决发展问题，反而是经济发展的障碍。发展中国家政府的失能是由于官员腐败、军国主义、产业保护政策。因此，需要市场自由化（实际上是去监管化）、私有化、去中心化。市场可内生驱动力，它是维持经济发展的主要手段，因为市场竞争确保资源的最佳分配和利用。当出现经济发展不平衡时，市场不需要政府介入便可依靠其自身的驱动力使经济恢复平衡。对新自由主义意识形态的批判，详见：Stiglitz 1998，Urio 1999。

197. 这种政策主要是由美国财政部以及美国控制的世界银行、国际货币基金组织等国际组织所实施的。

198. Sun，Jayaram，and Kassiri 2017. 该项研究的对象是8个非洲国家：安哥拉，科特迪瓦，埃塞俄比亚，肯尼亚，尼日利亚，南非，坦桑尼亚和赞比亚。

199. Temple 1998，Needham 1954–2004 and 1969. 台湾就是这样一个例子（即使中国视其为中国的省份之一），美国自1949年以来就利用台湾来威慑中国。

200. 对欧洲和美洲的远征，请见 Levathes 1994，Menzies 2003 and 2008 对郑和下西洋的分析。

201. 同样真实的是美国在俄罗斯边境部署了军事基地和导弹，这又是一个"双标"的例子。

202. Pimpaneau，2011.

203. Xi Jinping，2013a，2013b.

204. Temple，1998.

205. Kyle Crossley et al. 2017.

206. Buckley Ebrey. 亦可参见 Ch. 9：'Manchus and imperialism：the Qing Dynasty 1644 – 1900，' pp. 227，220 – 258.

207. Jullien，2006，pp. 302 – 303，Jullien 2005a，pp. 8 – 10.

208. Mao，1949. 后文引用同此出处。——编者注

第二章　意识形态分歧

1. 有关意识形态的更加详细的分析，请见 Urio 2010，2018，and 2019。

2. 我要在此澄清的是，我将不会采用文化学家的方法来进行分析。将文化视为理解中美外交政策的关键之一并不是说文化可以解释一切，当然，忽视文化所提供的信息也是错误的。

3. 我已在第一章指出某些中国自由派学者认为中国应当采纳（西方的）自由主义，因为这是"成为文明国家"唯一可靠的路径。郑永年教授创建了中国新自由主义的哲学基础，根据他的说法，从市场化改革和资本主义发展中产生的个体自由不应被视为"西方化"。如果中国要变得"文明"，就必须接受自由主义。援引自 Zheng and Liu（2004），pp. 167 and 169。

4. Jullien，2006，pp. 302 – 303；Jullien，2005，pp. 8 – 10。

5. 这封信的全文请见 https：//founders. archives. gov/documents/Jefferson/01-35-02-0550，脚注简要地介绍了这封信的背景："在 1800 年奴隶们的阴谋暴露之后，弗吉尼亚州议会通过了一项将有罪的奴隶驱逐出弗吉尼亚州（而非处决）的法令。根据 1800 年 12 月 31 日的一项决议，议会要求州长和总统一起找一个安置这些罪犯的地方。"门罗在 1801 年 6 月 15 日向托马斯·杰斐逊披露了该决议的内容，杰斐逊给门罗的这封回信就是他的答复。杰斐逊总统对几种方案进行了分析，是第一种方案——弗吉尼亚州可以在美国领土中买一块土地来安置那些"罪犯"，触发了文中引用内容。但是当时美国已经在策划向西"扩张"，并将西部土地转化为拥有美国人口、制度、教堂、学校等特征的美国土地。所以杰斐逊必然会问："难道我们愿意要一块和我们有联系的殖民地的土地吗？显然不会！"

6. "罗斯福推论"是对门罗主义最大的延伸，其正式宣布美国使用武力阻止欧洲侵略西半球的意图，并为美国单方面介入拉丁美洲事务提供了正当化理由。美国前总统国家安全事务助理约翰·博尔顿在 2019 年 4 月 16 日宣布对委内瑞拉、古巴和尼加拉瓜进行制裁时引用了门罗主义："今天，我们骄傲地向全世界宣布，门罗主义依然生机勃勃。"我们可以说这只不过是一位知名的新自由主义政变贩子在特朗普政府任内的那个时点所做的一种表态。但是在本书写作时，博尔顿的话似乎反映出美国对外政策的一种永恒的立场，拜登政府继续在委内瑞拉和其他国家策划政变再次证明了这一点。

7. 美国地缘政治环境可以部分解释美国自 21 世纪初采取的外交政策（详见本书第三章）。

8. 值得一提的趣事是，最具影响力的新保守主义学者罗伯特·卡根在 2021 年发表了一篇题为《一

个超级大国，无论喜不喜欢》的文章，他似乎相信美国现在仍然被两个大洋保护着，仍然能够向全世界投送力量。难道他忽略了 20 世纪下半叶以来，战争形式发生的重大变化吗？包括朝鲜在内的多个国家，都有能力用它们的核弹头袭击这片"神圣的大陆"。我将在下文论述，多数美国学者仍然在用 20 世纪的框架和心态分析国际关系问题。

9. Stephanson 1996. Griffin 2018：'Since its formation, U. S. politicians have referred to America in divine terms,' and 'America as Divinely Founded and Guided,' p. 9, with quotations of Presidents George Washington, Andrew Jackson, Ronald Reagan and George W. Bush, pp. 9 – 18.

10. U. S. Congress 1776.

11. Jefferson 1816. 有趣的是，在杰斐逊使用"旧欧洲"一词的约两个世纪后，2003 年 1 月 22 日，时任美国国防部长唐纳德·拉姆斯菲尔德再次使用了"旧欧洲"这个词。

12. 事实上，正如很多修正主义历史学家所反复强调的，罗斯福当时很清楚日本预谋偷袭珍珠港，但他放任偷袭的发生，因为只有这样，美国才能名正言顺地参与二战。

13. Stephanson, 1995, p. xxi.

14. Kinzer, 2017, p. 3.

15. Lacroix-Riz 2014, pp. 31 – 46；Migone 2015, pp. 141 – 149, 165 – 170.

16. Anderson 2015, p. 4；Stephanson 1995, pp. 38 – 48.

17. Stephanson 1995, p. xii. 该书进一步评价这种态度绝非新鲜事物。早在 1616 年，一位殖民主义的代言人，在向一位英国对话者展望被广阔森林覆盖的北美大陆的前景时，就使用了这样的华丽辞藻："我们有什么可害怕的呢？我们作为被上帝之手标记和拣选的特殊子民难道不应当立刻行动起来占领这片森林吗？"

18. Todd 1979.

19. Stephanson 1995, pp. 5 – 9.

20. Marguerat and Junod, pp. 32 – 33.

21. 许多新教教会时至今日仍在向全世界（例如拉丁美洲、东欧和非洲）传播清教主义的这种观念，这已经超出了本书主题的范围。

22. Stephanson 1995, p. 16；Anderson 2015, p. 5.

23. Karp 1979, Part I；Stephanson 1995, pp. 112 – 121.

24. Porter 2018a, 2018b.

25. Ganser 2016 and 2020, Blum 2013 – 14. 例如，美国在 1945 年春对日本 67 个城镇实施凝固汽油弹轰炸，随后对广岛和长崎实施原子弹轰炸（1945 年 8 月）。根据美国前国务卿麦克纳马拉的说法，如果美国没有赢得二战胜利，这些行动将会导致美国被指控犯有战争罪（McNamara 2009）。随后美国又在韩国、越南、伊拉克、阿富汗、叙利亚、利比亚、伊朗等地策划并实施了一系列成功率非常高的大规模杀伤性行动，这里仅列举一部分。

26. Nye 2004 and 2011.

27. 例如，Kagan 2003, 2017a.

28. Anderson 2015, p. 5.

29. 详见其他作者的论述：Stephanson 1995, to be completed with Anderson 2015；Stephanson 2010,

and Vidal 2003；La Feber 1994，1998，and his magisterial article 2012；Griffin 2018；Scott 2007；Pfaff 2010；Bacevich 2008，2012；Bradley 2009，2015；Andersen 2017。

30. Urio 2018，pp. 129 – 143，and 2019，pp. 230 – 245.

31. 在此我需要澄清：我不是特朗普的支持者，我也不是道学家，更不是某种意识形态的拥护者，我只是一名尽可能在事实基础上做研究的政治学者。我与直接关注美国总统制的群体（包括美国人、机构和组织）不同，我评估特朗普任期是从美国价值观和利益的视角出发的。

32. "政客"是一家总部位于弗吉尼亚州阿灵顿县的美国政治新闻公司，主要报道美国国内外的政治和政策。《政客》杂志主要通过其网站传播其报道，也通过电视、纸媒、广播和其他多媒体渠道。其对华盛顿的报道包括美国国会、游说、媒体和总统（在维基百科"Politico"词条下，可以找到有关其政治和意识形态立场的评论）。

33. 但是还有许多人曾任职于奥尔布赖特石桥集团，这是一家规模更大、成立时间更早的华盛顿咨询公司，创始人之一是美国前国务卿马德琳·奥尔布赖特。该公司宣称"其与全世界决策者们的长期关系"使其能够向客户提供国际政策和全球市场方面的建议；根据其财务报告披露的信息，其在拜登政府任职的"毕业生"曾为默克集团、辉瑞集团、亚马逊、来福车（Lyft）公司、微软、比尔及梅琳达·盖茨基金会、希尔顿集团、梅奥医学中心、以色列航空公司提供过咨询服务。在拜登政府任职的奥尔布赖特石桥集团"毕业生"包括：琳达·托马斯·格林菲尔德，拜登的驻联合国大使；杰弗里·德劳伦蒂斯，琳达·托马斯·格林菲尔德的常务副手；温迪·舍曼，拜登的副国务卿候选人；维多利亚·纽兰，政治事务副秘书长候选人；乌兹拉·泽雅，平民安全、民主和人权副秘书长候选人；莫莉·蒙哥马利，欧洲和欧亚事务秘书长副助理；菲利普·戈登，副总统卡马拉·哈里斯的国家安全副顾问；朱莉·梅森，第二先生道格·埃姆霍夫的幕僚长。除布林肯之外，拜登的国家情报总监埃夫丽尔·海恩斯、白宫新闻发言人珍·普萨基、中情局副局长大卫·科恩、负责领导五角大楼针对中国的部队的埃利·拉特纳、拜登的司法部副部长候选人丽莎·摩纳哥都来自西部执行战略咨询公司（WestExec Advisors）。国家安全顾问杰克·沙利文和退役军人事务部部长丹尼斯·麦克唐纳都是宏观咨询公司（Macro Advisory Partners）的合伙人。该咨询公司宣称自己是一家"为客户解读全球发展及其对商业战略的影响的战略咨询公司"。这家公司向刚刚被任命为中情局局长的比尔·伯恩斯每年支付 15 万美元的薪金，作为其加入该公司咨询委员会的报酬（2021 年 3 月 23 日通过订阅邮件发布）。

34. Biden 2020a，his inaugural speech.

35. Urio 2018，pp. 108 – 195 and 2019，pp. 195 – 245. 在2021 年 3 月 3 日的外交政策演说中布林肯讲道："是的，我们之中有许多任职于拜登政府的人同样自豪地服务过奥巴马政府，包括当时的拜登副总统。我们为恢复美国的世界领导地位做了很多有益的工作。"

36. Matthew Lee，2021. 美联社报道称："总统候选人乔·拜登招募了一群奥巴马政府时期的外交官及其他官员进入他的执政团队，这标志着在度过了特朗普政府充满不确定性和不可预测性的 4 年后拜登重返更加传统的外交政策的意图。拜登将提名温迪·舍曼为副国务卿，维多利亚·纽兰为负责政治事务的副国务卿，她们和其他 9 名官员将服务于即将上任的国务卿安东尼·布林肯。"

37. Kagan 2021.

38. Blinken and Kagan 2019.

39. Blinken and Kagan 2019.

40. Blinken 2021.

41. 例如，武力手段包含在特朗普政府提出的"清晰的信息"中："所有选择都已摆在面前。"

42. Daniel Davis, 'Failed Policymakers Have No Shame on Afghanistan,' *Washington Examiner*, August 20, 2021. https：//www.washingtonexaminer.com/opinion/failed-policymakers-have-no-shame-on-afghanistan.

43. Blinken 2021. 布林肯引用自由之家的报告有趣但让人担忧："一份来自独立观察组织自由之家的最新报告值得我们警醒。威权主义和民族主义正在世界各地兴起。政府变得越来越不透明，失去了人民的信任。选举日益成为暴力的导火索，腐败日益猖獗。疫情又加快了这些趋势。"但是，自由之家并不像布林肯所说的那么独立。根据维基百科，自由之家是美国政府资助的，以研究及推广民主、政治自由和人权为宗旨的非营利的非政府组织。维基百科和布林肯应该解释一下，一个由美国政府资助的组织怎能被称作独立组织。

44. Takian, Raoofi and Kazempour-Ardebili 2020.

45. Blinken 2021.

46. 还可参见：Kagan 2012c。即使是希拉里·克林顿，这个有望在 2008 年和 2016 年赢得大选成为美国总统的人，也表达了相同的观点："当美国不能引领世界时，美国留下的真空就会造成混乱，其他国家或组织就会填补空白。所以，无论我们给美国的领导层带来了何种思想、战略和策略，我们都要维持主导地位。美国的主导地位意味着我们和盟国站在一起，因为我们的盟国体系是我们如此优秀的原因之一。"引自 2016 年 8 月 31 日希拉里在美国退伍军人全国大会上的演讲，全文请见 http：//time.com/4474619/readhillary-clinton-american-legion-speech/，检索于 2017 年 3 月 5 日。

47. Obama 2015.

48. Mosbergen 2019.

49. 由于我的研究重点是外交政策，所以我不会讨论税收、防疫政策、基础设施投资、枪支管制这样的内政问题。对拜登而言比较公平的说法是，恰恰是在这些领域内他的班子才能够寻求并实际改变特朗普的内政政策。然而，在本书写作时，这些新政策中的多个政策还没有转化成法律，也没有获得国会的批准。美国的历史表明，良好的政策出发点经常会在充斥着政治对立和游说干涉的立法程序中化为泡影。况且，这些政策也并非十分确定地能够改善美国经济，因为它们建立在印钱和扩大公共债务规模的基础上，这是自 1971 年以来，美国历届政府的又一种上瘾行为。

50. Kingstone and Bugos 2021.

51. Wikipedia, 'Line 3 Pipeline,' Houska 2021. 豪斯卡（Houska）是一位原住民律师，曾任伯尼·桑德斯的北美原住民事务顾问。她在达科塔油气管道抗议活动的前线战斗过 6 个月，多年来致力于针对 Enbridge 公司的 Line 3 管道的抗议活动。她还是非营利性组织 Not Your Mascots 的联合创始人，该组织致力于保障原住民权利。

52. 我们都明白，这将导致适得其反，中国和俄罗斯与伊朗加强了贸易。我们甚至可以说，自美国 1953 年发动政变推翻民选的摩萨台政府并扶持独裁政权之时，美伊关系就已经被毒害了，一直茶毒至今！

53. 在第三章中我将讨论拜登对美国传统外交政策予以明确确认的决议（或否定性决议）。在这里仅简要且不全面地列举拜登政府那些符合美国意识形态及前任政府外交政策的声明和采取的决策（或已公布的决定）。在此不讨论拜登的早年经历，特别是他在奥巴马政府担任副总统的时期。

54. 布鲁塞尔峰会的公报宣布，格鲁吉亚正为加入北约做准备，乌克兰将成为该联盟的成员。该公报进一步告诫这些国家应当在"免于外部干涉"的情况下决定自己的命运——除掉干涉自己的对象，然后暗指一个人们可能会想到的地方。

55. 有关美国反对"北溪二号"的更多内容详见第一章和下文。

56. The White House, Office of the President, accessed 18 April 2021. https：//www. whitehouse. gov/wp-content/uploads/2021/04/FY2022-Discretionary-Request. pdf.

57. 这位记者提了一个有关美国国家情报局局长办公室解密报告的问题，该报告在没有确凿证据的情况下，得出结论称，普京曾授意实施干预行动以帮助特朗普赢得 11 月的大选。这是美国情报机构一贯的做法。

58. ABC News, March 16, 2021.

59. Wood 2017. 维多利亚·纽兰最终被任命为排在国务卿安东尼·布林肯和国家安全顾问杰克·沙利文之后的国务院的三号人物。他们组成的三人组已经在奥巴马政府时期的国务院占据高位了，对他们将会把美国外交政策导向何方，还会有更多疑问吗？

60. Reevell 2021. 据 ABC 新闻报道，普京还对一位俄罗斯国家电视台的记者说："我是刚刚才想到这些话。我想对拜登总统提议继续进行我们的对话，但是要在有直播的情况下进行，正如讨论这个词本身的意思，一场公开的、直接的、没有任何迟延的对话。在我看来，这对俄罗斯人民和美国人民来说都是有趣的。"

61. Chernova, et al. 2021.

62. Osborn and Balmforth for *Reuters* 2021.

63. *Washington Post*：'Why the world Worries About Russia's Nord Stream 2 Pipeline,' 22 July 2021; BBC：'Nord Stream 2：Biden Waives U. S. Sanctions on Russian Pipeline,' 21 July 2021.《华盛顿邮报》的文章是很有趣的，不仅是因为其一贯的对俄罗斯充满敌意的语气，更是因为其对俄乌关系的报道（偶尔也会报道美俄关系）："俄罗斯和乌克兰的关系已经恶化了，在那场导致亲俄派总统下台和俄罗斯控制克里米亚半岛的乌克兰人民起义中达到了极点。"对一个熟知美国主流媒体热衷于删除历史的人来说，这种扭曲事实的报道丝毫不令人意外，似乎他们对美国导演的 2014 年广场政变毫不知情。

64. 美国参议院以压倒性多数通过了多项有关这 3 个地区的文件，即所谓的"2019 年香港人权与民主法案""2020 年维吾尔人权政策法案""维吾尔强迫劳动预防法案""2020 年西藏政策及支持法案"。

65. Blinken 2021.

66. 截至本书 2021 年 7 月 15 日写作时，又出现了几个新证据，证明拜登政府仍将遵循美国传统的帝国主义政策：（1）对奥巴马政府（当时拜登是副总统）承诺关闭的关塔那摩监狱只字不提；（2）美国支持法国出兵马里，尽管马克龙已表明了撤军之意；（3）拜登确认他的政府将继续寻求将朱利安·阿桑奇引渡回美国。

67. Brands and Cooper 2021. 根据维基百科，外交关系委员会（CFR）无疑是对美国外交政策最具影响力的智库。CFR 是一家创立于 1921 年的专注于美国外交政策和国际事务的智库。其总部位于纽约，在华盛顿特区设有办公室。其 5 103 名成员中包含了高级政客、多位国务卿、中情局局长、银行家、律师、教授和媒体高层人物。大卫·哈伍德于 1993 年在《华盛顿邮报》刊载的文章《统治阶层记者》对 CFR 的成员和影响力做了更加翔实的描述："总统是 CFR 成员。他的国务卿、5 位副国务卿、多位助理国务卿和国务院法律顾问也是 CFR 成员。总统的国家安全顾问和几位副手是 CFR 成员。中情局局长（像前几任一样）和总统外国情报顾问委员会（PFIAB）主席也是 CFR 成员。国防部长、3 位国防部副部长和至少 4 位国防部助理部长是 CFR 成员。住房和城市发展部部长、卫生与公众服务部部长、白宫首席公共关系事务负责人大卫·葛根、白宫新闻发言人和参议院的主要成员都是 CFR 成员。"可参见网站：https://www. washingtonpost. com/archive/opinions/1993/10/30/ruling-class-journalists/761e7bf8-025d-474e-81cb-92dcf271571e/。

68. 需要提醒读者注意的是，我并没有暗示 AEI 不是一个可靠的消息源。事实上，我在我的书中广泛引用了来自 AEI 的有翔实数据支撑的文章。我只是想说，新保守主义研究者时至今日还严重沉浸在将美国冷战时期外交政策导向其致命敌人——苏联的那套意识形态和战略之中。我已经解构了这些言论所依靠的一些迷思，并将在第三章继续解构。同样有趣的是，这篇文章试图通过援引一些美国政治家和高级官员的表述来增强其论点的说服力。这些人（乔治·凯南、杜鲁门总统、罗伯特·佐利克）在冷战之初及随后的年代里非常活跃，文章称赞了他们支持或实施的政策。这进一步证明了这样的政策倾向是多么根深蒂固。

69. Vine 2020，pp. 310 – 311.

70. 我在第三章还会讨论这一事件。

71. 根据是美国外交政策的一个或另一个维度：例外主义/孤立主义，或普世主义/干涉主义（见第一章）。

72. Jefferson 1816. 整句话已在前文提及："我们注定要成为无知和野蛮主义回归的屏障。旧欧洲将不得不依靠我们的肩膀，蹒跚地追随着我们。"这句话今天显然并不仅指欧洲，而是整个世界。

73. Las Casas 1974，quoted by Wallerstein 2006；Bartolomé de Las Casas 1992，pp. 204 – 220.

74. *The Analects* XII：19，from Simon Leys，trans. ，*The Analects of Confucius*，New York，Norton，1997，quoted by Joseph Chan（1999），p. 233.

75. Chan 2014，p. 164. 陈（Chan）进一步评论道：正义应当理解为一种非效果论的、非功利主义的思想。这意味着正义是一种内在价值，不应当通过所追求的目标或行为的结果来评判。

76. Jullien，2017，pp. 43 – 44.

77. Jullien 2015a and 2015b.

78. Jullien 2017，pp. 50 – 65. 因此，朱利安进一步坚称：价值观和资源之间存在着巨大的差异，我不会分得那么细。我会使用"价值资源"的表述，为了简单起见，在用到"价值"的时候，我通常所说的就是"价值资源"。

79. Braudel 1972，1979，1992；Jullien 1989，1999，2004，2011；Wang Hui 2003，2011，

2014，2016.

80. 根据朱利安的说法，这就是中国人更善于理解变化的原因。

81. 中文里的表达是"潜移默化"，即潜（潜在的）移（运动，变化，变革）默（无声的）化（变革，变化）。我们要注意到朱利安仅仅使用了定义中"默"的这部分，也只提到了"默化"。汪晖在对他的著作的英译本进行校对的时候，接受了这一解释。

82. 我不会对儒家教义做出确定性的解释，我也不会探讨儒学的发展过程。关于儒家思想起源及其在整个历史过程当中所发生的转变，可以参见：François Billeter 2006，Zufferey 2008。中国的帝王对于孔子思想的解读就并不完全忠于孔子的教谕。要了解这一点，可以参考：Zufferey 2008，pp. 19 – 32，60 – 61；Chan 2014。

83. Zufferey 2008. 这本书引言的标题就是：从昨天的中国读懂今天的中国。

84. 中国共产党章程中包括中国共产党意识形态的重要内容，即四项基本原则，这是邓小平在1979年3月提出的，直到现在都仍然适用。所有的公共政策都必须符合：坚持社会主义道路，坚持人民民主专政，坚持中国共产党的领导，坚持马列主义毛泽东思想。

85. Urio 2012，pp. 20 – 21.

86. 例如，Ian McGill and Liz Beaty，*Action Learning. A Guide for Professional*，*Management and Educational Development*，London，Kogan Page，1995。

87. Zufferey 2008，pp. 178 – 187.

88. Jullien，2011，p. 70. 中国处理问题的方式就是一种"从来都不模式化的模式"。换句话说，其实根本就没有中国模式；或者更加准确地说，也许有一点吊诡，所谓的中国模式就是没有模式，我们看到的只是这个伟大国家思维方式和管理现代化进程的不断转变。

89. 比如，中国已经分别与欧盟和15个亚洲国家就签订贸易和投资协议的事项磋商了好几年，这显然是为了摆脱美国的遏制。但是这两项协议都陷入了僵局，显然是美国对中国潜在的贸易伙伴施加了压力。突然，在从特朗普政府到拜登政府的艰难过渡期当中，中国成功地敲定了这两项协议。很有可能的是，中国利用了几个国家对特朗普政府恃强凌弱的霸道作风的不满，以及拜登政府彻底改变特朗普外交政策"风格"的微弱信号。这就是我们看到的已发生的实情。

90. 比如，中国在1949年以后对教育和医疗的投入。

91. Chieng 2006. 钱法仁（Chieng）是一位出生于马赛的中法经济学家，他将朱利安的分析转用到了中国和西方的一系列当代商业和公共政策领域实践中。

92. Chieng 2006，pp. 181 – 182，196，210，214，218 – 223，225.

93. 白邦瑞是哈德逊研究所（新保守主义智库）中国战略中心主任，外交关系委员会和国家战略研究所成员，曾任美国兰德公司分析师。在里根政府时期，白邦瑞曾经担任国防部助理副部长，负责政策规划和执行被称为里根主义的秘密援助计划。1975—1976年，白邦瑞在担任兰德公司分析师期间，曾经在《外交政策》和《国际安全》上撰文，提出要在美国和中国之间建立情报和军事联系。

94. Pillsbury 2015，p. 12. 另见 Campbell and Ratner 2018 中《中国辜负了美国的期望》一文。坎贝尔（Campbell）于2009年到2013年期间担任负责东亚和太平洋事务的助理国务卿，拉特纳（Ratner）于2015年到2017年期间担任时任美国副总统拜登的副国家安全顾问。

95. Pillsbury，p. 16.

96. Vine 2020，2015，and Nick Turse's articles published by *TomDispacth*. 瓦因（Vine）花了很多年的时间研究美国自 1776 年成立以来的军事基地发展情况。在他出版于 2020 年的著作中，他对自己的发现进行了总结，用权威数据、评论和几张表格证实了军事基地的发展为美国战争包括许多侵略战争提供了强大的支持。

97. 我曾经在 2018 年和 2019 年的著作中分析过美国的外交政策。总而言之，我将此种意识形态定性为"大规模杀伤性武器"，因为它摧毁了美国精英构想让美国在世界上扮演不同角色的能力。

98. 让我们指出，传统上不仅必须在人类之间实现和谐，而且必须在人与自然之间实现和谐。

99. Weber 1978，for Egypt，pp. 964，971 – 973 and 1401 – 1402；for China，pp. 431，477，964 and 1401.

100. Bergère 2007，p. 23.

101. 中国对科学技术的贡献（远远早于欧洲 15 世纪文艺复兴才开始的贡献），可以参考：Temple 1998，Hobson 2004，Needham1954—2004，Toby 2003。

102. Bergère 1986 and 2007. 关于中国市场、资本主义的兴起，可以参考 Braudel 1979a。

103. Buckley 1999，pp. 245 and 252 – 254. See also Britannica，https：//www. britannica. com/event/Sino-French-War.

104. Zufferey 2008，pp. 73 – 90.

105. "道"有多种含义：道路，方法，教谕，讲话；它有 3 种形式：哲学、宗教和政治。更多细节参见 Zufferey 2008，pp. 105 – 138。

106. Zufferey 2008，especially pp. 242 – 243.

107. 提醒一下读者，清朝皇帝在 19 世纪 30 年代将鸦片贸易和消费定性为非法行为，当时英国和其他国家（包括美国）正在向中国大量出口鸦片（据数据显示，这个出口量是按吨计算的）。根据当时的法律，清朝政府可以扣押并销毁抵达中国港口的鸦片。当皇帝的这一决定被官员执行时，商人们暴跳如雷，向英国政府求助，同样愤怒的英国政府，决定给中国人一个教训。这预示着第一次鸦片战争的爆发，也是中国沦为半殖民地的开端。

108. Chan 1999 and 2015.

109. Wang Yanan 1949，p. 17.

110. Wang Yanan，p 21.

111. Wang Zhaogang，p. 71.

112. 在苏联和美国不断增强的干预之中，租界（拥有治外法权地位）内仍然活跃着西方势力。此外，1932 年，日本通过占领大量中国领土，加剧了对中国的侵略进程，而日本对中国的侵略从 1894 年就开始了。

113. 事实上，国民党从来都没有控制过中国的全部领土，因为军阀（1916—1928 年）和共产党（1927—1949 年）也控制了中国的部分领土。

114. 更多的细节请参见维基百科词条"五卅运动"。

115. 更多的细节请参见维基百科词条"上海惨案"。据我所知，西方主流媒体很少提到 1927 年的"上海惨案"。

116. 这不是共产党领导下的典型战争形式，形成对比的是，在战争期间，自由民主制国家的民选机构权力至少是有限的。

117. 没有必要在本书之中探讨中国根据实际情况改造马克思列宁主义的有效性。要评价中国在1949 年到 1976 年之间实施政策的积极和消极方面，我们可以依赖西方现有的中国和西方学者创作的海量文献。要想看到中国共产党党史专家的评价，可以参考 1991 年胡绳主编的《中国共产党的七十年》。值得注意的是，尽管差异巨大（主要是由于不同的意识形态和理论观点），但西方和中国都分析了这个时期中国实施政策的积极和消极方面。

118. "失去中国"的说法来自共和党人，他们指责民主党在 1945 年第二次世界大战结束到 1949 年之间"失去中国"，并且让美国的拥护者蒋介石在 1949 年战败。这非常清晰地表明，美国在远东的目标之一就是不择手段地征服中国。

119. 早在 1963 年 1 月在上海召开的科学技术工作会议上，周恩来号召科学工作者实现"四个现代化"。来自维基百科词条"四个现代化"，2008 年 9 月 20 日访问。

120. Hu Angang 2014.

121. Braudel 1979a, vol. 2, for the emergence of capitalism in China see pp. 354 – 356 and 708 – 723.

122. Urio 2018.

123. Chen Yali, *Confucianisme et Démocratie Libérale*：*une étude comparative*, Master dissertation in Political Science, University of Geneva, 2016.

124. Urio 2019, pp. 249 – 250.

125. Chan 2014.

126. Chan 2014, p. ix.

127. 参见上述论述和第一章。

128. Cunningham, Saich and Turiel 2020；Saich 2016；Forsythe 2015. 康宁汉（Cunningham）的文章标题颇有意味：《读懂中国共产党的韧性：中国民意长期调查》。

129. Chan 2014, pp. 165 – 167.

130. Zufferey 2008, pp. 221 – 250；Bell and Chaibong Hahn 2003；Bell 2008；Chan 2014.

131. Chan 2014.

132. Chan 2014. 从某程度上来说，陈祖为和朱利安都不约而同地建议推动不同文化之间的交流（见本书第一章）。事实上，陈祖为在《儒家致善主义：现代政治哲学重构》当中，对西方和儒家的政治哲学进行了分析和比较，特别是批评了西方学者有关儒家思想与自由民主及人权存在根本矛盾的观点。但是，他已经在标题中说得非常清楚，他讨论的是儒家政治哲学。正如贝淡宁在为陈祖为的著作所写序言中评论的那样，"陈祖为的目标是捍卫自由民主的政治制度，但是他还需要融入现代化的儒家价值观来对这些制度进行修正和丰富"。

133. Chan 2014, p. 2. 我在这里不可能面面俱到地精辟地讨论陈祖为的著作，而且这也不是我写这本书的目的。我采纳的是陈祖为的建议、分析和对中西价值观的比较，这可以让我更好地在今天中国的意识形态语境中讨论价值观融合问题。

134. Chan 2014, pp. 160 – 166.

135. Chan 2014, pp. 175 – 177. 陈祖为给出了注释：不用说，要把这种观点发展成为现代成熟理论，并且让这一观点相较于正统理论可以自圆其说，还有大量的工作要做。

136. Chan 2014，p. 2. 最后一句话呼应了儒家的思想，那就是在大多数情况下，良好的行为都不是通过惩罚或者诉讼获得的，而是通过展示和培养良好的道德行为实现的。这并不意味着儒家永远都不同意使用武力或者惩罚，而是他们将惩罚和诉讼作为最后手段。

137. Peeremboom 2002，2006，2007.

138. Chan 2014，pp. 148 – 149 and pp. 41 – 43.

139. Urio 2018，Chapter 3.

140. Urio 2010，Urio 2012，Urio and Yuan Ying 2014，and Urio 2016.

141. Chan 2014，pp. 13 and 124 – 127.

142. Urio 2010，in particular point 1. 4（pp. 175 – 182），在通往市场经济的主要障碍中，我提到了中国法律体系的弱点：许多人认为法律和诉讼会加剧冲突，存在对权威的尊敬/或者恐惧，对书面文件不重视以及法律文本缺乏准确性，等等。

143. Zhang Weiwei，p. 163.

144. Urio 2010，pp. 54 – 101.

145. 我在其他的论述里探讨过这些政策。可以参考 Urio 2010，pp，103 – 155；Urio 2019，pp. 119 – 152。

146. Chow 2002，p. 168.

147. 比如说可以参考：Holbig 2004。

148. 这个战略的主要组成部分包括：（1）加强基础设施建设，比如加强土地、空气和水资源的利用，建造发电厂和水电站等；（2）加强环境保护；（3）调整西部的产业结构，减少重工业和国防工业的投入，加速消费品产业发展；（4）促进科技和教育；（5）让西部从开放政策中受益。这一战略将硬件设施建设和软件开发结合起来，将它们作为有利于西部发展的两个相辅相成的组成部分。我在其他部分已经阐释过支持这一战略的理由：Urio，ed.，2010，chapters 1，2 and conclusion。

149. Jie Chen and Dickson 2008.

150. 引自江泽民同志在中国共产党第十六次全国代表大会上的报告。——译者注。

151. 习近平：决胜全面建成小康社会 夺取新时代中国特色社会主义伟大胜利——在中国共产党第十九次全国代表大会上的报告，共产党员网，2017 – 10 – 18。——译者注

152. 同上。

153. 同上。

154. 同上。

155. Robert Kagan，*The World America Made*，New York，Alfred A. Knopf，2012b.

第三章　政策与权力的鸿沟

1. 我在我的书中更深入地分析了美国和中国的权力资源的积累，以及它们的外交政策，参见：Urio 2018，pp. 108 – 195 关于美国，pp. 196 – 232 关于中国，以及 Urio 2019，pp. 195 – 320 关于中国和美国。在这里，我总结了许多新的信息和评论。

2. Tharoor 2016.

3. 这里是第二章已经提到的 1801 年杰斐逊所说的："虽然当下境况束缚了我们的行动，但不难设想，在我们发展壮大之后，我们终将超越那些束缚。如果不包括南美大陆的话，整片北美大陆，将遍布讲同一种语言的人，处于相似的制度和法律的统治之下。"

4. Robert Kagan, *The World America Made*, New York, Alfred A. Knopf, 2012.

5. Vine 2020.

6. Bradley 2009, 2015. 根据有影响力的美国企业研究所发表的一篇文章，自 18 世纪最后的 25 年以来，"从美国的角度来看，有潜在的巨大的中国市场可以开发，有数百万中国人可以传扬基督教福音，有廉价的中国劳动力可以帮助建设美国西部"（Schmitt 2019）。美国企业研究所成立于 1938 年，尽管它官方上宣称自己是无党派，但是与保守主义和新保守主义关系密切。

7. 我建议读者参考：U. S. Department of State, Office of the Historian, *A Short History of the Department of State*, *Milestones in the History of U. S. Foreign Relations*, *Key Milestones 1750 – 2000*：https：// history. state. gov/milestones（accessed 18 April 2017）。文献引言部分告诉读者：该文献借助关于美国外交史上的重要时刻或里程碑时刻的短篇文章，对美国与世界交往的历史进行了总体概述。这些文章的基本目标是对所讨论的事件提供清晰、准确的叙述，并简要讨论每个事件对美国外交政策和外交历史的意义。文献共有 19 章，涵盖了从 1750 年到 2000 年的各个时间段，并对每个时期的背景做了简要介绍。遗憾的是，2017 年 5 月 9 日，历史文献办公室通知读者该文献不再继续更新，之前的文本仍保存于网上供参考，但不再进行维护或扩展。为什么要停掉该项目？历史文献办公室经审查认为，该文献需要投入大量资源不断进行修订和更新，以保证其内容的准确性和全面性。同时，该文献中所描述的事件在许多可靠的二手资料中都有充分的描述。相比重复这些工作，历史文献办公室决定将资源集中在它更加擅长做出贡献的领域，例如对国务院机构历史的报道。现在可以在网站菜单的"更多资源"中找到它的最新版本。然而，这一系列文章仍然是有用信息，体现了历史文献办公室是如何分析 1750 年至 2000 年的国际事件的。

8. 这个副标题不是来自历史文献办公室，而是来自克劳迪奥·桑特（Claudio Saunt）的《不值得的共和国》（*Unworthy Republic*）一书，该书的副书名是"对美洲原住民的剥夺和通往印第安人领地的道路"（Saunt 2020）。

9. 这一信息需要一些额外的参考资料，因为正是在这场战争中，美国试验了类似于印第安人战争期间所使用的扩张主义战术，并且自那场战争之后直到今日，美国都一直在实施这种战术。例如，Sjursen 2020, 2021。丹尼尔·舒尔森（Daniel Sjursen）是一名美国陆军退役军官，还是 Antiwar. com 网站的特约编辑、国际政策中心的高级研究员，以及艾森豪威尔媒体网的主任。他曾在伊拉克和阿富汗服役，后来在西点军校教授历史。

10. 该部门成立于 1854 年，于 1949 年分裂为分别在台湾和大陆运作的两个部门。

11. 第一章（"起点：中华文明和中国文化的优越性"部分）讨论了 1792 年英国国王乔治三世派使团见乾隆皇帝，这一使团的目的是进一步开放两国间的贸易。该部分也解释了英国使团和中国皇帝对这次会晤的目标的双向误解，英国人希望通过谈判使中国进一步向国际贸易开放，而皇帝只是期望从英国人那里得到一份贡品。

12. 维基百科，"Berlin Conference"条目。

13. Munene 1990，p. 77.

14. Craven 2015，p. 47.

15. 这是南北战争的主要原因。由于美国北方的工业缺少竞争力，南方以廉价的奴隶劳动力为基础的农业经济向国外出口棉花，并从欧洲进口制成品。因此，南方需要自由的国际贸易。相反，北方刚刚开始工业革命，无法与欧洲的制成品竞争。正如美国第一任财政部长亚历山大·汉密尔顿所说，美国北方是一个处于"初级工业阶段"的经济体，因此需要保护主义的贸易政策使其有机会追赶欧洲。

16. 《一个国家的诞生》，是一部 1915 年由戴维·沃克·格里菲斯执导的美国默片，改编自汤玛士·狄克森 1905 年的小说和舞台剧《同族人》。其情节部分是虚构的，部分源于历史，记录了约翰·威尔克斯·布斯对亚伯拉罕·林肯的暗杀，以及南北战争时期和重建时期两个家族的关系：亲联邦（北方）的斯通曼家族和亲邦联（南方）的卡梅伦家族。这部电影甚至在上映前就引起了争议，此后一直如此，它被称为"美国有史以来最具争议的电影"（维基百科，"The Birth of a Nation"条目）。

17. 值得一提的是，英国在亚洲特别是在印度的扩张，也是由于私人投资者期望致富而促成的，这发生在英国政府接管东印度公司政策出台的许久之前（Ferguson 2004）。关于英国商人在建造美国过程中起到的作用，见 Butman and Targett 2018。

18. 这是典型的殖民大国行为。这些商人中的许多人通过积极从事鸦片贸易而致富（Bradley 2015，pp. 17 – 19，47 – 49）。

19. 贝弗里奇被称为最惹人注目的美国帝国主义分子之一。他支持吞并菲律宾，并与共和党领袖亨利·卡伯特·洛奇一起，动员建造一支新的海军。1901 年，贝弗里奇成为参议院领土委员会主席，这使他能够支持俄克拉何马州的建立。然而，他阻止了新墨西哥州和亚利桑那州的建立，因为他认为这些领土上居住的白人太少了。在他看来，这些领土上有太多的西班牙裔和美洲原住民，他认为他们在智力上无法理解自治的概念。他将"白人的负担"称赞为一项崇高的使命，是上帝将文明带到整个世界的计划的一部分（维基百科，"Albert J. Beveridge"条目）。

20. 正如大卫·韦恩所说："数以百计的边疆堡垒帮助美国实现了向西扩张，而这些堡垒都建在了非常多的国外土地上……到 19 世纪中期，密西西比河以西有 60 个主要堡垒，西部领土上有 138 个军队驻地。"（Vine 2015，pp. 19 – 22）更多信息可参考韦恩于 2020 年出版的书第 43 – 62 页，其醒目标题为《为什么有这么多地方被命名为堡垒？》。韦恩 2020 年的书是对他 2015 年所出版的书的扩充。后者标题是《美国海外军事基地：它们如何危害全世界》，更全面地涵盖了"美国从哥伦布到'伊斯兰国'的无尽冲突"。

21. 费尔南·布罗代尔在他的资本主义发展的历史研究中表明，"资本和信贷一直是占领和控制外国市场的最可靠的力量。早在 20 世纪之前，资本的输出就已经是日常生活中的事实，在佛罗伦萨可以追溯至 13 世纪"。Braudel 1979，p. 113.

22. Lacroix-Riz 2014，pp. 31 – 46；Migone 2015，pp. 141 – 49，165 – 170.

23. 更多关于美国在乌克兰的投入的内容可见优兔视频：Victoria Nuland: 'U. S. has invested $ 5 billion in Ukraine，' 25 April 2014，https：//www. youtube. com/watch？ v = rPVs5VuI8XI；关于乌克兰政权更迭，请听优兔上维多利亚·纽兰与美国驻基辅大使之间的电话记录：'F＊＊＊ the

EU：Alleged audio of U. S. diplomat Victoria Nuland swearing，' 7 February 2014，https：//www. youtube. com/watch? v = L2XNN0Yt6D8。

24. 1954 年，克里米亚从俄罗斯苏维埃联邦社会主义共和国移交乌克兰苏维埃社会主义共和国。在当时，这种移交并不意味着什么，因为乌克兰是苏联集团的一部分。1991 年苏联解体，乌克兰成为一个独立的共和国，情况发生了巨大的变化。

25. 事实上，这正是美国在肢解南斯拉夫并推动科索沃独立后所做的事情，也是美帝国扩张过程中"双重标准"的又一明显表现。2008 年 2 月 17 日，科索沃议会通过了"2008 年科索沃独立宣言"。于是，2009 年 11 月 1 日，在科索沃首府普里什蒂纳的比尔·克林顿大道上，一座三米高的克林顿总统雕像揭幕，这发生在前总统发表讲话的仪式上。在普里什蒂纳的其他地方，另一条街道以美国总统乔治·W. 布什的名字命名。也许美国在科索沃建立一些军事基地是不可避免的。其中最重要的是邦德斯蒂尔基地，该基地可容纳 7 000 多名士兵，是目前美国在巴尔干地区经营的最大和最广阔的基地。显然，（从塞尔维亚）获得"解放"是有代价的。

26. U. S. Department of State 2017.

27. 具体解释见 Hudson 2003，2005，2019a，2019b。

28. 当然，美国支持西欧背后有一系列复杂的动机，尤其是意图遏制苏联的政策，而不仅仅是资助被破坏的欧洲大陆重建这一无私的慷慨之举。关于建立马歇尔计划的批判性分析，见 La Feber （1994），Chap. 14: ' The Cold War，or the Renewal of U. S. -Russian Rivalry （1945 – 1949）'；Griffin （2018），Chap. 8 ' Creating the Cold War '；Green （2017），Part Three：The Rise of the Soviets；Lacroix-Riz （1985），Chap. 4 ' La mise en place du plan Marshall：les mechanisms de la dépendance européenne （mai-décembre 1947）' and Chap. 5 ' Le poids de Washington sur la politique française au début du plan Marshall '；Lacroix-Riz （2014）。

29. 见第一章 " ' 普世价值' 与自由主义的迷思" 部分。

30. 例如，Karp 1979；McCormick 1995，Chap. 2。

31. 例如，Scott 2007；Bacevich 2008，2012。

32. 甚至相对较小和中等规模的国家也制定了帝国外交政策，如比利时、荷兰和意大利。

33. U. S. 2017.

34. 关于伍德罗·威尔逊的外交政策，见 Stephanson 1995，Ch. 4，pp. 112 – 129，其醒目标题为"坠入世界"（Falling into the world）。

35. 事实上，在两次世界大战期间，欧洲和美国之间的政治和经济关系相当紧张；简短摘要可参考 Lacroix-Riz 2014，Ch. 2：Le facteur américain. De la reintegration ' européenne ' du Reich，pp. 31 – 46。

36. 关于美国的保护主义政策，见 Bairoch 1993，pp. 16 – 43。关于 1912 年在大清帝国垮台后美国在中国的存在，见 Tuchman 2017。塔奇曼（Tuchman）为在中国方面最有见识的美国将军之一约瑟夫·W. 史迪威撰写了一本精彩的传记。"在两次世界大战期间，史迪威在中国服役了 3 次，在那里他掌握了汉语的口语和书面语，并在 1935—1939 年担任美国驻北京公使馆的武官。1939—1940 年，他是第二步兵师副师长，1940—1941 年，他在加利福尼亚州奥德堡组织并训练了第七步兵师。正是在那里，他的领导风格，即强调对普通士兵的关心并尽量减少仪式和苛刻的纪律，为他赢得了'乔大叔'的绰号。就在第二次世界大战之前，史迪威是公认的陆军最优秀的军团指挥官，他最初被选为计划和指挥盟军登陆北非的指挥官。当美国需要向中国派遣一名高级军官以保持美国在战争中的地位时，尽管违背个人意愿，但史迪威还是被美国总统富兰克林·罗斯福和史迪威的老朋友陆军参谋长乔治·马歇尔选中。史迪威成为蒋介石的参谋长，担任美国在中缅印战区美国司令，负责所有运往中国的租借物资，后来成为东南亚盟军司令部副司令。尽管他在中国拥有身份和地位，但他与其他盟军高级军官因租借物资的分配、中国的政治宗派主义以及将中国和美国军队纳入英国指挥的第11集团军的建议而发生冲突。"（引自维基百科"Joseph Stilwell"条目。）

37. "美国人和英国人普遍同意，与苏联接壤的东欧国家的未来政府应该对苏维埃政权'友好'，而苏联则承诺允许在所有从纳粹德国解放出来的领土上实行自由选举。"U. S. （2017），Department of State, Office of the Historian, The Yalta Conference, 1945, https：//history. state. gov/milestones，last accessed 18 April 2017.

38. 见注释28。

39. 例证可见 Chung 2019，2020a，2020b，2020c，2021。

40. Eisenhower 1961.

41. Truman 1963.

42. Kennan 1947，Menand 2011，Rojansky 2016.

43. Tournès 2010，pp. 5，9；Kelstrup 2016；Rastrick 2018.

44. 让我们引用资本主义历史学家费尔南·布罗代尔的话："商品和资本总是同时流通的，因为资本和信贷一直是占领和控制外国市场的最可靠的力量。早在20世纪之前，资本的输出就已经是日常生活中的事实，在佛罗伦萨可以追溯至13世纪。"Braudel 1979b，pp. 113 – 114.

45. Alford and Secker 2017.

46. 据我所知，至少自第二次世界大战以来，对美国建立世界统治的战略的最佳分析，是由迈克尔·赫德森的著作发展而来的：《金融帝国——美国金融霸权的来源和基础》（*Super Imperialism*：*The Origins and Fundamentals of U. S. World Dominance*）（Hudson 2003）与《全球分裂——美国统治世界的经济战略》（*Global Fracture*：*The New International Economic Order*）（Hudson 2005）。

47. 作为最具影响力的新保守主义者之一，罗伯特·卡根是新保守主义项目"美国新世纪计划"（PNAC）的联合创始人，是有影响力的智库布鲁金斯学会的高级研究员，也是影响力不小的外交关系委员会的成员。"美国新世纪计划"是一个新保守主义智库（1997—2006年），与美国企业研究所有密切联系。PNAC的网站称其"成立于1997年春天，是一个非营利性的教育组织，其目标是促进美国的全球领导地位稳固，由威廉·克里斯托尔和罗伯特·卡根创立……该组织提出，'美国的领导地位对美国和世界都有好处'，并试图为'里根式的军事力量和道德明确的政策'提供支持。在签署PNAC创始原则声明的25人中，有10人后来在美国总统乔治·W. 布什的政府中任职，包括迪克·切尼、唐纳德·拉姆斯菲尔德和保罗·沃尔福威茨"。见维基百科 https：//en. wiin1996 kipedia. org/wiki/Project for _ the _ New _ American _ Century，accessed 28 March 2017。

48. Kagan 2017b，也可参考 Kagan 2008 and 2014。

49. Kagan 2012a.

50. Johnstone 2016, pp. 98 – 101.

51. 请读者查看奥巴马总统的以下讲话，引用自其最重要的一些发言：国情咨文，Obama 2016a；奥巴马在美国空军学院毕业典礼上的讲话，Obama 2016b；美国总统在军事学院（西点军校）毕业典礼上的讲话，Obama 2014。

52. Kagan 2012b；*The World America Made.*

53. Urio 2018, pp. 129 – 143, updated in Urio 2019, pp. 230 – 243.

54. Brzezinski 1997a, 1997b, 2016.

55. 布热津斯基还支持扩大北约和欧盟："扩大北约和欧盟也将振奋欧洲逐渐削弱的使命感，同时为了美国和欧洲的利益，巩固通过成功结束冷战而赢得的民主成果。这一努力所涉及的是美国与欧洲的长期关系。一个新的欧洲仍在形成，如果这个欧洲要继续成为'欧洲 – 大西洋'空间的一部分，北约的扩张是必不可少的。"另外可参考布热津斯基为实现这些目标设定的时间表，这实际上是对接下来 10 年真正要发生的事情的准确预测，尤其是在乌克兰问题上。

56. 例如，请看美国最著名的汉学家之一的最后一本书。David Shambaugh, *China's Future*, Cambridge, UK, Polity Press, 2016. 但请放心，中国不会主宰 21 世纪，你可以参考 Jonathan Fenby, *Will China Dominate the XXI Century*?, op. cit., pp. 117 – 131, 最后一章给出了答案："中国不会主导 21 世纪"。

57. 见本书第二章"美国意识形态的过去和现在"一节，以及 Brands and Cooper（2021）的文章'U. S. -Chinese Rivalry Is a Battle Over Values'。

58. 四方安全对话是 2007 年发起的非正式伙伴关系，由美国、日本、澳大利亚和印度组成。

59. 关于从中央情报局向国家民主基金会的过渡，见 Blum 2014a, Ch 19：Trojan Horse. The National Endowment for Democracy, pp. 238 – 243。

60. 干涉其他国家的选举（Shane 2018, Levin 2016）；试图颠覆政权（Blum 2013 – 14, 2014a, 2014b, 2014c, Valentine 2017）；在欧洲国家建立秘密军队（Ganser 2005）；发动非法战争（Ganser 2016, Jones 2017），以及建立非法监狱并对美国的敌人秘密实施酷刑（Marty 2018, pp. 153 – 193）。Levin（2016）确定在 1945 年至 2000 年期间发现了 81 起干预选举的案例，其中 19 起发生在冷战结束后；最具有启发性的经典案例是 1996 年叶利钦的连任（Kramer 2001）。Blum（2013 – 14）已经确定了 59 起试图颠覆政权的案例（1949—2014 年），其中 14 起发生在冷战结束后，已经成功的 37 起中的 14 起发生在冷战结束后；Ganser（2016）已经确定并记录了 1953 年至 2015 年间至少 13 场非法战争，其中 7 场发生在冷战结束后；冷战期间非法军队也已经建立（Ganser 2005）。

61. Beinart 2018, Kramer 2001.

62. Washington Blog 2015, 给出了这一时期的完整战争清单。关于 1798—2020 年期间美国武装干预的全面清单，见美国国会的历史学家著作（Salazar Torreon, 2020）。对美国军事干预造成的死亡和流离失所人数的评估见 Vine（2020），前言 pp. xi – xxv 给出了摘要。整本书是一部关于美帝国主义的实证研究的杰作。

63. 例如，"每年，NED 提供 1 200 多笔赠款，支持在 90 多个国家为民主目标而努力的国外非政府组织的项目。自 1983 年成立以来，基金会一直处于各地民主斗争的前沿，同时发展成一个多方面的机构，是全世界民主活动家、实践者和学者的活动、资源和知识交流的中心"。Website of the NED，http：//www.ned.org/about/，accessed 17 May 2017.

64. 关于从美国公开战争（布什）向秘密战争（奥巴马）的过渡，见 Turse 2012a，2012b，2015，and 2018. 简短介绍见 Urio 2018，pp. 161，165 – 166. 根据图尔斯的说法：在布什政府时期，美国特种作战部队在 60 个国家进行了干预行动；在奥巴马政府时期，他们在 133 个国家开展行动；而在特朗普执政的 2017 年，他们在"149 个国家——约占地球上 75% 的国家开展行动。根据美国特种作战司令部（USSOCOM 或 SOCOM）提供给 TomDispatch 网站的数据，在今年（2018 年）过半时，美国最精锐的部队已经在 133 个国家执行了任务。这几乎等同于奥巴马政府最后一年部署的行动次数，是乔治·W. 布什在白宫最后一段时期部署的行动次数的两倍以上"（Turse 2018）。

65. 在关于解释苏联解体原因的大量文献中，请看法国历史学家和人口学家有趣而不寻常的解释。Emmanuel Todd 1979.

66. 请参考以下文章：Andrew Bacevich，（2017）. *The age of great expectations and the great void. History after "the End of History，" TomDispatch.com*，8 January. Retrieved March 28，2017，from http：//www.tomdispatch.com/blog/176228/。

67. 美国对塞尔维亚的非法战争（1999 年）以及对伊拉克的战争（2003 年）是在未经联合国批准的情况下发动的（Ganser 2016，Ch. 11 and 13）。然而，罗伯特·卡根在他 2003 年的书中，以"在暴君屠杀自己人民的地方和时期，文明世界有人道主义义务进行干预"为理由，为存在大规模杀伤性武器和支持恐怖组织进行了辩护。这是一个很好的例子，说明了苏联解体后弥漫在美国外交政策中的欣喜若狂。见本章开头 Las Casas 关于这种类型理由的陈述。

68. Fukuyama 1999 and 1992.

69. 据我所知，戴安娜·约翰斯通在分析美国（北约）在科索沃和乌克兰的干预行动时，首次尝试对这一系列行动进行了分析（Johnstone 2016，pp. 98 – 101）。此后，我将根据我对美国外交政策的研究进一步开展对这一系列行动的研究。

70. 前三条是众所周知的，不需要参考资料。最后一条（"阿萨德是野兽"）涉及唐纳德·特朗普对 2018 年 4 月叙利亚所谓化学武器攻击的评论："在叙利亚盲目的化学武器攻击中，许多人死亡，包括妇女和儿童。"特朗普在推特上说："暴行发生地被封锁，被叙利亚军队包围，外界完全无法进入。俄罗斯和伊朗对支持野兽阿萨德负有责任，将付出巨大的代价……"由 CNN：Watkins（2018）报道。

71. 1970 年，尼克松总统命令中情局在智利"让经济尖叫"，以"阻止阿连德上台或推翻他"时，就使用了这种说法（Democracy Now，2013）。

72. Stiglitz 2018a，2018b. 反竞争工作合同的例子很好地说明了这种不平衡：这些合同禁止雇员（不仅是管理人员）离职后去竞争对手那里。Starr，Prescot and Bishara（2018）发现，"2014 年，近 20% 的劳动力参与者受到竞业禁止协议的约束，近 40% 的人在过去至少签署过一份竞业禁止协议"。

73. Guyer 2021，及 Ch. 2. 1. 5 开始前的部分。

74. 根据 Friedersorf（2021）所说："这些暗杀行动始于乔治·W. 布什总统时期，在奥巴马总统时期爆发，并持续到今天。这些构成了联邦处决的大多数，只有 50 人关押在联邦死囚牢房（算上 50 个州，美国共有大约 2 553 名死囚）。根据外交关系委员会的数据，奥巴马授权了 542 次无人机袭击，估计杀害了 3 797 人，包括 324 名平民。新闻调查局统计的死亡人数更多。而特朗普总统被认为加快了无人机暗杀的步伐，尽管其缺乏透明度使得计数困难……乔·拜登总统有道义上的义务，应该在他上任的最初几天就改变路线。"在撰写本文时，我没有找到关于拜登政府所做决定的信息，也可参考 Scahill 2015。

75. McCoy 2003，2021.

76. Urio 2018，pp. 35 - 82.

77. Jonathan Fenby，*Will China Dominate the XXI Century?*，Cambridge，UK，Politiy Press，2017.

78. 大量图书涉及了这些话题，见：Ross Terrill，*The New Chinese Empire and What it means for the United States*，New York，Basic Books，2003；Oded Shenkar，*The Chinese Century. The Rising Chinese Economy and its Impact on the Global Economy，the Balance of Power，and your Job*，Upper Sadle River，NJ，Wharton School Publishing，2005；Eamonn Filgleton，*In the Jaws of the Dragon. America's Fate in the Coming Era of Chinese Dominance*，New York，St. Martin Press，2008；Fred Berngsten et al.，*The Balance Sheet. China. What the World Needs to Know Now About the Emerging Superpower*，by the Center for Strategic and International Studies and the Institute for International Economics，New York，Public Affairs，2006；C. Fred Bergsten et al.，*China's Rise. Challenges and Opportunities*，Peterson Institute for International Economics and Centre for Strategic and International Studies，Washington，DC，2009。

79. Bacevich 2021.

80. *TomDispatch* 网站：http：//www. tomdispatch. com/，包括了可靠的学者和严肃的调查记者的贡献，如 Noam Chomsky，Tom Engelhardt，David Vine，Nick Turse，Alfred McCoy，Dilip Hiro，Nomi Prims。其他可供参考的网站：*Consortium News*（https：//consortiumnews. com/），*FAIR*（https：//fair. org/），*Naked Capitalism*（https：//www. nakedcapitalism. com/），*The GreyZone*（https：//thegrayzone. com/），*Investig' Action*（https：//www. investigaction. net/en/），*Truthout*（https：//truthout. org/），*Global Research*（https：//www. globalresearch. ca/），*AntiWar. com*（https：//www. antiwar. com/），*New Eastern Outlook*（https：//journal-neo. org/），*Tibetdoc*（http：//tibetdoc. org/). the Ron Paul Institute（http：//ronpaulinstitute. org/），the Lew Rockwell（https：//www. lewrockwell. com/）.

81. 有时，主流学者得出的结论与其他声音基本相同。例如：Jeffrey D. Sachs，William Schabas，The Xinjiang Genocide Allegations Are Unjustified（Sachs and Schabas 2021）。

82. World Bank 2009b.

83. Hu Angang and Men Honghua 2004；Urio 2018，Ch. 3.

84. 清华大学国情研究院院长胡鞍钢在过去 20 年间致力于中美综合国力研究。See Hu Angang，"China-U. S. Comprehensive National Power 2000 - 2019".（《中美综合国力大较量 2000 - 2019》，作者本人向我提供了这篇文章）。See also Hu Angang and Men Honghua（2004），and Hu Angang

and Ren Hao（2016）.

85. 三边委员会是一个很有意思的组织，由大卫·洛克菲勒和兹比格涅夫·布热津斯基于1973年7月成立，目的是促进北美、西欧和日本的合作。该委员会同时受到左翼和右翼的批评。右翼共和党参议员巴里·戈德华特批评称，该委员会巧妙地协调各方，获取并整合包括政治、经济、知识和宗教四方面的权力，推动形成高于委员会所涉国家政府的全球实力优势。左翼人士对委员会的批评更为激烈：诺姆·乔姆斯基称三边委员会是知识精英中的自由派（如欧洲、日本和美国的国际自由主义者）……（三边委员会）试图推行"更温和的民主"，即让人民变得被动和服从，从而不对国家权力造成太多制约（https：//en. wikipedia. org/wiki/Trilateral _ Commission，最后访问日期2017年2月）。

86. 这10个方面可以包括以下内容：（1）人力资本（如城市人口、劳动力资源）；（2）经济实力（可以用购买力平价法或汇率法计算GDP）；（3）产业实力（如农业和工业的附加值）；（4）国内市场（最终消费指数）；（5）国际市场（商品进出口）；（6）科技实力（研发支出、国内居民发明专利申请量、学术论文数量）；（7）信息资源（手机用户数、固定宽带接入用户数）；（8）基础设施实力（航空客运量、港口集装箱）；（9）能源实力（能源消费、电站、可再生能源消费）；（10）军事实力（军事支出、军队人数）。

87. Hu Angang and Ren Hao 2016.

88. 不同观点和补充性观点可见 Jost Wübbeke et al.，*MADE IN CHINA 2025. The making of a high-tech superpower and consequences for industrial countries*，Berlin，Merics，Mercator Institute for China Studies，No. 23，December 2016。我们在第一章讨论了中国的高新科技发展战略。

89. 本章"中国对美国的回应：我们也有一个梦想"一节已经提及这些变化。

90. 认清形势明确任务努力开创金融改革和发展新局面［N］. 光明日报，2004 - 02 - 11. ——译者注

91. 可参见宁夏一名年轻女学生的日记，这份日记描述了2000年到2001年农民家庭的情况。Ma Yan and Haski（2009）.

92. Pence 2018.

93. ILO 2016.

94. 同上。

95. Qin Gao & Sui Yang & Shi Li 2017.

96. ILO 2016，China Labour Bulletin 2019.

97. https：//www. investopedia. com/ask/answers/071514/why-social-security-running-out-money. asp.

98. 一般认为基尼系数在0—1之间，但为便于阅读，此处表述为百分数。——译者注

99. 性别不平等指数和人类发展指数使用相同的参数来衡量，但是重点关注男女不平等问题，是人类发展指数细化到性别平等问题上的体现。性别不平等指数关注以下问题：（1）健康（孕产妇死亡率，青少年生育率）；（2）赋权（受中等教育以上男女人口，男女占议会席位的份额）；（3）劳动力市场（男女劳动力参与率）。基本发展问题上的性别不平等越显著，纳入性别不平等考量的人类发展指数越低。不平等调整后人类发展指数关注以下问题：（1）健康长寿；（2）教育获得（平均受教育年限，预期受教育年限）；（3）生活水平（购买力平价法

下的人均国民总收入，以美元计算）。

100. UNDP Report 2020, pp. 343 – 344.

101. UNDP 2016 Report.

102. 中国各省份的人均 GDP 数据来源于《中国统计年鉴2020》，相应数值已换算为美元。

103. 这一分析是基于清华大学的胡鞍钢提供的表格进行的。

104. 艾伯特·凯德尔（Albert Keidel）2007 年的研究也部分证实了这一结论。他的研究表明，进城务工人员将工资寄回农村老家，提升了农村家庭的生活水平和消费水平。

105. Cunningham et al. （2020）.

106. 几乎所有中国知识分子都认同这一观点。例如可参见 Wang Hui 2009, pp. xii – xxxiii, 还可参见中国从帝国向国家过渡的重要问题（Wang Hui, 2014）。

107. Cunningham, Shaikh and Turiel 2020.

108. Hancock 2017.

109. 三千纪，第三个千年，从 2001 年 1 月 1 日起至 3000 年 12 月 31 日止。——译者注

110. Braudel 1979, pp. 113 – 114.

111. Scissors 2019 and 2021.

112. Scissors 2019.

113. Scissors 2021.

114. 读者可以回顾我们在第一章"西方对中国的诸多谬见"一节中提及的西方对中国海外投资的批评，也即所谓"债务陷阱"危机以及中国企业仅雇用中国工人和雇员而非当地劳动力等。我们已经看到这些批评并不成立。

115. 这里并未穷尽所有成员。还包括：澳大利亚、加拿大、丹麦、芬兰、法国、格鲁吉亚、德国、意大利、荷兰、新西兰、挪威、波兰、葡萄牙、俄罗斯、西班牙、瑞典、瑞士、英国、阿塞拜疆、孟加拉国、文莱、柬埔寨、印度、印度尼西亚、哈萨克斯坦、老挝、马来西亚、蒙古、缅甸、尼泊尔、巴基斯坦、菲律宾、新加坡、斯里兰卡、塔吉克斯坦、泰国、乌兹别克斯坦和越南；除此之外，还有其他国家，具体是指其他金砖国家（中国、俄罗斯和印度之外的巴西和南非）；还包括埃及、埃塞俄比亚、伊朗、以色列、约旦、韩国、科威特、阿曼、卡塔尔、沙特阿拉伯、土耳其和阿联酋等（见维基百科的"亚洲基础设施投资银行"词条）。

116. Prasad 2017.

117. U. S. Department of the Treasury. "Sanctions Programs and Country Information." Accessed June 16, 2021. Cited in Investopedia, Joseph Elmerraji. ' Countries Sanctioned by the U. S. and Why,' https: //www. investopedia. com/financial-edge/0410/countries-sanctioned-by-the-u. s. ---and-why. aspx.

118. SWIFT 于 1973 年设立，其设立目的为通过安全的方式促进金融交易。2001 年 9 月 11 日世贸中心双子塔事件后，美国开始以反恐战争为名对许多国家采取军事行动，同时美国开始使用以 SWIFT 为经济杠杆的战略。美国通过 SWIFT 获取信息，使美国能够获取交易来源和目的地的具体信息，从而发展其制裁机制。包括美国财政部、中央情报局和国家安全局（NSA）在内的多个美国公共部门均参与这一战略。丹麦的《贝林时报》（Berlingske）、德国的《明镜》周刊以及爱德华·斯诺登泄露的文件公开了美国的这些举措，披露美国国家安全局使用多种

手段监视 SWIFT，如通过多家银行读取 SWFIT 的打印信息等。

119. Irish 2019.

120. Bloomberg 2018，Park 2018.

121. 目前，包括中国和俄罗斯在内的一些国家正在大量购买黄金，这也可以说明美元主导的时代快要落幕。这意味着即使目前仍没有可以替代美元的货币，也可以通过区域货币篮子来建立区域支付体系，并等待主要经济集团通过国际协议来建立新的国际货币，最终取代不稳定的美元。

122. 以印度为例，大量专家认为印度作为英国曾经的殖民地，是西方的"天然"盟友。但联合国前副秘书长、印度前内阁部长和国会议员沙希·塔鲁尔（Shashi Tharoor）在他写的《不光彩的帝国：英国对印度做了什么》（*Inglorious Empire. What the British Did to India*）一书中写道："印度永远不会忘记它在经历了两个世纪的被殖民后，为获得独立所付出的代价。"（Tharoor 2016，p. 216）。

123. 这是 Martyanov 2021 的副标题。

124. JCPOA 也称《联合全面行动计划》，简称"伊核协议"。——译者注

125. 伊斯兰教什叶派将宗教学者分为多个等级，其中有资格进行"创制"的宗教学者被称为穆智台希德，阿亚图拉属于较高级的穆智台希德，仅次于最高称号大阿亚图拉。——译者注

126. Shala 2021.

127. Perlez 2015.

128. https：//en. wikipedia. org/wiki/Member_ states_ of_ the_ Shanghai_ Cooperation_ Organisation.

129. 中国参与的其他组织包括：亚太经济合作组织（APEC）、东南亚国家联盟（ASEAN）和欧亚经济联盟等。

130. https：//en. wikipedia. org/wiki/New_ Development_ Bank，accessed 24 July 2017.

131. Shala 2021 and Barfield 2021.

132. https：//www. washingtonpost. com/wp-srv/nation/specials/attacked/transcripts/bushaddress_ 09200 1. html.

133. 本小节参考了：reports to Congress on the U. S. -China Economic and Security Review Commission （USA 2016 – 20）；USA 2018b；USA 2020；PRC（2015a）；Nuclear Threat Initiative（2015）；an evaluation of China's military power（U. S. 2019）；and articles by the *South China Morning Post*，2016 – 21。

134. Feng 2017，Chan 2017.

135. USA 2016 – 20. 此外，我在 2018 年和 2019 年的书中详细分析了美国是如何看待中国的军事实力发展的。

136. Urio 2018，Ch. 2.

137. *China Economic and Security Review Commission Reports to Congress*，2016，p. viii，这里引用的是执行摘要中的部分。黑体文字为我强调的部分。

138. 同上，p. vii。

139. 同上，p. 4。

140. 同上，p. vii。

141. 我们需要关注这一段："欧盟委员会今年的工作引发了对中国军队是否已经可与美国军队'相匹敌'的热烈辩论，且至今尚未结束。下一年，我们将讨论上述主张的准确性，中国军队是否已达到这一水平，以及美国自称的与其有国家安全利益冲突的'同行竞争者'对美国国家安全的影响。"（p. vii.）

142. USA 2019.

143. 同上，p. 70。

144. 同上，p. 5。

145. 同上，p. 104。

146. 习近平在哈萨克斯坦纳扎尔巴耶夫大学的演讲，中国政府网，2013 - 09 - 08。——译者注

147. Xi Jinping 2013a, see also 2013b.

148. Chieng, 2006, p. 210, Jullien 1995, Ch. 1.

149. HSBC 2017, Rapoza 2017.

150. Bao et al. 2013.

151. Denyer 2013.

152. Shepard, 2016

153. Donnan 2014, Smith Yves 2015, Smith Jeff 2015.

154. Clauss 2017.

155. 虽然以下两份中国官方文件受到了一些西方观察家的质疑，但仍值得一读：2015 年的《推动共建丝绸之路经济带和21 世纪海上丝绸之路的愿景与行动》，以及 2017 年的《共建"一带一路"：理念、实践与中国的贡献》。

156. Hu Angang 2016, Wong et al. 2017.

157. Hu Angang 2016, p. 1.

158. Obama 2016a.

159. 这 4 个经济区域（不包括港澳台）是：东北地区（包括辽宁、黑龙江和吉林）、中部地区（山西、河南、湖北、湖南、江西、安徽）、东部地区（北京、天津、河北、江苏、浙江、上海、福建、广东、海南、山东）、西部地区（内蒙古、四川、重庆、云南、贵州、陕西、甘肃、青海、宁夏、新疆、西藏、广西）。资料来源：Hu Angang 2016, p. 16。

160. 中国有34 个省级行政单位：23 个省、4 个直辖市（北京、天津、上海和重庆）、5 个自治区（广西、内蒙古、西藏、宁夏和新疆）和 2 个特别行政区（香港和澳门）。胡鞍钢的分析不包括台湾、香港和澳门。

161. Hu Angang 2016, p. 15.

162. Hu Angang 2016, p. 24.

163. "一带一路"对欧洲和地中海沿岸国家重要性参见：Putten et al. 2016, and Fardella et al. 2016。

164. 彼得·纳瓦罗（Peter Navarro）强调了马六甲海峡的重要性："……若通过狭窄而危险的马六甲海峡控制住通往印度洋的中国南海门户，就控制住了南亚，或许也控制了东亚，因为日本和韩国的石油进口必须首先要经过中国南海。"Navarro 2016, p. 14. See also Navarro 2015. 彼

得·纳瓦罗是美国经济学家，曾担任特朗普总统的贸易政策助理以及白宫国家贸易委员会主任。

165. Navarro 2015，pp. 11 – 12.

166. 下述文章是对美国对阿富汗干预史简略但可靠的讲述。John Pilger, 'The Great Game of Smashing Countries,' *Global Research*, 25 August 2021. 皮尔格（Pilger）从 1978 年阿富汗反对君主制的革命说起。这一革命建立了一个世俗政府，保护女性和少数群体平等权利，提供免费的医疗保障并开展了大规模扫盲运动。因此在当时，女性占大学生一半以上。除此之外，40% 的医生、70% 的教师和 30% 的公务员都是女性。但是美国认为该政府是由苏联支持的。因此，美国开始资助阿富汗"圣战者"。这一组织后来为了自身利益传播激进的恐怖主义。

167. 《纽约时报》一直是美国帝国主义政策的忠实支持者之一。我们可以从下述文章一窥其对阿富汗事件的反应。Adam Nossiter, 'America's Afghan War：A Defeat Foretold?,' 21 August 2021. 这篇文章认为："美国认为阿富汗盟友在与塔利班作战，但是其实他们进行的并不是同一场战争。这让美国发起的战争和其他新殖民主义活动一样，从一开始就注定要失败。近代历史表明，无论存在何种诱惑，西方列强在其他国家境内开展战争是一种愚蠢的行为。尽管看上去在资金、技术、武器、空中力量和其他各方面都有所不足，但阿富汗本土反抗力量的动机很强，有着源源不断的作战人员补充，并经常从边境获取食物。"

168. http：//english. www. gov. cn/beltAndRoad/.

结论　如果"美国回来了"，回来的将是什么样的美国

1. 美国参议院以压倒性多数通过了多项有关这 3 个地区的文件："2019 年香港人权与民主法案""2020 年维吾尔人权政策法案""维吾尔强迫带动预防法案""2020 年西藏政策及支持法案"等。

2. George F. Will：'Opinion：Civilized nations' efforts to deter Russia and China are starting to add up,' *Washington Post*, July 16，2021："因此，我们很容易注意到，在全世界的所有时区里，西方国家每天都在用一言一行，采取虽然微小但是持续累积的威慑措施。"乔治·F. 威尔每周会写两篇关于政治和外交的专栏文章。1974 年，他在《华盛顿邮报》上开辟了专栏，1977 他获得了普利策评论奖。2019 年 6 月，他的新书《保守的心智》（*The Conservative Sensibility*）出版。

3. Mahdi Darius Nazemroaya, The Globalization of NATO, Clarity Press, 2012.

4. Jefferson 1816. 值得注意的是，2003 年 1 月 22 日，在杰斐逊总统使用"旧欧洲"一词约两个世纪以后，时任国防部长唐纳德·拉姆斯菲尔德又一次使用了这个词。

5. 拜登总统在任职 6 个月之后发表一篇自吹自擂的讲话（白宫：拜登纪念任职 6 个月内阁会议召开前的讲话，2021 年 7 月 20 日）。但是即便几年以来一直支持美国遏制中国和俄罗斯的《卫报》，也并不是那么乐观（*The Guardian*：'Joe Biden：six months on，cold，hard reality eclipses early euphoria,' 18 July 2021）。

6. Tharoor 2016，p. 216.

7. Chang，Ha-Joon 2008.

8. Ward 2020；see also the *Financial Times*：Brunsden 2020 et al.

9. Barfield 2021.

10. 中国共产党成立 100 周年大会隆重举行 习近平发表重要讲话, 中国政府网, 2021 – 07 – 01。——译者注

11. 第三章 "'一带一路'倡议：走向世界" 部分。

12. Hancock 2017.

13. Chieng，2006，p. 210；Jullien 1995，Ch. 1.

14. Hudson 2003 and 2005.

15. Sun，Jayaram and Kassiri 2017.

16. 然而，关于向欧洲和美洲的航行，参考 Levathes 1994，Menzies 2003 and 2008。

17. Ganser 2016 and 2020, Blum 2013 – 14. 比如, 对 67 个日本城镇的凝固汽油弹轰炸（1945 春天），随即在广岛和长崎投下原子弹（1945 年 8 月），根据前国务卿麦克纳马拉的说法，如果美国在二战中战败，这都会成为美国遭遇战争犯罪指控的理由（McNamara 2009）。然后就是一长串的蓄谋已久并往往成功的大规模破坏行动：朝鲜、越南、伊拉克、阿富汗、叙利亚、利比亚、伊朗等，这些名字只是冰山一角。

18. Chan 2014，参考本书第二章 "价值观差异和今日中国的价值观" 部分。

19. 这是对马克斯·韦伯一个世纪之前权力有效性分析的绝佳例证。魅力、传统和对合法性的尊重并不足以让政府在国内外的政策获得接受。对于韦伯来说，政府需要有行政和经济手段，除此之外，还需叠加军事手段，才能够在国际舞台上施加自己的意志。

20. 从这个意义上说，参见哈佛大学教授斯蒂芬·沃尔特的文章《国家应该关注自身的事务》，"Countries Should Mind Their Own Business"（Walt 2020）。

21. Howard Zinn，*A People's History of the United States*（Zinn 1999）. See also Sjursen 2021.

参考文献

Alford, Matthew and Tom Secker (2017). *National Security Cinema: The Shocking New Evidence of Government Control in Hollywood*. Drum Roll Books.

Almond, Gabriel A. and Powell, G.B. (1966). *Comparative Politics: A Developmental Approach*. Boston: Little, Brown & Co.

Almond, Gabriel A. and Verba, Sidney (1963). *The Civic Culture*. Boston: Little, Brown & Co.

Andersen, Kurt (2017). *Fantasy Land. How America Went Haywire. A 500-year History*. London: Penguin.

Anderson, P. (2015). *American foreign policy and its thinkers*. London: Verso.

Angell, Marcia (2005). *The Truth About the Drug Companies: How They Deceive Us and What To Do about It*. New York: Randon House.

Bacevich, Andrew (2008). *The Limits of Power. The End of American Exceptionalism*. New York: Henry Holt.

Bacevich, Andrew (ed.) (2012). *The Short American Century: A Postmortem*. Cambridge, Mass.: Harvard University Press.

Bairoch, Paul (1993). *Economics and World History: Myths and Paradoxes*. New York: Harvester Wheatsheaf.

Bandow, Doug (2020a). 'President Joe Biden Plans a World of Endless Intervention and Probably War,' *AntiWar*, 28 October, https://original.antiwar.com/doug-bandow/2020/10/27/president-joe-biden-plans-a-world-of-endless-intervention-and-probably-war/ (accessed 2 January 2021).

Bandow, Doug (2020b). 'When Washington Sends a Massage by Threatening War. Other Countries Hear 'Build Nukes!,' *AntiWar*, 30 December, https://original.antiwar.com/doug-bandow/2020/12/29/when-washington-sends-a-message-by-threatening-war-other-countries-hear-build-nukes/ (accessed 2 January 2021).

Bao, Beibei, Charles Eichacker, and Max J. Rosenthal (2013). 'Is China pivoting to the Middle East?' *The Atlantic*, 28 March, https://www.theatlantic.com/china/archive/2013/03/is-china-pivoting-to-the-middle-east/274444/.

Barfield, Claude (2021). 'Biden's forts defeat: The China-EU trade agreement,' *American Economic Institute*, 4 January, https://www.aei.org/economics/bidens-first-defeat-the-china-eu-trade-agreement/ (accessed 10 January 2021).

Barton, Dominic, Yougang Chen, and Amy Jin (2013). 'Mapping China's middle class,' *McKinsey Quarterly*, June 1, 2013.

Beinart, Peter (2018). 'The U.S. Needs to Face Up to Its Long History of Election Meddling,' *The Atlantic*, 22 July, https://www.theatlantic.com/ideas/archive/2018/07/the-us-has-a-long-history-of-election-meddling/565538/ (accessed 25 August 2018).

Bell, Daniel (2006). *Beyond Liberal Democracy. Political Thinking for an East Asian Context*. Princeton, NJ: Princeton University Press.

Bell, Daniel (ed.) (2008). *Confucian Political Ethics*. Princeton, NJ: Princeton University Press.

Bell, Daniel, and Chaibong Hahn (eds.) (2003). *Confucianism for the modern world*. Cambridge: Cambridge University Press.

Bell, Kurt M. and Ely Ratner (2018). 'How Beijing Defied American Expectations,' *Foreign Affaires*, 13 February.

Benjamin, Medea and Marcy Winograd (2020). 'Why Senators Must Reject Avril Haines for Intelligence,' *Common Dreams*, 29 December.

Bergère, Marie-Claire (1986). *L'âge d'or de la bourgeoisie chinoise*. Paris: Flammarion.

Bergère, Marie-Claire (2007). *Capitalisme et capitalistes en Chine*. Paris: Perrin.

Bernays, Edward (1928). *Propaganda*. New York: Ig Publishing (reprinted 2005).

Beveridge, Albert J. (1900). In Support of an American Empire. *Record, 56* Cong., I Sess., 1900, pp. 704–712. Retrieved December 15, 2018, from https://www.mtholyoke.edu/acad/intrel/ajb72.htm.

Biden, Joseph R., Jr. (2020). 'Why America must lead again,' *Foreign Affairs,* March-April.

Biden, Joseph (2021a). Inaugural Address by President Joseph R. Biden, Jr., 20 January, The White House.

Biden, Joseph (2021b). Remarks by President Biden on America's Place in the World, The White House, 4 February.

Biden, Joseph (2021c). Remarks by President Biden in Press Conference, The White House, 25 March.

Biden, Joseph R., Jr. and Michael Carpenter (2018). 'How to Stand Up to the Kremlin,' *Foreign Affairs*, January/February.

Billeter, François (2006). *Contre François Jullien*. Paris: Allia.

Blackwill, Robert D. and Ashley J. Tellis (2015). 'Revising US grand strategy toward China,' Council on Foreign Relations, Council Special Report no. 72, March 2015.

Blackwill, Robert D. and Kurt Campbell (2016). 'Xi Jinping on the global stage: Chinese foreign policy under a powerful but exposed leader,' *Council on Foreign Relations*, Council Special Report No. 74, February 2016.

Blinken, Anthony J. and Kagan, Robert (2019). '"America First" is not only making the world worse. Here's a better approach,' *Washington Post*, 1 January 2019.

Blinken, Anthony (2021). A Foreign Policy for the American People, U.S. Department of State, 3 March, https://www.state.gov/a-foreign-policy-for-the-american-people/ (accessed 24 April 2021).

Blomberg, David R. Baker and Ari Natter (2021). 'Biden moves to rapidly adopt climate policies, stunning the oil and gas industry,' Fortune, 28 January 2021, https://fortune.com/2021/01/28/biden-climate-oil-and-gas/ (accessed 20 February 2021).

Bloomberg (2018). 'China Ends 25-Year yait as Yuan Oil Futures to Start Trading,' *Bloomberg News*, 9 February, https://www.bloomberg.com/news/articles/2018-02-09/china-ends-25-year-wait-as-yuan-oil-futures-set-to-start-trading (accessed 15 March 2018).

Blum, William (2014a). *Killing Hope. US Military and CIA Interventions since World War II*. Monroe, ME: Common Courage Press.

Blum, William (2014b). *Rogue State. A Guide to the World's Only Superpower*. London: Zed Books.

Blum, William (2014c). Overthrowing other people's governments: The Master List, https://williamblum.org/essays/read/overthrowing-other-peoples-governments-the-master-list (accessed 26 September 2018).

Blum, William (2016). 'What can go wrong? The brighter side of Trump's election,' *Foreign Policy Journal*, 2 December 2016, http://www.foreignpolicyjournal.com/2016/12/02/what-can-go-wrong-the-brighter-side-of-trumps-election (accessed 19 December 2016).

Bovard, James (2020). 'The Korean War's Forgotten Lessons on the Evil of Intervention,' *Counterpunch*, 17 November 2020, https://www.counterpunch.org/2020/11/17/the-korean-wars-forgotten-lessons-on-the-evil-of-intervention/ (accessed 15 November 2020).

Bradley, James (2009). *The Imperial Cruise. A Secret History of Empire and War.* New York: Little, Brown & Co.

Bradley, James (2015). *The China Mirage. The Hidden Story of American Disaster in Asia*. New York: Little, Brown & Co.

Brands, Hal and Zack Cooper (2021). 'U.S.-Chinese Rivalry Is a Battle Over Values. Great-Power Competition Can't Be Won on Interests Alone,' *Foreign Affairs*, 16 March.

Braudel, Fernand (1972). 'Fernand Braudel et les différents temps de l'histoire,' interview published by *Jalons*, ORTF (Collection: Signes des temps), 30 October, http://fresques.ina.fr/jalons/ fiche-media/InaEdu04649/fernand-braudel-et-les-differents-temps-de-l-histoire.html (accessed 21 March 2004).

Braudel, Fernand (1979a). *Civilisation matérielle, économie et capitalisme (XVe–XVIIIe siècle)*. Paris: A. Colin (*vol. 1: Les structures du quotidien; vol. 2: Les jeux de l'échange; vol. 3: Le temps du monde*). English translation: *Civilization and Capitalism: 15th–18th Century, vol. 1: The Structure of Everyday Life; vol. 2: The Wheels of Commerce; vol. 3: The Perspective of the World*. Berkeley: University of California Press, 1992.

Braudel, Fernand (1979b). *Afterthoughts on Material Civilization and Capitalism* (The Johns Hopkins Symposia in Comparative History). Baltimore, MD: Johns Hopkins University Press.

Braudel, Fernand (1992). *On History*. Chicago: University of Chicago Press.

Brunsden, Jim Mehreen Khan and Michael Peel (2020). 'EU and China agree new investment treaty,' *Financial Times*, 30 December, https://www.ft.com/content/6a429460-4bfb-42d4-9191-73ba97dde130 (accessed 3 January 2021).

Brzezinski, Zbigniew (1997a). A geostrategy for Eurasia. *Foreign Affairs*, September 1. Retrieved December 6, 2016, from https://www.foreignaffairs.com/articles/asia/1997-09-01/geostrategy-eurasia.

Brzezinski, Zbigniew (1997b). *The grand chessboard: American primacy and its geostrategic imperatives*. New York: Basic Books.

Brzezinski, Zbigniew (2016). 'Toward a global realignment. As its era of global dominance ends, the United States to take the lead in realigning the global power architecture,' *The American Interest*, 17 April 2016.

Buckley Ebrey, P. (1999). *The Cambridge illustrated history of China*. Cambridge: Cambridge University Press.

Butman, John and Simon Targett (2018). *New World Inc., The Making of America by England's Merchants Adventurers*, New York: Little, Brown & Company.

Cabestan, Jean-Pierre (1994). *Le système politique de la Chine populaire*. Paris: Presses Universitaires de France, first edition.

Campbell, Kurt M. and Ely Ratner (2018). The China Reckoning. How Beijing Defied American Expectations, *Foreign Affairs*, 13 February, https://www.foreignaffairs.com/articles/united-states/2018-02-13/china-reckoning?cid=nlc-fa_fatoday-20180214(accessed 15 February 2018).

Canfora, Luciano (2002a). *L'imposture democratique. Du procès de Socrate à l'éléction de G.W. Bush.* Paris: Flammarion.

Canfora, Luciano (2002b). *Critica della retorica democratica.* Bari: Laterza.

Canfora, Luciano (2006). *Democracy in Europe. A History of an Ideology.* New York: Wiley.

Canfora, Luciano (2008). *Exporter la liberté: Echec d'un mythe*, Paris: Ed. Desjonquères.

Canfora, Luciano (2010). *La nature du pouvoir.* Paris: Les Belles Lettres.

Canfora, Luciano (2017). *La schiavitù del capitale.* Bologna: Il Mulino.

Canfora, Luciano and Gustavo Zagrebelsky (2014). *La marchera democractica dell'oligarchia.* Bari: Laterza.

Cartier, Michel (ed.) (2004). *Giuseppe Castiglione dit Lang Shining, 1688–1766, Jésuite italien et peintre chinois.* Paris: Favre.

Cashill, Jack (2020). 'Media Firemen Scramble to Save Biden Candidacy,' *Lew Rockwell,* 28 October.

Chan, Joseph (1999). 'A Confucian Perspective on Human Rights For Contemporary China,' in Bauer, Joanne R. and Daniel A. Bell, *The East Asian Challenge for Human Rights.* Cambridge: Cambridge University Press.

Chan, Joseph (2014). *Confucian Perfectionism: A Political Philosophy for Modern Times.* Princeton: Princeton University Press.

Chang, Ha-Joon (2008). *Bad Samaritans. The Myth of Free Trade and the Secret History of Capitalism.* New York: Bloomsbury.

Chayes, Sarah (2020a). *On Corruption in America. And What is at Stake.* New York: Knopf.

Chayes, Sarah (2020b). 'The strategies are Foreign, but the Corruption is American,' *Foreign Affairs*, November/December 2020.

Chen Yali (2016). *Confucianisme et Démocratie Libérale : une étude comparative*, Master dissertation in Political Science, University of Geneva.

谁是世界的威胁

Chernova, Anna, Zahra Ullah and Rob Picheta (2021). 'Russia reacts angrily after Biden calls Putin a 'killer,' CNN, 18 March.

China Briefing (2019). 'China's Middle Class in 5 Simple Questions' (From Dezan Shira & Associates), 13 February 2019, https://www.china-briefing.com/news/chinas-middle-class-5-questions-answered/ (accessed 20 February 2019).

China Labour Bulletin (2019). China's social security system, *China Labour Bulletin*, First published 2012, last upadated (in part) March 2019, https://clb.org.hk/content/china%E2%80%99s-social-security-system (accessed 3 April 2019).

China Power Report (2018). 'How well-off is China's middle class?,' https://chinapower.csis.org/china-middle-class/ (accessed 25 July 2019).

Chinese People's Political Consultative Conference, September 21, 1949, https://china.usc.edu/Mao-declares-founding-of-peoples-republic-of-china-chinese-people-have-stood-up.

Chollet, Derek, et al. (2017). 'Building "situations of strength": A national security strategy for the United States,' *Brookings,* February.

Chomsky, Aviva (2018). 'The DNA Industry and the Disappearing Indian. DNA, Trace, and Native Rights,' *TomDispatch,* 29 November, https://tomdispatch.com/aviva-chomsky-making-native-americans-strangers-in-their-own-land/ (accessed 7 June 2021).

Chow, Gregory C. (2002). *China's Economic Transformation*. Oxford: Blackwell.

Chung, Cynthia (2019). 'On Churchill's Sinews of Peace,' *Strategic Culture*, 24 November.

Chung, Cynthia (2020a). 'On Roosevelt and Stalin: What Revisionist Historians Want Us to Forget,' *Strategic Culture*, 18 September.

Chung, Cynthia (2020b). 'The Enemy Within: A Story of the Purge of American Intelligence,' *Strategic Culture*, 14 June.

Chung, Cynthia (2020c). 'The Day the World Stood Still: A Story of the First Atomic Bomb and Our Perpetual Cold War,' *Strategic Culture*, 1 October.

Chung, Cynthia (2021). 'Return of the Leviathan: The Fascistic Roots of the CIA and the True Origin of the Cold War,' *Strategic Culture*, 7 May.

Clauss, Michael (2017). 'Why Europe and the US cannot afford to ignore China's belt and road,' *South China Morning Post*, 16 June, http://www.scmp.com/comment/insight-opinion/article/2098527/why-europe-and-us-cannot-afford-ignore-chinas-belt-and-road (accessed 8 August 2017).

Conway-Lanz, Sahr (2006). *Collateral Damage: Americans, Noncombatant Immunity, and Atrocity after World War II*. London: Routledge.

Council on Foreign Relations (2021). Independent Task Force for the evaluation of the implications of the BRI for the U.S., 79th Report.

Cradock, Percy (1994). *Experiences of China*. London: Trafalgar Square.

Cradock, Percy (1997). 'Losing the plot in Hong Kong,' *Prospect*, 20 April.

Craig, David (2015). *Rip-Off! The Scandalous inside story of the management consulting machine*. London: The Original Book Company.

Craven, Mattew (2015). 'Between law and history. The Berlin Conference of 1884–1885 and the logic of free trade,' *London Review of International Law*, Vol 3. Issue 1, pp. 31–59.

Creel, G. (2012). *How We Advertised America: The First Telling of the Amazing Story of the Committee on Public Information That Carried the Gospel of Americanism to Every Corner of the Globe Corner*. Forgotten Books (Classic Reprint). Retrieved from https://www.forgottenbooks.com/en (first edition 1920).

Cumings, Bruce (2005). *Korea's Place in the Sun. A Modern History*. New York: Norton.

Cumings, Bruce (2011). *The Korean War. A* History. New York: The Modern Library.

Cumings, Bruce (2017). 'A murderous history of Korea,' *London Review of Books,* 18 May 2017. Retrieved May 20, 2017, retrieved May 20, 2017 from https://www.lrb.co.uk/v39/n10/bruce-cumings/a-murderoushistory-of-korea.

Cunningham, Edward, Tony Saich and Jessie Turiel (2020). 'Understanding CCP (Chinese Communist Party) Resilience: Surveying Chinese Public Opinion Through Time,' *Ash Center Programs for Democratic Governance, Harvard University,* July.

Democracy Now (2013). 'Make the Economy Scream': Secret Documents Show Nixon, Kissinger Role Backing 1973 Chile Coup, *Democracy Now*, 10 September, https://www.democracynow. org/2013/9/10/40_years_after_chiles_9_11 (accessed 25 October 2016).

Deng Xiaoci and Fan Anqi (2020). 'Chang'e-5 lands on moon, lays foundation for manned mission,' Global Times, https://www. globaltimes.cn/content/1208681.shtml, 01 December 2020 (accessed 4 December 2020).

Denyer, Simon (2013). 'China bypasses American "New Silk Road" with two of its own,' *The Washington Post*, 14 October, https://www. washingtonpost.com/world/asia_pacific/china-bypasses-american-new-silk-road-with-two-if-its-own/2013/10/14/49f9f60c-3284-11e3-ad00-ec4c6b31cbed_story.html?utm_term=.058ccff83b09 (accessed 24 June 2015).

Dickson, Bruce J. (2003). *Red capitalists in China: The party, private entrepreneurs, and prospects for political change*. Cambridge: Cambridge University Press.

Dickson, Bruce J. (2008). *Wealth into power: The communist party's embrace of China's private sector*. New York: Cambridge University Press.

Dimbleby, Johnathan (1997). *The Last Governor. Chris Patten and the Handover of Hong Kong.* London: Little, Brown and Company.

Dlouhy, Jennifer A. (2021a). 'Biden's plan to cut US oil production becomes clearer,' *World Oil*, 23 January 2021, https://www.worldoil. com/news/2021/1/22/biden-s-plan-to-cut-us-oil-production-becomes-clearer (accessed 20 February 2021).

Dlouhy, Jennifer A. (2021b). 'Keystone XL Oil Pipeline Is Terminated After Years of Climate Activism,' *Insurance Journal,* 11 June, https:// www.insurancejournal.com/news/international/2021/06/11/618209. htm (accessed 14 June 2021).

Dlouhy. Jennifer and and Robert Tuttle (2021). 'Keystone XL protestors want Biden to revoke more pipeline permits,' *World Oil,* 13 June, https://www.worldoil.com/news/2021/6/11/keystone-xl-protestors-want-biden-to-revoke-more-pipeline-permits (accessed 14 June 2021).

Dollar, David, et al. (2017). 'Avoiding containment, competition, and Cooperation in U.S.-China Relations,' *A Brookings Interview,* November.

Donnan, Shawn (2014). 'Geopolitics cast shadow over New Silk Road,' *Financial Times,* 17 October (accessed 24 February 2018).

Dower, John (2017). *The Violent American Century. War and Terror since World War II.* Chicago: Haymarket Books.

Easton, Ian (2017). *The Chinese Invasion Threat: Taiwan's Defense and American Strategy in Asia.* Arlington, VA: Project 2019 Institute.

Eberhardt, Pia (2016). 'The Zombie ISDS. Rebranded as ICS, rights for corporations to sue states refuse to die,' *Corporate Europe Observatory.*

Economist (2018). 'China wants to reshape the global oil market,' *The Economist*, 28 March, https://www.economist.com/finance-and-economics/2018/03/28/china-wants-to-reshape-the-global-oil-market (accessed 15 April 2018).

Edelman, Murray (1985). *The Symbolic Uses of Politics.* Chicago: University of Illinois Press.

Eisenhower, Dwight (1961). Transcript of President Dwight D. Eisenhower's Farewell Address, https://www.ourdocuments.gov/doc.php?flash=false&doc=90&page=transcript (accessed 22 April 2021).

Engdahl, F. William (2014). *Target China. How Washington and wall street plan to cage the Asian dragon.* San Diego: Progressive Press.

Engelhardt, Tom (2014). *Shadow Government. Surveillance, Secret Wars, and Global Security State in a single-Superpower World.* Chicago: Haymarket Books.

Esfandiary, Dina and Tabatabai, Ariane (2018). *Triple Axis. Iran's Relations with Russia and China.* London: I.B. Tauris.

谁是世界的威胁

European Chamber (2017). China Manufacturing 2015, Putting Industrial Policy Ahead of Market Forces, available at http://www.europeanchamber.com.cn.

Fang, Alex, Marrian Zhou and Francesca Regaldo (2020). 'Team Biden says America is back. But is Asia ready to welcome it?' *Nikkei Asia*, 2 December, https://asia.nikkei.com/Spotlight/The-Big-Story/Team-Biden-says-America-is-back.-But-is-Asia-ready-to-welcome-it (accessed 18 December 2020).

Fannin, Rebecca (2019). *Tech Titans of China.* Boston: Brealey.

Fardella, Enrico, et al. (2016). La Belt and Road Initiative: la globalizzazione secondo Pechino, *Rivista bimestrale di politica, relazioni internazionali e dinamiche socio-economiche della Cina contemporanea*, Vol. 7, No.6, December.

Farrell, Diana, Ulrich A. Gersch and Elisabeth Stephenson (2008). 'The value of China's emerging middle class,' *The McKinsey Quarterly*, 2008 Special Edition.

Farrow, Anne, Joel Lang and Jenifer Frank (2006). *How the North Promoted, Prolonged and Profited from Slavery*. New York: Ballantine Books.

Fassihi, Farnaz and Steven Lee Myers (2020). 'Defying U.S., China and Iran Near Trade and Military Partnership,' *New York Times,* 11 July 2020 (accessed 29 March 2020).

FBI (2015). Chinese Talent Programs. *Federal Bureau of Investigation (FBI)*, Counterintelligence Strategic Partnership, Intelligence not (Spin), September. Retrieved 25 January 2019 from https://info.publicintelligence.net/FBI-ChineseTalentPrograms.pdf.

Fenby, Jonathan (2014). *Will China Dominate the XXI Century?,* Cambridge, UK: Polity Press.

Flounders, Sara (2020). 'China's global vaccines – A game changer,' *Workers World*, 8 December, https://www.workers.org/2020/12/53125/ (accessed 25 January 2021).

Forsythe, Michael (2015). 'Tony Saich on what Chinese want from their leaders,' *Sinosphere*, 11 September. Retrieved October 18, 2015, from https://sinosphere.blogs.nytimes.com/2015/09/11/anthony-saich-china-communist-party/.

Freymann, Eyck (2021). 'The USA can't keep waiting for China's Belt and Road Initiative to fail,' *Fortune*, 24 March.

Friedberg, Aaron L. (2020). 'An Answer to Aggression,' *Foreign Affairs*, September/October.

Friedman, Milton (1982). *Capitalism and Freedom*. Chicago: The University of Chicago Press, preface to the second edition (1st edition 1962).

Fukuyama, Francis (1989). 'The end of history?,' *The National Interest*, Summer, No. 16, pp. 3–18.

Fukuyama, Francis (1992). *The End of History and the Last Man*. New York: Free Press.

Galbraith, James (2008). *The Predator State. How conservatives abandoned the free market and why liberals should too*. New York: Free Press.

Ganser, Daniele (2005). *NATO's secret armies. Operation gladio and terrorism in western Europe*. New York: Frank Cass.

Ganser, Daniele (2016). *Les guerres illégales de l'OTAN. Comment les pays membres de l'OTAN sapent l'ONU*. Plogastel Saint-Germain (France): Editions Demi-Lune.

Gernet, Jacques (1991). *Chine et christianisme: La première confrontation* (2nd edition). Paris: Gallimard.

Gordon-Reed, Annette (2018). 'America's original Sin,' *Foreign Affairs,* January/February.

Green, Michael J. (2017). *By More than Providence. Grand Strategy and American Power in the Pacific Since 1783*. New York: Columbia University Press.

Griffin, David R. (2018). *The American trajectory. Divine or demonic?* Atlanta: Clarity Press.

Grundvig, James Ottar (2016). *Master Manipulator, The Explosive True Story of Fraud, Embezzlement, and Government Betrayal at the CDC*. New York: Skyhorse.

Guyer, Jonathan (2020). 'How a Biden Adviser Got a Gig With Uber,' *Prospect.org*, 8 July.

Hancock, Tom (2017). 'Silk Road: China encircles the world with One Belt, One Road strategy,' *Financial Times*, 4 May, http://www.ft.com/content/0714074a-0334-11e7-aa5b-6bb07f5c8e12 (accessed 22 July 2017).

Hanley, Charles J, Sang-Hun Choe, and Martha Mendoza (2001). *The Bridge at no Gun Ri. A Hidden Nightmare From The Korean War*. New York: Holt & Company.

Harding, Robin and John Reed (2020). 'Asia-Pacific countries sign one of the largest free trade deals in history,' *Financial Times*, 15 November.

Harris, Stewart (2014). *China's Foreign Policy*. Cambridge, UK: Polity Press.

HM Government (2021). Global Britain in a competitive age. The Integrated Review of Security, Defence, Development and Foreign Policy, March 2021.

Ho, Johnny, et al. (2019). China Consumer Report 2020, McKinsey, December.

Ho, Matt (2021). 'Is the Chinese prototype the shape of maglev train tech to come?,' *South China Morning Post*, 13 January.

Hobson, John M. (2004). *The Eastern Origins of Western Civilisation* (chapters 3 and 9 on Chinese influence on the West). Cambridge, Mass.: Cambridge University Press.

Houska, Tara (2021). 'Enbridge's Greenwashing Will Not Stand,' *Common Dreams*, 8 March 2021, https://www.commondreams.org/views/2021/03/08/enbridges-greenwashing-will-not-stand (accessed 22 March 2021).

HSBC (2017). 'One Belt One Road briefing note,' 12 May, http://www.lmfinternational.com/index.php/news/560-trends/40553-hsbc-one-belt-one-road-briefing-note (accessed 20 May 2017).

Hsü Immanuel C.Y. (1995). *The Rise of Modern China*. New York: Oxford University Press.

Hu Angang (2014). *China's Collective Presidency*. Heidelberg and Beijing: Springer.

Hu Angang (2016). 'One Belt One Road: Reshaping Chinese economic geography,' paper kindly provided by author. Beijing: Institute of Contemporary China Studies, Tsinghua University, April.

Hu Angang and Men Honghua (2004). 'The Rising of Modern China: Comprehensive National Power and Grand Strategy,' paper presented at the international conference on 'Rising China and the East Asian Economy,' Seoul, 19–20 March 2004, kindly provided by authors. The original Chinese version was published in *Strategy & Management*, No 3, 2002. This article is available on *Wikipedia,* under 'Comprehensive National Power.'

Hu Angang and Ren Hao (2016). 'How can China's high-technology industry catch up with United States.' *Strategy and Policy Decision Research* (Vol. 31, pp. 1355–1364), Proceedings of Chinese Academy of Sciences, 1355 Phase 12.

Hu Angang, Wang Yi, et al. (1992). *Survival and Development: A Study of China's Long-Term Development.* Beijing and New York: Science Press.

Hu Angang, Zhang Xin, and Zhang Wei (2017). 'Strategic connotation and conception of the development of the Belt, Road and Channel (Arctic Shipping Channel) Initiative,' paper kindly provided by main author. Beijing, School of Public Policy and Management, Tsinghua University, 12 April.

Hu Angang and Zou Ping (1991). *China's Population Development.* Beijing: China's Science and Technology Press.

Huang, Kristin and Kinling Lo (2019). As China and US spar over tech, scientists would rather not talk about their talent awards, *South China Morning Post*, 14 January.

Hudson, Michael (2003). *Super Imperialism. The Origin and Fundamentals of US World Dominance.* London: Pluto Press, Second edition with a new preface (first edition 1972).

Hudson, Michael (2005). *Global Fracture. The New International Economic Order.* London: Pluto Press, Second edition with a new introduction (first edition 1977).

Hudson, Michael (2019a). Trump's Brilliant Strategy to Dismenber US Dollar hegemony, Hudson Website, 1 January, https://michael-hudson.com/2019/02/trumps-brilliant-strategy-to-dismember-u-s-dollar-hegemony/accessed 2 January 2019.

Hudson, Michael (2019b). Venezuela as the pivot for New Internationalism?, Michael Hudson Website, 6 January, https://michael-hudson.com/2019/02/venezuela-as-the-pivot-for-new-internationalism/ (accessed 8 January 2019).

Huntington, Samuel P. (2011). *The Clash of Civilizations and the Remaking of World Order*. New York: Simon & Schuster.

IHEP (2018). CEPC (Circular Electron Positron Collider) Design Report Released, Institute of High Energy Physics, Chinese Academy of Sciences, 11 November, http://english.ihep.cas.cn/doc/3229.html (accessed 29 January 2019).

Immerwahr, Daniel (2020). 'You Can Only See Liberalism From the Bottom. Why Pankaj Mishra sees the ideology's limits more clearly than its moist powerful fans, *Foreign Policy*, 21 September.

ILO (2016). Extending social protection to rural migrants. People's Republic of China, September, http://www.social-protection.org/gimi/RessourcePDF.action?ressource.ressourceId=53859 (accessed 20 June 2017).

Irish, John (2019). 'Skirting US sanctions, Europeans open new trade channel to Iran.' *Reuters*, 31 January. Retrieved 10 February 2019, from https://www.reuters.com/article/us-iran-usa-sanctionseu/skirting-u-s-sanctions-europeans-launch-trade-mechanism-for-iran-idUSKCN1PP0K3.

Jäcklein, Wolf (2014). 'Transatlantic Trade and Investment Partnership: ten threats to Europeans,' *Le Monde Diplomatique,* 14 2014, http://mondediplo.com/2014/06/11ttip (accessed 23 May 2017).

Jacobs, Ben (2015). 'The Donald Trump doctrine: "Assad is bad" but U.S. must stop "nation-building,"' *The Guardian*, 13 October, https://www.theguardian.com/us-news/2015/oct/13/donald-trump-foreign-policy-doctrine-nation-building (accessed 15 December 2016).

Jayaman, Kartik, et al. (2017). 'The closest look yet at Chinese economic engagement in Africa,' *McKinsey&Company*, Report, June.

Jefferson, Thomas (1801). 'From Thomas Jefferson to James Monroe,' 24 November, National Archive, Founders Online, https://founders. archives.gov/documents/Jefferson/01-35-02-0550 (accessed 18 August 2018).

Jefferson, Thomas (1816). 'To John Adams from Thomas Jefferson,' 1 August 1816, National Archive, Founders Online, https:// founders.archives.gov/documents/Adams/99-02-02-6618 (accessed 18 August 2018).

Jie Chen (2013). *A Middle Class Without Democracy: Economic Growth and the Prospects for Democratization in China.* Oxford: Oxford University Press .

Jie Chen and Chunglong Lu (2006). 'Does China's Middle Class Think and Act Democratically? Attitudinal and Behavioral Orientations Towards Urban Self-Government,' *Journal of Chinese Political Science*, Fall, pp. 1–19.

Jie Chen and Bruce J. Dickson (2008). 'Allies of the state: Democratic support and regime support among China's private entrepreneurs,' *China Quarterly*, December 2008, pp. 780–804.

Johnson, Chalmers (2000). *Blowback. The Costs and Consequences of American Empire.* New York: Henry Holt.

Johnson, Chalmers (2004). *The Sorrows of Empire. Militarism, Secrecy, and the End of the Republic.* New York: Henry Holt.

Johnson, Chalmers (2006). *Nemesis. The last days of the American Republic.* New York: Henry Holt.

Johnson, Chalmers (2010). *Dismantling the Empire. America's last Best Hope.* New York: Henry Holt.

Johnson, Jake (2020). 'Biden Quietly Adds Goldman Sachs, Big Tech Officials to Transition,' *Consortium News*, 22 December 2020.

Johnstone, Caitlin (2021a). 'Boot Coming Down Hard and Fast on Social Media,' *Consortium News*, 10 January.

Johnstone, Caitlin (2021b). 'Les médias mainstream utilisent déjà l'émeute du Capitole pour exiger davantage de censure sur le Net,' *Investigaction,* 8 January.

Johnstone Diana (2016). *Queen of Chaos: The Misadventures of Hillary Clinton.* Petrolia, Calif.: Counterpunch.

Jones, Owen (2017). 'Americans can spot elections meddling because they've been doing it for years,' *The Guardian*, 5 January, https://www.theguardian.com/commentisfree/2017/jan/05/americans-spot-election-meddling-doing-years-vladimir-putin-donald-trump (accessed 13 June 2017).

Jullien, François (1989). *Procès ou création. Une introduction à la pensée chinoise.* Paris: Seuil, 1989

Jullien, François (1995). *The Propensity of Things. Towards a History of Efficacy in China.* New York: Zone Books.

Jullien, François (1999). *The Propensity of Things. Towards a History of Efficacy in China.* New York: Zone Books, 1999.

Jullien, François (2004). *A Treatise on Efficacy. Between Western and Chinese Thinking*, Honolulu, University of Hawai'i Press, 2004.

Jullien, François (2005a). *De l'être au vivre. Lexique euro-chinois de la pensée.* Paris: Gallimard, 2015, pp. 8–10.

Jullien, François (2005b). *Conférence sur l'efficacité.* Paris: Presses Universitaires de France.

Jullien. François (2006). 'Postface,' in André Chieng, *La pratique de la Chine, en compagnie de François Jullien.* Paris: Grasset.

Jullien, François (2008). *In Praise of Blandness. Proceedings from Chinese Thought and Aesthetics.* New York: Zone Books, 2008.

Jullien, François (2011). *The Silent Transformations.* London: Seagull.

Jullien, François (2015a). 'Du commun à l'universel,' in Le Huu Khoa (dir.), *Le dialogue entre cultures, du commun à l'universel.* Paris: Les Indes savantes, pp. 9–55.

Jullien, François (2015b). *Le* dialogue *entre cultures, du commun à l'universel.* Paris: Les Indes savantes.

Jullien, François (2017). *Il n'y a pas d'identité culturelle.* Paris: L'Herne.

Kagan, Robert (2003). *Of Paradise and Power. America and Europe in the New World Order.* New York: Vintage Books.

Kagan, Robert (2008). *The Return of History and the End of Dreams*. London: Atlantic Books.

Kagan, Robert (2012a). 'Not fade away: Against the myth of American decline,' *Brookings Institution*, 17 January.

Kagan, Robert (2012b). *The World America Made*. New York: Alfred A. Knopf.

Kagan, Robert (2012c). 'Why the World Needs America,' *Wall Street Journal*, 11 February, https://www.wsj.com/articles/SB1000142405 2970203646004577213262856669448 (accessed 25 January 2021).

Kagan, Robert (2014). 'Superpowers don't get to retire. What our tired country still owes to the world,' 27 May, *New Republic,* https://newrepublic.com/article/117859/superpowers-dont-get-retire (accessed 20 March 2017).

Kagan, Robert (2017a). 'The twilight of the liberal world order,' *Brookings Report,* 24 January, https://www.brookings.edu/research/the-twilight-of-the-liberal-world-order/ (accessed 27 January 2017).

Kagan, Robert (2017b). 'Backing into World War III,' *Brookings Institution*, 6 February, https://www.brookings.edu/research/backing-into-world-war-iii/ (accessed 14 February 2017).

Kagan, Robert (2021). 'A Superpower, Like it or Not: Why Americans Must Accept Their Global Role,' *Foreign Affairs*, March-April.

Kania, Elsa B. (2018). 'China's Quantum Future. Xi's Quest to Build aHigh-Tech Superpower.' *Foreign Affairs,* 26 September. Retrieved 20 October, https://www.foreignaffairs.com/articles/china/2018-09-26/chinas-quantum-future.

Karp, Walter (1979). *The Politics of War: The Story of Two Wars which Altered Forever the Political Life of the American Republic (1890–1920)*. New York: Harper Colophon Books.

Keidel, Albert (2007). *The Causes and Impact of Chinese Regional Inequalities in Income and Well-Being*. Carnegie Endowment for International Peace, December 2007.

Kramer, Michael (2001). 'Rescuing Boris.' *Time*, 24 June. Retrieved June 10, 2017, from http://content.time.com/time/printout/0,8816,136204,00.html.

Kelsey, Jane (2011). 'International civil society demands end to secrecy in TPPA talks,' media release, 16 February 2011, http://tppwatch.org (accessed 29 March 2011).

Kelstrup, Jesper Dahl (2016). *The Politics of Think Tanks in Europe.* London and New York: Routledge.

Kendall, Brent and John D. McKinnon (2020). 'Facebook Hit With Antitrust Lawsuits by FTC, State Attorneys General,' *Wall Street Journal,* 9 December.

Kendall-Taylor, Andrea and David Shullman (2021). 'China and Russia' Dangerous Convergence. How to Counter an Emerging Partnership,' *Foreign Affairs*, 3 May 2021.

Kennan, George (1947). The sources of soviet conduct, *Foreign Affairs*, July issue, https://www.foreignaffairs.com/articles/russian-federation/1947-07-01/sources-soviet-conduct (accessed 15 May 2017).

Kennedy, Robert F. Jr. (2016). 'Why the Arabs don't want us in Syria. They don't hate "our freedoms." They hate the fact that we've betrayed our ideals in their own countries.' *Politico*, 16 September 2016. Retrieved December 18, 2016, from http://www.politico.eu/article/why-the-arabs-dontwant-us-in-syria-mideast-conflict-oil-intervention/.

Kingston, Reif and Shannon Bugos (2021). 'U.S., Russia Extend New START for Five Years,' *Arms Control Association,* March, https://www.armscontrol.org/act/2021-03/news/us-russia-extend-new-start-five-years (accessed 15 March 2021).

Kinzer, Shephen (2017). *The True Flag. Theodore Roosevelt, Mark Twain, and the Birth of American Empire.* New York: Henry Holt.

Klein, Kent (2012). 'Obama: US "The one indispensable nation in world affairs,"' *Voice of America News*, 28 May, http://www.voanews.com/content/obama (accessed 18 April 2016).

Kluth, Andreas (2020). 'The China-EU Investment Deal Is a Mistake,' *Bloomberg*, 30 December, https://www.bloomberg.com/opinion/articles/2020-12-30/europe-s-big-investment-deal-with-china-is-a-mistake (accessed 2 January 2021).

Koepke, Logan, et al. (2020). 'Mass Extraction: The Wide-spread Power of U.S. Law Enforcement to Search Mobile Phones,' *Forensic Resources, Upturn Towards Justice in Technology*, October.

Kuzmarov, Jeremy and John Marciano (2018). *The Russians are Coming, Again: The first cold war as tragedy, the second as farce.* New York: Monthly Review Press.

Kyle Crossley, Pamela, et al. (2017). 'How does China's imperial past shape its foreign policy today?,' *A ChinaFile Conversation*, 15 March, http://www.chinafile.com/conversation/how-does-chinas-imperial-past-shape-its-foreign-policy-today (accessed 19 March 2017).

La Feber, Walter (1994). *American Age. U.S. Foreign Policy at Home and Abroad: 1750 to the Present.* New York: W.W Norton (2nd edition).

La Feber, Walter (1998). *The New Empire: An Interpretation of American Expansion 1860–1898.* Ithaca and London: Cornell (Thirty-fifth Anniversary Edition).

La Feber, Walter (2012). 'Illusions of an American Century,' in Bacevich, Andrew (ed.) (2012), *The Short American Century: A Postmortem.* Cambridge, Mass.: Harvard University Press, pp. 158–186.

Las Casas, Bartolomé de (1974). *The Devastation of the Indians. A Brief Account* (translated by Herman Briffault). Baltimore, Md.: Johns Hopkins University Press, 1974 (first published in Spanish 1552).

Las Casas, Bartolomé de (1992). *In Defense of the Indians* (translated and edited by Stafford Poole, with foreword by Martin Marty). DeKalb, IL, Northern Illinois University Press.

Lacroix-Riz, Annie (1985). *Le choix de Marianne. Les relations franco-américaines 1944-1948.* Paris: Messidor/Editions sociales.

Lacroix-Riz, A. (2014). *Aux origines du carcan européen 1990–1960*. Paris: Delga.

Lauria, Joe (2021). 'Capitol Incident a Dress Rehearsal. The storming of the Capitol may just be a harbinger of things to come,' *Consortium News,* 7 January.

Le Bon, Gustave (1905). *Psychologie des foules.* Paris: Felix Alcan.

Le Corre, Philippe and Jonathan Pollack (2016). 'China's global rise: can the EU and US pursue a coordinated strategy?,' Brookings Institution, October.

Lee, Kai-fu (2018). *AI Superpowers. China, Silicon Valley, and the New World Order*. Boston: Houghton Mifflin Harcourt.

Lee, Matthew (2021). 'Biden fills out State Department team with Obama veterans,' *Associated Press*, 16 January 2021, https://apnews.com/article/joe-biden-donald-trump-biden-cabinet-antony-blinken-foreign-policy-e7026ce218735c9faec9c7349aefb51e (accessed 26 January 2021).

Leebaert, Derek (2011). *Magic and Mayhem. The Delusions of American Foreign Policy from Korea to Afghanistan.* New York: Simon and Schuster.

Levathes, Louise (1994). *When China Rules the Seas. The Treasure Fleet of the Dragon Throne, 1405–1433*. New York: Oxford University Press.

Levin, Dov H. (2016). 'Sure, the US and Russia often meddle in foreign elections. Does it matter?,' *The Washington Post,* 7 September 2016, https://www.washingtonpost.com/news/monkey-cage/wp/2016/09/07/sure-the-u-s-and-russia-often-meddle-in-foreign-elections-does-it-matter/?utm_term=.ca54b59ff042 (accessed 13 June 2017).

Litovsky, Alejandro (2017). 'China plans super-grid for clean power in Asia,' *Financial Times*, December, https://www.ft.com/content/e808a542-d6c6-11e7-8c9a-d9c0a5c8d5c9 (accessed 20 December 2018).

Lofgren, Mike (2016). *The Deep State. The Fall of the Constitution and the Rise of a Shadow Government*. New York: Penguin Books.

Longling Wei (2020). 'China Eyes Shrinking Jack Ma's Business Empire,' *Wall Street Journal,* 29 December, https://www.wsj.com/articles/china-eyes-shrinking-jack-mas-business-empire-11609260092?mod=djemalertNEWS (accessed 29 December 2020).

Losurdo, Domenico (2011). *Liberalism*: *A Counter-History*. London: Verso, 2011.

Losurdo, Domenico (2007). *Il linguaggio dell'Impero*: *Lessico dell'ideologia americana*. Bari: Laterza, 2007.

Ma Yan and Pierre Haski (2009). *The Diary of Ma Yan: The struggle and hopes of a Chinese schoolgirl*. New York: Harper Collins.

MacLeod, Alan (2021). 'Trump's Twitter Ban May Be Justified, but that Doesn't Mean Tech Giants' Power Isn't Scary,' *Fair.org,* 15 January.

Mao Zedong (1949). 'The Chinese People Have Stood Up!' Opening address by the Chairman of the Chinese Communist Party, at the First Plenary Session of the Chinese People's Political Consultative Conference, 21 Sept., https://china.usc.edu/Mao-declares-founding-ofpeoples-republic-of-china-chinese-people-have-stood-up.

Marguerat, Daniel and Junod, Eric (2010). *Qui a fondé le christianisme?* Genève: Labor et Fides.

Marty, Dick (2018). *Une certaine idée de la justice. Théchénie, Kosovo, CIA, Drogue*. Lausanne: Favre.

Martyanov, Andrei (2018). *Losing Military Supremacy. The Myopia of American Strategic Planning*. Atlanta: Clarity Press.

Martyanov, Andrei (2019). *The Real Revolution in Military Affairs*. Atlanta: Clarity Press.

Martyanov, Andrei (2021). *Disintegration. Indicators of the Coming American Collapse*. Atlanta: Clarity Press.

Maupin, Caleb (2020). *Kamala Harris and the Future of America: An Essay in Three Parts*. Center for Political Innovation.

McCoy, Alfred W. (2003). *The Politics of Heroin: CIA Complicity in the*

Global Drug Trade. Atlanta: A Cappella Books.

McCoy, Alfred W. (2015). 'Grandmaster of the Great Game: Obama's geopolitical strategy for containing China,' *Tom Dispatch*, 17 September 2015, http://www.tomdispatch.com/post/176044/ tomgram:_alfred_ mccoy, maintaining_American_supremacy_in_ the twenty-first century (accessed 18 September 2015).

McCoy, Alfred W. (2021). 'America's Drug Wars,' *TomDispatch*, 6 July.

McFaul, Michael (2021). How to Contain Putin's Russia, *Foreign Affairs,* 19 January.

McGovern, Ray (2020). 'Catapulting Russian-Meddling Propaganda,' *Consortium News*, 21 August.

McNamara, Robert (2005). Apocalypse Soon, *Foreign Policy*, May-June, reprinted 21 October 2009, https://foreignpolicy.com/2009/10/21/ apocalypse-soon/ (accessed 15 January 2019).

Menzies, Gavin (2008). *1434: The Year a Magnificent Chinese Fleet Sailed to Italy and Ignited the Renaissance*. New York: HarperCollins.

Menzies, Gavin (2003). *1421: The Year China Discovered America*. New York: Harper Collins, 2003.

Migone, Gian Giacomo (2015). *The United States and Italy. The rise of American finance in Europe*. New York: Cambridge University Press.

Mishra, Pankaj (2020). *Bland Fanatics. Liberals, Race and Empire*. New York: Verso.

Mishra, Pankaj (2013). *From* the *Ruins of Empire. The Revolt Against the West and the Remaking of Asia*. London: Penguin Books.

Mitter, Rana (2121). 'The World China Wants,' *Foreign Affairs*, January/ February.

Montanino, Andrea and Earl Anthony Wayne (2016). *The Arguments for TTIP and the Concerns to Address*, Atlantic Council, Global Business and Economic Program, April.

Mosbergen, Dominique (2019). 'Joe Biden Promises Rich Donors He Won't "Demonize" The Wealthy if Elected President,' *Hufftpost,* 19 June, https://www.huffpost.com/entry/joe-biden-wont-demonize-the-rich_n_5d09ac63e4b0f7b74428e4c6 (accessed 15 January 2021).

Munene, G. Macharia (1990). 'The United States and the Berlin Conference on the partition of Africa, 1885–1885,' *Transafrican Journal of History*, Vol. 19, 1990, pp. 73–79.

Napolitano, Andrew P. (2020). 'From the Streets of Portland to the NSA, U.S. Government Spying on Everyone Proceeds Unabated,' *Washington Times*, 19 August.

NATO (2021). *Brussel Summit Communiqué,* 14 June, https://www.nato.int/cps/en/natohq/news_185000.htm (accessed 15 June 2021).

Needham, Joseph (1954-2004). *Science and Civilisation in China.* Cambridge: Cambridge University Press.

Needham, Joseph (1969). *The Grand Titration: Science and Society in East and West.* London: Allen & Unwin.

Norton, Ben (2020a). 'Twitter Spreads Paid US Gov't Propaganda With Falsely Claiming it Bans State Media Ads,' *The Grayzone*, 10 August.

Norton, Ben (2020b). 'Leaked Docs Expose massive Syria Propaganda Operation by Western Govt Contractors & Media,' *Consortium News*, 13 October.

Nuclear Threat Initiative (2015). China Nuclear, April. Retrieved May 26, 2016, from http://www.nti.org/learn/countries/china/nuclear/.

Nuland, Victoria (2020). 'Pinning Down Putin,' *Foreign Affairs*, July/August.

Nye, Joseph S. (2004). *Soft Power. The Means to Success in World Politics*. New York: Public Affairs.

Nye, Joseph S. (2008). *The Powers to Lead*. Oxford: Oxford University Press.

Nye, Joseph S. (2011). *The Future of Power*. New York: Public Affairs.

Nye, Joseph S. (2015). *Is the American Century Over?* Cambridge: Polity.

Obama, Barack (2012). 'President Obama commencement speech at the U.S. Air Force Academy,' The White House, Office of the Press Secretary, 23 May 2012.

Obama, Barack (2014). 'Remarks by the President at the United States Military Academy Commencement Ceremony, U.S. Military Academy-West Point,' The White House, Office of the Press Secretary, 28 May.

Obama, Barack (2015). 'Remarks by President Obama on the Iran Nuclear Deal,' The White House Office of the Press Secretary, For Immediate Release, August 05, 2015, American University, Washington, D.C., https://obamawhitehouse.archives.gov/the-press-office/2015/08/05/remarks-president-iran-nuclear-deal (accessed 7 march 2016).

Obama, Barack (2016a). 'Remarks of President Barack Obama: State of the Union Address as Delivered,' 16 January 2016, https://www.whitehouse.gov/the-press-office/2016/01/12/remarks-president-barack-obama-%E2%80%93-prepared-delivery-state-union-address (accessed 27 January 2016).

Obama, Barack (2016b). 'Remarks by the President in Commencement Address to the United States Air Force Academy,' The White House, Office of the Press Secretary, For Immediate Release, June 02, https://obamawhitehouse.archives.gov/the-press-office/2016/06/02/remarks-president-commencement-address-united-states-air-force-academy (accessed 20 January 2017).

Osborne, Andrew and Tom Balmforth (2021). 'Putin offers Biden public talks after US president says he is a killer,' *Reuters,* 18 March 2021

Park, Sungwoo (2018). 'How China Is About to Shake Up the Oil Futures Market,' *Bloomberg*, 8 March, https://www.bloomberg.com/news/articles/2018-03-08/how-china-is-about-to-shake-up-the-oil-futures-market-quicktake (accessed 15 March 2018).

Parramore, Lynn (2020). 'How Corruption is Becoming America's Operating Sytem,' *Naked Capitalism*, 2 October (originally published by *Institute for New Economic Thinking*).

Peerenboom, Randall (2002). *China's Long March Toward Rule of Law*. Cambridge: Cambridge University Press.

Peerenboom, Randall (2006). 'A government of laws. Democracy, rule of law, and administrative law reform in China,' in Zhao 2006, pp. 58–78.

Peerenboom, Randall (2007). *China modernizes. Threat to the west or model for the rest?* Oxford: Oxford University Press.

PEN Charitable Trust (2017). 'The Integrated Arctic Corridors Framework. Planning for Responsible Shipping in Canada's Arctic Waters,' a report of the *PEN Charitable Trusts*, April 2016, available at http://www.pewtrusts.org/en/research-and-analysis/reports/2016/04/the-integrated-arctic-corridors-framework (accessed 10 June 2017).

Pence, Mike (2018). 'Vice President Mike Pence's remarks on the administration's policy towards China.' *Hudson Institute*, 4 October. Retrieved November 15, 2018, from https://www.hudson.org/events/1610-vice-president-mike-pence-s-remarks-on-the-administration-s-policy-towardschina102018m.

Pfaff, William (2010). *The Irony of Manifest Destiny.* New York: Walker & Co.

Pike, John (2020). 'Donald Trump The Manchurian Candidate?,' *Globalsecurity*, 25 November.

Pimpaneau, Jacques (2011). *Les chevaux célestes. L'histoire du Chinois qui découvrit l'Occident.* Arles, France: Philippe Picquier.

Pirazzoli-T'Serstevens, Michèle (2007). *Giuseppe Castiglione, 1688–1766, peintre et architecte à la cour de Chine*, Paris: Thalia.

Planetary (2020). 'Chang'e-5: China's Moon Sample Return Mission,' *Planetary Society*, December 2020, https://www.planetary.org/space-missions/change-5 (accessed 4 January 2021).

Platt, Stephen (2018). *Imperial Twilight. The Opium War and the End of China's Last Golden Age.* London: Atlantic Books.

Polanyi, Karl (2001). *The Great Transformation. The Political and economic Origins of Our Time.* Boston: Beacon Press (1st edition 1944).

Ponsonby, Arthur (1928). *Falsehood in War-Time: Propaganda Lies of the First World War.* London: George Allen and Unwin.

Porter, Patrick (2018a). 'Why America's Grand Strategy Has Not Changed. Power, Habit, and the US Foreign Policy Establishment,' *International Security*, Vol. 42, No. 4 (Spring), pp. 9–46.

Porter, Patrick (2018b). 'A World Imagined: Nostalgia and Liberal Order,' *Cato Institute,* Policy Analysis No. 843, June 5.

PRC (2015a). The Information Office of the State Council of PRC, 'China's Military Strategy,' May, Beijing, http://www.chinadaily.com.cn/china/2015-05/26/content_20820628.htm (accessed 25 March 2017).

PRC (2015b). Vision and Actions on Jointly Building Silk Road Economic Belt and XXI century Maritime Road, 28 March, issued by the National Development and Reform Commission, http://en.ndrc.gov.cn/newsrelease/201503/t20150330_669367.html (accessed 15 July 2015).

PRC (2015c). *The National Medium- and Long-Term Program for Science and Technology Development (2016–2020)* known as '*Made in China 2025.*' The State Council. Retrieved September 26, 2016, from http://english.gov.cn/2016special/madeinchina2025/.

PRC (2017). *Building the Belt and Road: Concept, Practice and China's Contribution*, Office of the Leading Group for the Belt and Road Initiative. Beijing: Foreign Language Press, May 2017.

Prins, Nomi (2011). 'Debt from bailouts didn't pan out,' 10 August, http://www.nomiprins.com/articles/ (accessed 27 October 2011).

Prins, Nomi (2018). *Collusion: How Central Bankers Rigged the World.* New York: Nation Books.

Putten, Franz-Paul van der, et al. (eds.) (2016). *Europe and China's New Silk Roads*, The European Think-tank Network on China (ETNC), December Report.

Qin Gao & Sui Yang & Shi Li (2017). 'Social insurance for migrant workers in China: impact of the 2008 Labour Contract Law,' *Economic and Political Studies*, Taylor & Francis Journals, vol. 5(3), pages 285-304, July.

Raphaël, René and Ling Xi (2019). Bons et mauvais chinois. Quand l'Etat organise la notation de ses citoyens, *Le Monde Diplomatique*, Janvier.

Rapoza, Kenneth (2017). 'Why HSBC Loves China's Silk Road,' *Forbes*, 17 May, https://www.forbes.com/sites/kenrapoza/2017/05/17/why-hsbc-loves-chinas-silk-road/#201c2faf697e (accessed 29 May 2017).

Rashish, Peter S. (2014). '*Bridging the Pacific: The Americas' New Economic Frontier?*, Atlantic Council, Global Business and Economic Program, July 2014.

Rastrick, Crhistopher J, (2018). *Think Tanks in the US and EU. The Role of Policy Institutes in Washington and Brussels.* London and New York: Routledge.

Reevell (2021). 'Putin challenges Biden to debate after president calls him a 'killer,' NBC News, 18 March 2021.

Renewable Energy Institute (undated). About 'Asia Super Grid (ASG).'

Tokyo. Retrieved December 25, 2018, from https://www.renewable-ei.org/en/asg/about/.

Reuters Staff (2020). 'Sinopharm says may be able to make over 1 billion coronavirus vaccine doses in 2021,' *Reuters*, 20 October, https://www.reuters.com/article/health-coronavirus-china-vaccine-int-idUSKBN2750WM (accessed 25 January 2021).

Richard, H. (2018). 'Lonely Russia: No room for Moscow in "common European home."' *Le Monde Diplomatique*, English edition, October.

Rojansky, Matthew (2016). George Kennan is still the Russia expert America needs. *Foreign Policy*, 22 December. Retrieved May 16, 2017, from http://foreignpolicy.com/2016/12/22/why-georgekennan-is-still-americas-most-relevant-russia-expert-trump-putin-ussr/.

Sachs, Jeffrey and William Schabas (2021). 'The Xinjiang Genocide Allegations Are Unjustified,' *Project Syndicate*, 20 April.

Saich, Tony (2016). 'How China's citizens view the quality of governance under Xi Jinping,' *Journal of Chinese Governance*, 7 April (online), pp. 1–20

Salazar Torreon, Barbara (2020). *Instances of Use of United States Armed Forces Abroad, 1798–2020.* U.S. Congressional Research Service, 7–5700, R42738, 20 July 2020.

Sanderson, Henry (2019). 'Hydrogen power: China backs fuel cell technology. Producers are buying foreign tech but industry must build for future after subsidies.' *Financial Times*. Retrieved January 15, 2019, from https://www.ft.com/content/27ccfc90-fa49-11e8-af46-2022a0b02a6c.

Saunt, Claudio (2020). *Unworthy Republic: The Dispossession of Native Americans and the Road to Indian Territory*. New York: Norton.

Schadlow, Nadia (2020). 'The End of American Illusion—Trump and the World as It Is,' *Foreign Affairs,* September/October, https://www.foreignaffairs.com/articles/americas/2020-08-11/end-american-illusion (accessed 25 November 2020).

Schweizer, Peter (2020). *Profiles in Corruption: Abuse of Power by America's Progressive Elite*. New York: Harper, 2020.

Science Alert (2020). 'China Just Switched on Its "Artificial Sun" Nuclear Fusion Reactor,' *Science Alert*, 7 December.

Scissors, Derek (2019). 'Chinese Investments: State-Owned Enterprises Stop Globalization, for the Moment,' *American Economic Institute,* 17 January

Scissors, Derek (2021). 'China's Coming Global Investment Recovery: How Far Will It Go?,' *American Economic Institute*, January.

Scott, Peter Dale (2017). *The American deep state. Big money, big oil, and the struggle for U.S.* New York: Rowman & Littlefield.

Shala, Arsalan (2021). 'China Signs 25-year Deal with Iran in Challenge to the U.S.,' *Bloomberg,* 27 March, https://www.bloomberg.com/news/articles/2021-03-27/china-signs-25-year-deal-with-iran-in-challenge-to-the-u-s (accessed 30 June 2021).

Shane, S. (2018). 'Russia Isn't the Only One Meddling in Elections. We Do It, Too,' *The New York Times*, 17 February. Retrieved March 25, 2018, from https://www.nytimes.com/2018/02/17/sunday-review/russia-isnt-the-only-one-meddling-in-elections-we-do-it-too.html.

Shepard, Wade (2016). 'China's "New Silk Road" picks up where Hillary Clinton's flopped,' *Forbes, Asia, Foreign Affairs,* 9 September, https://www.forbes.com/sites/wadeshepard/2016/09/09/chinas-new-silk-road-picks-up-where-hillary-clintons-flopped-in-afghanistan/#61af395963f9 (accessed 28 July 2017).

Singh, Ajit (2020). 'U.S. Pushes Conspiracy Theory on China's Coronavirus Death Toll to Deflect from Trump Administration Failures,' *The Grayzone*, 1 April.

Sjursen, Daniel (2020). *Patriotic Dissent: America in the Age of Endless War*, Berkeley, Heyday.

Sjursen, Daniel (2021). A *True History of the United States: Indigenous Genocide, Racialized Slavery, Hyper-Capitalism, Militarist Imperialism and Other Overlooked Aspects of American Exceptionalism*, Truth to Power.

Slater, Julia (2007). 'When the Army Killed Civilians,' *SWI - SwissInfo.ch*, 9 November, https://www.swissinfo.ch/eng/when-the-army-killed-civilians/6239400 (accessed 10 July 2021).

Smith, Jeff M. (2015). 'Beware of China's Grand Strategy,' *Foreign Affairs*, 20 May, https://www.foreignaffairs.com/articles/china/2015-05-20/beware-chinas-grand-strategy (accessed 13 June 2015).

Smith, Yves (2015). 'How the China's New Silk Road is Shifting Geopolitics,' 27 May, *Naked Capitalism*, https://www.nakedcapitalism.com/2015/05/how-the-chinas-new-silk-road-is-shifting-geopolitics.html (accessed 27 May 2015).

Smith, Yves (2017). 'Newly-Declassified Documents Show Western Leaders Promised Gorbachev that NATO Would Not Move "One Inch Closer" to Russia.' *Naked Capitalism,* 15 January 3, 2018, fromwww.nakedcapitalism.com/2017/12/newly-declassified-documents-showwestern-leaders-promised-gorbachev-nato-notmove-one-inch-closer-russia.html.

Solis, Myreya (2016). 'The Trans-Pacific Partnership: the politics of openness and leadership in the Asia-Pacific,' Brookings Institution, October 2016.

Sorman, Guy (2008). *The Empire of Lies: The Truth about China in the XXI Century*. New York: Encounter Books.

Starr, Paul (2019). 'The New Masters of the Universe,' *Foreign Affairs,* November-December.

Starr, Evan, Prescott, and Bishara (2018). 'Noncompetes in the U.S. Labor Force,' *University of Michigan Law & Econ Research Paper No. 18-013*, 74 Pages, Posted: 3 Jul 2015 Last revised: 13 Sep 2018, https://papers.ssrn.com/sol3/Papers.cfm?abstract_id=2625714 (accessed 16 December).

Stelzenmüller, Constance (2020). 'Stronger together: A strategy to revitalize trans-Atlantic power,' *Brookings*, 14 December.

Stephanson, Anders (1995). *Manifest Destiny: American Expansion and the Empire of Right*. New York: Hill & Wang.

Stephanson, Anders (2010). 'The Toughness Crew,' *New Left Review*, July-August 2013, pp. 145–52. Review of Peter Beinart, *The Icarus Syndrome: A History of American Hubris*. New York: Harper & Collins, 2010.

Stiglitz, Joseph E. (1998). 'More instruments and broader goals: Moving toward the Post-Washington consensus,' in *Wider Annual Lectures 2*. Helsinki: UN World Institute for Development Economics Research.

Stiglitz, Joseph E. (2002). *Globalization and its Discontent*. New York: W.W. Norton.

Stiglitz, Joseph E. (2010). *Freefall: America, Free Markets, and the Sinking of the World Economy*. New York: Norton.

Stieglitz, Joseph E. (2013). 'The free-trade charade,' *Project Syndicate,* 14 July, https://www.project-syndicate.org/commentary/transatlantic-and-transpacific-free-trade-trouble-by-joseph-e--stiglitz (accessed 25 September 2013).

Stiglitz. Joseph E. (2016). 'Monopoly's new era,' *Project Syndicate*, 13 May, https://www.project-syndicate.org/commentary/high-monopoly-profits-persist-in-markets-by-joseph-e--stiglitz-2016-05 (accessed 16 May 2016).

Stiglitz, Joseph E. (2018a). 'American Democracy on the Brink,' *Project Syndicate*, 29 June, https://www.project-syndicate.org/onpoint/american-democracy-on-the-brink-by-joseph-e--stiglitz-2018-06 (accessed 15 July 2018).

Stiglitz, Joseph E. (2018b). 'Can American Democracy Come Back?,' *Project Syndicate,* 6 November, https://www.project-syndicate.org/commentary/american-democracy-under-attack-midterms-by-joseph-e-stiglitz-2018-11 (accessed 11 November 2018).

Stone, Deborah (1997). *Policy Paradox. The Art of Political Decision Making*. New York: Norton (2nd edition).

Stone, Isidor F. (1952). *The Hidden History of the Korean War* (with a preface by Stephen E. Ambrose added to the paperback edition of 1970). New York: Monthly Review Press.

Sun, Irene Yuan, Kartik Jayaram and Omid Kassiri (2017). *Dance of the lions and dragons: How are Africa and China engaging, and how will the partnership evolve?* McKinsey&Company, June 2017.

Swanberg, W.A. (1972). *Luce and His Empire*. New York: Dell Books.

Takian, Amirhossein, Azam Raoofi and Sara Kazempour-Ardebili (2020). 'COVID-19 battle during the toughest sanctions against Iran,' *Lancet*, 18 March 2020, Correspondence, https://www.thelancet.com/journals/lancet/article/PIIS0140-67362030668-1/fulltext (accessed 26 February 2021).

Temple, Roberts (1998). *The Genius of China. 3,000 Years of Science, Discovery and Invention* (with introduction by Joseph Needham). London: Prion.

Tharoor, S. (2016). *Inglorious Empire: What the British did to India.* London: Penguin.

Todd, Emmanuel (1979). *The Final Fall: An Essay on the Decomposition of the Soviet Sphere.* New York: Karz Publishers.

Tournès, Ludovic (ed.) (2010). *L'argent de l'influence. Les fondations américaines et leurs réseaux européens* [Money of Influence. American Foundations and Their European Networks]. Paris: Editions Autrement.

Truman, Harry (1963). 'Limit CIA Role To Intelligence,' *Washington Post*, 22 December, http://www.maebrussell.com/Prouty/Harry%20Truman%27s%20CIA%20article.html (accessed 25 September 2021).

Trump, Donald (2017). *National security strategy of the United States of America.* The White House: Washington, DC.

Trump, Donald (2018). Remarks by President Trump in Briefing at Al Asad Air Base Al Anbar Province, Iraq, 26 December. Washington DC: The White House. Retrieved 14 January 2019, from https://www.whitehouse.gov/briefings-statements/remarks-president-trump-briefingal-asad-air-base-al-anbar-province-iraq/.

Tuchman, Barbara W. (2017). *Stilwell and the American Experience in China: 1911–1945.* New York: Random House.

Turse, Nick (2012a). 'The new Obama doctrine: a six-point plan for global war – special ops, drones, spy games, civilian soldiers, proxy fighters, and cyber warfare,' *Tom Dispatch*, 14 June, http://www.tomdispatch.com/blog/175557nick_turse_changing_face_of_empire (accessed 10 June 2016).

Turse, Nick (2012b). *The Changing Face of the Empire: Special Ops, Drones, Spies, Proxy Fighters, Secret Bases, and Cyberwarfare*. Chicago: Haymarket Books and Dispatch Books.

Turse, Nick (2015). *Tomorrow's Battlefields: U.S. Proxy Wars and Secret Ops in Africa*. Chicago: Haymarket Books.

Turse, Nick (2016). 'Commands without borders: America's elite troops partner with African forces but pursue US aims,' *TomDispatch*, 18 December, http://www.tomdispatch.com/blog/176223/ tomgram%3A_nick_turse%2C_washington%27s_america-first_ commandos_in_africa (accessed 3 January 2017).

Turse, Nick (2017a). 'The year of the commando,' *TomDispatch*, 5 January, http://www.tomdispatch.com/blog/176227/tomgram%3A_ nick_turse,_special_ops,_shadow_wars,_ and_the_golden_age_of_ the_gray_zone (accessed 5 March 2017). that gives several maps on which you can locate the location of the operations.

Turse, Nick (2017b). 'America's war-fighting footprint in Africa: secret U.S. military documents reveal a constellation of American military bases across that continent,' *TomDispatch*, 27 April, http://www. tomdispatch.com/post/176272/tomgram%3A_nick_turse%2C_ the_u.s._military_moves_deeper_into_africa (accessed 28 April 2017).

Turse, Nick (2018). 'Commando sans frontières,' *TomDispatch,* 17 July 2018. Retrieved August 15, 2018, from http://www.tomdispatch. com/blog/176448/tomgram%3A_nick_turse%2C_special_ ops%3A_133_countries_down%2C_17_to_go.

Turse, Nick (2020). 'America's Commandos Deployed to 141 Countries. And "Criminal Misconduct" Followed,' *TomDispatch*, 19 March, https://tomdispatch.com/nick-turse-america-s-commandos-what-did-they-do-and-where-did-they-do-it/ (accessed 2 January 2021).

Urio, Paolo (1999). 'La gestion publique au service du marché.' In M. Hufty (ed.). *La pensée comptable. Etat, néolibéralisme, nouvelle gestion publique* (pp. 91–124). Paris: Presses Universitaires de France, Collection Enjeux, Cahier de l'IUED, Genève.

Urio, Paolo (1984). *Le rôle politique de l'administration publique*. LEP: Lausanne.

Urio, Paolo (2010a). *Reconciling state, market and society in China, the long March towards prosperity*. London and New York: Routledge.

Urio, Paolo (ed.) (2010b). *Private partnerships. Success and failure factors in transition countries*. Lanham, Md., and New York: UPA (University Press of America).

Urio, Paolo (2012). *China, the west, China, the west, and the myth of new public management. Neoliberalism and its discontents*. London and New York: Routledge.

Urio, Paolo (2013). 'Reinventing Chinese society, economy, and polity. A very short history and interpretation of China's reforms.' *Politics and Society* (Vol 1, No. 2, pp. 1–37). Central China Normal University.

Urio, Paolo (2016). 'The emergence of NGOs in China and the changing role of the Party-State: assessment and future prospects,' *The China Non-Profit Review*, no. 8, 2016, pp. 188–214.

Urio, Paolo (2018). *China reclaims world power status. Putting an end to the world America made*. London and New York: Routledge.

Urio, Paolo (2019). *China 1949-2019, From Poverty to World Power*. Singapore, Springer Nature.

Urio, Paolo and Yuan Ying (2014). *L'émergence des ONG en Chine. Le changement du rôle de l'Etat-Parti*. Bern: Peter Lang.

U.S. Chamber of Commerce (2017). Made in China 2015: Global Ambitions Built on Local Protections. Retrieved March 15, 2018, from https://www.uschamber.com/sites/default/files/final_made_in_china_2025_report_full.pdf.

'U.S. CONGRESS (1976). July 4, The unanimous Declaration of the thirteen United States of America', http://www.ushistory.org/declaration/document (accessed 22 May 2017).

U.S. Department of State (2017). Office of the Historian, *A Short History of the Department of State, Milestones in the History of U.S. Foreign Relations, Key Milestones 1750–2000*, https://history.state.gov/milestones (accessed 18 April 2017).

USA (2016). Office of Naval Intelligence, 'The PLA Navy: new capabilities and missions for the 21st century', http://www.dtic.mil/docs/citations/ADA616040 (accessed 27 July 2016).

USA (2016–20). *US–China Economic and Security Review Commission, 2016–2020 Reports to Congress.*

USA (2018a). *Summary of the National Defense Strategy of the United States of America. Sharpening the American Military's Competitive Edge.* Department of Defense.

USA (2018b). *U.S.-China Economic and Security Review Commission, 2018 Report to Congress.* November. Retrieved January 12, 2019, from https://www.uscc.gov/Annual_Reports/2018-annual-report.

USA (2018c). *Military and Security Developments Involving the People's Republic of China 2018.* Office of the Secretary of Defense.

USA (2019). *China's Military Power. Modernizing a Force to Fight and Win.* Defense Intelligence Agency. Retrieved January 15, 2019, from http://www.dia.mil/News/Articles/Article-View/Article/1732500/defense-intelligence-agency-releases-report-on-china-military-power/.

Valentine, Douglas (2017). *The CIA and organized crime. How illegal operations corrupt America and the world.* Atlanta: Clarity Press.

Van Den Berghe, Pierre (1967). *Race and Racism. A Comparative Perspective.* New York: Wiley.

Vidal, Gore (2003). *Inventing a Nation: Washington, Adams, Jefferson.* New Haven: Yale University Press.

Vine, David (2015). *Base Nation: How U.S. Military Bases Abroad Harm America and the World.* New York: Metropolitan Books.

Vine, David (2017). 'Most countries have given up their colonies. Why hasn't America?, *Washington Post*, 28 September.

Vine, David, et al. (2020). 'Creating Refugees: Displacement Caused by the United States' Post-9/11 Wars.' Watson Institute, Brown University, 21 September.

Vinton, Kate (2016). 'These 15 Billionaires Own America's News Media Companies,' *Forbes,* 1 June, https://www.forbes.com/sites/katevinton/2016/06/01/these-15-billionaires-own-americas-news-media-companies/?sh=26ce41f5660a (accessed 17 May 2017).

Vohra, Anchal (2020). 'Assad's Syria Is Starving Like Saddam's Iraq. How sanctions against the Syrian regime are forcing the country into famine,' *Foreign Policy,* December 2, https://foreignpolicy.com/2020/12/02/bashars-assads-syria-is-starving-like-saddams-iraq/?utm_source=PostUp&utm_medium=email&utm_campaign=28099&utm_term=Editors%20Picks%20OC&?tpcc=28099 (accessed 3 December 2020).

Vos, Elisabeth (2020). 'The Revelations of WikiLeaks: No. 6 – U.S. Diplomatic Cables Spark "Arab Spring" Expose Spying at UN & Elsewhere,' *Consortium News*, 14 January.

Walker, Chris (2020). 'NSA Surveillance Program Exposed by Snowden Was Illegal, Rules Appeals Court,' *Truthout*, 2 September.

Wall, Mike (2019). 'China Makes Historic 1st Landing on Mysterious Far Side of the Moon.' *Scientific American,* 3 January. Retrieved January 15, 2019, from https://www.scientificamerican.com/article/china-makes-historic-first-landing-on-mysterious-far-side-of-the-moon/.

Wallach, Lori (1998). 'A dangerous new manifesto for global capitalism,' *Le Monde Diplomatique*, English edition, February 1998, http://mondediplo.com/1998/02/07mai (accessed 23 May 2017).

Wallach, Lori (2013). 'The corporation invasion,' *Le Monde Diplomatique*, English edition, December 2013, http://mondediplo.com/2013/12/02tafta (accessed 22 May 2017).

Wallach, Lori (2014). 'Transatlantic Trade and Investment Partnership: ten threats to Americans,' http://mondediplo.com/2014/06/10ttip (accessed 23 May 2017).

Wallach, Lori (2017). 'The choice is not between TPP or no trade,' *Huffington Post*, 25 March, http://www. huffingtonpost.com/lori-wallach/the-choice-is-not-between_b_9541300.html (accessed 15 May 2017).

Wallerstein, Immanuel (2006). *European Universalism. The Rhetoric of Power*. New York: The New Press.

Walt, Stephen M. (2020). 'Countries Should Mind Their Own Business,' *Foreign Policy*, 17 July.

Wang Hui (2003). *China's New Order. Society, Politics, and Economy Transition*. Cambridge, Mass.: Harvard University Press.

Wang Hui (2009). *The End of the Revolution: China and the Limits of Modernity*. London: Verso.

Wang Hui (2011). *The Politics of Imagining Asia*. Cambridge, Mass.: Harvard University Press.

Wang Hui (2014). *China from Empire to Nation-State*. Cambridge, Mass.: Harvard University Press.

Wang Hui (2016). *China's Twentieth Century. Revolution, Retreat and the Road to Equality*. London: Verso.

Wang Shaoguang, Hu Angang (1993). 'Strengthen the role of the Central Government during the transition towards a market economy,' report on China's state capacities. Shenyang: Liaoning People Press, 1993.

Wang, Xiaoying (2002). 'Post-Communist Personality: The spectre of China's capitalist market,' *The China Journal*, no. 47, January 2002, pp. 1–17.

Wang Yanan, (1949). *Zhong guo guan liao zheng zhi yan jiu* (The Study of Chinese Bureaucracy). Shanghai: Contemporary Culture Editions (Shi dai wen hua).

Wang Yiwei (2016). *The Belt and Road Initiative. What Will China Offer the World in Its Rise*. Beijing: New World Press.

Wang Zhaogang (2004). *Guo min dang xun zheng ti zhi yan jiu* (Study of the Driving Role of the National Party). Beijing: Social Sciences Edition of China.

Ward, Robert (2020). 'RCEP Trade Deal: A geopolitical win for China,' *The International Institute of Strategic Studies,* 25 November.

Washington Blog (2015). 'America Has Been At War 93% of the Time—222 Out of 239 Years—Since 1776,' 20 February. Retrieved March 18, 2016, from https://washingtonsblog.com/2015/02/america-war-93-time-222-239-years-since-1776.html.

Watkins, Eli (2018). 'Trump blames Putin, Obama for "Animal Assad," tweets "big price" after reports of Syrian chemical attack,' *CNN*, 9 April, https://edition.cnn.com/2018/04/08/politics/donald-trump-syria-assad/index.html (accessed 20 September).

Webb, Jim (2021). 'An American Belt and Road Initiative?,' *Wall Street Journal,* 17 February.

Weber, Max (1978). *Economy and society* (Vol. 1 and 2). Berkeley: University of California.

Wei Liu (ed.) (2018). *China's Belt and Road Initiatives. Economic Geography Reformation*. Singapore: Springer.

Wolton, Thierry. *Le grand bluff chinois. Comment Pékin nous vend sa « révolution » capitaliste*. Paris: Laffont, 2007.

Wong, Erebus, Lau Kin Chi, Sit Tsui and Wen Tiejun (2017). 'One Belt One Road: China's Strategy for a New Global Financial Order,' *Monthly Review*, 1 January, https://monthlyreview.org/2017/01/01/one-belt-one-road/ (accessed 15 May 2017).

Wood, Tony (2017). 'Eat Your Spinach,' *London Review of Books*, Vol. 39 No. 5, 2 March, https://www.lrb.co.uk/v39/n05/tony-wood/eat-your-spinach (accessed 15 March 2017).

World Bank (2012). *China 2030. Building a modern, harmonious and creative society*, officially dated 2013, but already available on line Spring 2012.

Wübbeke, Jost, et al. (2016). *Made in China 2025. The making of a high-tech superpower and consequences for industrial countries.* Berlin: MERICS, Mercator Institute for China Studies, No. 23, December.

Xi Jinping (2013a). Speech of 7 September, Astana. Retrieved June, 14, 2015, from http://www.fmprc.gov.cn/ce/cebel/eng/zxxx/t1078088.htm.

Xi Jinping (2013b). Speech of 2 October, Jakarta. Retrieved July, 22, 2017, from http://www.aseanchina-center.org/english/2013-10/03/c_133062675.htm.

Yip, Georges S., and Bruce Mickern (2016). *China's next strategic advantage. From imitation to innovation.* Cambridge: MIT Press.

Zakaria, Fareed (1997). 'The rise of illiberal democracy,' *Foreign Affairs*, vol. 76, no. 6, November–December, pp. 22–43.

Zakaria, Fareed (2019). 'The New China Scare: Why America Shouldn't Panic About Its Latest Challenger,' *Foreign Affairs*, 6 December.

Zhang, Wei Wei (1996). *Ideology and Economic Reform under Deng Xiaoping.* London and New York: Kegan Paul International.

Zhao, Suisheng (ed.) (2006). *Debating Political Reform in China: Rule of Law vs. Democratization.* New York: M.E. Sharpe.

Zheng, Chuxuan and Shaochun Liu (2004). 'Dandai zhon xi zhengzhi zhidu bijiao' (comparisonbetween the Chinese political system and the Western contemporary political systems). *People Editions of Guangdong*, 2004.

Zheng Yongnian (2004). *Globalization and State Transformation in China.* Cambridge: Cambridge University Press.

Zinn, Howard (1999). *A People's History of the United States.* New York: Harper Collins (1st edition 1980).

Zuboff, Shoshana (2019a). 'Un capitalisme de surveillance,' *Le Monde Diplomatique*, January.

Zuboff, Shoshana (2019b). *The Age of Surveillance Capitalism. The Fight for a Human Future at the New Frontier of Power.* London: Profile Books.

Zuboff, Shoshana (2021). 'The Coup We Are Not Talking About,' *The New York Times*, 29 January, https://www.aei.org/economics/bidens-first-defeat-the-china-eu-trade-agreement/ (accessed 5 February 2021).

Zufferey, Nicolas (2008). Introduction à la pensée chinoise, Pour mieux comprendre la Chine du XXIe siècle. Paris: Hachette.

译后记

　　本书翻译工作由北京大学国家法治战略研究院牵头组织，北京大学法学院强世功教授、中国社会科学院欧洲研究所孔元副研究员统筹主持，法意编译团队成员吴淑华、段阳蓄、黄文君、王婧滢、郭笑多共同完成。具体分工如下：吴淑华完成引言和第 1 – 58 页，段阳蓄完成第 59 – 113 页，黄文君完成第 114 – 145 页和第 234 – 254 页，王婧滢完成第 146 – 181 页和统计数据附录，郭笑多完成致谢和第 182 – 233 页。全书由胡海娜审校、统稿，另外，郭笑多、段阳蓄参与了编辑和审校工作。

　　鉴于译者水平有限，书中难免会出现错误，衷心希望广大读者批评指正。

中国道路丛书